중국시율학 2

The Prosody of the Chinese Poetry

지은이 왕력(王力, 1900~1986)은 중국의 유명한 언어학자로서 자(字)는 요일(了一)이며, 1900년 8월 10일에 광서장족자치구(廣西壯族自治區) 박백현(博白縣)에서 태어났다. 1927년 프랑스 파리대학으로 유학하여 1931년에 논문 「박백방음실험록(博白方音實驗錄)」으로 문학박사 학위를 취득하였고, 1932년 귀국 후에 청화대학(淸華大學) 중문과 교수, 북경대학(北京大學) 중문과 교수 등을 역임하였다. 왕력은 장기간 중국어 연구와 교육에 종사하면서 중국언어학 관계 전문저서 30여 종을 출간하고 120여 편의 논문을 발표하여 중국어 어법 체계의 창건과 중국어 어법이론의 발전에 기여하였고, 현대어음이론(現代語音理論)을 이용하여 중국어 음운 연구에 대한 기존의 연구성과를 정리해내었으며, 고대중국어 운부(韻部)의 분부(分部)와 어음(語音)의 재구(再構), 중국어발전사와 중국언어학사에 대한 연구 및 고대중국어 교육체계의 건립 등에 모두 중대한 공헌을 하였다. 또한 중국의 시율(詩律) 연구에 힘써 『한어시율학(漢語詩律學)』을 썼는데, 이 책은 중국 시가의 격률과 작법 방면에서 현재까지 세계에서 가장 큰 영향력을 끼치고 있는 연구저작이다.

옮긴이 송용준(宋龍準)은 1952년에 태어나 1971년 서울대학교 문리과대학 중어중문학과에 입학하였고, 졸업 후 서울대학교 대학원에서 중국 고전시가를 전공하면서 석사학위와 박사학위를 받았다. 공군사관학교 중국어교관, 영남대학교 문과대학 중어중문학과 교수를 역임하였고, 미국 스탠포드대학과 중국사회과학원 등에서 연구하였으며, 현재 서울대학교 인문대학 중어중문학과 교수로 있으면서 중국 고전시가를 강의하고 있다. 『송시사(宋詩史)』(공저), 『송시선(宋詩選)』(공편), 『소순흠시역주(蘇舜欽詩譯註)』, 『고계시선(高啓詩選)』, 『진관사연구(秦觀詞硏究)』, 『회해사역주(淮海詞譯注)』, 『당송사사(唐宋詞史)』(공역), 『중국어어법발전사』(공역), 『현대중국어문법의 제문제』 등의 저역서와 「송시형성과정연구」, 「북송사론연구(北宋詞論硏究)」, 「이색(李穡)시의 송시 수용과 그 극복」 등 다수의 논문이 있다.

중국시율학(中國詩律學) 2

1판 1쇄 인쇄 2005년 9월 10일
1판 1쇄 발행 2005년 9월 20일

지은이 / 왕력
옮긴이 / 송용준
펴낸이 / 박성모
펴낸곳 / 소명출판
출판고문 / 김호영
등록 / 제13-522호
주소 / 137-878 서울시 서초구 서초동 1621-18 (란빌딩 1층)
대표전화 / (02) 585-7840
팩시밀리 / (02) 585-7848
somyong@korea.com / www.somyong.com

값 31,000원

ISBN 89-5626-170-9 93820
ISBN 89-5626-168-7 93820(전4권)

중국시율학 2

The Prosody of the Chinese Poetry

왕력(王力) 저 / 송용준(宋龍準) 역

소명출판

일러두기

1. 저자 왕력(王力)의 『한어시율학(漢語詩律學)』은 1958년 1월 신지식출판사(新知識出版社)에서 처음 출판하였다. 그 후 1962년에 제5장을 제외한 나머지 부분이 상해교육출판사(上海教育出版社)에 의해 출판되었고, 1979년에는 제5장을 회복하고 부주(附注)를 대폭 증가한 증정본(增訂本)이 다시 상해교육출판사에서 나왔다. 역자가 번역에 사용한 텍스트는 2002년 9월 상해교육출판사에서 이 증정본에 약간의 교정을 보아 새로 펴낸 책이다.
2. 왕력의 원서는 수많은 예문을 인용하면서 의거한 판본을 밝히지 않았다. 역서에서는 가능한 한 원서에 나온 글을 그대로 두었지만, 권위 있는 교주본(校注本)이나 대다수의 판본과 다른 글자는 바꾸어 쓰고 그것을 역주에 명기하였다. 또한 오자(誤字)로 판단되는 것은 글자를 바꾸어 수록하고 역주를 달아 텍스트에 수록된 원문을 밝혀 놓았다.
3. 역자는 독자들의 이해를 돕기 위해 이 책에 나오는 여러 가지 용어와 개념어에 역주를 달아 설명하였고, 상세한 설명이 필요한 곳에는 역자의 해설을 덧붙였으며, 저자의 주장이 일반적인 지지를 받지 못하는 곳에도 역주를 달아 그 이유 또는 이견을 밝혀놓았다.
4. 왕력의 원서에는 부주(附註)가 책의 맨 뒤에 부록으로 실려 있는데, 역자는 독자들의 편의를 위해 이를 각주로 처리하고 저자의 부주임을 밝혀놓았으며, 제5장에서 저자는 근현대 서양 작가들의 작품을 인용하면서 그들의 생졸연대를 밝혀놓았는데, 1958년의 초판본 이후 이 부분에 대한 보완이 없어서 1958년 이후에 죽은 작가들의 경우에는 역자가 이를 보충하였다.
5. 원서에서는 시가를 인용할 때 운각을 행(行) 나누기의 기준으로 삼았고, 60자 이상의 장편에서는 편폭을 줄이기 위해 대개 행을 나누지 않았지만, 번역서에서는 한글 번역문의 병기 문제 때문에 제1장과 제2장에서는 이를 반영하지 않았다. 또한 원서는 시의 작가와 제목을 시의 상단에 수록했는데, 이 또한 번역문의 병기 문제 때문에 역서에서는 번역문 뒤에 수록하였다.
6. 책 속의 약호는 다음과 같이 사용되었다. ( )는 음이 같은 한자를, [ ]는 음이 다르지만 뜻이 같은 한자를 표시한다. " "는 대화나 인용문을, ' '는 강조나 개념어 또는 인용문 속의 인용을 표시한다. 『 』는 책의 제목을, 「 」는 편명을 각각 표시한다.

역자 서문

역자가 왕력(王力)의 『한어시율학(漢語詩律學)』을 처음 접한 것은 대학원 석사과정에 다닐 때인 1975년이었다. 그때는 중국의 도서가 우리나라로 들어오는 것이 엄격하게 제한되어 있어서 역자가 본 것은 대만에서 『시사곡작법연구(詩詞曲作法硏究)』라는 제목으로 서명(書名)을 바꾸어 복사 출판한 책이었다(당시는 대만에서도 중국 대륙의 책을 수입하거나 영인 출판할 수 없었다). 이 책에는 『한어시율학』 초판본에 들어있던 제5장 「백화시(白話詩)와 유럽화시」가 빠져 있긴 했지만 역자는 이 책을 통해 근체시(近體詩), 고체시(古體詩), 사(詞), 곡(曲) 등 중국 고전시가의 각종 체재에 대해 보다 깊이 있게 이해하고 그 작법을 파악하게 되었다.

대학에 들어와 중어중문학을 전공하면서부터 교수님들의 강의를 통해 조금씩 중국 고전시가의 형식을 알게 되기는 했지만 그 속에 그렇게 오묘한 규율이 내재해 있을 줄은 미처 몰랐는데, 이 책은 나에게 그 규율을 친절하고 명쾌하게 알려주었다. 그 당시의 나에게 이 책은 '중국 고전시가의 작법'이라는 비밀의 방에 들어가는 열쇠 같은 것이었다. 그러나 저자가 규율의 설명과 증명을 위해 동원한 예문이 워낙 방대하여 해독이 되지 않는 것이 많았을 뿐만 아니라 인내심이 없이는 책을 끝까지 읽어낼 수가 없었다. 당시의 나로서는 저자의 설명도 훌륭하지만 그것을 증명하기 위해 그렇게 많은 예문을 동원할 수 있었던 저자의 학문적 역량이 감탄스러울 뿐이었다.

그로부터 적지 않은 세월이 지난 뒤 역자는 운 좋게도 대학의 강단에서 학생들에게 중국 고전시가를 가르치게 되었다. 옛날과 달리 중국 책의 수입이 어렵지 않게 되어 『한어시율학』을 교재로 삼아 가르치긴 했지만 방대한 예문이 학생들을 괴롭히는 것은 마찬가지였다. 지난날 내 자신이 이 때문에 고충을 겪었는데 수십 년이 지난 지금에 와서도 후학들이 똑같이 불편과 고통을 호소하는 걸 보면서 나는 마음속으로 이 책의 번역이 쉽진 않겠지만 한 번 시도해보아야겠다고 다짐했다. 그게 약 10년 전의 일이다. 그러나 막상 번역에 착수해보니 뜻대로 진도가 나가지 않았다. 역자의 타고난 게으름이 가장 큰 원인이고 대학교수가 강의와 연구에만 전념할 수 없는 현실이 두 번째 원인이지만 『한어시율학』 자체의 원인도 있었다. 저자가 설명과 증명을 위해 예문을 인용한 것인 만큼 전문(全文)을 인용한 것보다는 부분을 인용한 것이 많아 번역이 쉽지 않으리라는 것은 예상을 했었는데, 막상 번역을 위해 부분 인용문의 전문(全文)을 찾아 대조해보니 판본상의 차이에 의해 글자가 다른 것이 적지 않았고, 오자(誤字)까지 간간이 섞여 있어서 원문(原文)의 확정에 시간과 노력이 엄청나게 소요되는 것이었다. 그런 연유로 본의 아니게 번역작업이 지지부진하고 있었는데, 2002년 한국학술진흥재단에서 이 책을 동서양 학술명저 번역 지원 대상도서로 선정하여 번역에 박차를 가할 수 있었다.

『한어시율학』은 중국 시가의 격률과 작법 방면에서 현재까지 세계에서 가장 큰 영향력을 끼치고 있는 연구 저작이다. 저자는 이 책에서 용운(用韻), 평측(平仄), 요구(拗救), 점대(黏對), 대장(對仗), 구식(句式), 어법(語法) 등의 각 방면으로부터 근체시(近體詩), 고체시(古體詩), 사(詞), 곡(曲), 백화시

(白話詩), 유럽화시의 체재상의 특징과 격률에 대해 체계적으로 분석하고 설명하였다. 특히 그는 이 책을 통해 중국인들이 오랫동안 모호하게 알고 있거나 소홀히 다루어오던 격률상의 많은 문제들을 제기하는 한편 이를 풍부한 예문을 통해 명쾌하고 상세하게 분석하고 귀납하여 학계와 일반 독자들의 호평을 받았다. 따라서 이 책은 언어의 각도에서 문체상의 특징을 연구한 중국 제일의 저서라고 말할 수 있다.

왕력은 이 책을 1945년 8월부터 약 2년 동안 집필하여 탈고하였지만 정작 출판은 1958년 1월 신지식출판사(新知識出版社)에 의해 이루어졌다. 그 후 1962년에 제5장을 제외한 나머지 부분이 상해교육출판사(上海教育出版社)에 의해 출판되었고, 1979년에는 제5장을 회복하고 부주(附註)를 대폭 증가시킨 증정본(增訂本)이 다시 상해교육출판사에서 나왔다. 역자가 번역에 사용한 텍스트는 2002년 9월 상해교육출판사에서 이 증정본에 약간의 교정을 보아 새로 펴낸 책이다.

이 책의 원명(原名)이 『한어시율학』인데 번역서의 제목을 『중국시율학』으로 바꾼 이유를 설명할 필요가 있을 것 같다. 우리가 보통 중국어라고 부르는 것을 중국인들은 한어(漢語)라고 한다. 중국은 한족(漢族)이 약 92%를 차지하지만 한족 외에도 몽고족(蒙古族), 회족(回族), 장족(藏族), 위그르족, 조선족 등의 55개 소수민족이 있어서 다민족국가라고 할 수 있다. 또한 그 많은 민족들은 대부분 자신의 고유한 언어가 있어서 중국인들이 사용하는 언어인 중국어는 그 수많은 언어를 포괄하는 개념이 된다. 이런 연유로 중국인들은 우리가 중국어라고 부르는 것을 한족이 사용하는 언어라는 뜻에서 한어(漢語)라고 한다. 따라서 『한어시율학』은 한족의 언어인 한자로 씌어진 시가의 법식에 관한 연구인 셈이다. 그러나 우리나라 독자들에게 한어라는 말이 일반화되지 않아 생소하므로 독자들이 책의 내용을 쉽게 알 수 있도록 번역본의 제목을 『중국시율학』으로 바꾸었다.

역자는 중국 시와 한국 한시에 관심이 있는 독자라면 누구나 이 책을 읽고 이해할 수 있도록 하기 위해 ① 원서에 인용된 시가의 출전을 확인하여 전후 맥락 속에서 번역함으로써 정확한 번역이 되도록 하고, ② 상세한 주석을 달아 친절한 번역이 되도록 하고, ③ 우리말 표현에 유의하여 독자들이 편안하고 분명하게 이해할 수 있도록 노력하였다. 그렇기는 하지만 역자의 역량이 부족하여 잘못되거나 미흡한 점 또한 적지 않을 것이다. 현명한 독자 여러분의 아낌없는 비판과 질정을 기대한다.

이 번역서가 나오기까지 여러 분의 도움이 있었다. 제1장 근체시와 제2장 고체시 부분은 서울대학교 대학원 박사과정에 재학 중인 강민호 동학(同學)과 양선혜 동학이 역자의 초고를 읽고 역자가 채택할 만한 좋은 의견을 많이 제시해주었고, 제4장 곡 부분은 서울대학교에서 강의하는 문성재 박사가 역자의 초고에 대해 교정을 보아주었고, 제5장 백화시와 유럽화시 부분에서 영시의 번역은 서울대학교 TEPS 사업본부장으로 있는 이종일 박사가 도와주었고, 불시의 번역은 한국교육과정평가원의 이근님 박사가 도와주었다. 또한 한국학술진흥재단은 이 책이 나올 수 있도록 연구비와 출판비를 지원해주었고, 소명출판 편집부에서는 역자의 볼품없는 원고를 깔끔한 모습으로 바꾸어주었다. 역자로서는 여간 고마운 일이 아니다. 이 자리를 빌려 깊은 감사의 뜻을 전한다.

2005년 7월 13일

송용준 삼가 씀

중국어판 서문

1944년에 나는 어법에 관한 3권의 책 —『중국현대어법(中國現代語法)』·『중국어법이론(中國語法理論)』·『중국어법강요(中國語法綱要)』— 을 완성한 후, '시법(詩法)'을 연구하려고 했다. 당시 나는 '시법'을 시의 운율을 포함한 '시의 어법'으로 이해했다. 나는 연구를 진행하는 한편 곤명(昆明)의 서남연합대학(西南聯合大學 : 이것은 중일전쟁 기간 중 北京大學·淸華大學·南開大學의 세 대학이 연합한 조직이다)에서 고학년 학생들을 위해 '시법' 강좌를 개설하였다. 이것은 한 학기 과정이었다. 한 학기의 강좌를 끝낸 후 1945년 8월 1일에 이르러서야 이 책의 집필에 착수했다. 따라서 이 책의 내용은 당시의 강의 내용과 크게 다르다. 다룬 범위가 크게 확대되었고, 부문에 따라 관찰의 깊이도 더해졌다.

본서의 서설과 제1장(근체시)·제2장(고체시)·제5장(백화시와 유럽화시)은 1945년 8월 1일부터 1946년 4월 28일까지 쓴 것이고, 제3장(사)과 제4장(곡)은 1946년 후반기부터 1947년 봄까지 쓴 것이다. 애초에는 사(詞)와 곡(曲)을 다룰 생각이 없었는데, 나중에 다시 생각해보니 사곡에 대한 언급 없이 근체시·고체시에서 바로 백화시로 건너뛰면 사람들이 그 갑작

스러움에 의아해할 것 같았다. 또 사와 곡도 사실상 시의 일종이므로 나는 결국 사와 곡에 관한 두 장을 보충해 썼다.

섭성도(葉聖陶) 선생께서 '시법'이라는 명칭이 적당하지 않다고 지적하여 나는 책의 제목을 '중국시율학(中國詩律學)'으로 바꾸었는데, 인쇄에 부치기 전에 다시 '한어시율학(漢語詩律學)'으로 개칭하였다. 여기서의 시율학은 대략 영어의 versification과 러시아어의 СТИХОСЛОЖеНИе에 해당된다. 『후한서(後漢書)』「종호전(鍾皓傳)」에 "종호가 밀산(密山)에 은신하여 문도 천여 인에게 시율을 가르쳤다"라고 하였고, 두보(杜甫) 시에 "詩律群公問(시율을 諸公이 물었다)"이라고 하였으니, 이것이 '시율학' 명명의 유래이다.

이 책은 십 년 전의 원고를 인쇄에 부치기 전에 약간 손질을 가한 것이다. 십 년 전에 나는 이것이 미정고(未定稿)인 만큼 좀더 깊이 있게 연구하고 여러 고명한 학자에게 두루 자문을 구한 다음에 수많은 독자들에게 선을 보일 생각이었다. 그러나 뜻밖에도 한 번 손을 놓으니 십 년이 훌쩍 지나가 시종 지난날의 작업을 다시 정리하지 못하였다. 공화국 수립(1949) 전에도 몇몇 친구에게 가르침을 청하긴 했지만 공화국 수립 이후에는 선배와 친구들이 모두 바빠져서 여러 고명한 학자에게 두루 자문을 구한다는 꿈은 물거품이 되고 말았다. 그래서 이 미정고를 출판하여 수많은 독자들의 비평을 받아보자고 생각을 바꾸었다. 그렇게 되면 고명한 학자가 내가 아는 선배와 친구에 국한되지 않아 가르침을 받는 범위가 더욱 넓어질 것이다.

이 책은 중국 시율의 일반상식과 저자 자신의 연구 성과를 한 데 뒤섞어놓은 것이어서 그것이 하나의 결점이라고 생각하는 친구들도 있었다. 그래서 나는 한때 다시 쓸 것을 고려해보기도 했지만 장고 끝에 다시 쓰는 것이 쉽지 않은 일임을 깨달았다. 내가 이 책을 쓰게 된 동기가 본래 가르치기 위한 것이었으므로 먼저 상식적인 것을 소개하였다. 대학의 고학년 학생들이 학년은 높지만 종전의 각종 수업에 시율 강의가 없었기 때문에 적지 않은 학생들이 아직도 '평평측측측평평'이 무엇인지 모를 것이었다. 사정이 이러므로 상식적인 것부터 이야기하는 것이 필요한 것 같았다.

이 책에는 상식적인 것 외에도 비교적 수준 높은 지식이 들어 있다. 그것은 전인(前人)의 연구 성과이지, 저자 자신의 연구 성과가 아니다. 그러나 일반인들은 중국어 시율에 그렇게 많은 내용이 담겨 있는 줄 모른다. 예를 들어 말하면 동문환(董文渙)의 『성조사보도설(聲調四譜圖說)』을 보기 전에는 나 자신도 시율 중에 '요구(拗救)'가 있다는 것을 몰랐고(좀 더 정확하게 말하면 나는 전에 '요(拗)'가 있는 줄은 알았지만 '구(救)'가 있는 줄은 몰랐다), '상미(上尾)'가 있다는 것을 몰랐다. 그런데 이 '요구' 등은 전인들이 연구해낸 믿을 만한 시율이다. 다시 말해서 상식과 비상식 사이에 명확한 경계를 설정하는 것도 쉬운 일이 아니다. 돌이켜보면 내가 어렸을 때 외삼촌께서 나에게 시를 지을 때 "고평(孤平)을 범하지 말라"고 가르치셨다. 그는 초시(初試) 합격생이었으므로 '고평'을 피하는 것이 과거시대(科擧時代)의 일반상식이었음을 알 수 있다. 그러나 지금은 어떤가? 구시(舊詩)를 즐겨 짓는 많은 사람들이 고평을 범하고 있다. 본서가 소개하는 그와 같은 '비상식'적인 것들이 상식적인 것보다 훨씬 많아서 이 책의 주된 부분이라고 말할 수 있다.

이 책 속에서 저자의 연구 성과로 칠 수 있는 것은 주로 구식(句式)과 어법이다. 그밖에 운율 방면에서도 저자 자신의 견해를 첨가했다. 예를 들면 '평평측평측'이 명목은 요(拗)이지만 실제로는 요가 아니라는 것(제9절), 율시의 수구(首句)에 인운(鄰韻)을 사용한 것은 송대(宋代) 시인들의 기풍이었다는 것(제5절), 곡(曲)의 성조(聲調)는 평성과 상성이 한 부류이고 거성이 따로 한 부류이며, 상성은 종종 평성을 대체할 수 있다는 것(제54절) 등등이다. 이것은 이 책의 또 다른 주요 부분이다.

책의 전체 내용을 개괄해보면 상식적인 것부터 비교적 수준 높은 지식까지 서술하였고, 전인의 연구 성과와 저자 자신이 심득한 것을 함께 수록하였다. 이와 같은 학습용 참고서는 대학 고학년의 (중국시율학에 관련된) 전공과정에 아마도 조금은 도움이 될 것이다.

나는 이 자리에서 풍지(馮至) 교수, 포강청(浦江清) 교수, 변지림(卞之琳) 교수, 양종대(梁宗岱) 교수에게 감사드린다. 내가 이 책을 쓸 때 이 분들의 도움을 받았다.

왕력(王力)

1957년 설날 5일 후 북경대학에서

중판자서(重版自序)

이 책은 원래 신지식출판사(新知識出版社)에서 출판되었는데, 1962년 상해교육출판사(上海教育出版社)에서 개정판을 내면서 제5장을 빼어버렸다. 이제 제5장(백화시와 유럽화시)을 회복시켜 상해교육출판사에서 다시 출판한다. 이번의 개정판에는 크게 수정한 것이 없고, 다만 부주(附註)를 증가시켰다(원래 5개의 부주가 있었는데, 32개를 늘려 37개로 하였다). 새로 증가시킨 부주가 이 책에 대한 수정과 보충이다.

왕력

1978년 2월 21일 북경대학에서

중국시율학 2

차례

2장

중국시율학 1

차례

중국시율학 3

차례

3장

사(詞) __ **17**

중국시율학 4

차례

제 2 장

고체시

제23절 고체시 각 구의 글자 수

23.1 고체시는 '고풍(古風)'이라고도 한다. 당대(唐代)에 근체시가 탄생한 후에도 시인들은 고대의 형식을 버리지 않고 근체시의 평측(平仄)·대장(對仗)과 어법을 따르는 대신 상대적으로 구속이 적은 고인(古人)의 시를 모방하여 시를 짓기도 했다. 이에 율(律)·절(絶)과 고풍은 대립되는 두 가지 시체(詩體)가 되었다. '고풍'이 고시를 모방한 것이기는 하지만 각 방면으로부터 볼 때 당송(唐宋) 이후의 고풍은 결국 대다수가 육조(六朝) 이전의 고시와 견줄 수 없게 되었다. 왜냐하면 시인들이 근체시의 영향을 깊이 받아서 고풍을 지어도 무의식적으로 얼마간 근체시의 평측·대장 또는 어법이 섞여드는 것을 면할 수 없었기 때문이다. 그것은 현재의 수많은 문인들이 구어문의 영향을 깊이 받아서 억지로 문언

문을 지어도 기껏해야 '형사(形似)'를 얻을 수 있을 뿐인 것과 같다. 본서에서 먼저 근체시를 이야기하고 그 다음에 고체시를 이야기하는 것은 당송 이후의 고체시가 확실히 근체시의 영향을 받아서 먼저 근체시를 철저하게 이해하지 않으면 '고풍'을 이해할 방법이 없기 때문이다.

23.2 본 절에서는 먼저 고풍 각 구의 글자 수를 이야기하겠다. 우리가 글자 수를 이야기하면서 구(句)를 논하고 편(篇)을 논하지 않는 것은 고풍 매 편의 글자 수가 일정하지 않기 때문이다. 매 구의 글자 수를 가지고 논하면 고풍은 (1) 4언, (2) 5언, (3) 7언, (4) 5・7 잡언, (5) 3・7 잡언, (6) 3・5・7 잡언, (7) 착종잡언(錯綜雜言)의 일곱 가지로 나눌 수 있다. 이제 이 각각에 대하여 나누어 서술한다.

23.3 (1) 4언-4언의 고풍은 『시경(詩經)』을 모방하여 지은 것으로 볼 수 있다. 『문선(文選)』에 육기(陸機) 등의 4언시도 들어 있으니 4언시가 단절되지 않고 계속 지어졌음을 알 수 있다. 그러나 당인(唐人)의 고체에서는 4언시가 오히려 대단히 드물게 보인다. 여기서도 왕유(王維)와 유종원(柳宗元)의 4언시 각 한 편씩을 예로 들 수 있을 뿐이다.

嗟予未喪,	안타깝게도 내가 아직 죽지 않아
哀此孤生.	이 외로운 삶을 슬퍼한다.
屛居藍田,	물러나 남전에 은거하며
薄地躬耕.	척박한 땅에서 직접 경작한다.
歲晏輸稅,	연말에는 세금을 내기 위해
以奉粢盛.	제기에 담긴 곡물을 드린다.
晨往東皐,	새벽에 동쪽 언덕으로 가니
草露未稀.	풀에 이슬이 아직 마르지 않았다.
暮看煙火,	저녁에 인가의 연기를 바라보며
負擔來歸.	풀 짐을 등에 지고 돌아온다.
我聞有客,	손님이 온다는 말을 들으면
足埽荊扉.	발로 사립문 앞을 쓸었다.

簞食伊何? 대광주리의 밥뿐이니 어쩌나?
副瓜抓棗. 오이를 깎고 대추를 딴다.
仰厠群賢, 찾아온 여러 현인들을 우러러보니
皤然一老. 머리가 센 것이 하나같이 늙었다.
媿無莞簟, 왕골자리가 없는 것이 부끄럽지만
班荊席藁. 싸리를 깔고 짚으로 자리를 마련했다.
汎汎登陂, 두둥실 배를 띄워 못으로 올라가서
折彼荷花. 여기저기서 연꽃을 딴다.
靜觀素鮪, 조용히 흰 다랑어를 관찰하고
俯映白沙. 고개 숙이니 하얀 모래가 비친다.
山鳥群飛, 산새들은 떼 지어 날아가고
日隱輕霞. 햇살 뒤로 노을이 은은하다.
登車上馬, 수레에 오르고 말을 타니
倏忽雲散. 순식간에 구름이 흩어진다.
雀噪荒村, 황량한 마을에 참새 지저귀고
雞鳴空館. 빈 관사에는 닭이 울고 있다.
還復幽獨, 돌아와 다시 혼자가 되고 나니
重欷累歎. 거듭 흐느끼고 누차 한탄한다.

— 왕유(王維), 「酬諸公見過」

皇耆其武, 황제께서 군대를 파견하시어
于溵于淮. 溵水와 淮水에 이르렀다.
旣巾乃車, 수레에 천을 덮고서
環蔡具來. 蔡州를 돌아 온전히 왔다.
狡衆昏嚚, 교활한 무리들은 우매하여
甚毒于酲. 술병 난 것보다 해독이 심하다.
狂奔叫呶, 광분하여 부르짖고 떠들며
以干大刑. 큰 형벌을 자초하였다.

— 유종원(柳宗元), 「奉平淮夷雅表皇武十有一章(錄二)」(제1수)

皇咨于度, 황제께서 裴度에게 상의하시어

惟汝一德. 오직 그대에게 한 마음으로 공을 세우라고 하셨다.
曠誅四紀, 吳元濟 자립 후 4년 만에 주벌하니
其傒汝克. 그 어려운 일을 그대가 해냈다.
錫汝斧鉞, 그대에게 도끼를 하사하시니
其往視師. 가서 스승에게 보여드렸다.
師是蔡人, 스승은 蔡人이시니
以宥以釐. 그것으로 용서하고 복을 주셨다.

— 유종원, 「奉平淮夷雅表皇武十有一章(錄二)」(제2수)

23.4 (2) 5언-5언의 고풍은 정통의 고체시로 볼 수 있다. 왜냐하면 「고시십구수(古詩十九首)」가 5언이고, 육조(六朝)의 시도 대다수가 5언이기 때문이다. 여기서는 이백(李白)의 고풍 한 수만을 예로 들어본다.

大雅久不作, 大雅의 뜻이 오래도록 끊어졌으니
吾衰竟誰陳. 내가 노쇠하면 누가 이를 펴리오?
王風委蔓草, 王風은 덤불 속에 던져지고
戰國多荊榛. 戰國 때에는 가시나무 잡목만 무성했다.
龍虎相啖食, 용과 호랑이가 서로 삼키며 먹더니
兵戈逮狂秦. 전란이 광포한 秦에 이르러 끝났다.
正聲何微茫! 바른 문학이 얼마나 쇠미해졌던가!
哀怨起騷人. 슬픔과 원망 속에 초사 작가가 일어났다.
揚馬激頹波, 揚雄과 司馬相如가 퇴폐한 물결을 치니
開流蕩無垠. 그 물결 열리어 끝없이 흘러넘쳤다.
廢興雖萬變, 그 후 흥망이 수없이 바뀌었지만
憲章亦已淪. 正聲의 법도는 이미 없어져버렸다.
自從建安來, 건안 이래로 시들은
綺麗不足珍. 꾸미기만 하여 진귀하지 못했다.
聖代復元古, 本朝에 이르러 옛 기풍을 회복하고
垂衣貴清眞. 治世가 열려 清眞을 귀히 여겼다.
群才屬休明, 여러 인재들은 크게 밝은 때를 만나

乘運共躍鱗. 시운을 타고서 용처럼 솟아오른다.
文質相炳煥, 文과 質이 서로 어울려 빛나고
衆星羅秋旻. 뭇 별들이 가을 하늘에 즐비하다.
我志在刪述, 나의 뜻은 공자같이 시를 바로잡아
垂輝映千春. 그 빛을 영원히 드리우는 것이다.
希聖如有立, 내가 성인을 본받아 성취가 있다면
絶筆於獲麟. 공자처럼 獲麟에서 붓을 놓으리.

—이백, 「古風五十九首」(제1수)

23.5 (3) 7언—칠언고시는 기원이 제법 늦어서(앞의 머리말을 참조할 것), 당송 칠언고풍의 격률도 대부분 근체 칠언시에서 변화되어 나왔다(제31, 32 두 절을 참조할 것). 이백과 두보의 칠언고풍은 비교적 고시에 가까운 격률을 지녔으므로 여기서 각기 한 수씩 예로 든다.

木蘭之枻沙棠舟, 목란나무의 노에 사당나무의 배를 탔는데
玉簫金管坐兩頭. 옥퉁소 금피리가 배 양 옆에서 연주한다.
美酒尊中置千斛, 술항아리에 맛있는 술을 천 섬 채우고
載妓隨波任去留. 기생 싣고 배를 띄워 물결에 맡겨둔다.
仙人有待乘黃鶴, 선인은 황학을 타려는 기다림이 있지만
海客無心隨白鷗. 나 海客은 속념이 없어 백구와 어울린다.
屈平詞賦懸日月, 屈原의 詞와 賦는 해와 달처럼 걸렸는데
楚王臺榭空山丘. 초왕의 누대는 산언덕에 텅 비어 있다.
興酣落筆搖五嶽, 흥에 겨워 붓을 들면 오악을 뒤흔들고
詩成笑傲凌滄洲. 시를 짓고 호탕하게 웃으니 滄海를 넘는다.
功名富貴若長在, 공명과 부귀가 영원한 것이라면
漢水亦應西北流! 한수도 응당 북서쪽으로 흐르리라!

—이백, 「江上吟」

今日苦短昨日休, 어제는 가버렸고 오늘도 짧아 괴로운데
歲云暮矣增離憂. 한 해가 저물어 이별의 슬픔이 더한다.

霜凋碧樹待錦樹, 푸른 나무는 서리를 맞아 단풍을 기다리고
萬壑東逝無停留. 계곡마다 물은 멈춤 없이 동으로 흘러간다.
荒戍之城石色古, 황량한 백제성은 바위가 고색창연하고
東郭老人住青丘. 나 동곽노인은 청구에 머물러 있다.
飛書白帝營斗粟, 백제성에 편지를 보내는 것은 곡식을 위해서이고
琴瑟几杖柴門幽. 거문고를 타거나 지팡이 짚고 나가니 사립문 적막하다.
青草萋萋盡枯死, 무성하던 푸른 풀도 다 시들어 죽었고
天馬跛足隨氂牛. 천마도 절룩거리며 얼룩소를 따라간다.
自古聖賢多薄命, 예로부터 성현은 대부분 박명했는데
姦雄惡少皆封侯. 간웅과 사악한 소인배는 모두 제후에 봉해졌다.
故國三年一消息, 삼 년 동안 고향소식이라곤 거의 듣지 못했는데
終南渭水寒悠悠. 종남산과 위수는 추위 속에 여전하겠지.
五陵豪貴反顚倒, 오릉의 호족들은 오히려 거꾸러졌고
鄕里小兒狐白裘. 향리의 소아가 흰 여우 갖옷을 입었다.
生男墮地要膂力, 남아가 땅에 쓰러지면 근력이 필요하니
一生富貴傾邦國. 일생의 부귀는 나라를 기울게 한다.
莫愁父母少黃金, 부모에게 황금이 적다고 슬퍼하지 말지니
天下風塵兒亦得. 천하에 전란이 일면 아들로도 얻을 수 있다.

— 두보(杜甫), 「錦樹行」

칠언고풍의 첫머리에 '君不見' 세 글자를 붙여 모두(冒頭)로 삼은 것은 일종의 변체로 볼 수 있다. 다음 예를 보자.

君不見巫山神女作行雲, 그대는 보지 못 했는가 무산의 신녀가 구름이 되어
霏紅沓翠曉氛氳. 꽃잎 흩날리고 푸른 잎 무성하여 새벽기운 왕성한 것을.
嬋娟流入楚王夢, 아름다운 신녀가 초왕의 꿈에 흘러 들어와서는
倏忽還隨零雨分. 순식간에 다시 떨어지는 비 따라 왕 곁을 떠났다.
空中飛去復飛來, 공중으로 날아갔다가는 다시 날아오니
朝朝暮暮下陽臺. 아침저녁으로 양대에 내려오는 것이다.
愁君此去爲仙尉, 슬프다 그대가 선위가 되어 이곳을 떠나

便逐行雲去不回.　　구름 따라 가버리면 돌아오지 않을 것이.

— 맹호연(孟浩然), 「送王七尉松滋得陽臺雲」

君不見開元至化垂衣裳,　그대는 보지 못 했는가 개원의 훌륭한 敎化로 治世가 되어
厭坐明堂朝萬方.　　편안히 宣政殿에 앉아 있으면 만방에서 문안을 온다.
訪道靈山降聖祖,　　영산을 방문하면 황제의 선조가 강림하시고
沐浴華池集百祥.　　華清池에서 목욕하면 온갖 상서로운 일이 모여든다.
千乘萬騎被原野,　　수많은 수레와 말이 들판을 뒤덮고
雲霞草木相輝光.　　구름과 노을에 초목이 서로 빛을 발한다.
禁仗圍山曉霜切,　　황제의 의장이 산을 에워싸 새벽 서리 끊기고
離宮積翠夜漏長.　　황제의 별장엔 초목이 무성하고 밤의 물시계 소리 끊임없다.
玉階寂歷朝無事,　　옥섬돌 고요하여 아침에 아무 일도 없는데
碧樹萎蕤寒更芳.　　푸른 나무 무성하여 추운 밤에도 향기를 풍긴다.
三淸小鳥傳仙語,　　三清境의 작은 섬에 신선의 말씀을 전하니
九華眞人奉瓊漿.　　구화진인이 맛좋은 술을 받들고 나온다.
……

— 위응물(韋應物), 「驪山行」

23.6 (4) 5·7 잡언—5·7 잡언은 7언 중에 5언이 섞인 것이 비교적 많고, 5언 중에 7언이 섞인 것은 비교적 적다. 이제 이 둘을 나누어서 예를 들어본다.

(甲) 7언 중에 5언이 섞인 것

美人在時花滿堂,　　미인이 있을 때는 꽃이 집안에 가득했는데
美人去後空餘牀.　　미인이 떠나가니 남은 침상이 텅 비었다.
牀中繡被卷不寢,　　침상의 수 이불은 개어놓고 덮지 않는데
至今三載猶聞香.　　삼 년이 지난 지금도 향기가 남아 있다.

香亦竟不滅,　　향기는 끝내 없어지지 않건만
人亦竟不來.　　사람은 끝내 돌아올 줄 모른다.
相思黃葉落,　　그리움에 누런 잎 떨어지고
白露點蒼苔.　　흰 이슬방울이 푸른 이끼에 떨어진다.

—이백, 「長相思」

去歲左遷夜郎道,　　지난해 쫓겨나 야랑으로 가는 도중에
琉璃硯水長枯槁.　　유리 벼루에 물이 늘 말라 詩興이 일지 않았다.
今年敕放巫山陽,　　금년에 무산의 남쪽에서 사면을 받아 돌아오니
蛟龍筆翰生輝光.　　붓에 빛이 나며 교룡의 문자가 쓰여진다.
聖主還聽子虛賦,　　황제께서 다시 자허부를 듣고 싶어 하시어
相如却欲論文章.　　사마상여처럼 다시 문장을 지으련다.[1]
願掃鸚鵡洲,　　원컨대 앵무주를 쓸고 술자리를 마련하여
與君醉百場.　　그대와 함께 흠뻑 마시고 취하고 싶다.
嘯起白雲飛七澤,　　읊조림이 흰 구름을 타고 칠택으로 날아가고
歌吟綠水動三湘.　　노래 소리가 푸른 물에 실려 삼상을 감동시키리.[2]
莫惜連船沽美酒,　　배 가득히 맛좋은 술 사는 것을 아까워할 것 없으니
千金一擲買春芳.　　천금을 쾌척하여 향긋한 술을 사리라.

—이백, 「自漢陽病酒歸寄王明府」

君知妾有夫,　　그대는 제게 남편이 있는 줄 알면서도
贈妾雙明珠.　　저에게 쌍명주를 보내주었습니다.
感君纏綿意,　　그대의 애틋한 마음을 느껴서
繫在紅羅襦.　　그것을 붉은 비단저고리에 매었지요.
妾家高樓連苑起,　　저의 집은 높은 누각 御苑에 이어 있고
良人執戟明光裏.　　제 남편은 창을 들고 明光殿을 지킵니다.
知君用心如日月,　　그대의 마음 씀이 해와 달 같음을 알지만
事夫誓擬同生死.　　저는 남편을 섬겨 생사를 같이 하기로 맹세했답니다.

---

1) 텍스트에는 '欲'이 '與'로 되어 있는데, 내용상 『李白集校注』에 의거하여 바꾸었다.
2) 텍스트에는 '綠'이 '淥'으로 되어 있는데, 誤字이다.

還君明珠雙淚垂,	지금 쌍명주를 돌려드리며 눈물을 흘리니
何不相逢未嫁時?	어찌 시집가기 전에 그대를 만나지 못했을까요?

— 장적(張籍), 「節婦吟寄東平李司空師道」

湘東行人長歎息,	湘水 동쪽의 행인이 장탄식하며 하는 말
十年離家歸未得.	집 떠난 지 십 년에 아직 돌아가지 못했단다.
弊裘羸馬苦難行,	갖옷 해지고 말 파리하여 고달프고 힘든데
僮僕飢寒少筋力.	동복은 춥고 배고파서 근력이라곤 없다.
君不見牀頭黃金盡,	그대는 보지 못 했는가 침상 머리의 황금은 다 떨어지고
壯士無顏色.	장사의 얼굴빛이 핼쑥한 것을.
龍蟠泥中未有雲,	용이 서린 진흙에는 구름이 없으니
不能生彼升天翼.	하늘에 오를 날개가 돋아날 수 없다.

(여기서 '君不見'은 5언의 모두(冒頭)이다.)

— 장적, 「行路難」

我本山中人,	나는 본래 산 속의 사람이었는데
尺一喚起趨埃塵.	황제께서 부르자 먼지를 뒤좇았다.
君爲邊城守,	그대는 변방 성의 태수인지라
作意邀山入窗牖.	마음으로 산을 맞으니 창문에 든다.
朝來爽氣如有期,	아침에는 상쾌한 기운이 약속이나 한 듯하고
送我憑軒一杯酒.	창문에 기대있는 나에게 한 잔 술을 보내온다.
丈夫已忍猿鶴羞,	장부는 이미 원숭이와 학의 슬픔에 부끄럽고
欲去且復斯須留.	떠나려다가는 다시 남아 있어야 한다고 느낀다.
西峯木脫亂髮擁,	서봉의 나무는 엉클어진 머리 벗은 채 에워싸고
東嶺烟破修眉浮.	동령의 안개는 긴 눈썹을 깨뜨리고 떠온다.
主人愛客山更好,	주인은 손을 좋아하지만 산이 더욱 좋아서
醉裏一笑驚蠻州.	취하여 웃으며 만주의 벼슬에 놀란다.
丁寧雲雨莫作厄,	정녕 구름과 비가 액운을 만들지 말지니
明日青山當逐客.	내일은 청산이 나그네를 뒤쫓아가리라.

— 진여의(陳與義), 「遙碧軒作呈使君少隱時欲赴召」

(乙) 5언 중에 7언이 섞인 것

憶昔嬌小姿,	지난날 예쁘고 작은 소녀였을 때는
春心亦自持.	춘심도 스스로 가눌 수 있었다.
爲言嫁夫壻,	훌륭한 사나이에게 시집을 가서
得免長相思.	기나긴 그리움을 면하고자 하였다.
誰知嫁商賈,	누가 알았으랴 장사꾼에게 시집가
令人卻愁苦!	슬픔과 고통 속에 살게 될 줄을!
自從爲夫妻,	부부가 된 이후로 지금까지
何曾在鄕土?	언제 한번 집을 지킨 적이 있었던가?
去年下揚州,	작년에 그가 양주로 내려갈 때
相送黃鶴樓.	나는 황학루에서 그를 전송하였다.
眼看帆去遠,	멀리 사라져 가는 돛배를 바라보며
心逐江水流.	마음은 강물 따라 함께 흘러갔다.
只言期一載,	일 년 후 돌아오겠다고 약속했을 뿐
誰謂歷三秋!	삼 년을 지내겠다고 누가 말했던가!
使妾腸欲斷,	이 몸의 애간장을 끊어 놓듯하여
恨君情悠悠.	무심한 남편이 원망스럽기만 하다.
東家西舍同時發,	남편과 동시에 출발했던 이웃 남자들은
北去南來不逾月.	어디로 갔건 간에 한 달을 넘기지 않았다.
未知行李遊何方,	그 사람 지금 어디로 갔는지 알 수 없어서
作箇音書能斷絶.	편지를 써도 보낼 수가 없다.
適來往南浦,	어쩔 수 없어 남포로 달려가
欲問西江船.	서강에서 온 배가 있는지 묻고자 하였다.
正見當壚女,	마침 술파는 여인을 보게 되었는데
紅粧二八年.	곱게 단장한 이팔청춘의 나이였다.
一種爲人妻,	똑같이 한 남자의 아내이건만
獨自多悲淒.	나 홀로 몹시 슬프고 처량하다.
對鏡便垂淚,	거울을 대하니 눈물이 흘러내리고
逢人只欲啼.	사람을 만나면 그저 울 것만 같다.
不如輕薄兒,	차라리 경박한 사내에게 시집가서

旦暮長相隨.	아침저녁으로 언제나 함께 어울릴 것을!
悔作商人婦,	장사꾼의 아내가 된 것을 후회하니
青春長別離.	청춘시절을 늘 이별 속에 살아왔다.
如今正好同歡樂,	지금이 바로 기쁨을 함께 나눌 때건만
君去容華誰得知!	남편은 떠났고 이 젊은 얼굴을 누가 알아줄까!

—이백, 「江夏行」

亭亭碧山椒,	우뚝 솟은 푸른 산의 산초나무
依約凝黛立.	어렴풋이 눈썹먹이 맺혀 서 있다.
何年蕩子婦,	언제 탕아의 아내가 되었기에
登年望行役?	오랜 세월 병역 나간 사람을 기다리나?
君行斷音信,	낭군이 떠난 후 소식은 끊어지고
妾恨無終極.	소첩의 한은 끝없이 이어진다.
堅誠不磨滅,	굳은 정성 마멸되지 않아서
化作山上石.	산 위의 바위가 되었다.
煙悲復雲慘,	안개도 슬프고 구름도 참담하여
髣髴見精魄.	마치 혼백을 보는 것 같다.
野花徒自好,	들꽃은 공연히 저 홀로 예쁘고
江月爲誰白?	강 위의 달은 누굴 위해 하얀가?
亦知江南與江北,	또한 알고 있다 강남과 강북에는
紅樓無處無傾國.	절세가인이 없는 妓樓가 없다는 것을.
妾身爲石良不惜,	소첩의 몸이 바위가 되어도 애석하지 않지만
君心爲石那可得?	낭군의 마음이 돌이 된다면 안 되지 않겠어요?

—진조(陳造), 「望夫山」

23.7 (5) 3·7 잡언—3·7 잡언은 7언 중에 3자구(字句)가 일부 섞여 있는 것이다. 다음 예를 보자.

邊城兒,	변방의 젊은이
生年不讀一字書,	생전가야 책 한 자 읽은 적 없이

但知遊獵跨輕趫. 사양을 일삼으며 날램을 뽐낼 뿐이다.[3)]
胡馬秋肥宜白草, 호마가 가을에 살찌는 것은 백초 덕분인데
騎來躡影何矜驕! 말 타고 달려오는 모습 얼마나 당당한가!
金鞭拂雪揮鳴鞘, 적설을 스치며 채찍을 소리 나게 휘두르고
半酣呼鷹出遠郊. 술이 거나하여 매를 불러 먼 교외로 나간다.
弓彎滿月不虛發, 만월같이 시위를 당겨 실수 없이 쏘고
雙鶬迸落連飛髇. 우는 살 잇달아 날자 쌍두루미 떨어진다.
海邊觀者皆辟易, 호수 옆 구경꾼들 모두 다 도망가니
猛氣英風振沙磧. 사나운 기개와 늠름한 풍도를 온 사막에 떨쳤다.
儒生不及遊俠人, 글 읽는 선비는 협객에 미치지 못하니
白首下帷復何益! 머리 센 채 책을 읽은들 또 무슨 소용 있으리!

— 이백, 「行行且遊獵篇」[4)]

長相思, 애타게 그리워한다
在長安. 장안에서.
絡緯秋啼金井闌. 가을이라 우물가에는 귀뚜라미 슬피 울고
微霜凄凄簟色寒. 싸늘한 서릿발에 대자리 빛마저 차갑다.
孤燈不明思欲絶, 외로운 등 가물거려 그리움을 견딜 수 없어
卷帷望月空長歎. 휘장 걷고 달을 보며 부질없이 장탄식한다.
美人如花隔雲端. 꽃 같은 내 님은 저 멀리 구름 끝에 있다.
上有青冥之高天, 위에는 까마득히 푸르고 높은 하늘이 있고
下有淥水之波瀾. 아래에는 맑은 강의 거센 물결이 있다.
天長路遠魂飛苦, 하늘 높고 길은 멀어 혼백만 고달프게 헤매며
夢魂不到關山難. 꿈속에서도 산하가 가로막아 도달하기 어렵다.
長相思, 그리움에 지쳐서
摧心肝. 애간장 끊어진다.

— 이백, 「長相思」

春風東來忽相過, 봄바람이 동쪽에서 갑자기 불어와

---

3) 텍스트에는 '知'가 '將'으로 되어 있는데, 誤字이다.
4) 텍스트에는 이 제목이 「行行遊且獵篇」으로 되어 있는데, 잘못된 것이다.

金樽淥酒生微波. 금 동이의 맑은 술에 잔물결이 인다.
落花紛紛稍覺多. 어지럽게 꽃잎 떨어져 어느새 수북하고
美人欲醉朱顏酡. 미인은 몇 잔 술에 고운 얼굴 붉어졌다.
靑軒桃李能幾何! 화려한 거실 옆의 복사꽃은 얼마나 가리!
流光欺人忽蹉跎. 세월은 사람 속이며 속절없이 흘러간다.
君起舞, 그대여 일어나 춤을 춥시다
日西夕. 해가 서산에 기울어 간다오
當年意氣不肯傾, 젊은 혈기를 쏟아 붓지 않는다면[5]
白髮如絲歎何益! 백발이 성성하여 탄식한들 무엇 하리!

— 이백, 「前有樽酒行二首」(제1수)

遠牧牛, 멀리 소 먹이러 나가니
遶村四面禾黍稠. 마을의 사방을 두르고 있는 벼와 기장 빽빽하다.
陂中飢鳥啄牛背, 방죽에선 굶주린 새들이 소 등을 쪼아대서
令我不得戲壟頭. 나로 하여금 밭두둑에서 놀지도 못하게 한다.
入陂草多牛散行, 방죽에 들어서니 풀이 많아 소들은 흩어지고
白犢時向蘆中鳴. 흰 송아지 때때로 갈대풀 속에서 울어댄다.
隔堤吹葉應同伴, 건너편 둑에서 풀피리 불어 친구에게 응답하고
還鼓長鞭三四聲. 또 긴 채찍을 휘둘러 서너 번 소리를 내본다.
牛牛食草莫相觸, 소들아 풀 뜯으며 서로 싸우지 말거라.
官家截爾頭上角. 관가에서 네놈들 머리에 난 뿔을 잘라 갈라.

— 장적(張籍), 「牧童詞」

天欲雨, 하늘에서 비가 내리려 하고
有東風. 봄바람이 불어오니
南溪白鼉鳴窟中. 남계의 흰 악어가 굴속에서 울부짖는다.
六月人家井無水, 유월인데도 인가의 우물에는 물이 없어서
夜聞鼉聲人盡起. 밤에 악어 소리를 듣고 사람들이 모두 일어난다.

— 장적, 「白鼉鳴」

5) 텍스트에는 '傾'이 '平'으로 되어 있는데, 誤字이다.

山頭鹿, 산꼭대기에 사는 사슴
角芟芟, 뿔은 베어져 민둥민둥하고
尾促促. 꼬리는 짤막하다.
貧兒多租輸不足. 가난한 사람 세금이 많아 다 내지 못하니
夫死未葬兒在獄. 남편이 죽어도 장례 못 치르고 아들은 감옥에 있다.
旱日熬熬蒸野岡, 가뭄에 해가 들판과 언덕을 푹푹 찌게 하니[6]
禾黍不收無獄糧. 벼와 기장 수확 못해 옥바라지할 양식이 없다.
縣家唯憂少軍食, 관청에선 오직 군량이 부족할까 걱정할 뿐이니
誰能令爾無死傷? 누가 그대들을 죽거나 다치지 않게 할 수 있을까?

— 장적, 「山頭鹿」

牧牛兒, 소 먹이는 아이가
遠陂牧. 멀리 방죽에서 소를 먹인다.
遠陂牧牛芳草綠. 멀리 방죽에서 소를 먹이니 방초가 푸르러
兒怒掉鞭牛不觸. 아이가 성내며 채찍 흔드니 소들은 싸우지 못한다.
澗邊柳古南風淸, 시냇가 버들 오래되고 남풍이 시원하게 부는데
麥深蔽目田野平. 보리가 우거져 눈을 가리고 들판에 넘실거린다.
烏犍礪角逐草行. 검은 황소는 뿔을 갈다가 풀을 쫓아가고
老牸臥噍饑不鳴. 늙은 암소는 누워 되새김질하다 배가 고파 울지 않는다.
犢兒跳梁沒草去, 송아지는 징검다리를 뛰어넘어 풀 속으로 사라져서
隔林應母時一聲. 건너편 숲에서 어미 부르는 소리에 이따금 응답한다.
老翁念兒自攜餉, 할아버지는 아이가 걱정되어 손수 도시락을 들고
出門先上崗頭望. 문을 나서서 먼저 언덕 꼭대기에 올라 살펴본다.
日斜風雨濕簑衣, 해는 기울고 비바람이 도롱이를 적시니
拍手唱歌尋伴歸. 손뼉치고 노래 부르며 짝을 찾아 돌아온다.
遠村牧牛風日薄, 멀리 나가 소를 먹이면 해가 짧고
近村牧牛泥水惡. 가까이서 소를 먹이면 진창이라 나쁘다.
珠璣燕趙兒不知, 주옥을 燕과 趙의 아이들은 알지 못하니
兒生但知牛背樂. 아이들은 그저 소잔등의 즐거움을 알 뿐이다.

— 장뢰(張耒), 「牧牛兒」

6) 텍스트에는 '旱'이 '早'로 되어 있는데, 誤字이다.

雲穰穰, 구름은 풍성하게 깔려 있고[7]
麥穗黃. 보리는 이삭이 누렇게 팼다.
婆餠欲焦新麥香. 아내의 떡이 그을어 가면 햇보리가 향긋하다.
今年麥熟不敢嘗. 금년에는 보리가 익어도 감히 맛보지 못하니
斗量車載傾囷倉. 말로 헤아려 수레에 실어도 곳집을 다 비워
化作三軍馬上糧. 삼군의 말 위의 식량으로 보내야 한단다.

— 주자지(周紫芝), 「五禽言」(婆餠焦)

提壺蘆, 술병을 들라고
樹頭勸酒聲相呼. 나무 꼭대기에서 술 권하는 소리로 부른다.
勸人沽酒無處沽. 사람에게 술을 사라고 권하지만 살 곳이 없다.
太歲何年當在酉, 太歲가 어느 해에나 닭 해에 머물러
敲門問漿還得酒. 문을 두드려 마실 것을 물으면 술을 얻을 수 있을까?
田中禾穗處處黃, 밭의 벼이삭이 곳마다 누렇게 익으면
甕頭新綠家家有. 단지에는 새로 빚은 술이 집집마다 있겠지.

— 주자지(周紫芝), 「五禽言」(提壺蘆)

山花冥冥山欲雨, 산에 비가 내리려 하여 산꽃이 어둑하니
杜鵑聲酸客無語. 두견새 소리가 짠한데도 나그네는 말이 없다.
客欲去, 나그네는 돌아가고 싶지만
山邊賊營夜鳴鼓. 산 옆 도적의 군영에서 밤에 북을 울린다.
誰言杜宇歸去樂? 蜀王 杜宇의 돌아가는 즐거움을 누가 말했던가?
歸來處處無城郭. 돌아가야 곳마다 성곽이라곤 없을 텐데.
春日暖, 봄날은 따뜻하고
春雲薄. 봄 구름은 엷다.
飛來日落還未落. 날아오면 해가 져가도 아직 지지 않았으니
春山相呼亦不惡. 봄 산이 너를 부르는 것도 나쁘지 않으리.

— 주자지(周紫芝), 「五禽言」(思歸樂)

7) 텍스트에는 '穰穰'이 '瀼瀼'으로 되어 있는데, 誤字이다.

23.8 (6) 3·5·7 잡언—3·5·7 잡언은 7언이 위주이고 5언과 3언이 섞인 것이다. 오언시가 생겨난 이래로 글자수가 홀수인 구절이 대략 시의 절주에 더욱 적합하다고 여겨졌기 때문에 7언 중에 왕왕 5언과 3언을 섞었지만 6언이나 4언은 그다지 섞지 않았다. 다음 예를 보자.

楚山秦山皆白雲,	초산과 진산 위는 모두가 흰 구름인데
白雲處處長隨君.	흰 구름이 곳마다 늘 그대를 따른다.
長隨君,	언제나 그대를 따라가서
君入楚山裏.	그대가 초산에 들어가면
雲亦隨君渡湘水.	구름도 그대 따라 상수를 건넌다.
湘水上,	상수 가에는
女蘿衣.	여라로 지은 옷이 있고
白雲堪臥君早歸.	흰 구름 아래 누울 만하니 그대여 일찍 돌아가게.

—이백, 「白雲歌送劉十六歸山」

淮南小山白毫子,	백호자는 회남소산과 같은 인물이어서
乃在淮南小山裏.	회남의 작은 산 속에 산다.
夜臥松下雲,	밤에는 구름 덮인 소나무 아래에 눕고
朝餐石中髓.	아침에는 石髓를 조찬으로 삼는다.
小山連綿向江開,	작은 산은 구불구불 이어져 강을 향해 열려 있고
碧峰巉巖綠水迴.	푸른 봉우리와 가파른 바위 사이를 푸른 물이 돌아 흐른다.
余配白毫子,	나는 백호자와 어울려서
獨酌流霞杯.	홀로 신선주 流霞를 마신다.
拂花弄琴坐青苔,	푸른 이끼 위에 앉아 꽃을 스치며 거문고를 타니
綠蘿樹下春風來.	파란 등나무 아래로 봄바람이 불어온다.
南窗蕭颯松聲起,	남쪽 창으로 쏴아 하고 소나무 소리가 일어
憑崖一聽清心耳.	벼랑에 기대어 들으니 마음과 귀가 맑아진다.
可得見,	나는 백호자와 만날 수는 있지만
未得親.	아직 친하지는 못하였다.
八公攜手五雲去,	여덟 도사가 손을 잡고 登仙하고 나니

空餘桂樹愁殺人.　　계수만 덩그러니 남아 사람을 슬프게 한다.

—이백, 「白毫子歌」

登高丘,　　높은 언덕에 올라
望遠海,　　먼 바다를 바라본다.
六鼇骨已霜,　　여섯 자라의 뼈는 이미 서리가 되었고
三山流安在?　　삼산은 흘러 흘러 어디에 있나?
扶桑半摧折,　　부상나무는 반쯤 꺾이고
白日沈光彩.　　밝은 해도 빛을 잃었다.
銀臺金闕如夢中,　　은대와 금궐은 꿈같이 부질없고
秦皇漢武空相待.　　진시황과 한무제는 공연히 기다렸다.
精衛費木石,　　정위는 돌과 나무만 허비했고
黿鼉無所憑.　　자라와 악어의 교량도 믿을 게 못 된다.
君不見驪山茂陵盡灰滅, 그대는 보지 못 했는가 여산과 무릉이 모두 재가 되어
牧羊之子來攀登.　　양치는 아이들이 오르내리는 것을.
盜賊劫寶玉,　　도적이 보물을 훔쳐갈 동안
精靈竟何能!　　혼령들은 대체 무얼 했던가!
窮兵黷武今如此,　　군졸들을 모아 막아도 이러하거늘
鼎湖飛龍安可乘!　　정호의 비룡을 어떻게 타겠는가!
(중간에 '君不見'을 사용하여 冒頭語로 삼았다.)

—이백, 「登高丘而望遠海」

君不見黃河之水天上來, 그대는 보지 못했는가 황하의 물이 하늘에서 내려와
奔流到海不復迴.　　바다로 치달아 다시 돌아오지 못하는 것을.
君不見高堂明鏡悲白髮, 그대는 보지 못했는가 고대광실에서 거울 놓고 백발을 슬퍼하는데
朝如青絲暮成雪.　　아침녘 검은 머리가 저녁에는 눈처럼 희어진 것을.
人生得意須盡歡,　　사람 일생 좋을 때에 마음껏 즐길 일이니
莫使金樽空對月.　　금 술통을 헛되이 달빛 아래 버려두지 말 일이다.
天生我材必有用,　　하늘이 나를 태어나게 하심에 쓸모가 있었을 테니
千金散盡還復來.　　천금을 탕진해도 언젠가는 다시 돌아올 것이다.

烹羊宰牛且爲樂,	양을 삶고 소를 잡아 잠시 즐겨보세
會須一飮三百盃.	마시기로 하면 삼백 잔을 비워야 하네.
岑夫子,	잠부자여
丹丘生,	단구생아
將進酒.	술잔 권하니
君莫停.	그대들은 멈추지 마시게.
與君歌一曲,	그대들에게 한 곡 들려주려 하니
請君爲我側耳聽.	나를 위해 귀 기울여 들어주시게.
鐘鼎玉帛豈足貴!	고상한 음악과 맛있는 음식도 귀할 것이 없으니
但願長醉不願醒!	그저 이대로 길이 취하여 깨어나지 말기를!
古來聖賢皆寂寞,	예부터 성현들은 모두가 쓸쓸했는데
惟有飮者留其名.	오직 술 마시던 이만 이름을 남겼다지.
陳王昔時宴平樂,	진사왕은 그 옛날 평락관에서 잔치 벌일 때
斗酒十千恣歡謔.	한 말에 만 냥 하는 술을 마음껏 즐겼다네.
主人何爲言少錢,	주인이 어찌 돈이 모자란다고 하겠는가?
徑須沽取對君酌.	한껏 술 사와서 그대들과 대작하리라.
五花馬,	오화마도 있고
千金裘,	천금구도 있으니
呼兒將出換美酒,	아이 시켜 가져 가서 술과 바꿔와
與爾同銷萬古愁.	우리 함께 만고의 슬픔을 녹여보세.

(두 개의 '君不見'을 사용하여 冒頭語로 삼았다.)

— 이백, 「將進酒」

黃帝鑄鼎於荊山,	黃帝가 형산에서 구리 솥을 만들고
鍊丹砂.	단사를 고았단다.
丹砂成黃金,	단사가 황금이 되니
騎龍飛上太淸家.	용을 타고 천상의 태청가에 올랐다.
雲愁海思令人嗟,	구름 같은 수심과 바다 같은 상념은 한숨만 짓게 할 뿐
宮中綵女顔如花.	궁중의 고운 여인은 그 얼굴이 꽃과 같다.
飄然揮手淩紫霞.	부드럽게 손짓하며 자주 빛 노을 위로 솟아서
從風縱體登鸞車.	바람에 몸을 싣고 신선의 난 수레에 올랐다.

登鸞車, 난 수레에 올라
侍軒轅. 헌원 黃帝를 모시고
遨遊青天中, 푸른 하늘에서 마음껏 돌아다니니
其樂不可言. 그 즐거움은 이루 형언할 수 없다.

—이백, 「飛龍引二首」(제1수)

遊人別, 길 떠나는 나그네 이별하여
一東復一西. 한 사람은 동쪽으로 한 사람은 서쪽으로 간다.
出門相背兩不返, 문을 나서서 서로 등지고 둘 다 되돌리지 않으니
惟信車輪與馬蹄. 다만 수레바퀴와 말발굽에 몸을 맡길 뿐이다.
道路悠悠不知處, 길은 끝없이 뻗어 있어 어디인지 모르고
山高海闊誰辛苦? 산 높고 바다 넓으니 누구 위해 이 고생인가?
遠游不定難寄書, 먼 여행 정처 없어 서신을 부치기도 어렵고
日日空尋別時語. 날마다 부질없이 이별시의 말을 더듬어본다.
浮雲上天雨墮地, 구름은 하늘에 올라도 비가 되어 땅에 내리는데
暫時會合終離異. 잠시의 만남 후 끝내 다른 곳으로 헤어졌다.
我今與子非一身, 나 이제 그대와 한 몸이 아니니
安得死生不相棄! 어찌하면 생사를 함께 하며 서로 버리지 않을 수 있을까!

— 장적(張籍), 「各東西」

北府酒, 북쪽에 있는 軍府의 술
吹濕宮城柳. 냄새가 바람에 실려와 궁성의 버들을 적신다.
柳枝着地春垂垂, 봄버들은 땅에 닿도록 가지를 드리우고
秪管人間新別離. 다만 인간세상의 새 이별에만 상관한다.
離情欲斷江水語, 이별의 정에 長江의 말이 끊기려 하고
女兒連臂歌白紵. 여아들은 손에 손을 잡고 「白紵歌」를 부른다.
淮南神仙來酒坊, 회남의 신선은 술 마을을 찾아오고
甲馬獵獵羽林郎. 禁軍의 우림랑은 바람을 가르며 말을 달린다.
百年風物烟塵蒼, 백 년의 풍물이 전란의 연기와 먼지로 자욱한데
老兵對月猶擧觴. 노병은 달을 대하고 오히려 술잔을 든다.
青帘淚濕女牆下, 성가퀴 아래로 눈물에 젖은 주막의 깃발이

曾識行軍舊司馬.　　일찍이 행군하던 옛 사마를 알아본다.

—사고(謝翱), 「賦得北府酒」

23.9 (7) 착종잡언(錯綜雜言)—이른바 착종잡언은 시구의 글자 수가 변화 다단하여 7언・5언 또는 3언 외에도 4언이나 6언의 구가 있고 심지어는 8・9자 이상에 달하는 구가 있는 것을 가리킨다. 착종잡언은 또한 두 종류로 세분할 수 있는데, 나누어 서술하면 다음과 같다.

(甲) 여전히 3・5・7언을 주로 한 것

이 종류의 격조는 앞에서 서술한 5・7잡언 및 3・5・7잡언과 비슷하다. 예를 들면 다음과 같다.

出自玄泉杳杳之深井, 황천의 어둡고 깊은 우물에서 나오는데
汲在朱明赫赫之炎辰. 붉은 해가 이글거리는 더운 날에 길어 올린다.
九天含露未銷鑠,　　황궁에선 이슬을 머금고 아직 녹지 않아
閶闔初開賜貴人.　　창합문이 열리고 귀인들에게 하사된다.
碎如墜瓊方截璐,　　경옥을 떨어뜨리듯이 부수면 절단된 노옥처럼 네모진데
粉壁生寒象筳布.　　흰 벽에 한기가 일고 대자리의 천을 닮았다.
玉壺紈扇亦玲瓏,　　옥병과 깁부채도 영롱하지만
座有麗人色俱素.　　좌석의 고운 사람들은 안색이 모두 하얗다.
咫尺炎涼變四時,　　지척간의 염량은 네 계절을 바꾼다지만
出門焦灼君詎知?　　대궐 문밖의 타는 더위를 그대가 어찌 알리?
肥羊甘醴心悶悶,　　살찐 양과 달콤한 술에도 마음이 편치 않으니
飮此瑩然何所思?　　이것을 마시고 거침이 없어지면 무엇을 생각할까?
當念闌干鑿者苦,　　난간 아래서 우물 판 사람의 고통을 생각해야 하리니
臘月深井汗如雨.　　섣달에 깊이 우물 파느라 땀이 비처럼 쏟아졌으리.

— 위응물(韋應物), 「夏冰歌」

鼎湖流水淸且閑.　　정호에 흐르는 물 맑고도 고요하다.

軒轅去時有弓劍, 黃帝가 떠날 때 활과 칼을 남겼으니
古人傳道留其間. 옛사람 전한 비법이 그 속에 남아 있다.
後宮嬋娟多花顔, 후궁 중에는 꽃처럼 아름다운 얼굴 많았는데
乘鸞飛煙亦不還. 난새 타고 안개 날리며 가서는 돌아오지 않는다.[8)]
騎龍攀天造天關. 용을 타고 하늘에 올라 天門에 다다른다.
造天關, 天門에 도착하여
聞天語. 하늘의 말을 듣는다.
屯雲河車載玉女. 구름수레를 세우고 미인들을 태운다.
載玉女, 미인들을 태우고
過紫皇. 옥황상제를 알현한다.
紫皇乃賜白兎所擣之藥方. 옥황상제가 흰 토끼가 찧은 仙藥을 하사하시니
後天而老彫三光. 하늘보다 오래 살아 해와 달과 별도 빛을 잃었다.
下視瑤池見王母, 요지를 굽어보며 서왕모를 내려다보니
蛾眉蕭颯如秋霜. 눈썹에는 희끗희끗 무서리가 내렸구나.

— 이백, 「飛龍引二首」(제2수)

燭龍棲寒門, 촉룡이 북국의 한문에 살고 있다는데
光耀猶旦開. 눈을 뜨면 환하기가 대낮과 같다.
日月照之何不及此? 해와 달은 어찌하여 이곳에 미치지 못할까?
唯有北風號怒天上來. 북풍만이 노해 소리치며 하늘에서 불어온다.
燕山雪花大如席, 연산의 눈송이는 크기가 깔개만한데
片片吹落軒轅臺. 펄펄 날리어 헌원대에 떨어진다.
幽州思婦十二月, 유주 섣달에 임 그리는 여인네는
停歌罷笑雙蛾摧. 노래 잊고 웃음 잃고 아미를 찌푸렸다.
倚門望行人, 문에 기대어 길가는 사람들 바라보면
念君長城苦寒良可哀. 장성의 임이 겪은 고생과 추위 생각나 슬프기만 하다.
別時提劍救邊去, 떠나던 날 변방을 구하겠다고 칼을 차고는
遺此虎紋金鞞靫. 범 무늬 새겨진 이 활통을 두고 떠났다.
中有一雙白羽箭, 속에 든 한 쌍의 흰 깃 화살에는[9)]

---

8) 텍스트에는 '還'이 '遠'으로 되어 있는데, 誤字이다.

蜘蛛結網生塵埃.	거미가 줄을 치고 먼지만 덮여 있다.
箭空在,	화살만 덩그러니 남아 있고
人今戰死不復回.	사람은 전사하여 돌아오지 못한다.
不忍見此物,	차마 이 물건 볼 수 없어서
焚之已成灰.	태워버려 그만 재가 되고 말았다.
黃河捧土尙可塞,	황하는 흙을 쌓아 막을 수도 있겠지만
北風雨雪恨難裁.	북풍한설처럼 쏟아지는 이 내 한은 어찌하나!

—이백, 「北風行」

竇侍御,	두시어여!
驥之子,	그대는 천리마의 자식이며
鳳之雛.	봉황의 새끼로다.
年未三十忠義俱,	나이 삼십이 안 되어 충의를 갖추었고
骨鯁絕代無.	강직한 기개는 온 세상에 으뜸이다.
炯如一段淸冰出萬壑,	심지의 밝기가 깊은 계곡의 한 조각 맑은 얼음이
置在迎風寒露之玉壺.	영풍궁과 한로궁의 옥병에 담겨 있는 듯하다.
蔗漿歸廚金盌凍,	또한 주방의 금 주발에 담긴 언 사탕수수 즙 같아서
洗滌煩熱足以寧君軀.	더위를 식혀주어 임금님 몸을 편안하게 해줄 수 있다.
政用疏通合典則,	그대는 정사에 밝고 행위가 모범적이어서
戚聯豪貴耽文儒.	황친과 귀족들이 그대의 문아한 선비풍을 좋아할 것이다.
兵革未息人未蘇,	지금 전란은 그치지 않고 백성들은 소생하지 못하여
天子亦念西南隅.	황제께서도 서남지구를 걱정하고 계신다.
吐蕃憑陵氣頗麤,	티베트의 침범은 그 기세가 매우 거칠어서
竇氏檢察應時須.	그대가 검찰을 맡은 것은 때에 꼭 맞는 것이었다.
運糧繩橋壯士喜,	군량을 운송하여 승교를 지나니 장사들이 기뻐하고
斬木火井窮猿呼.	火井 주위의 나무를 베어 원숭이를 소리치게 했다.[10]
八州刺史思一戰,	팔주의 자사들이 모두 일전을 생각하니
三城守邊却可圖.	세 성을 지키는 일을 이제 도모할 수 있게 되었다.

9) 텍스트에는 '箭'이 '扇'으로 되어 있는데, 誤字이다.

10) 火井은 천연가스가 나와 불붙기 쉬운 가스 井을 가리킨다. 주변의 나무들을 베어내야 부대의 통행이 용이하다.

此行入奏計未小, 이번에 입조하여 진언하는 것은 작은 일이 아니니
密奉聖旨恩宜殊. 가까이 성지를 받들면 은혜 또한 각별할 것이다.
繡衣春當霄漢立, 수놓은 관복을 입고 봄날 조정에 서고
綵服日向庭闈趨. 색동옷을 입고 서둘러 부모님을 찾아뵙겠지.
……

—두보, 「入奏行贈西山檢察使竇侍御」

八月秋高風怒號, 팔월이라 가을바람 세차게 몰아치더니
卷我屋上三重茅. 지붕 위의 세 겹 짚을 말아 올린다.
茅飛渡江灑江郊, 짚이 날아가 저 건너 강둑에 흩어지는데
高者掛罥長林梢, 위로는 높다란 나뭇가지 끝에 걸리고
下者飄轉沉塘坳. 아래로는 웅덩이에 떨어져 구르기도 한다.
南村群童欺我老無力, 남촌의 아이들은 나를 무력한 노인이라고 업신여기고
忍能對面爲盜賊. 모질게도 내가 보는 앞에서 도적질을 하며
公然抱茅入竹去, 보란 듯이 짚을 안고 대숲으로 도망친다.
脣焦口燥呼不得, 입술이 타고 입안은 말라붙어 소리도 나오지 않아
歸來倚仗自歎息. 돌아와 지팡이에 몸 기대고 한숨만 내쉬었다.
俄頃風定雲墨色, 이내 바람 자고 먹구름이 몰려오더니
秋天漠漠向昏黑. 가을의 넓은 들판에 어둠이 깔린다.
布衾多年冷似鐵, 베 이불 해묵으니 쇠붙이처럼 차갑고
驕兒惡臥踏裏裂. 아이놈들 잠버릇 나빠 이불이 죄 찢어졌다.
牀頭屋漏無乾處, 지붕이 새어 침상마다 마른 곳이 없고
雨脚如麻未斷絶. 장대 같은 빗줄기는 그칠 줄을 모른다.
自經喪亂少睡眠, 난리를 겪은 뒤로 잠조차 부쩍 줄었는데
長夜霑濕何由徹! 긴 밤을 흠뻑 젖은 채 어떻게 샐 수 있을는지!
安得廣廈千萬間, 어떻게 하면 천만 칸 넓은 집을 지어
大庇天下寒士俱歡顔, 이 세상 추위에 떠는 사람 온통 감싸서 환한 얼굴로
風雨不動安如山! 비바람 몰아쳐도 태산처럼 끄떡없을 수 있을까!
嗚呼! 아아,
何時眼前突兀見此屋? 눈앞에 이와 같은 집이 우뚝 솟을 날이 그 언제일까?
吾廬獨破受凍死亦足! 내 집이 무너지고 이 몸 얼어 죽는다 해도 마다하지

않으리!

—두보, 「茅屋爲秋風所破歌」

何處訪吳畫?	어느 곳에서 오도자 그림을 찾을 수 있을까?
普門與開元.	보문사와 개원사이다.
開元有東塔,	개원사에는 동탑이 있는데
摩詰留手痕.	왕유가 손의 흔적을 남겨 놓았다.
吾觀畫品中,	내가 본 그림의 등급을 매겨보면
莫如二子尊.	두 분의 그림만큼 훌륭한 것이 없다.
道子實雄放,	오도자의 그림은 실로 자유분방하여
浩如海波翻.	호탕하기가 출렁이는 바닷물결 같다.
當其下手風雨快,	그가 손을 움직이면 비바람이 몰아쳐서
筆所未到氣已呑.	붓이 닿기도 전에 기개를 이미 삼킨다.
亭亭雙林間,	쌍림 사이에 우뚝 솟아서
彩暈扶桑暾.	오색 무리를 펼치며 부상에 떠오르는 아침 해이다.
中有至人談寂滅,	그 중에 至人이 있어 寂滅의 이치를 말할 때
悲涕迷者手自捫.	깨달은 자는 눈물 흘리고 미혹된 자는 손을 어루만졌다.
蠻君鬼伯千萬萬,	수없이 많은 야만의 군주와 귀신의 두목들이
相排競進頭如黿.	서로 밀치며 다투어 들어와 목을 자라 같이 빼었다.
摩詰本詩老,	왕유는 본래 시인 중의 원로여서
佩芷襲芳蓀.	지초를 차거나 향긋한 풀 옷을 입은 것 같다.
今觀此壁畫,	지금 이 벽화를 살펴보니
亦若其詩淸且敦.	그의 시처럼 맑고 돈후하다.
祇園弟子盡鶴骨,	기원의 제자들은 모두가 학골이어서[11]
心如死灰不復溫.	마음이 불기 없는 재와 같아 다시 데워지지 않는다.
門前兩叢竹,	문 앞의 두 대숲은
雪節貫霜根.	눈과 서리 속에서도 늠름한 기상을 견지한다.
交柯亂葉動無數,	뒤얽힌 가지와 잎이 무수히 움직이지만
一一皆可尋其源.	하나하나 다 그 근원을 찾을 수 있다.

11) 텍스트에는 '盡'이 '畫'로 되어 있는데, 誤字이다. 鶴骨은 수도자의 骨相을 가리킨다.

吳生雖妙絶, 오도자의 그림이 절묘하긴 하지만
猶以畫工論. 오히려 화공으로 그를 논할 수 있다.
摩詰得之於象外, 왕유는 형상 밖에서 의취를 터득하여
有如仙翮謝籠樊. 仙界의 새가 새장을 벗어난 것과 같다.
吾觀二子皆神駿, 내가 보기에 두 사람 모두 絶藝를 지녔지만
又於維也斂衽無間言. 왕유에게는 더욱 옷깃을 여미고 덧붙일 말이 없다.

— 소식(蘇軾), 「王維吳道子畫」

(乙) 4·6·8언이 제법 많은 것

이 종류는 산문의 분위기를 지니고 있다. 만약 운(韻)을 사용하지 않았다면 어떤 부분은 그야말로 산문이었을 것이다. 백화(白話)로 바꾼다면 바로 민국(民國) 초년의 이른바 '신시(新詩)' 같았을 것이다. 다음 예를 보자.

金天之西, 금천의 서쪽
白日所沒. 해가 잠겨드는 곳.
康老胡雛, 文康이란 늙은 오랑캐 녀석은
生彼月窟. 저 월굴 땅에서 태어났다.
巉巖容儀, 우뚝 솟은 바위 같은 모습에
戍削風骨. 깡마르고 당당한 풍골을 지녔다.
碧玉炅炅雙目瞳, 두 눈동자는 번득이는 푸른 구슬과 같고
黃金拳拳兩鬢紅. 금빛 머리 굽실대고 두 살쩍은 붉다.
華蓋垂下睫, 차일 같은 눈썹은 눈꺼풀을 덮었고
嵩嶽臨上脣. 숭산처럼 우뚝한 코는 입술까지 늘어졌다.
不覩詭譎貌, 이 괴상한 모습을 보지 않고서야
豈知造化神! 어찌 조물주의 솜씨를 알 수 있으리!
大道是文康之嚴父, 우주의 도가 문강의 아비이고
元氣乃文康之老親. 자연의 원기가 문강의 어미란다.
撫頂弄盤古, 이마를 문질러 반고를 희롱하고
推車轉天輪. 수레를 몰아 온 천지를 주유한다.

云見日月初生時, 말하기를 해와 달이 생길 적에
鑄冶火精與水銀. 불과 물의 정령을 녹여 붓는 것을 보았단다.
陽烏未出谷, 해 까마귀 아직 暘谷에서 나오지 않았고
顧兎半藏身. 옥토끼도 月窟에 몸을 반쯤 숨겼을 때
女媧戲黃土, 여왜가 진흙을 만지작거려
團作愚下人. 어리석은 인간을 빚어냈는데
散在六合間, 온 세상에 흩뿌려져
濛濛若沙塵. 자욱하니 티끌과 모래 같았다.
生死了不盡, 태어나고 죽는 것이 끝없이 이어지니
誰明此胡是仙眞! 그 누가 이 오랑캐를 신선이라 밝혀주리!
西海栽若木, 서해에 약목을 재배하고
東溟植扶桑. 동해에 부상을 심었는데
別來幾多時? 이별한 지 얼마나 오래 되었을까?
枝葉萬里長. 그 가지와 잎이 만 리 길이로 뻗었겠지.
中國有七聖, 중국에 일곱 성인이 계셨으나
半路頹洪荒. 중도에 다 사라져버리고
陛下應運起, 폐하가 천운 따라 거동하시니
龍飛入咸陽. 용이 날아 함양에 들어왔다.
赤眉立盆子, 적미가 분자를 옹립하고
白水興漢光. 백수에서 한광이 봉기할 제
叱咤四海動, 호령 소리 만방에 울리고
洪濤爲簸揚. 큰 파도 드날리며
擧足蹋紫微, 발을 들어 대궐에 듭시자
天關自開張. 하늘의 문이 저절로 열리고
老胡感至德, 늙은 오랑캐도 지극한 덕에 감읍하여
東來進仙倡. 동쪽으로 와서 仙倡舞를 진상하였다.
五色師子, 그 안에 오색사자무와
九苞鳳凰. 구포봉황무가 들어 있었다.
是老胡雞犬, 사자와 봉황은 늙은 오랑캐의 닭과 개여서
鳴舞飛帝鄉. 帝都 長安에서 날렵하게 노래하고 춤추니
淋漓颯沓, 자유자재로 통쾌하게 선회하고

進退成行. 진퇴가 대열을 이루며 일사불란하다.
能胡歌, 문강이 오랑캐 노래를 능숙하게 부르고
獻漢酒. 한나라 술을 따라 올린다.
跪雙膝, 두 무릎 꿇고서
立兩肘. 양 팔꿈치 가지런히 하고
散花指天擧素手. 꽃을 뿌리며 하늘 향해 흰 손 치켜들어
拜龍顔, 용안을 향해 절하고
獻聖壽. 만수무강을 기원한다.
北斗戾, 북두성의 모양이 어그러지고
南山摧. 남산이 무너지더라도
天子九九八十一, 천자께서 천년만년 영원히 사시도록
萬歲長傾萬歲杯. 만세배를 오래 기울입시다.

— 이백, 「上雲樂」

噫吁戲, 어허야아!
危呼高哉! 위태롭구나, 높을시고!
蜀道之難, 촉으로 가는 길의 험난함은
難於上靑天. 푸른 하늘에 오르기보다도 심하다.
蠶叢及魚鳬, 잠총과 어부가
開國何茫然! 나라를 세운 지도 까마득한 옛날.
爾來四萬八千歲, 그로부터 사만 팔천 년
不與秦塞通人煙. 진나라와는 사람의 내왕이 전혀 없었다.
西當太白有鳥道, 서쪽 태백산 너머로 새는 날아서
可以橫絶峨眉巓. 아미산 꼭대기로 빠져나올 수 있었을까?
地崩山摧壯士死, 땅이 꺼지고 산이 무너져 장사가 죽더니
然後天梯石棧相鉤連. 하늘에 닿은 사다리와 돌로 쌓은 잔도가 차츰 놓였다.
上有六龍迴日之高標, 위로는 해님의 수레도 돌아가는 봉우리가 있고
下有衝波逆折之回川. 아래로는 세찬 물길이 거꾸로 흐르는 소용돌이가 있다.
黃鶴之飛尙不得過, 황학이 높이 난다지만 넘을 수 없고
猿猱欲度愁攀援. 원숭이의 재주로도 기어오르기 어렵다.
靑泥何盤盤! 청니 고개는 어이 그리 구불거리나!

百步九折縈巖巒.	백 걸음에 아홉 번은 바위를 돈다.
捫參歷井仰脅息,	삼성을 잡고 정성을 지나며 가쁜 숨 내쉬고
以手撫膺坐長歎.	손으로 가슴을 쓸며 앉아서 길게 탄식한다.
問君西遊何時還?	그대 서쪽으로 가면 언제나 돌아오겠는가?
畏途巉巖不可攀.	무섭게 깎아지른 길 기어오를 수도 없단다.
但見悲鳥號古木,	보이느니 고목에서 울부짖는 슬픈 새
雄飛雌從繞林間.	수컷이 날면 암컷도 좇아 숲 사이를 맴돈다.
又聞子規啼夜月,	또 들리는 건 달밤에 소쩍새 우는 소리
愁空山.	텅 빈 산에 시름겹다.
蜀道之難,	촉으로 가는 길의 험난함은
難於上青天.	푸른 하늘에 오르기보다도 심하다.
使人聽此凋朱顏.	이야기만 들어도 홍안에 주름이 생기리라.
連峰去天不盈尺,	잇닿은 산봉우리는 하늘과 한 자 사이도 못되고
枯松倒掛倚絶壁.	마른 소나무는 절벽에 거꾸로 매달려 있다.
飛湍瀑流爭喧豗,	여울물 튀고 폭포수 떨어져 시끄러운 소리
砯崖轉石萬壑雷.	벼랑에 부딪고 돌을 굴려 골짜기마다 천둥이 친다.
其險也如此,	그 험난하기가 이와 같은데
嗟爾遠道之人胡爲乎來哉!	아아, 그대 먼 길손이여 어쩌자고 여길 왔는가!
劍閣崢嶸而崔嵬,	검각은 가파르고 우뚝하여
一夫當關,	한 사람이 관문을 지키면
萬夫莫開.	만 사람도 뚫지를 못한다.
所守或匪親,	지키는 사람이 친한 이가 아니면
化爲狼與豺.	이리나 승냥이로 변할지도 모른다.
朝避猛虎,	아침엔 사나운 범을 피하고
夕避長蛇.	저녁엔 큰 뱀을 피해야 하리.
磨牙吮血,	이빨을 갈아 피를 빨아먹고
殺人如麻.	삼대를 베듯 사람을 죽이리라.
錦城雖云樂,	금성이 제아무리 좋다고 한들
不如早還家.	일찌감치 집으로 돌아감만 못하다.
蜀道之難,	촉으로 가는 길의 험난함은
難於上青天.	푸른 하늘에 오르기보다도 심하다.

側身西望長咨嗟!　　몸을 돌려 서쪽 바라보며 길게 탄식한다.

—이백, 「蜀道難」

海中群魚化黃雀,　　바다 속의 물고기들이 꾀꼬리로 변하고
林鳥移巢避歲惡.　　숲 속의 새들이 둥지를 옮겨 시절의 혹독함을 피하니
鄴王城上秋風驚.　　업왕의 성 위에서 가을바람에 놀란다.
昔時城中鄴王第,　　지난날 성 안 업왕의 저택은
只今蔓草無人行.　　지금 사람은 다니지 않고 덩굴 풀만 덮여 있다.
但見黃河咆哮奔碣石, 다만 보이는 건 황하가 포효하며 비석을 휩쓸고
秋風吹灘起沙礫.　　가을바람이 물가에 몰아쳐 모래와 자갈 일으킨다.
翩翩動衣裳,　　옷이 바람에 펄럭이니
游子悲故鄕.　　나그네는 고향생각에 슬픔이 솟구쳐
忽憶若耶溪頭采薪鄭巨君. 문득 약야계 위에서 나무하는 정거군을 떠올린다.
南風溪頭曉,　　아침에는 계곡 위에 남풍이 불고
北風溪頭昏.　　저녁에는 계곡 위에 북풍이 분다.
一行作吏,　　일단 관리가 되어 나가니
此事便廢.　　그 일은 바로 그만두게 되었다.
夢中葉落,　　꿈속에서 나뭇잎이 떨어지니
覺有歸意.　　고향으로 돌아가고픈 마음이 있음을 깨달았다.
歸歟!　　돌아가자꾸나!
歸歟!　　돌아가자꾸나!
吾黨成斐然.　　우리 마을은 아름다운 문채를 이루었다네.
君今生二毛,　　그대는 이제 흰 머리가 났고
我亦非少年.　　나 역시 젊은이가 아니다.
胡爲車如雞栖鄴城裏? 어찌하여 업성에서 닭장 같은 수레를 타고 다니는가?
朝風吹馬鬃,　　아침에는 바람이 말갈기에 불고
莫風吹馬尾.　　저녁에는 바람이 말 꼬리에 분다.
與人三歲居,　　함께 삼 년을 살았는데
如何連屋似千里?　　어찌하여 이웃이 천리처럼 멀게 되었단 말인가?
我則不狂,　　나는 광인이 아닌데
曾謂我狂.　　일찍이 나를 광인이라 하였다.

不吾知, 나를 알지 못하니
亦何傷! 또한 무엇이 가슴 아프리!
安能戶三尺喙家一吭! 세치 혀가 목구멍 하나에 자리 잡는 것을 어찌 막으리!
人亦有言, 사람에게는 말이 있고
人各有志. 사람은 각자 뜻이 있다.
呑若雲夢者八九, 운몽처럼 삼키는 자가 열에 여덟아홉이니
長劍耿介倚天外. 장검을 높이 치켜들고 하늘 밖에 의지한다.
有如陳仲擧, 진중거 같은 사람이 있으면
庭宇亦不治. 집도 다스리지 못한다.
吾今乃知貴不若賤無憂, 나 이제 알았네, 존귀함이 근심 없는 비천보다 못하고
富不若貧無求. 부유함이 구하는 것 없는 가난보다 못하다는 것을.
負日之燠吾重裘; 햇볕을 쪼이는 따뜻함보다 나는 갖옷을 중히 여겼고
芹子之飫吾食牛; 미나리를 실컷 먹느니 나는 소고기를 먹었다.
心戰故臞, 마음은 예전의 수척한 선비 상과 싸우고
得道故肥, 예전의 풍성한 마음에서 도를 얻어
吾封侯! 나는 제후에 봉해졌다!
匹夫懷璧將誰尤! 필부가 벽옥을 품었으니 누구를 원망하랴!
歸歟! 돌아가자꾸나!
歸歟! 돌아가자꾸나!
豈無揚雄宅一區? 어찌 양웅의 집 한 구역이 없으랴?
舍前青山木扶疎, 집 앞의 청산은 나무가 무성하고
舍後流水有菰蒲. 집 뒤의 냇물에는 줄과 부들이 있다.
今吾不樂日月除, 지금 나는 즐겁지 않은데 세월은 흘러가고
尺則不足寸有餘. 큰 것은 부족한데 작은 것은 여유가 있다.
七十二鑽莫能免豫且. 여러 번 점을 쳐 보아도 예저의 신세를 면할 수 없다.
無所可用, 아무런 쓸모가 없으니
乃有百歲樗. 백 년 묵은 가죽나무가 되겠다.
龔生竟夭天年非吾徒. 공생은 끝내 요절하였으니 내 무리가 아니다.

— 조보지(晁補之), 「和關彦遠秋風吹我衣」

23.10 이상의 5 · 7언 잡언부터 착종잡언까지는 모두 이른바 장단구

(長短句)이다(또는 長短詩라고 칭한다). 우리는 여기서 장단구의 예는 특히 많이 들었고, 오언과 칠언의 예는 많이 들지 않았다. 실제에 있어서는 순수한 오언고풍이 가장 흔히 보이고, 순수한 칠언고풍이 그 다음이고, 장단구는 비교적 드물게 보인다. 왕유(王維)와 맹호연(孟浩然)처럼 대다수의 시인들은 장단구를 사용하여 고풍을 짓는 것을 그다지 좋아하지 않았다. 본 절에서 장단구의 예를 많이 든 것은 순수한 오언시와 칠언시는 모두 일정한 형식이 있어서 예를 많이 들지 않아도 자명하기 때문이다. 장단구에 있어서는 어디서 길어야 하고 어디서 짧아야 하는지에 신경을 썼기 때문에 좀더 많은 예를 들어서 독자들이 약간의 이치를 터득하기를 바랐다. 대략 앞머리에 장단구를 사용한 경우가 가장 많이 보이고, 끝부분에 사용한 경우가 그 다음이고, 중간에 사용한 경우가 그 다음 다음이다. 장구(長句)와 단구(短句)를 어떻게 연결시켜야 기세가 유창할 수 있을 지는 수사상의 문제로 본서에서 다루어야 할 것이 아니다.

제24절 고체시의 용운(상)—본운(本韻)

24.1 고체시의 용운도 본운(本韻)을 사용한 것이 비교적 흔히 보인다. 본운의 고풍은 당인의 고체시 중에서 대략 과반수를 점한다. 여기서는 평운고풍(平韻古風)과 측운고풍(仄韻古風)으로 나누어 서술한다.

24.2 (1) 평운고풍—평운의 고풍은 본운으로 압운할 때 의거하는 운부(韻部)가 근체시와 완전히 같다. 엄격할 때에는 대단히 엄격해서 험운(險韻)도 출운(出韻)을 허용하지 않았다. 다음 예를 보자.

湖南無村落, 　호남에는 촌락이란 없고

山舍多黃茆.　산사에는 노란 순채가 많다.
淳朴如太古,　순박하기가 태고시절 같아서
其人居鳥巢.　사람들은 새 둥지에 거처한다.
牧童唱巴歌,　목동은 巴渝歌를 부르고
野老亦獻嘲.　촌로들도 흥얼흥얼 노래 부른다.
泊舟問溪口,　배를 정박하고 계곡 입구를 물으니
言語皆啞咬.　그들의 말은 모두 알아듣기 어렵다.
土俗不尙農,　풍속이 농사를 숭상하지 않으니
豈暇論肥磽.　땅의 좋고 나쁨을 어찌 논하리?
莫傜射禽獸,　瑤族은 새와 짐승을 활로 잡고
浮客烹魚鮫.　떠돌이는 물고기를 삶아먹는다.
余亦罘罝人,　나 또한 그물 치는 사람인지라
獲麇今尙苞.　사슴을 잡으려고 지금은 우거진 것을 바란다.
敬君中國來,　그대가 중원에서 온 것을 공경하니
願以充其庖.　그것으로 부엌을 채우기를 원한다.
日入聞虎鬪,　해가 들어가면 호랑이 싸움 소리 들리고
空山滿咆哮.　빈 산에는 포효 소리가 가득하다.
懷人雖共安,　그리운 사람 비록 모두 편안하지만
異域終難交.　이역에서는 끝내 사귀기 어렵다.
白水可洗心,　맑은 물은 마음을 씻을 수 있고
采薇可爲肴.　고사리를 뜯어 안주로 삼는다.
曳杖背落日,　지팡이를 끌며 지는 해를 등지니
江風鳴梢梢.　강바람이 가지 끝에서 윙윙거린다.

—상건(常建), 「空靈山應田叟」(用'肴'韻)

執事頗勤久,　일을 맡아서 제법 오랫동안 부지런히 하여
行去亦傷乖.　떠나자니 또한 이별에 마음이 아프다.
家貧無童僕,　집이 가난하여 동복이 없고
吏卒升寢齋.　아전은 이미 침소에 들었다.
衣服藏內篋,　의복은 상자 안에 집어넣고
藥草曝前階.　약초는 앞 섬돌에 내다 말렸다.

誰復知次第, 누가 또 일의 순서를 알아서
濩落且安排. 쓸쓸한 이곳을 안배하려나?
還期在歲晏, 돌아갈 기한이 연말이니
何以慰吾懷. 무엇으로 내 마음을 달래나?

— 위응물(韋應物), 「答裴丞說歸京所獻」(用'佳'韻)

自君理畿甸, 그대가 경성 지역을 다스리고 있을 때
予亦經江淮. 나 또한 長江과 淮水 지역을 지났다.
萬里音書斷, 만 리나 떨어져 있어 소식 끊기고
數年雲雨乖. 수 년 동안 은택이 어그러졌다.
歸來休澣日, 돌아가서 휴가 기간 동안
始得賞心諧. 비로소 즐겁고 유쾌한 마음을 얻겠다.
朱紱恩雖重, 붉은 인끈의 은혜가 소중하긴 하지만
滄洲趣每懷. 창주의 흥취도 언제나 마음에 품었다.
樹低新舞閣, 새로 지은 舞閣에 나무 나지막하고
山對舊書齋. 산은 옛 서재를 마주하고 있다.
何以發秋興, 무엇으로 가을의 흥취를 발하나?
陰蟲鳴夜階. 귀뚜라미가 밤에 섬돌에서 운다.

— 맹호연(孟浩然), 「奉先張明府休沐還鄉海亭宴集」(用'佳'韻)

祝融之峰紫雲銜, 축융의 봉우리를 자색 구름이 머금고 있는데
翠如何其雪嶄岩. 푸르면서 우뚝 솟은 바위는 눈에 덮여 있다.
邑西有路緣石壁, 읍 서쪽으로 석벽 따라 길이 나 있어서
我欲從之臥穹嵌. 나도 따라가 높고 험한 바위에 눕고 싶다.
魚有心兮脫網罟, 물고기는 그물에서 벗어나고 싶어 하고
江無人兮鳴楓杉. 인적 없는 강에는 단풍과 삼나무가 윙윙거린다.
王君飛舄仍未去, 왕군의 날아가는 신발이 아직 가지 않았으니
蘇耽宅中意遙緘. 소탐의 댁에서 멀리서 온 편지를 생각하련다.

— 왕창령(王昌齡), 「奉贈張荊州」(用'咸'韻)

謫棄殊隱淪, 귀양을 와 뜻밖에도 은자가 되어

登陟非遠郊. 오르는 곳도 먼 교외가 아니다.
所懷緩伊鬱, 가슴속의 울분이 가라앉았다고 해도
詎欲肩夷巢? 어찌 伯夷·巢父와 어깨를 나란히 하랴?
高巖瞰淸江, 높은 바위에서 맑은 강을 내려다보니
幽窟潛神蛟. 깊고 어두운 굴속에 교룡이 잠겨 있다.
開曠延陽景, 앞이 탁 트여 양지바른 경치가 펼쳐지고
回薄攢林梢. 구불구불 돌아들며 숲나무가 모여 있다.
西亭構其巓, 西亭은 산꼭대기에 세워져 있는데[12]
反宇臨呀庨. 번쩍 들린 처마가 높고 훤하게 임해 있다.
背瞻星辰興, 뒤로 쳐다보니 별들이 솟아오르고
下見雲雨交. 아래를 보니 구름과 비가 교차한다.
惜非吾鄕土, 안타깝게도 이곳은 내 고장이 아니라
得以蔭靑茆. 무성하고 푸른 순채를 얻을 수 없다.
羈貫去江介, 어린 시절에 長江 동쪽을 떠나니
世仕尙函崤. 세상의 선비들은 函谷關과 崤山을 우러러보았다.
故墅卽灃川, 옛 농막은 풍천에 임해 있고
數畝均肥磽. 몇 무의 땅은 기름진 곳과 척박한 곳이 고르게 있다.
臺館葺荒丘, 객사는 거친 언덕 위에 지붕을 이었고
池塘疏沈坳. 지당은 움푹 팬 곳을 소통시켜 만들었다.
會有圭組戀, 官爵에 대한 미련이 남아 있을까 보아
遂有山林嘲. 마침내 산림 속의 읊조림이 있는가보다.
薄軀信無庸, 미천한 목숨이라 참으로 쓸모가 없고
瑣屑劇斗筲. 자질구레하여 몹시도 보잘것없다.
囚居固其宜, 죄수처럼 지내는 것이 애당초 마땅하니
厚羞久已包. 부끄러운 마음을 오래전부터 간직했었다.
庭除植蓬艾, 집안의 마당에는 쑥이 돋아나고
隟牖懸蠨蛸. 조그만 창에는 거미가 매달려 있다.
所賴山川客, 산천의 나그네가 된 것에 힘입어
扁舟枉長梢. 일엽편주를 타고 할 일없이 돌아다녔다.

12) 텍스트에는 '構'가 '搆'로 되어 있는데, 誤字이다.

挹流敵淸觴, 흐르는 물을 떠 마시면 맑은 술과 같고
掇野代嘉肴. 들에서 풀을 뜯어 좋은 안주를 대신한다.
適道有高言, 도에 나아가니 高妙한 말이 있고
取樂非弦匏. 음악을 취해도 관현악기가 아니다.
逍遙屛幽昧, 소요하여 어두컴컴함을 막고
淡薄辭喧呶. 담박하여 시끄러운 것을 사양한다.
晨雞不余欺, 새벽닭은 나를 속이는 법이 없어서
風雨聞嘐嘐. 비바람 속에서도 우는 소리가 들린다.
再期永日閑, 긴 낮의 한가로움을 다시 기약하며
提挈移中庖. 몸을 이끌고 부엌으로 옮겨간다.

— 유종원(柳宗元), 「遊朝陽巖遂登西亭二十韻」(用'肴'韻)

24.3 만약 험운(險韻)이 아니라면 더더욱 본운으로 압운하는 것이 보통이다. 다음에 예를 들어본다.

郎署有伊人, 시종관 부서에 이 사람이 있는데
居然古人風. 확연히 옛사람의 풍도가 있다.
天子顧河北, 천자께서 하북을 돌아보시고
詔書除征東. 조서를 내려 安東府에 파견하셨다.
拜手辭上官, 예를 올려 상관에게 사직하고
緩步出南宮. 천천히 尙書省을 나섰다.
九河平原外, 黃河는 평원 너머로 흘러가고
七國薊門中. 일곱 제후국은 계문 안에 있다.
陰風悲枯桑, 음산한 바람이 마른 뽕나무에서 슬피 울고
古塞多飛蓬. 옛 변새에는 흩날리는 쑥대가 많다.
萬里不見虜, 만 리에 걸쳐 오랑캐는 보이지 않고
蕭條胡地空. 쓸쓸히 오랑캐 땅은 텅 비었다.
無爲費中國, 중원의 힘을 낭비함이 없이
更欲邀奇功. 다시 뛰어난 공을 세우고자 한다.
遲遲前相送, 머뭇머뭇 앞으로 나가 그대를 보내니

握手嗟異同.　　손을 맞잡고 서로 달라짐을 한탄한다.
行當封侯歸,　　나가면 응당 제후에 봉해져 돌아올지니
肯訪商山翁.　　어찌 상산의 늙은이를 찾아가는 것이랴?
(순전히 '東'운만을 사용하고 '冬'운자를 섞지 않았다.)

— 왕유(王維), 「送陸員外」

濩落久無用,　　쇠락하여 쓸모 없어진 지 오래 되었고
隱身甘采薇.　　은신하여 고사리 캐는 것을 달게 여긴다.
仍聞薄宦者,　　또한 들었다 낮은 관직에 있던 자는
還事田家衣.　　고향에 돌아가 농사에 종사한다고.
潁水日夜流,　　영수는 밤낮으로 쉬지 않고 흘러
故人相見稀.　　옛 친구 만나는 것이 쉽지 않다.
春山不可望,　　봄 산을 차마 바라볼 수 없으니
黃鳥東南飛.　　꾀꼬리가 동남쪽으로 날아간다.
濯足豈長往?　　발을 씻고 어찌 오래 갈 수 있으랴?
一樽聊可依.　　한 동이 술에 잠시 의지할 수 있다.
了然潭上月,　　또렷하게 떠오른 못 위의 달이
適我胸中機.　　내 가슴속의 마음을 비춘다.
在昔同門友,　　예전에 동문수학하던 벗이
如今出處非.　　지금은 出仕와 隱居로 갈라졌다.
優游白虎殿,　　백호전에서 유유자적하더니
偃息青瑣闈.　　황궁 안에 누워 쉬고 있다.
且有薦君表,　　또한 임금님께 올리는 표가 있으니
當看攜手歸.　　보고는 손 붙잡고 돌아와야 한다.
寄書不待面,　　만나길 기다리지 않고 편지를 부치니
蘭茝空芳菲.　　구리때가 혼자서 방향을 풍긴다.
(순전히 '微'운만을 사용하였고, '支'·'齊'·'佳'·'灰'운자를 섞지 않았다.)

— 이기(李頎), 「東京寄萬楚」

道林隱形勝,　　학림에 이르는 길은 빼어난 모습을 감추고
向背臨層霄.　　등 뒤로는 드높은 하늘에 닿아 있다.

松覆山殿冷, 소나무가 산속의 佛殿을 덮어 서늘하고
花藏溪路遙. 꽃이 뒤덮은 시냇가 길은 멀리 뻗어 있다.
珊珊寶幡挂, 사원의 깃발이 고결하게 걸려 있고[13]
焰焰明燈燒. 밝은 등불이 활활 타오른다.
遲日半空谷, 나른한 날 텅 빈 골짜기 안에서
春風連上潮. 봄바람은 밀려드는 조수에 이어 있다.
少憑水木興, 잠시 물과 나무의 흥취에 의지하여
暫令身心調. 몸과 마음을 달래 보았다.
願謝攜手客, 원컨대 손 붙잡고 온 손들에게 사례하니
玆山禪誦饒. 이 산은 坐禪과 誦經이 넉넉하다오.
(순전히 '蕭'운만을 사용하였고, '肴'·'豪'운자를 섞지 않았다.)

—기무잠(綦毋潛), 「題鶴林寺」

遐方獻文犀, 먼 지방에서 얼룩 무소를 바치니
萬里隨南金. 만 리 길을 귀중한 물건이 따라왔다.
大邦柔遠人, 먼 곳을 편안히 해줄 수 있는 큰 고장 사람이
以之居山林. 그것 때문에 산림에 거처하였다.
食棘無秋冬, 멧대추를 먹으며 가을과 겨울이 따로 없고
絶流無淺深. 물을 건너는 것도 깊고 얕음을 가리지 않는다.
雙角前嶄嶄, 두 뿔은 앞으로 가파르게 솟아나왔고
三蹄下駸駸. 세 갈래 발굽은 아래로 쏜살같이 달린다.
朝賢壯其容, 조정의 신하들은 그 모습을 장하게 여기지만
未能辨其音. 그 소리는 구별해내지 못한다.
有我衰鳥郎, 노쇠한 새와 같은 郞官인 나는
新邑長鳴琴. 새 읍에서 길게 거문고 소리를 낸다.
陛閣飛嘉聲, 섬돌과 문설주 위를 날며 아름답게 지저귀어
丘甸盈仁心. 언덕과 전답에 어진 마음을 채운다.
閑居命國工, 한가히 거처하며 나라의 장인에게 명하여
作繪北堂陰. 북당의 그늘진 곳에 그림을 그리게 했다.

13) 텍스트에는 '珊珊'이 '珊瑚'로 되어 있는데, 誤字이다.

眈眈若有神, 주시하는 모습이 정신이 있는 것 같고
庶比來儀禽. 거의 봉황에 비견될 수 있겠다.
昔有舞天庭, 지난날 하늘의 궁정에서 춤을 추며
爲君奏龍吟. 임금을 위해 용의 소리를 연주하였다.
(순전히 '侵'운만을 사용하였고, '覃'·'鹽'·'咸'운자를 섞지 않았다.)

— 저광희(儲光羲), 「述韋昭應畫犀牛」

殺氣凝不流, 살기가 엉기어 흐르지 않고
風悲日彩寒. 바람이 슬피 불어 햇빛이 차갑다.
浮埃起四遠, 먼지가 피어올라 사방으로 날아가니
游子彌不歡. 집 떠난 나그네는 더욱 기쁘지 않다.
依然宿扶風, 여전히 부풍에서 묵으며
沽酒聊自寬. 술을 사서 잠시 마음을 달래본다.
寸心亦未理, 마음 또한 다스려지지 않으니
長鋏誰能彈. 긴 칼을 누가 연주할 수 있을까?
主人就我飮, 주인이 나에게 와 술을 들이키며
對我還慨嘆. 나를 대하고 또한 개탄한다.
便泣數行淚, 이윽고 몇 줄기 눈물을 흘리고는
因歌行路難. 이어서 「행로난」을 노래 부른다.[14]
十五役邊地, 열다섯에 변방으로 군역을 나가
三回討樓蘭. 세 번에 걸쳐 누란을 토벌하였다.
連年不解甲, 해마다 갑옷을 벗지 못하면서도
積日無所餐. 날마다 먹을 음식이 없었다.
將軍降匈奴, 장군은 흉노에게 항복하였고
國使沒桑乾. 국사 또한 상건에게 죽고 말았다.
去時三十萬, 떠날 때는 삼십 만이었던 군대가
獨自還長安. 나 혼자 장안으로 돌아올 수 있었다.
不信沙場苦, 사막의 괴로움을 믿지 못하겠거든
君看刀箭瘢. 칼과 화살에 난 자국을 살펴보시게.

14) 텍스트에는 '行路難'이 '數行亂'으로 되어 있는데, 誤字이다.

鄉親悉零落,　고향의 친척들은 모두 영락하였고
冢墓亦摧殘.　무덤 또한 망가지고 손상되었다.
仰攀靑松枝,　청송 가지를 쳐다보며 오르려니
慟絶傷心肝.　서러워 상심의 애간장이 끊어진다.
禽獸悲不去,　금수도 슬픈지 떠나가지 않으니
路傍誰忍看?　길옆에서 누가 차마 볼 수 있으리?
幸逢休明代,　다행히도 태평성대를 만나
寰宇靜波瀾.　온 세상에 파란이 가라앉았다.
老馬思伏櫪,　늙은 말은 양육해줄 사람을 그리며
長鳴力已殫.　소리쳐 울지만 힘은 이미 다하였다.
少年與運會,　젊은 시절에 운을 만났는데
何事發悲端?　어찌하여 슬픔을 토로하는가?
天子初封禪,　천자께서 처음 봉선을 나가실 때
賢良刷羽翰.　현량들이 깃털로 길을 쓸었다.
三邊悉如此,　세 변방이 모두 이와 같으니
否泰亦須觀.　나라의 성쇠 또한 살펴야 하리.

(순전히 '寒'운만을 사용하였고, '刪'·'先'운자를 섞지 않았다.)

— 왕창령(王昌齡), 「代扶風主人答」

夢寐升九崖,　꿈속에서 아홉 벼랑에 올라
杳靄逢元君.　짙은 안개 속에서 원군을 만났다.
遺我太白峰,　나를 태백봉에 남겨두고는
寥寥辭垢氛.　호젓하게 더러운 기운을 떠났다.
結宇在星漢,　은하수에 집을 짓고
宴林閉氤氳.　안개 짙은 숲에서 연회를 연다.
簷楹覆餘翠,　처마와 기둥은 녹음으로 덮였고
巾舄生片雲.　두건과 신에서 조각구름이 피어난다.
時往溪水間,　때때로 계곡 물 사이로 나가면
孤亭晝仍曛.　외로운 정자는 낮에도 황혼 무렵이다.
松峰引天影,　소나무 봉우리는 하늘빛을 이끌고
石瀨淸霞文.　돌 위로 흐르는 여울엔 놀빛이 맑다.

恬目緩舟趣, 배의 속도를 늦추어 눈을 편안히 하고
霽心投鳥群. 마음을 맑게 하여 새들에게 투영한다.
春風又搖櫂, 봄바람에 다시 노를 저어가니
潭島花紛紛. 못 안의 섬에 꽃이 흐드러졌다.
(순전히 '文'운만을 사용하였고, '眞'·'元'운자를 섞지 않았다.)

—상건(常建), 「夢太白西峯」

吾昔與爾輩, 나는 지난날 그대들과 함께
讀書常閉門. 독서하느라 늘 문을 닫고 지냈다.
未嘗冒湍險, 아직 험한 급류를 무릅써보지 않았으니
豈顧垂堂言. 어찌 위험한 경지를 돌아보았으랴?
自此歷江湖, 이번에 강호를 돌아다니고부터
辛勤難具論. 고생한 것을 생각하면 다 말하기 어렵다.
往來行旅弊, 떠돌아다니며 보따리는 해졌지만
開鑿禹功存. 물길을 판 우임금의 공은 남아 있다.
壁立千峯峻, 수많은 봉우리가 가파르게 솟아 있고
潨流萬壑奔. 골짜기마다 물들이 모여 세차게 흐른다.
我來凡幾宿, 내가 온 지도 며칠이 지났는데
無夕不聞猿. 밤마다 원숭이 울음소리를 들었다.
浦上搖歸戀, 물가에서는 고향생각이 사무치고
舟中失夢魂. 뱃속에서는 꿈에서도 넋을 잃었다.
淚沾明月峽, 달 밝은 협곡에서 눈물 흘리고
心斷鶺鴒原. 할미새 들판에서 슬픔이 극에 달했다.
離濶星難聚, 헤어진 지 오래라 별도 모이기 어렵고
秋深露易繁. 가을이 깊어 이슬은 쉽게 많아진다.
因君下南楚, 그대가 남초로 내려간다기에
書此寄鄉園. 이 시를 써서 고향에 보낸다.
(순전히 '元'운만을 사용하였고, '先'·'刪'운자를 섞지 않았다.)

—맹호연(孟浩然), 「入峽寄弟」

胡風吹代馬, 북풍이 胡馬에 불어와

北擁魯陽關. 북쪽의 노양관을 감싸 안는다.
吳兵照海雪, 오 땅의 병사가 대설을 무릅쓰고
西討何時還? 서쪽 토벌에 나서니 언제 돌아올까?
半渡上遼津, 상료 나루를 반쯤 건널 때
黃雲慘無顏. 누런 구름 참담하여 낯빛마저 굳었다.
老母與子別, 늙은 어미는 아들을 보내면서
呼天野草間. 들풀 사이에서 하늘 향해 울부짖는다.
白馬繞旌旗, 흰 말들이 깃발을 에워싸고
悲鳴相追攀. 슬피 울며 앞 다투어 나가니
白楊秋月苦, 백양나무도 가을 달빛 괴로워
早落豫章山. 서둘러 예장산에 잎을 떨군다.
本爲休明人, 본래 태평성대의 사람인지라
斬虜素不閑. 오랑캐를 베는데 익숙하지 않지만
豈惜戰鬪死, 싸우다 죽는 것을 어찌 꺼리랴?
爲君掃凶頑. 임금님 위해 고얀 무리 무찌른다면.
精感石沒羽, 정성이 지극하면 바위도 깃털에 무너진다니
豈云憚險艱. 어찌 험하고 고되다고 불평을 하랴?
樓船若鯨飛, 병선은 고래처럼 나는 듯 달려
波蕩落星灣. 낙성만에 거센 물결을 일으킨다.
此曲不可奏, 이 가락일랑 연주하지 말지니
三軍髮成斑. 삼군의 머리카락 희끗희끗 세리라.[15]
(순전히 '刪'운만을 사용하였고, '寒'·'先'운자를 섞지 않았다.)

— 이백(李白), 「豫章行」

春雷起萌蟄, 봄 우레가 새싹과 겨울잠 자는 벌레를 일으키고
土壤日已疏. 토양은 나날이 해동하여 푸석해진다.
胡能遭盛明, 어찌하면 창성한 시대를 만나
才俊伏里閭? 향리에 은거한 현인들을 발탁할 수 있을까?
偃仰遂眞性, 편안한 생활은 본성을 따르고

15) 텍스트에는 '髮'이 '鬢'으로 되어 있는데, 『李白集校注』에 의거하여 바꾸었다.

所求惟斗儲.　구하는 건 오로지 약간의 식량이다.
披衣出茅屋,　옷을 걸치고 초가집을 나와
盥漱臨清渠.　맑은 도랑에서 세수하고 양치질한다.
吾道亦自適,　나의 이상도 유유자적하는 것이라
退身保玄虛.　물러나 편안과 고요를 지킨다.
幸無職事牽,　다행히 나를 잡아끄는 일이 없어
且覽案上書.　잠시 책상 위의 책을 들여다본다.
親友各馳騖,　친한 벗들은 각기 세상일에 몰두하여
誰當訪敝廬.　누가 나의 보잘것없는 집을 방문하랴?
思君在何夕?　그대를 생각하니 어느 날 저녁인가?
明月照廣除.　밝은 달이 넓은 섬돌 위를 비춘다.
(순전히 '魚'운만을 사용하였고, '虞'운자를 섞지 않았다.)

— 위응물(韋應物), 「寄馮著」

昔余涉漳水,　지난날 나는 장수를 건너서
驅車行鄴西.　수레를 몰고 업서로 갔다.
遙見林慮山,　멀리서 임여산을 바라보니
蒼蒼戛天倪.　푸르러 하늘 끝에 닿아 있다.
邂逅逢爾曹,　그대들과 우연히 마주치니
說君彼巖棲.　그대가 저 바위 밑에 산다고 말했다.
蘿徑垂野蔓,　송라 길에는 덩굴이 뻗어 있고
石房倚雲梯.　돌집은 구름다리에 기대어 있다.
秋韭何青青!　가을 부추는 어찌나 푸르던지!
藥苗數百畦.　약초는 수백 이랑에서 싹이 튼다.
栗林隘谷口,　밤숲이 골 입구를 좁게 하였고
栝樹森迴谿.　노송나무가 시내를 돌아 빽빽하다.
耕耘有山田,　산의 전답이 있어 밭 갈고 김매며
紡績有山妻.　산에 아내가 있어서 길쌈을 한다.
人生苟如此,　사람살이 진실로 이와 같다면
何必組與珪?　어찌 구태여 벼슬을 하랴?
誰謂遠相訪,　누가 말했던가 멀리서 나를 찾아와

曩情殊不迷!　　옛 정에 특히 빠지지 말라고!
簷前擧醇醪,　　처마 앞에서 막걸리 잔을 들고
竈下烹隻雞.　　부엌 밑에서 닭 한 마리 삶는다.
朔風忽振蕩,　　북풍이 갑자기 휘몰아치고
昨夜寒螿啼.　　간밤에는 늦 쓰르라미가 울었다.
游子益思歸,　　나그네는 더욱 고향이 그리워서
罷琴傷解攜.　　거문고를 놓고 이별에 쓰라렸다.
出門望原野,　　대문을 나와서 들판을 바라보니
白日黯已低.　　태양도 어둑하니 낮게 기울었다.
始驚道路難,　　가는 길의 험난함에 비로소 놀라고
終念言笑暌.　　끝내 이별을 웃으며 이야기하겠다고 생각한다.
因聲謝岑壑,　　소리 내어 봉우리와 골짜기에 고하리
歲暮一攀躋.　　세모에 한 번 오르겠다고.

(순전히 '齊'운만을 사용하였고, '支'·'微'운자를 섞지 않았다.)

— 고적(高適),「宋中遇林慮楊十七山人因而有別」

中軍待上客,　　主將께서 상객 최도독을 환대하여
令肅事有恒.　　호령이 엄숙하고 일이 일사불란하다.
前驅入寶地,　　먼저 말을 달려 절에 들어가
祖帳飄金繩.　　전별의 천막을 치고 금 밧줄로 묶었다.
南陌旣留歡,　　남쪽 두렁길에서 연회를 즐긴 뒤에
茲山亦深登.　　이 산을 또한 높이 올라갔다.
清聞樹杪磬,　　가지 끝에 종경소리 맑게 들리고
遠謁雲端僧.　　멀리 구름 끝의 스님을 찾아갔다.
回策匪新岸,　　지팡이로 우회하는 벼랑길은 낯설지 않고
所攀仍舊藤.　　붙잡고 오르는 것도 낯익은 등나무이다.
耳激洞門飈,　　귓전을 때리는 것은 골 입구의 바람소리
目存寒谷冰.　　찬 계곡의 얼음이 눈에 들어온다.
出塵閡軌躅,　　속세를 떠나 수레 자국이 단절되었고
畢景遺炎蒸.　　날이 저물어 더위도 수그러들었다.
永願坐長夏,　　원컨대 긴 여름을 이곳에서 보내고자

將衰棲大乘.　노쇠한 이 몸이 佛門에 들고 싶다.
羈旅惜宴會,　나그네 신세는 연회가 아쉽고
艱難懷友朋.　고난 중에 친구를 생각하게 된다.
勞生共幾何,　수고로운 인생이 모두 얼마나 될까?
離恨兼相仍.　그런데도 이별의 한이 꼬리를 문다.
(순전히 '蒸'운만을 사용하였고, '庚'·'青'운자를 섞지 않았다.)

—두보, 「陪章留後惠義寺餞嘉州崔都督赴州」

先帝昔晏駕,　예전에 선왕께서 돌아가시어
茲山朝百靈.　이 산에서 모든 신령의 인사를 받으셨다.
崇岡擁象設,　높은 산은 무덤을 껴안고
沃野開天庭.　기름진 들에는 천자의 뜰이 열렸다.
即事壯重險,　공사에 닥쳐서는 험한 일에도 당당히 맞서
論功超五丁.　공을 따지면 다섯 사나이를 능가한다.
坡陀因厚地,　험한 산세가 두꺼운 땅에 붙고
卻略羅峻屛.　빽빽이 줄지어 절벽이 둘러 있다.
雲闕虛冉冉,　구름에 닿은 궁궐 허공에 높이 서 있고
風松肅泠泠.　소나무에 부는 바람 몹시도 서늘한데
石門霜露白,　돌로 만든 문에 서리와 이슬이 하얗고
玉殿莓苔青.　옥으로 된 내전에는 이끼가 푸르다.
宮女晚知曙,　궁녀는 뒤늦게야 날 밝은 줄 알고
祠官朝見星.　제사관은 아침에 별을 보기에
空梁簇畫戟,　빈 들보 아래 화려한 창이 모이고
陰井敲銅缾.　어둑한 우물에 구리 물병을 두드린다.
中使日相繼,　궁중의 사신이 날마다 이어지는 것은[16]
惟王心不寧.　왕께서 마음을 편히 하지 못해서 지만
豈徒恤備享,　어찌 갖추어진 제사만을 걱정하리요?
尙謂求無形.　오히려 무형 중에서 찾겠다고 하신다.
孝理敦國政,　효로 다스려 국정을 돈독히 하시고

16) 텍스트에는 '相'이 '夜'로 되어 있는데, 『杜詩詳注』에 의거하여 바꾸었다.

神凝推道經. 정신을 모아서 도덕경을 추론하시니
瑞芝產廟柱, 상서로운 지초가 사당의 기둥에서 자라고
好鳥鳴巖扃. 좋은 새가 돌 빗장에서 운다.
高岳前崒崒, 높은 산이 앞에 우뚝 솟아 있고
洪河左瀅瀠. 큰 강이 왼쪽으로 소용돌이치며 흐른다.
金城蓄峻址, 금성에는 험준한 터가 모여 있고
沙苑交迴汀. 사원에는 돌아드는 물이 엇갈린다.
永與奧區固, 영원히 깊은 구역과 함께 견고할지니
川原紛眇冥. 내와 들이 어지러이 아득하게 펼쳐있다.
居然赤縣立, 여기에 우뚝하니 적현이 서 있고
臺榭爭岧亭. 누대와 정자가 다투어 높고 수려하다.
官屬果稱是, 관속들은 과연 관직에 어울려
聲華眞可聽. 명성이 진실로 들을 만하니
王劉美竹潤, 왕선생과 유선생은 아름다운 대나무의 윤기요
裴李春蘭馨. 배선생과 이선생은 봄 난초의 향기이고
鄭氏才振古, 정선생은 재주가 원래 뛰어나고
啖侯筆不停. 담선생은 붓이 멈출 줄 모른다.
遣詞必中律, 글을 펼치면 반드시 법도에 맞고
利物常發硎. 예리한 필치가 늘 숫돌에 간 듯하며
綺繡相展轉, 아름다운 수가 어지러이 펼쳐지고
琳瑯愈青熒. 고운 옥이 더욱 푸르게 빛난다.
側聞魯恭化. 귀 기울여 노공의 교화를 듣고
秉德崔瑗銘. 덕망을 잡기는 최원의 좌우명이다.
太史候鳧影, 태사는 오리의 그림자를 살피는데
王喬隨鶴翎. 王子喬는 학의 날개를 따라간다.
朝儀限霄漢, 조회의 의례가 은하수에 막혀 있어
客思迴林坰. 나그네 생각은 숲과 들로 돌아간다.
轗軻辭下杜, 불우한 처지로 하두성을 하직하고
飄颻凌濁涇. 바람에 나부끼며 탁한 경수를 건너니
諸生舊短褐, 유생의 낡고 짧은 베옷에
旅泛一浮萍. 떠돌아다니는 부평초 신세이다.

荒歲兒女瘦, 흉년으로 아이들이 수척해져
暮途涕淚零. 황혼 길에 눈물 콧물 떨어지는데
主人念老馬, 주인이 늙은 말을 염려하여
廨署容秋螢. 관사에 가을 반딧불을 맞이주셨다.
流寓理豈愜, 떠도는 것이 이치상 어찌 즐거우리?
窮愁醉不醒. 한없는 수심에 취하여 깨어나지 못하니
何當擺俗累, 언제나 세속의 굴레에서 벗어나
浩蕩乘滄溟. 호탕하게 창해에서 배를 타리오!

(순전히 '靑'운만을 사용하였고, '庚'·'蒸'운자를 섞지 않았다. 이 시는 평측은 고풍 같지만 대장은 배율 같다.)

—두보, 「橋陵詩三十韻因呈縣內諸官」

幽沈謝世事, 깊숙이 들어앉아 세상사를 떠나서
俯默窺唐虞. 고개 숙여 묵묵히 堯·舜의 책을 읽는다.
上下觀古今, 위 아래로 고금을 살펴보니
起伏千萬途. 기복이 천 번 만 번이로다.
遇欣或自笑, 즐거운 일 만나면 절로 웃음 짓고
感戚亦以吁. 슬픈 일 느끼면 또한 한숨짓는다.
縹帙各舒散, 끈으로 맨 책이 각기 풀리어 흩어져서
前後互相逾. 앞뒤가 서로 넘나든다.
瘴痾擾靈府, 열병이 오장육부를 괴롭히니
日與往昔殊. 나날이 전과 달라진다.
臨文乍了了, 글을 읽을 때는 잠시 명료하다가도
徹卷兀若無. 책을 덮으면 없었던 듯이 잊어버린다.
竟夕誰與言, 밤새도록 누구와 함께 말을 하리?
但與竹素俱. 다만 책과 더불어 지낼 뿐이다.
倦極便倒臥, 피곤에 지치면 바로 쓰러져 눕고
熟寐乃一蘇. 곤히 자다가 다시 깨어난다.
欠伸展肢體, 기지개를 켜고는 사지를 쭉 펴고
吟詠心自愉. 시를 읊으면 마음이 절로 유쾌하다.
得意適其適, 뜻을 얻어 합당함에 따르려는 것이지

非願爲世儒. 세상의 큰 선비 되고자 함이 아니다.
道盡卽閉口, 도가 다하니 곧 입을 다물고
蕭散捐囚拘. 쓸쓸히 죄수로 구속되어 버려졌다.[17]
巧者爲我拙, 간교한 자는 나를 졸렬하다고 하고
智者爲我愚. 지혜로운 자는 나를 우매하다고 한다.
書史足自悅, 서적과 史實을 스스로 즐길 만하니
安用勤與劬. 어찌 부지런히 읽고 힘쓰지 않으랴?
貴爾六尺軀, 너의 육척단신을 귀중히 여겨서
勿爲名所驅. 명리에 내몰리는 바가 되지 말지어다.
(순전히 '虞'운만을 사용하였고, '魚'운자를 섞지 않았다.)

— 유종원(柳宗元), 「讀書」

24.4 (2) 측운고풍－근체시가 평운의 사용을 원칙으로 하기 때문에 측운을 사용한 시는 거의 모두가 고풍이다. 앞의 제4절에서 든 측운율절(仄韻律絶)은 모두 드물게 보이는 예외이다. 측운고풍이 본운을 사용하였다면 여전히 『당운(唐韻)』이나 『광운(廣韻)』을 표준으로 삼았으며, 아울러 동용(同用)의 규칙에 따랐으므로 또한 후대의 평수운(平水韻)을 표준으로 삼은 것과 같다. 이제 상·거·입 세 성조의 제운(諸韻)을 열거해보면 다음과 같다(괄호 안의 것은 『광운』의 韻目이다).

上聲

一 董(董)	二 腫(腫)	三 講(講)
四 紙(紙旨止)	五 尾(尾)	六 語
七 麌(麌姥)	八 薺(薺)	九 蟹(蟹駭)
十 賄(賄海)	十一 軫(軫準)	十二 吻(吻隱)
十三 阮(阮混很)	十四 旱(旱緩)	十五 潸(潸產)
十六 銑(銑獮)	十七 篠(篠小)	十八 巧(巧)
十九 皓(皓)	二十 哿(哿果)	二十一 馬(馬)

17) 텍스트에는 '捐'이 '損'으로 되어 있는데, 誤字이다.

二十二 養(養蕩) 二十三 梗(梗耿靜) 二十四 迥(迥拯等)
二十五 有(有厚黝) 二十六 寑(寑) 二十七 感(感敢)
二十八 儉(琰忝儼) 二十九 豏(豏檻范)

去聲

一 送(送) 二 宋(宋用) 三 絳(絳)
四 寘(寘至志) 五 未(未) 六 御(御)
七 遇(遇暮) 八 霽(霽祭) 九 泰(泰)
十 卦(卦怪夬) 十一 隊(隊代廢) 十二 震(震稕)
十三 問(問焮) 十四 願(願慁恨) 十五 翰(翰換)
十六 諫(諫襇) 十七 霰(霰線) 十八 嘯(嘯笑)
十九 效(效) 二十 號(號) 二十一 箇(箇過)
二十二 禡(禡) 二十三 漾(漾宕) 二十四 敬(敬諍勁)
二十五 徑(徑證嶝) 二十六 宥(宥候幼) 二十七 沁(沁)
二十八 勘(勘闞) 二十九 豔(豔桥釅) 三十 陷(陷鑑梵)

入聲

一 屋(屋) 二 沃(沃燭) 三 覺(覺)
四 質(質術櫛) 五 物(物迄) 六 月(月沒)
七 曷(曷末) 八 黠(黠鎋) 九 屑(屑薛)
十 藥(藥鐸) 十一 陌(陌麥昔) 十二 錫(錫)
十三 職(職德) 十四 緝(緝) 十五 合(合盍)
十六 葉(葉怗業) 十七 洽(洽狎乏)

24.5 측운(仄韻)은 비록 글자수가 적긴 하지만 순전히 본운을 사용한 경우가 그렇게 적지는 않다. 다음에 제시된 운은 본운을 사용한 것이 일반적이다(글자를 진하게 한 것은 특별히 많이 보인다).

上聲

四 紙 八 薺 十一 軫 十六 銑 **十九 皓**

二十 哿　　二十一 馬　　**二十二 養**　　**二十五 有**　　二十六 寢

去聲

四 寘　　**八 霽**　　十二 震　　**十七 霰**　　二十 號
二十一 箇　　二十二 禡　　**二十三 漾**　　**二十六 宥**　　二十七 沁

入聲

四 質　　**六 月**　　**九 屑**　　**十 藥**　　**十三 職**
十四 緝

24.6 이제 성당(盛唐)(어쩌다 中唐도 있음) 시인의 측운고풍 중에서 순전히 본운을 사용한 것의 예를 들어보면 다음과 같다.

寓目一蕭散,　한 번 훑어보니 시원스러워
銷憂冀俄頃.　잠시 근심이 사라지길 바란다.
青草肅澄波,　푸른 풀은 맑은 물결에 깨끗하고
白雲移翠嶺.　흰 구름은 푸른 고개로 이동한다.
後沔通河渭,　뒤의 沔水는 黃河와 渭水로 통하고
前山包鄢郢.　앞의 산은 鄢郡과 郢都를 싸고 있다.
松含風裏聲,　소나무는 바람 속에서 소리를 내고
花對池中影.　꽃은 못 안에 그림자를 드리운다.
地多齊后癘,　땅에는 齊 景公의 학질이 많고[18]
人帶荊州癭.　사람들은 형주의 혹을 달고 있다.
徒思赤筆書,　다만 붉은 붓으로 쓴 책을 생각하지만[19]
寧有丹砂井?　어디에 단사 우물이 있겠는가?[20]
心悲常欲絶,　마음이 슬퍼서 늘 끊어질 듯하고
髮亂不能整.　머리는 헝클어져 정리할 수가 없다.

---

18) 텍스트에는 '癘'이 '癀'로 되어 있는데, 『王右丞集箋注』에 의거하여 바꾸었다.
19) '붉은 붓으로 쓴 책'은 道教의 仙書를 가리킨다.
20) 단사 우물을 마시면 장수한다는 전설이 있다.

青簟日何長!　　푸른 대자리에 날은 어찌 그리 긴가?
閑門晝方靜.　　대문은 한가하여 낮에도 고요하다.
頹思茅檐下,　　초가 처마 아래에서 수심에 잠겨
彌傷好風景.　　좋은 풍경에 더욱 마음이 상한다.

(순전히 '梗'운을 사용하였고, '逈'운자를 섞지 않았다. '郢'·'癭'·'靜'은 모두 上聲字이다.)

— 왕유(王維), 「林園卽事寄舍弟紞」

寥落雲外山,　　쓸쓸한 구름 너머의 산을
迢遞舟中賞.　　아득히 배 안에서 감상한다.
鐃吹發西江,　　징 치고 피리 불어 서강을 출발하니
秋空多清響.　　가을 하늘에 맑은 소리 풍족하다.[21]
地迥古城蕪,　　땅은 먼데 옛 성은 황량하고
月明寒潮廣.　　밝은 달 아래 찬 조수 드넓다.
時賽敬亭神,　　때마침 경정산에서 신께 제사지내고
復解罟師網.　　어부는 다시 그물을 푼다.
何處寄相思,　　어디에 그리움을 부칠 수 있을까?
南風吹五兩.　　남풍이 오량에 불어온다.[22]

(순전히 '養'운을 사용하였다.)

— 왕유, 「送宇文太守赴宣城」

絶頂一茅茨,　　산꼭대기에 있는 한 초가집
直下三十里.　　산 아래까지는 곧장 삼십 리 길이다.
扣關無僮僕,　　대문을 두드려 보았지만 동복도 없고
窺室唯案几.　　실내를 들여다보니 오직 책상뿐이다.
若非巾柴車,　　천막을 두른 낡은 수레 속에 있거나
應是釣秋水.　　가을 물에 낚시를 드리우고 있으리라.
差池不相見,　　못에 가보아도 사람이 보이지 않고

21) 텍스트에는 '清'이 '山'으로 되어 있는데, 내용상 『王右丞集箋注』에 의거하여 바꾸었다.

22) 五兩은 고대에 풍향과 풍력을 재던 기구이다.

黽勉空仰止.　힘써 찾다가 멈추고 하늘을 쳐다본다.
草色新雨中,　비가 막 갠 뒤라 풀빛 싱그럽고
松聲晩牕裏.　솔바람 소리가 저물녘 창에 든다.
及玆契幽絶,　이곳에 이르러 그윽한 곳과 인연을 맺고
自足蕩心耳.　마음과 귀를 씻는 데 혼자 만족한다.
雖無賓主意,　비록 손님과 주인의 반가운 정은 없지만
頗得淸淨理.　맑고 깨끗한 이치를 크게 터득하였다.
興盡方下山,　흥취가 다하면 산을 내려가는 것이니
何必待之子?　어찌 반드시 그 사람을 기다려야 하리?
(순전히 '紙'운만을 사용하였고, '尾'·'薺'운자를 섞지 않았다.)

— 원함(苑咸), 「尋西山隱者不遇」

悠悠遠行歸,　유유히 먼 여행길에서 돌아오니
經春涉長道.　봄을 지나며 장도를 돌아다녔다.
幽冀桑始靑,　유기의 뽕나무는 비로소 푸르렀고
洛陽蠶欲老.　낙양의 누에도 제법 자랐다.
憶昨戎馬地,　지난날 전란의 땅을 생각하니
別時心草草.　이별할 때 마음이 불안하였다.
烽火從北來,　전란의 봉화가 북에서 내려오고
邊城閉常早.　변방의 성은 늘 일찍 문을 닫았다.
平生少相遇,　평생 동안 서로 만날 일 드무니
未得展懷抱.　아직도 회포를 펴지 못하였다.
今日杯酒間,　오늘 술잔을 함께 하게 되어서야
見君交情好.　그대의 깊은 우정을 보게 되었다.
(순전히 '皓'운만을 사용하였고, '巧'·'篠'운자를 섞지 않았다. '道'와 '抱'는 모두 上聲이다.)

— 최호(崔顥), 「贈輕車」

晨登天竺山,　새벽에 천축산에 올랐더니
山殿朝陽曉.　山殿이 아침 해에 밝아왔다.
厓泉爭噴薄,　언덕의 샘은 다투어 솟아 출렁이고

江岫相縈繞. 강과 산봉우리는 서로 얽히어 있다.
直上孤頂高, 곧바로 우뚝 솟은 山頂에 올랐더니
平看衆峰小. 눈앞에 뭇 봉우리들이 조그맣게 보인다.
南州十二月, 남쪽 지방이라 열두 달 내내
地暖冰雪少. 땅이 따뜻하여 얼음과 눈이 적다.
青翠滿寒山, 쓸쓸한 산에는 녹음이 우거지고
藤蘿覆冬沼. 등나무 덩굴이 겨울 늪을 덮었다.
花龕瀑布側, 꽃 감실은 폭포 옆에 있고
青壁石林杪. 푸른 숲 끝으로 석벽이 보인다.
鳴鐘集人天, 종이 울리니 사람들이 모이고
施飯聚猿鳥. 음식을 내니 원숭이와 새가 모여든다.
洗意歸清淨, 마음을 씻어 청정으로 돌아가고
澄心悟空了. 마음을 맑게 하니 모든 게 空임을 깨닫는다.
始知世上人, 비로소 세상 사람을 알게 되었으니
萬物一何擾? 만물이 무엇을 어지럽히겠는가?
(순전히 '篠'운을 사용하였다. '繞'자는 上聲이다.)

— 최호, 「遊天竺寺」

飲馬伊水中, 이수에서 말에게 물을 먹이며 보니
白雲鳴皐上. 명고산 위에 흰 구름이 덮여 있다.
氛氳山絶頂, 산꼭대기에 운무가 자욱하여
行子時一望. 길 가는 사람이 이따금씩 바라본다.
照日龍虎姿, 햇빛이 용과 범 같은 자태를 비추고
攢空冰雪狀. 빙설의 모습으로 공중에 모여 있다.
嵡嵷殊未已, 무수한 산봉우리처럼 끝없이 펼쳐지더니
峻嶒忽相向. 가파른 모습으로 갑자기 서로를 향한다.
皎皎横緑林, 말쑥하게 푸른 숲이 가로 놓여 있고
霏霏澹青嶂. 자욱이 모인 푸른 산봉우리 맑다.
遠映村更失, 멀리 비치던 마을이 다시 사라지고
孤高鶴來傍. 고고한 학이 내 곁으로 다가온다.
勝氣欣有逢, 반갑게도 강성한 기세를 만나게 되어

仙游且難訪. 신선을 찾아가는 것이 잠시 어렵게 되었다.
故人吏京劇, 옛사람들은 사무가 많고 번거로워도
每事多閑放. 매사를 대부분 여유 있게 처리하였다지.
室畫峨眉峰, 방안에 들어앉아 아미봉을 그리고
心格洞庭浪. 마음으로는 동정호의 물결을 추구했다지.
惜哉淸興裏, 안타깝구나 맑은 흥취 속에서도
不見予所尙. 내가 숭상하는 바를 보지 못하니.
(순전히 '漾'운을 사용하였다. '訪'자는 去聲이다.)

—이기(李頎), 「望鳴皐山白雲寄洛陽盧主簿」

先生谷神者, 선생은 養生의 방법을 터득한 분이니
甲子焉能計! 나이를 어떻게 따질 수 있으리오!
自說軒轅師, 스스로 黃帝의 스승이었다고 말하니
于今幾千歲. 지금 돌이켜보면 수천 년이 지났다.
寓遊城郭裏, 성곽 안에서 유유히 돌아다니는데
浪跡希夷際. 虛寂玄妙한 경지에서 형적에 구속받지 않는다.
應物雲無心, 사람과 사물을 대함에 구름처럼 무심하고
逢時舟不繫. 만날 때도 배는 매어놓지 않는다.
餐霞斷火粒, 불에 익힌 곡식을 끊고 놀을 먹으며
野服兼荷製. 들에서 연잎을 이어 만든 옷을 입는다.
白雪淨肌膚, 하얀 눈은 피부를 깨끗하게 해주고
靑松養身世. 푸른 소나무는 심신을 길러준다.
韜精殊豹隱, 모습을 감추어 표범과 다르게 숨고
鍊骨同蟬蛻. 뼈를 연마하여 매미처럼 허물을 벗는다.
忽去不知誰, 홀연히 떠나가면 아무도 모르는데
偶來寧有契? 어쩌다 와도 어찌 약속이 있으리?
二儀齊壽考, 해와 달과 수명을 나란히 하고
六合隨休憩. 천지사방이 모두 그의 휴식처이다.
彭聃猶嬰孩, 彭祖와 老聃이 오히려 어린애이고
松期且微細. 赤松子와 安期生도 보잘것없다.
嘗聞穆天子, 일찍이 목천자에 대해 들었고

更憶漢皇帝. 또한 漢朝의 황제를 기억한다.
親屈萬乘尊, 대국의 군주가 직접 왕림하시어
將窮四海裔. 온 세상 끝까지 찾아다니려 한다.
車徒徧草木, 수레와 시종이 온 황야를 돌아다니며
錦帛招談說. 비단을 들고 의논할 사람을 불렀다.
八駿空往還, 황제의 수레는 성과 없이 돌아왔고
三山轉虧蔽. 세 神山은 오히려 가리어 숨겨졌다.
吾君感至德, 나의 그대는 지극한 은덕에 감격하여
玄老欣來詣. 노구를 이끌고 기꺼이 찾아오셨다.
受籙金殿開, 符籙을 받으시니 황금궁전이 열리고
清齋玉堂閉. 심신을 맑게 하시니 옥당이 닫혔다.
笙歌迎拜首, 생황 노래 속에 예를 갖추어 맞이하고
羽帳崇嚴衛. 翠羽 휘장은 삼엄한 호위를 받들었다.
禁柳垂香爐, 황궁의 버들은 향로 위로 가지를 드리우고
宮花拂仙袂. 궁전의 꽃들은 신선의 소매를 스친다.
祈年寶祚廣, 해마다 國運이 뻗어나가기를 기원하고
致福蒼生惠. 황제의 은혜가 백성에게 미치기를 빈다.
何必待龍髯, 어찌 반드시 용의 수염을 기다려야 하리?
鼎成方取濟. 솥이 만들어지면 도움을 받을 수 있으리.

(순전히 '霽'운만을 사용하였고, '至'·'未'·'泰'·'卦'·'隊'운자를 섞지 않았다. '說'의 讀音은 '稅'이고 去聲이다.)

—이기, 「謁張果先生」

空山暮雨來, 인적 없는 산에 저녁비가 내려
衆鳥竟棲息. 뭇 새들이 마침내 둥지에서 쉰다.
斯須照夕陽, 이들은 석양빛을 받아야 하는데
雙雙復扶翼. 쌍쌍이 다시 날개를 받쳐준다.
我念天時好, 나는 때맞춰 비가 내린다고 생각했으니
東田有稼穡. 동쪽 전답에 농작물이 있어서다.
浮雲蔽川原, 뜬 구름이 들판을 뒤덮었고
新流集溝洫. 도랑에는 물이 새로 흘러들었다.

裴回顧衡宇, 집 주위를 돌아보며 배회하고 있으니
僮僕邀我食. 동복이 식사하라고 나를 부르러 왔다.
臥覽床頭書, 누워서 책상머리의 책을 살펴보고
睡看機中織. 잠이 들며 직기 속의 천을 바라본다.
想見明膏煎, 고약 달이는 것을 보고자 하여
中夜起喞喞. 한밤중에 일어나 탄식을 한다.
(순전히 '職'운만을 사용하였고, '陌'·'錫'운자를 섞지 않았다.)

—저광희(儲光羲), 「同王十三維偶然作十首」(제9수)

四鄰競豐屋, 사방의 이웃들은 높고 큰 집을 다투지만
我獨好卑室. 나 홀로 작고 단출한 집을 좋아한다.
窈窕高臺中, 그윽하고 높은 누대 안에서
時聞撫新瑟. 때때로 거문고 타는 소리가 들려온다.
狂飆動地起, 갑자기 광풍이 땅을 흔들며 일더니
拔木乃非一. 나무를 뽑은 것이 한 그루가 아니다.
相顧始知悲, 서로 돌아보며 비로소 슬픔을 알았고
中心憂且慄. 마음속은 근심과 두려움에 떨렸다.
蚩蚩命子弟, 마음이 혼란되어 자제에게 말하길
恨不居高秩. 높은 직위에 처하지 못해 한스럽다고 하였다.
日入賓從歸, 해가 지면 손님과 함께 돌아오고
淸晨冠蓋出. 아침에는 관복 입고 수레 타고 나가며
中庭有奇樹, 뜰에는 진기한 나무가 있어도
榮早衰復疾. 꽃이 일찍 피면 시드는 것 또한 빠르다.
此道猶不知, 이런 이치조차 아직 모르고 있으니
微言安可述! 완곡한 풍간의 말을 어찌 진술할 수 있으리!
(순전히 '質'운만을 사용하였고, '物'운자를 섞지 않았다.)

—저광희, 「同王十三維偶然作十首」(제10수)

平生養情性, 평생 동안 성정을 수양하여
不復計憂樂. 더는 근심과 즐거움을 따지지 않는다.
去家行賣畚, 집을 떠나 삼태기를 팔러 나가

留滯南陽郭.　남양의 성곽에 머물게 되었다.
秋至黍苗黃,　가을이 되어 기장이 누렇게 익어도
無人可刈穫.　이것을 수확할 사람이 없다.
稚子朝未飯,　아이는 아침에 밥도 먹지 못하고
把竿逐鳥雀.　장대를 들고 새를 쫓아다닌다.
忽見梁將軍,　갑자기 양장군이 나타나 보니
乘車出宛洛.　수레를 타고 완락으로 나간다.
意氣軼道路,　의기가 도로에 넘쳐나고
光輝滿墟落.　광채가 마을에 가득하다.
安知負薪者,　어찌 알랴 땔감을 등에 진 자가
咥咥笑輕薄.　키득거리며 그 경박함을 비웃는 줄을.
(순전히 '藥'운을 사용하였다.)

— 저광희, 「田家雜興八首」(제5수)

梧桐蔭我門,　오동나무가 내 집 문을 그늘지우고
薜荔網我屋.　벽려가 내 집을 그물처럼 둘렀다.
迢迢兩夫婦,　사이좋은 두 부부가
朝出暮還宿.　아침에 나갔다가 저녁에 돌아온다.
稼穡旣自種,　농작물도 스스로 심어 가꾸고
牛羊還自牧.　소와 양도 스스로 놓아기른다.
日旰嬾耕鋤,　해질녘에는 밭 갈기를 그만두고
登高望川陸.　높은 곳에 올라 들판을 바라본다.
空山足禽獸,　인적 없는 산에는 금수가 뛰놀고
墟落多喬木.　마을에는 커다란 나무가 많다.
白馬誰家兒,　백마를 탄 자들은 뉘 집 자식인가?
聯翩相馳逐?　잇달아 꼬리를 물고 달리고 있다.
(순전히 '屋'운만을 사용하였고, '沃'운자를 섞지 않았다.)

— 저광희, 「田家雜興八首」(제7수)

儒有輕王侯,　선비는 王侯를 가볍게 여기고
脫略當世務.　당세의 일에서 벗어나 있다.

本家藍田下, 본가는 남전 아래에 있는데
非爲漁弋故. 물고기와 새를 잡기 위해서가 아니다.
無何困躬耕, 아무 것도 없이 곤궁하게 밭 갈고
且欲馳永路. 또한 먼 길을 달리고 싶다.
幽居與君近, 외진 거처가 그대와 가까웠는데
出谷同所鶩. 골짜기에서 나와 추구하는 바가 같았다.
昨日辭石門, 어제 석문을 하직하니
五年變秋露. 오 년 만에 가을이슬이 변해 있었다.
雲龍未相感, 구름과 용이 서로를 느끼지 못하여
干謁亦已屢. 면회를 청한 것도 벌써 여러 번이다.
子爲黃綬羈, 그대들은 관직에 얽매여 있고
余忝蓬山顧. 나는 蓬萊山을 돌아보게 되었다.
京門望西嶽, 國都에서 西嶽을 바라보면
百里見郊樹. 백리에 걸쳐 교외 나무가 보인다.
飛雨祠上來, 흩날리는 비가 사당 위에 내리고
靄然關中暮. 관중의 저녁에 안개가 자욱하다.
驅車鄭城宿, 수레를 몰아서 정성에 투숙하니
秉燭論往素. 촛불을 밝혀 지난 일을 논하였다.
山月出華陰, 화산의 북쪽에서 달이 솟아나와[23)]
開此河渚霧. 이곳 황하 가의 안개를 걷었다.
清光比故人, 맑은 빛은 옛 친구에 비견되고
豁達展心晤. 활달하게 마음속을 펼쳐 놓는다.
馮公尙戢翼, 풍공은 여전히 날개를 움츠리고 있고
元子乃跼步. 원선생은 오히려 조심조심 걷는다.
拂衣易爲高, 옷깃을 걷어 올리면 높아지기 쉽고
淪跡難有趣. 자취를 감추면 흥취가 있기 어렵다.
張范善終始, 장범이 처음과 끝을 잘 대처하니
吾等豈不慕? 우리들이 어찌 흠모하지 않으랴?
罷酒當涼風, 서늘한 바람 맞으며 술자리 끝내니

23) 텍스트에는 '山月'이 '日月'로 되어 있는데, 誤字이다.

屈伸備冥數. 인생의 득의와 실의는 운명에 달려 있다.

(순전히 '遇'운을 사용하였고, '御'운자를 섞지 않았다. '屢'자는 거성이다.)

— 왕창령(王昌齡), 「鄭縣宿陶太公館中贈馮六元二」

高臥南齋時, 남쪽 서재에서 편안히 누워 있을 때
開帷月初吐. 휘장을 걷으니 달이 막 떠오른다.
淸輝淡水木, 맑은 빛이 물과 나무를 은은히 비추며
演漾在窗戶. 창틈으로 물결치듯이 흘러든다.
苒苒幾盈虛, 오랜 세월 동안 몇 번이나 차고 이지러졌을까?
澄澄變今古. 고금이 변하는 동안 맑은 모습 그대로였겠지.
美人淸江畔, 미인은 맑은 강가에 있으면서
是夜越吟苦. 이 밤을 고통의 노래 부르며 지내겠지.
千里其如何? 천 리 밖의 모습이 어떠할까?
微風吹蘭杜. 미풍이 난초와 두약에 불어온다.

(순전히 '麌'운을 사용하였는데, 『廣韻』에서는 '姥'운에 속하고 '語'운자를 섞지 않았다. '吐'·'戶'·'杜'는 모두 上聲이다.)

— 왕창령, 「同從弟銷南齋翫月憶山陰崔少府」

楚客醉孤舟, 초의 나그네가 외로운 배에서 취하여
越水將引棹. 월수에서 노 저어 가려고 한다.
山爲兩鄉別, 산이 두 마을을 나누어 놓고
月帶千里貌. 달은 천리 밖에서도 그대로이다.
羈譴同繒綸, 좌천은 일종의 구속과 같아서
僻幽聞虎豹. 궁벽한 곳에서 호랑이와 표범 소리를 듣겠지.[24]
桂林寒色在, 계림은 추운 시절의 경색이 있어서
苦節知所效. 굳은 절조가 본받을 바를 알리라.

(순전히 '效'운을 사용하였고, '嘯'·'號'운자를 섞지 않았다.)

※ 주의 : '效'는 險韻에 속한다.

— 왕창령, 「送任五之桂林」

24) 텍스트에는 '幽僻問'이라고 되어 있는데, 잘못된 것이다.

漢宮豈不死,　漢宮에 있었어도 어찌 죽지 않았으리?
異域傷獨沒.　다만 이역에서 홀로 죽은 것이 슬프다.
萬里馱黃金,　만 리 길을 황금을 싣고 가서
蛾眉爲枯骨.　고운 얼굴이 마른 뼈가 되었다.
迴車夜出塞,　수레를 되돌려 밤에 변새를 나왔지만
立馬皆不發.　말을 세우고 모두 출발하지 못하였다.
共恨丹青人,　왕소군을 그린 화공을 함께 원망하며
墳上哭明月.　밝은 달빛 아래 무덤 위에서 통곡한다.
(순전히 '月'운을 사용하였고, '物'·'屑'운자를 섞지 않았다.)

— 상건(常建), 「昭君墓」

進軍飛狐北,　비호의 북쪽으로 진군하여
窮寇勢將變.　도적을 추궁하니 세가 바뀌려 한다.
日落沙塵昏,　해 떨어지니 사막의 먼지 어두운데
背河更一戰.　강을 등지고 다시 일전을 치렀다.
駿馬黃金勒,　준마에는 황금 재갈을 물리고
雕弓白羽箭.　조각한 활에는 흰 깃 화살을 건다.
射殺左賢王,　활로 좌현왕을 쏘아 죽이고
歸奏未央殿.　돌아와 미앙전에 전공을 보고한다.
欲言塞下事,　변방의 일을 말씀드리고자 했지만
天子不召見.　황제께서 불러주시지 않는다.
東出洛陽門,　동쪽으로 낙양성문을 나가니
哀哀淚如霰.　슬픔에 눈물이 싸라기처럼 떨어진다.
(순전히 '霰'운을 사용하였고, '願'·'諫'운자를 섞지 않았다.)

— 도한(陶翰), 「古塞下曲」

退無偃息資,　물러나자니 은거할 밑천이 없고
進無當代策.　나아가자니 당대의 책략이 없다.
冉冉時將暮,　뉘엿뉘엿 시절은 저물어 가는데
坐爲周南客.　마침내 주남의 나그네가 되었다.
前登闕塞門,　앞으로 변새의 관문에 올라가

永眺伊城陌. 이성의 두렁길을 살펴보았다.
長川黯已空, 긴 내는 어둑하여 이미 비었고
千里寒氣白. 천리에 걸쳐 찬 기운이 하얗다.
家本渭水西, 집은 본래 위수의 서쪽에 있는데
異日同所適. 지난날 간 바가 같았다.
秉志師禽尙, 뜻을 품고 禽尙을 스승으로 모셨고
微言祖莊易. 완곡한 충간의 말은 莊易을 받들었다.
一辭林壑間, 숲과 골짜기 사이를 일단 떠나서
共繫風塵役. 함께 속세의 일에 매달렸다.
交朋忽先進, 사귀던 벗들이 갑자기 앞으로 나갔으니
天道何紛劇! 하늘의 도는 어찌 그리 어지러운가!
豈念嘉遯時, 어찌 생각하리 정도에 따른 은거 시에
依依偶沮溺. 그리워하며 長沮 桀溺과 짝한 것을!
(순전히 '陌'운을 사용하였고, '錫'·'職'운자를 섞지 않았다.)

— 도한, 「晩出伊闕寄河南裴中丞」

捨事入樵徑, 일을 그만두고 나무꾼 길로 접어드니
雲木深谷口. 계곡 입구에 구름 짙고 나무 울창하다.
萬壑移晦明, 골짜기마다 어둠과 밝음이 달라지고
千峰轉前後. 수많은 봉우리들이 앞뒤로 돌아든다.
嶷然龍潭上, 용담 위로 우뚝 솟아 있어서
石勢若奔走. 바위의 기세가 달려가는 것 같다.
開拆秋天光, 탁 트이더니 가을 하늘 같이 빛나고
崩騰夏雷吼. 세차게 흘러 여름 우레처럼 포효한다.
靈谿自茲去, 영계는 여기서부터 흘러 내려가며
紆直互紛糾. 굽었다 곧았다 하며 뒤섞여 엉켜 있다.
聽聲靜復喧, 소리를 들으면 조용했다간 다시 시끄럽고
望色無更有. 경색을 바라보면 없는 듯하다간 다시 나타난다.
冥冥翠微下, 어둡고 깊은 푸른 산 아래에
高殿映杉柳. 높은 佛殿이 삼나무와 버들의 빛을 띠고 있다.
滴滴洞穴中, 동굴 속에서는 물방울이 똑똑 떨어지고

懸泉響相扣. 폭포수는 두드리는 듯이 소리를 낸다.
昔時秦王女, 그 옛날 있었던 진왕의 딸이
羽化年代久. 羽化登仙한 지 이미 오래되었다.
日暮松風來, 저녁이 되자 솔바람이 불어오고
簫聲生左右. 피리 소리가 주위에서 일어난다.
早窺神仙籙, 진작 신선의 秘文을 들여다보아
願結芝朮友. 지출 같은 약초의 친교를 맺고 싶다.
安得羨門方, 어찌하면 선문의 비방을 얻어서
青囊繫吾肘? 푸른 주머니에 넣어 내 팔에 매달 수 있을까?
(순전히 '有'운을 사용하였다. '後'·'糾'·'扣'·'右'는 모두 上聲이다.)

— 이화(李華), 「仙遊寺」

秋空明月懸, 가을 하늘에는 밝은 달이 걸려 있고
光彩露霑濕. 달빛은 이슬에 젖어 축축하다.
驚鵲棲不定, 까치는 놀랐는지 둥지에 가만히 있질 못하고
飛螢捲簾入. 반딧불은 걷어 올린 주렴 사이로 날아온다.
庭槐寒影疏, 뜰의 홰나무는 차가운 그림자 성기고
鄰杵夜聲急. 이웃에서 밤에 절구질하는 소리 급하다.
佳期曠何許? 광활한 하늘 아래 우리의 만남은 어디일까?
望望空佇立! 아득히 바라보며 우두커니 서 있다!
(순전히 '緝'운을 사용하였고, '合'·'葉'·'洽'운자를 섞지 않았다.)

— 맹호연(孟浩然), 「秋宵月下有懷」

送君不相見, 그대를 보내고 서로 보지 못하게 되니
日暮獨愁緒. 해저물녘 홀로 슬픔에 어수선하다.
江上空徘徊, 강가에서 부질없이 배회하고[25]
天邊迷處所. 하늘가에서 처소를 잃었다.
郡邑經樊鄧, 郡邑은 樊城과 鄧州를 지나고
山河入嵩汝. 산하는 嵩山과 汝水에 든다.

25) 텍스트에는 '江上'이 '江山'으로 되어 있는데, 誤字이다.

蒲輪去漸遙, 현사를 부르는 수레는 점차 멀어지고
石徑徒延佇. 돌길에 그저 우두커니 서 있다.

(순전히 '語'운을 사용하였고, '麌'운자를 섞지 않았다. '緖'·'佇'는 모두 上聲이다.)

— 맹호연, 「送辛大之鄂渚不及」

閑居枕淸洛, 맑은 洛水 가에서 한가히 거처하니[26]
左右接大野. 주변은 광야에 이어져 있다.
門庭無雜賓, 집안에는 이러저런 빈객이 없지만
車轍多長者. 수레 자국은 대부분 귀인들의 것이다.
是時方盛夏, 때는 바야흐로 盛夏의 시절이라
風物自瀟灑. 풍물이 절로 깔끔하고 멋스럽다.
五日休沐歸, 오일은 휴가일이라 돌아와서
相携竹林下. 손에 손을 잡고 대숲 아래로 왔다.
開襟成歡趣, 흉금을 여니 즐거운 흥취를 이루고
對酒不能罷. 술을 마주하니 끝낼 수가 없다.
煙暝棲鳥迷, 안개 끼고 어두워지니 새가 길을 잃어
余將歸白社. 나도 내 은거지로 돌아가야 하겠다.

(순전히 '馬'운을 사용하였다. '社'자와 '下'자 모두 상성(上聲)이다. 다만 '下'자의 경우 동사로 쓰이면 상성으로 읽고, 방위사로 쓰이면 거성으로 읽는다는 속설이 있는데, 당 이전에는 그와 같은 구별이 없었다. '罷'자는 본래 '蟹'운에 속하지만 唐人들은 또한 '馬'운으로도 읽었으며, 상성이다.)

— 맹호연, 「宴包二融宅」

夕陽度西嶺, 석양 아래 서쪽 고개를 넘으니
群壑倏已暝. 여러 골짜기가 갑자기 어두워졌다.
松月生夜凉, 달빛 아래 소나무는 서늘함을 내고
風泉滿淸聽. 샘 위의 바람은 맑은 소리 가득하다.
樵人歸欲盡, 나무꾼은 거의 다 돌아왔고

26) 텍스트에는 '枕'이 '沈'으로 되어 있는데, 誤字이다.

煙鳥棲初定. 안개 속에 새들도 막 둥지에 들어앉았다.
之子期宿來, 정공께서도 묵으려 돌아오실 터라
孤琴候蘿徑. 혼자 거문고 뜯으며 덩굴 길을 기다린다.
(순전히 '徑'운을 사용하였고, '敬'운자를 섞지 않았다.)

—맹호연, 「宿業師山房待丁公不至」

仲尼旣云歿, 공자께서는 이미 돌아가셨고
余亦浮於海. 나 또한 바다 위에 떠있다.
昏見斗柄回, 저녁에 보니 북두칠성이 돌아와서
方知歲星改. 비로소 해가 바뀌는 것을 알았다.
虛舟任所適, 빈 배가 가는 대로 맡겨두고
垂釣非有待. 낚싯줄 드리운 건 기다리는 바가 있어서가 아니다.
爲問乘槎人, 뗏목 탄 사람에게 묻나니
滄洲復誰在? 창주에는 또 누가 있나요?
(순전히 '賄'운을 사용하였는데,『광운』에서는 '海'운에 속한다. '待'·'在'는 모두 상성이다.)

—맹호연, 「歲暮海上作」

東旭早光芒, 동녘의 아침 해가 발산하는 이른 빛에
渚禽已驚聒. 물가의 새들은 벌써 놀라 재잘거린다.
臥聞漁浦口, 누워서 듣는다 고기잡이 포구에서
橈聲暗相撥. 어둠 속에서 노 저어가는 소리를.
日出氣象分, 해가 나와 만상이 분명하게 드러나자
始知江湖闊. 비로소 강과 호수 넓음을 알겠다.
美人常晏起, 아름다운 여인들 늘 늦게 일어나
照影弄流沫. 모습을 비춰보며 물보라를 일으킨다.
飮水畏驚猿, 물을 마시자니 원숭이 놀랠까 두렵고
祭魚時見獺. 고기를 잡으면 때때로 수달을 보게 된다.
舟行自無悶, 뱃길을 가자니 절로 번민 없는데
況値晴景豁. 하물며 맑은 햇빛 탁 트인 경관을 만남에랴.
(순전히 '曷'운을 사용하였고, '月'·'屑'·'黠'운자를 섞지 않았다. '獺'자는

'曷'운과 '黠'운 모두에 속하여 두 가지 讀法이 있다.)

— 맹호연, 「早發漁浦潭」

太白何蒼蒼, 태백산은 얼마나 짙고 푸른가!
星辰上森列. 꼭대기는 별들과 서로 접해 있다.
去天三百里, 하늘까지의 거리는 삼백 리 길
邈爾與世絶. 아득하여 속세와 단절되어 있다.
中有綠髮翁, 그 속에 綠髮의 신선 노인이 있는데
披雲臥松雪. 눈 덮인 소나무 아래 구름을 덮고 누워 있다.
不笑亦不語, 웃지도 않고 또한 말도 없이
冥棲在巖穴. 암혈 속에 단정히 앉아 있다.
我來逢眞人, 나는 이 신선을 찾아와서
長跪問寶訣. 무릎 꿇고 장생의 비결을 물었다.
粲然啓玉齒, 그는 玉齒를 드러내 살짝 웃으며
授以鍊藥說. 내게 선약 만드는 비방을 건네주었다.
銘骨傳其語, 뼈에 새기듯이 말씀을 전해주고는
竦身已電滅. 몸을 솟구쳐 전광석화처럼 사라졌다.
仰望不可及, 쳐다보았지만 미치지 못하고
蒼然五情熱. 슬퍼서 심정이 뜨겁게 격동되었다.
吾將營丹砂, 나는 장차 단약을 만들어 복용하고
永世與人別. 영원히 인간세상과 결별하련다.
(순전히 '屑'운을 사용하였고, '月' · '黠'운자를 섞지 않았다.)

— 이백, 「古風」(제5수)

秋露白如玉, 가을 이슬은 백옥처럼 투명한데
團團下庭綠. 방울방울 정원의 푸른 나무에 떨어진다.
我行忽見之, 내가 나가다가 갑자기 그것을 보고는
寒早悲歲促. 추위가 일찍 와 세월의 빠름에 슬펐다.
人生鳥過目, 인생은 새가 눈앞을 지나가는 것처럼 잠깐인데
胡乃自結束. 어찌 스스로 자신을 구속하려 하는가?
景公一何愚, 齊 景公은 얼마나 어리석었던가!

牛山淚相續. 牛山에서 눈물이 그치질 않았다니.
物苦不知足, 사람의 고통은 만족을 모르는 데 있으니
得隴又望蜀. 농 땅을 얻고는 다시 촉나라를 바란다.
人心若波瀾, 사람의 마음은 물결처럼 출렁이고
世路有屈曲. 세상의 길에는 굴곡이 있게 마련이다.
三萬六千日, 차라리 삼만 육천 일 동안
夜夜當秉燭. 밤마다 촛불 밝히고 즐기리라.

(순전히 '沃'운을 사용하였는데,『광운』에서는 '燭'운에 속하고 '屋'운자를 섞지 않았다. '目'자가 출구(出句) 마지막 글자에 있는 것은 운을 사용하지 않은 것으로 볼 수도 있고, 출구이기 때문에 융통성을 발휘하여 인운(隣韻)을 사용한 것으로 볼 수도 있다.)

—이백, 「古風」(제23수)

梁公曾孫我姨弟, 양공 狄仁杰의 증손이며 나의 이종사촌형제
不見十年官濟濟. 십 년 동안 관운이 형통하는 걸 보지 못하였다.
大賢之後竟陵遲, 名賢의 후예인 그대가 뜻밖에도 쇠미했지만
浩蕩古今同一體. 도도히 흐르는 고금은 본래 한 몸이라네.
比看叔伯四十人, 그대의 백부 숙부 사십 인을 살펴보면
有才無命百寮底. 재능이 있지만 운이 없어 백관의 밑에 있었다.
今者兄弟一百人, 지금 그대의 형제들은 일백 인에 달하지만
幾人卓絶秉周禮. 몇 명이나 周制를 계승하여 우뚝 솟았는가?
在汝更用文章爲, 그대는 文才가 있음에도 쓰이지 못하고
長兄白眉復天啓. 장형은 하늘의 계시를 받고도 눈썹이 세었다.
汝門請從曾翁說, 그대 집안은 증조부의 말씀을 따르면
太后當朝多巧詆. 태후의 집권 시에 교묘하게 비방하는 사람이 많았다.
狄公執政在末年, 狄仁杰公의 집정은 태후의 말년이었으니
濁河終不汚清濟. 濁河는 끝내 맑은 清濟를 더럽히지 못하였다.
國嗣初將付諸武, 황위를 처음에는 武三思에게 물려주려 했지만
公獨廷諍守丹陛. 狄公이 홀로 간언하여 황실을 지킬 수 있었다.
禁中決策請房陵, 조정에서 결단하여 방릉에 계신 中宗을 청하니[27]
前朝長老皆流涕. 前朝의 장로들은 모두 눈물을 흘렸다.

太宗社稷一朝正, 태종의 사직을 하루아침에 바로잡았고
漢宮威儀重昭洗. 漢宮의 威儀를 다시금 회복하였다.
時危始識不世才, 시절이 위태로워야 불세출의 인재를 알아보니
誰謂荼苦甘如薺. 누가 쓴 씀바귀를 냉이처럼 달게 여기겠는가?
汝曹又宜列鼎食, 그대들은 마땅히 성찬을 누려야 하고[28]
身使門戶多旌棨. 문 앞에 깃발과 창을 꽂는 貴官이 되어야 한다.
胡爲漂泊岷漢間, 그런데 어찌하여 그대가 岷漢 사이에서 떠돌며
干謁王侯頗歷抵. 번진의 왕후들을 찾아다니는 신세가 되었는가?
況乃山高水有波, 하물며 산은 높고 물에는 파도가 치며
秋風蕭蕭露泥泥. 가을바람 쓸쓸하고 이슬 축축함에랴.
虎之饑下巉巖, 가파른 바위를 내려오는 건 굶주린 호랑이이고
蛟之橫出清泚. 맑은 강물을 가로질러 나타나는 건 교룡이라지.
早歸來! 일찌감치 돌아오구려!
黃土汚衣眼易眯. 누런 흙먼지는 옷을 더럽히고 눈에 쉽게 들어간다네.

(순전히 '薺'운을 사용하였고, '紙'·'尾'운자를 섞지 않았다. '陛'·'涕'·'濟'는 모두 상성이다. '泥泥'는 '苨苨'라고도 하며 상성으로 읽는다.)

— 두보, 「寄狄明府博濟」

五彩繡衣裳, 오색실 수놓은 색동옷을 입으니
當年正相稱. 나이로 보면 老萊子와 마침 서로 어울린다.
春風舊關路, 봄바람이 옛 函谷關 길에 부니
歸去眞多興. 돌아갈 때 참으로 흥이 나겠다.
蘭陔行可采, 가면 부모에게 효도할 수 있고
蓮府猶回瞪. 막부의 일은 돌아와 주시할 수 있으리.
楊家紺幰迎, 양씨 가문은 高官 수레를 맞이하고
謝守瑤華贈. 謝朓 태수는 진귀한 시를 선물했다.
御街草泛灩, 임금님 다니는 길엔 풀빛 아름답고
臺柏煙含凝. 御史臺에는 안개가 자욱하게 끼었다.

---

27) 텍스트에는 '策'이 '冊'으로 되어 있는데, 『杜詩詳注』에 의거하여 바꾸었다.
28) 텍스트에는 '鼎'이 '土'로 되어 있는데, 誤字이다.

曾是平生遊, 일찍이 평소에 가있었던 곳이니
無因理歸乘. 돌아가는 수레를 상관하지 않겠다.

(순전히 '證'운을 사용하였고, '敬'·'徑'운자를 섞지 않았다. 지금의 시운(詩韻)은 '證'운을 '徑'운에 병합시켰는데 잘못된 것이다. '凝'자는 여기서 거성(去聲)으로 읽는다. '稱'과 '乘'은 자의(字義)에 따라 본래 거성으로 읽어야 한다.)

— 유우석(劉禹錫), 「和州送錢侍御」

24.7 앞에서 든 여러 예를 통해서 측운고풍(仄韻古風)이 순전히 본운을 사용한 경우가 평운(平韻)에 비해 결코 적지 않음을 충분히 알 수 있다. 더구나 측운의 글자수가 평운보다 적어서 출운(出韻)하지 않기가 훨씬 어렵다. 이를테면 앞에서 예로 든 왕창령(王昌齡)의 「송임오지계림(送任五之桂林)」,[29] 맹호연(孟浩然)의 「숙업사산방대정공부지(宿業師山房待丁公不至)」, 유우석(劉禹錫)의 「화주송전시어(和州送錢侍御)」에서 사용한 '效'운, '徑'운과 '證'운은 모두 험운(險韻)이고('徑證'운의 평성 '青蒸'운은 窄韻이지만 '徑證'운에 속하는 글자가 평성에 비해 훨씬 적기 때문에 험운이다), 맹호연의 「송신대지악저불급(送辛大之鄂渚不及)」과 이백의 「고풍(古風)」이 사용한 '語'운과 '沃'운은 모두 착운이다. 험운과 착운의 경우도 출운하지 않았으니 나머지는 미루어 알 수 있겠다. 또한 어떤 경우에는 '동용(同用)'조차 사용을 거부하고 완전히 『당운(唐韻)』의 운부(韻部)에 의거하였다. 예를 들어 왕창령의 「동종제소남재완월억산음최소부(同從弟銷南齋翫月憶山陰崔少府)」는 '姥'운을 사용하며 '虞'운과 동용하지 않았고, 맹호연의 「세모해상작(歲暮海上作)」은 '海'운을 사용하면서 '賄'운과 동용하지 않았고, 이백의 「고풍」은 '燭'운을 사용하면서 '沃'운과 동용하지 않았다. 이런 현상이 우연히 나온 것일 수도 있겠지만 촬구음(撮口音)과 합구음(合口音)을 동용하지 않고, 합구음과 개구음(開口音)을 동용하지 않은 것을 통해 시인들이 성운의 조화에 대단히 주의했음을 알 수 있다.[30]

29) 텍스트에는 「山中別龐十」으로 되어 있는데, 잘못된 것이다.

30) 중국음운학에서는 음절 중의 모음을 발음할 때 입 모양이 어떻게 되느냐에 따라 '開

제25절 고체시의 용운(중)—통운(通韻)

25.1 고풍(古風)이 본운(本韻)을 사용한 것은 분명히 고지식하게 운서(韻書)를 따른 것이다. 그러나 통운(通韻)을 사용한 고풍은 순전히 운부(韻部)를 폭넓게 취하여 구속을 덜 받기 위해서만이 아니라 아마도 동시에 옛것을 모방하려는 심리가 있었을 것이다.31) 고운(古韻)이 당운(唐韻)과 다른 것은 어음(語音)이 실제로 변했기 때문이다. 당대(唐代)의 시인들은 그 이치를 모르고 고금의 운부가 똑같다고 생각했기 때문에 고인들이 어떤 글자와 어떤 글자를 압운한 것은 인운(隣韻)을 통압한 것이라고 오해하여 그들도 고인들처럼 통운을 사용하려고 생각했던 것이다. 만약 정말로 그런 심리가 있었다면 그들은 옛날에 대해서도 당대(當代)에 대

口'·'齊齒'·'合口'·'撮口'의 四呼로 구분하는데, [a] [o] [ə] 또는 [a] [o] [ə] 뒤에 韻尾가 있는 경우 입은 열린 모양이 되므로 開口라 하고, 韻頭 또는 韻腹이 [i]일 때 혀끝이 아래턱에 접근하여 입이 一 자 모양이 되므로 齊齒라 하고, 韻頭 또는 韻腹이 [u]일 때 입술이 오물어진 모양이 되므로 合口라 하고, 韻頭 또는 韻腹이 [y]일 때 입술이 쑥 내밀어진 모양이 되므로 撮口라 한다.

31) 杜甫는 「彭衙行」(본서 25. 8. 8 참고)에서 "艱、山、顔、還、聞、嗔、飧、攀、寒、間、椽、烟、關、雲、門、魂、干、餐、昆、歡、肝、患、前"을 叶韻하였다. 仇兆鰲는 『杜詩詳注』에서 毛奇齡의 『韻學指要』를 인용하여 다음과 같이 말했다: "古韻에 대해서는 명확한 주해가 없다. 다만 宋吳棫과 鄭庠에게 각기 古韻通轉註本이 있는데, 안타깝게도 당시에는 宋吳棫의 설만 성행하고 鄭庠의 설은 성행하지 않아 韻學이 크게 암담해졌다. 鄭庠의 『古音辯』을 살펴보면 古韻을 6部로 나누어 '東、冬、江、陽、庚、青、蒸'의 7운은 모두 '陽'音에 協音시키고, '支、微、齊、佳、灰'의 5운은 모두 '支'음에 협음시키고, '眞、文、元、寒、删、先'의 6운은 모두 '先'음에 협음시키고, '魚、虞、歌、麻'의 4운은 모두 '虞'음에 협음시키고, '蕭、肴、豪、尤'의 4운은 모두 '尤'음에 협음시키고, '侵、覃、鹽、咸'의 4운은 모두 '覃'음에 협음시켰다. 그 책이 吳氏의 『韻補』 뒤에 나와 그것에 따르면 古音을 이미 9할 정도 얻은 것인데, 소략하여 부족한 것은 '魚、虞、歌、麻'와 '蕭、肴、豪、尤'를 여전히 2部로 나눈 것뿐이다." 仇兆鰲는 "毛氏의 이 책은 실로 沈韻의 구속에서 벗어나기에 족하다. 杜甫의 「彭衙行」을 살펴보면 시 한 편에 6운을 협음하여 함께 썼으니 唐人은 古音을 잘 알고 있었다고 하겠다"라고 말했다. 내 생각에 毛奇齡의 설은 잘못된 것이다. 그는 古韻을 이해하지 못했고 두보도 古韻을 이해하지 못했는데, 다만 이 시가 폭넓게 운을 사용한 것은 아마도 두보가 古詩를 모방하려고 했기 때문일 것이다. ≪附註三十二≫

해서도 모두 잘못한 것이다. 이를테면 그들은 『시경』에서 '人'자와 '田'자가 압운된 것을 보고는 고인의 '眞'운과 '先'운이 완전히 상통하는 것으로 추측하여 멋대로 '眞'운자(『廣韻』의 '眞'·'諄'·'臻'의 세 운 포함)와 '先'운자를 뽑아 함께 압운하였으니, 그들은 글자에 따라서는 고운(古韻)에서 상통하는 것이 아님을 몰랐던 것이다. 예를 들어 '人'·'錢'과 '遷'은 각각 고운의 '眞'부와 '寒'부와 '文'부에 속하여 상통할 수 없다. 물론 모든 시인들이 다 그와 같은 심리를 지녔다고 감히 단정할 수는 없지만 고체시 통운의 기풍은 분명 이에서 비롯되었을 것이다. 왜냐하면 근체시에서는 용운(用韻)을 그렇게 엄격하게 했으면서 고풍(古風)에서는 오히려 통운을 허용했는데, 고인의 선례를 보호막으로 삼지 않았다면 남들의 비판을 피할 수 없었을 것이기 때문이다. 그러나 사실상 그들이 그렇게 한 것은 고인(古人)을 잘못 모방한 것이다. 만약 통운의 목적이 구속을 덜 받는 것이었다면 물론 나무랄 데가 없다. 그러나 통운의 목적이 용운 방면에서 고인을 모방하는 것이었다면 참으로 부질없는 짓을 한 셈이다.

25.2 이른바 통운은 인운의 상통을 가리킨다. 따라서 당인들의 통운 규칙을 알려면 먼저 어떤 운과 어떤 운이 그들에 의해 인접한 운으로 여겨졌는지 알아야 한다. 당인의 통운 상황을 귀납해보면 평·상·거·입 사성(四聲)의 운을 대략 다음과 같이 15부로 나눌 수 있다.

1. 歌部

平聲 歌　　上聲 哿　　去聲 箇

2. 麻部

平聲 麻　　上聲 馬　　去聲 禡

('歌'·'麻'는 육조(六朝) 때 상통했기 때문에 당인(唐人)들도 어쩌다 '歌'·'麻' 통운을 사용하였다.)

3. 魚部

a. 平聲 魚　　上聲 語　　去聲 御

b. 平聲 虞　　上聲 麌　　去聲 遇

('魚' · '虞' 통운이 가장 흔히 보이고, 상성과 거성의 통운은 오히려 비교적 적다.)

4. 支部

a. 平聲 支　　上聲 紙　　去聲 寘

b. 平聲 微　　上聲 尾　　去聲 未

(평성 '支' · '微'는 통운의 경우가 극히 적다. 상성과 거성은 글자 수가 적기 때문에 통운의 경우가 비교적 많다.)

5. 齊部

平聲 齊　　上聲 薺　　去聲 霽

('齊'운은 어쩌다 '微' · '佳' · '灰'와 통하지만, '支'운과는 절대로 통하지 않는다.)

6. 佳部

a. 平聲 佳　　上聲 蟹　　去聲 卦

b. 平聲 灰　　上聲 賄　　去聲 泰 隊

(거성 '泰' · '隊'는 음이 가장 접근하여 시인들은 보통 이 두 운을 통용하였다.)

7. 蕭部

a. 平聲 蕭　　上聲 篠　　去聲 嘯

b. 平聲 肴　　上聲 巧　　去聲 效

c. 平聲 豪　　上聲 皓　　去聲 號

(이 운부는 '肴'운이 중추이다. '肴' · '蕭'와 '肴' · '豪'가 상통하는 경우는 비교적 흔히 보이고, '蕭' · '豪'가 상통하는 경우는 매우 드물게 보인다. 상성과 거성은 이에 준한다.)

8. 尤部

平聲 尤　　上聲 有　　去聲 宥

(이 운부의 상성과 거성은 어쩌다 '蕭'부와 상통한다.)

9. 陽部

平聲 陽	上聲 養	去聲 漾	入聲 藥

10. 庚部

a. 平聲 庚	上聲 梗	去聲 敬	入聲 陌
b. 平聲 青	上聲 迥	去聲 徑	入聲 錫

(이 운부는 평성이 상통하는 경우는 비교적 적고, 상성과 거성이 상통하는 경우는 비교적 많고, 입성 '陌'·'錫'이 통운하는 경우는 더욱 많다. '陌'운은 독용(獨用)의 경우가 드물게 보이고, '錫'운은 독용의 경우가 거의 없다.)

11. 蒸部

平聲 蒸	上聲 (拯)	去聲 (證)	入聲 職

(이 운부의 평성은 '庚'부와 통용하는 경우가 드물고, 입성이 '庚'부의 입성과 통운하는 경우도 많지 않으며, 때로는 오히려 '東'부의 입성과 상통한다. 상성과 거성은 글자 수가 너무 적기 때문에 통운의 경우를 관찰하기 어렵다.)

12. 東部

a. 平聲 東	上聲 董	去聲 送	入聲 屋
b. 平聲 冬	上聲 腫	去聲 宋	入聲 沃
c. 平聲 江	上聲 講	去聲 絳	入聲 覺

('東'·'冬'의 통운은 가장 흔히 보이고, 상성·거성·입성도 이에 준한다. '江'운은 어쩌다 '東'·'冬'과 통하고, 중당 이전에는 '陽'운과 통하는 경우가 보이지 않았다. 중당 이후에도 '陽'운과 통용하는 경우는 극히 적었다. '覺'운은 어쩌다 '藥'운과 동용된다.)

13. 眞部

a. 平聲 眞	上聲 軫	去聲 震	入聲 質
b. 平聲 文	上聲 吻	去聲 問	入聲 物
c. 平聲 元	上聲 阮	去聲 願	入聲 月

d. 平聲 先	上聲 銑	去聲 霰	入聲 屑
e. 平聲 刪	上聲 潸	去聲 諫	入聲 黠
f. 平聲 寒	上聲 旱	去聲 翰	入聲 曷

(이 운부 6운의 상호관계는 일률적이지 않다. 대체로 '眞'과 '文'이 가깝고, '文'과 '元'이 가깝고, '元'과 '先'이 가깝고, '先'과 '刪'이 가깝고, '刪'과 '寒'이 가깝다. '寒'·'刪'과 '眞'·'文'이 가장 멀어서 통운할 수 없다. 5·6개 운이 동용할 때만 서로 관련되어 통할 수 있다고 친다. 상성과 거성도 이에 준한다. 입성은 '質'과 '物'이 통하고, '物'과 '月'이 통하고, '月'과 '屑'이 통하는데, '月'·'屑' 통운이 가장 흔히 보인다. '黠'운은 글자수가 적어서 '曷'·'屑'과 통하고, '月'·'屑'도 어쩌다 '曷'과 통한다.)

14. 侵部

平聲 侵	上聲 寢	去聲 沁	入聲 緝

(이 운부는 독용이다.)

15. 咸部

a. 平聲 覃	上聲 感	去聲 勘	入聲 合
b. 平聲 咸	上聲 豏	去聲 陷	入聲 洽
c. 平聲 鹽	上聲 儉	去聲 豔	入聲 葉

(이 운부는 '咸'운이 중추이다. '咸'·'覃'과 '咸'·'鹽'이 상통하는 것은 비교적 흔히 보이고, '覃'·'鹽'이 상통하는 것은 매우 드물게 보인다. 상성·거성·입성은 이에 준한다.)

25.3 근체시에서 수구(首句)에 인운(隣韻)을 사용할 때에도 대체로 이 기준에 따른다(제5절을 참조할 것). 이외에는 근체시와 고풍을 막론하고 함부로 통운할 수 없다. 더욱이 다음의 몇 가지 점에 주의해야 한다.

(a) 절대로 상통할 수 없는 것

1. '庚'·'蒸'부는 '眞'부와 통하지 않는다(宋人은 이 세 부의 입성을 어쩌다 통운했다).

2. '眞'부는 '侵'·'咸'부와 통하지 않는다(宋人은 이 세 부의 입성을 어쩌다 통운했다).

3. '侵'·'咸'부는 '庚'·'蒸'부와 통하지 않는다.

4. 입성운은 평·상·거운과 통하지 않는다.

(b) 성당(盛唐)의 규칙에 의거하면 통할 수 없지만, 만당(晩唐) 이후에 어쩌다 예외가 있는 것

1. '支'운은 '齊'운과 통하지 않는다.

2. '陽'·'藥'은 '江'·'覺'과 통하지 않는다.

25.4 고풍의 통운은 세 종류로 세분될 수 있다.

(1) 어쩌다 출운(出韻)한 것

(2) 주종통운(主從通韻)

(3) 등립통운(等立通韻).

만약 세 운 이상을 통용했다면 두세 가지 성질을 겸할 수 있다. 예를 들어 등립통운 중에 한 운각이 어쩌다 출운한 경우가 그렇다. 이와 같은 구분은 물론 지나치게 엄격할 수는 없고, 다만 설명을 간편하게 하기 위한 구분일 뿐이다.

25.5 (甲) 두 운이 상통하는 것

(1) 어쩌다 출운한 것

이른바 어쩌다 출운한 것이란 전편(全篇)에 어떤 운을 사용했는데, 다만 한 운각이 출운한 경우이다. 이런 경우는 작가가 의식적으로 통운한 것은 아니고, 다만 기왕에 고풍인 만큼 어쩌다 일시적으로 변통해도 무방하다고 생각했을 것이다. 다음 예를 보자(출운한 글자는 고딕체로 표시하였다).

1. '月' 운 속에 '物'운이 섞인 것

夕映翠山深,　석양이 푸른 산 깊이 비치어
餘暉在龍窟.　남은 빛이 백용굴에 스며든다.
扁舟滄浪意,　푸른 물결에 일엽편주를 띄우니
澹澹花影沒.　맑은 꽃 그림자가 잠겨든다.
西浮入天色,　서쪽으로 떠가니 하늘빛에 들고
南望對雲闕.　남쪽을 바라보니 궁궐이 보인다.
因憶莓苔峰,　생각해보니 지난날 매태봉에서
初陽濯玄髮.　아침 햇빛에 검은 머리를 씻었다.
泉蘿兩幽映,　샘과 여라에는 은은하게 햇빛 비치고
松鶴間淸越.　소나무와 학은 그 사이에서 맑고 유유하다.
碧海瑩子神,　푸른 바다는 그대의 정신을 밝게 해주고
玉膏澤人骨.　仙藥 옥고는 그대 뼈를 윤택하게 해준다.
忽然爲枯木,　갑자기 고목이 되어
微興遂如兀.　작은 흥이 마침내 정지된 듯하다.
應寂中有天,　고요함 속에서 하늘을 대하니
明心外無物.　마음 밖에 사물이 없음이 분명해진다.
環迴從所汎,　배를 띄운 곳으로 빙 돌아오니
夜靜猶不歇.　밤이 고요한데도 쉬지 않는다.
澹然意無限,　담담한 가운데 뜻이 무한하여
身與波上月.　몸이 물결과 함께 달에 오른다.

—상건(常建), 「白龍窟汎舟寄天台學道者」

2. '沃'운 속에 '屋'운이 섞인 것.

羊公峴山下,　현산 아래의 羊祜公
神女漢皐曲.　한고산 가의 신녀.
雪罷氷復開,　눈 끝나고 얼음 다시 녹으니
春潭千丈綠.　봄 못은 천 장 깊이로 푸르다.

輕舟恣來往, 가벼운 배는 마음대로 왕래하고
探翫無厭足. 찾아 즐기는 데 싫증낼 줄 모른다.
波影搖妓釵, 기녀의 비녀가 물결에 비치어 흔들리고
沙光逐人目. 사람의 눈은 모래 빛을 뒤좇는다.
傾杯魚鳥醉, 술잔을 기울이니 물고기와 새가 취하고
聯句鶯花續. 시를 읊으니 꾀꼬리와 꽃이 뒤를 잇는다.
良會難再逢, 좋은 모임은 두 번 만나기 어려우니
日入須秉燭. 해가 지면 촛불을 밝혀 계속되어야 하리.

— 맹호연(孟浩然), 「初春漢中漾舟」

3. '敬'운 속에 '徑'운이 섞인 것.

有求常百慮, 청탁하려면 언제나 온갖 상념이 이니
斯文亦吾病. 문인의 체면이 또한 나의 병이다.
以茲朋故多, 이런 관계로 친구들 많아도
窮老驅馳幷. 가난과 떠도는 고통을 면하지 못한다.
早行篙師怠, 일찍 떠나려는데 뱃사공 게으르고
席挂風不正. 돛을 올리려니 바람이 순조롭지 않다.
昔人戒垂堂, 옛사람이 처마 밑에 앉지 말라고 경계했거늘
今則奚奔命? 어째서 지금 나는 위험을 무릅쓰는 것일까?
濤翻黑蛟躍, 솟구치는 파도는 검은 교룡이 뛰어오르는 것 같고
日出黃霧映. 해가 나오니 노란 안개가 눈에 비친다.
煩促瘴豈侵, 마음이 초조하니 瘴氣가 스며든 것일까?
頹倚睡未醒. 늘어져 선창에 기대니 잠이 깨지 않는다.
僕夫問盥櫛, 노복이 깨워 세수하고 머리 빗길 권해
暮顔靦青鏡. 노쇠한 얼굴이라 거울 보니 겸연쩍다.
隨意簪葛巾, 아무렇게나 갈포 두건을 쓰고
仰慚林花盛. 바라보니 무성한 숲 꽃에 부끄럽다.
側聞夜來寇, 듣자니 밤에 도적이 들었다는데
幸喜囊中淨. 다행히 자루엔 훔칠 것이 없었다.
艱危作遠客, 어려운 시절에 먼 길을 가는 나그네가 되어

干請傷直性. 남에게 도움을 청하지만 내 본성을 해친다.
薇蕨餓首陽, 고사리 캐며 수양산에서 굶어죽을 수도 없고
粟馬資歷聘. 곡식과 말로 초빙을 받을 자격도 없다.
賤子欲適從, 이 못난 놈이 어떻게 해야 한단 말인가?
疑誤此二柄. 참으로 진퇴양난이로다.

— 두보(杜甫), 「早發」

4. '支'운 속에 '微'운이 섞인 것.

五年一巡狩, 오 년에 한번 순수를 나가니
西幸過東畿. 서쪽에서 출발하여 동쪽 경기 땅을 지난다.
周國易居守, 주나라는 지키며 거주하기 쉬워서
周人多怨思. 주나라 백성들은 원망이 많았다.
君王敷惠政, 군왕이 은혜로운 정치를 행하시니
程作貴從時. 여정도 시의에 따르는 것을 귀히 여긴다.
大廈非一木, 큰 집은 나무 하나로 이루지는 것이 아니니
沈沈臨九逵. 깊숙하게 사통팔달의 큰 길에 임해 있다.
慶雲宿飛棟, 경사스런 구름이 날렵한 용마루 위에 묵고
嘉樹羅青墀. 아름다운 나무가 푸른 섬돌 옆에 늘어섰다.
疏屛宜朝享, 장식 병풍은 황제의 종묘제사에 어울리고
方塘堪水嬉. 네모난 못은 물놀이를 하기에 적당하다.
雲中仰華蓋, 구름 속에서 화려한 수레덮개를 쳐다보고
桁下望春旗. 차꼬 아래서 봄 깃발을 바라본다.
天意知如此, 하늘의 뜻이 이와 같음을 알았으니
星言歸洛師. 서둘러 洛京으로 돌아가야 하겠다.

— 저광희(儲光羲), 「望幸亭」

5. '眞'운 속에 '未'운이 섞인 것.

楚客西上書, 초객이 서쪽에서 글을 올렸지만

十年不得意.　십 년 동안 뜻을 얻지 못하였다.
平生相知者,　평생을 서로 알고 지낸 사람도
晩節心各異.　만년에 들어 마음이 각자 달라진다.
長揖五侯門,　세도가의 문에 오래 절하는가 하면
拂衣謝中貴.　歸隱을 택해 고관들을 사양한다.
丈夫多別離,　대장부는 이별이 많으니
各有四方事.　각기 사방에 할 일이 있다.
拔劍因高歌,　검을 뽑아들고 소리 높여 노래 부르니
蕭蕭北風至.　쓸쓸하게 북풍이 몰아친다.
故人有斗酒,　옛 친구에게 한 말의 술이 있으니
是夜共君醉.　이 밤을 그대와 함께 취해보세.
努力强加餐,　열심히 억지로라도 식사 더 하여
當年莫相棄.　때가 되었을 때 서로 버리지 마세.

— 도한(陶翰), 「送朱大出關」

6. '嘯'운 속에 '效'운이 섞인 것.

刻意吟雲山,　마음에 새겨가며 구름과 산을 읊으니
尤知隱淪妙.　은둔생활의 묘한 맛을 더욱 알게 된다.
遠公何爲者,　원공은 무엇 하는 사람이기에
再詣臨海嶠.　바닷가 산길로 두 번 찾아 왔을까?
而我高其風,　그런데도 나는 그의 풍도를 높게 여기니
披圖得遺照.　그림을 펼쳐 발견하지 못했던 경치를 얻었다.
援毫無逃境,　붓을 끌어당기면 달아나는 곳이 없어서
遂展千里眺.　마침내 천리의 조망이 전개된다.
淡掃荊門煙,　형문의 안개를 담박하게 쓸어내고
明標赤城燒.　타는 듯한 적성을 분명하게 표시했다.
靑蔥林間嶺,　숲 사이의 고개는 파릇파릇하고
隱見淮海徼.　회해를 찾아보니 보일 듯 말 듯하다.
但指香爐頂,　향로봉의 정상만 가리킬 수 있을 뿐
無聞白猿嘯.　흰 원숭이의 울음소리는 들리지 않는다.

沙門旣云滅, 승려가 이미 사라지고 없으니
獨往豈殊調. 혼자 간들 어찌 남다른 격조가 있으랴?
感對懷拂衣, 대하고 느껴 歸隱을 가슴에 품었지만
胡寧事漁釣. 어찌 편안히 물고기 잡이에 종사하랴!
安期始遺舃, 安期生이 신선의 신발을 남겨두었다니
千古謝榮耀. 천고의 세월에 영예를 사양하리라.
投跡庶可齊, 투신하여 이룰 수 있기를 바라니
滄浪有孤棹. 창랑에는 외로운 배가 있단다.

— 왕창령(王昌齡), 「觀江淮名勝圖」

25.6 (2) 주종통운(主從通韻)

갑운(甲韻)을 주로 하면서 소수의 을운자(乙韻字)를 섞어서 썼다면 주종통운이라고 부를 수 있다. 일반적으로 관운(寬韻)을 주로 하고 착운(窄韻)을 종으로 한다. 예를 들면 다음과 같다(從韻에 해당되는 글자는 고딕체로 표시하였다).

1. '虞'운이 주이고 '魚'운이 종인 것.

淺渚荇花繁, 얕은 물가에 마름꽃 흐드러지고
深潭菱葉疏. 깊은 못에는 마름 잎 드문드문하다.
獨往方自得, 홀로 가니 참으로 득의만면한데
耻邀淇上姝. 기수 가에서 미인을 만날까 부끄럽다.
廣江無術阡, 넓은 강에는 길이 따로 없고
大澤絶方隅. 큰 못에는 구석진 곳이 없다.
浪中海童語, 물결 속에서 바다신동이 이야기하고
流下鮫人居. 흐르는 물 아래에는 교인이 산다.
春雁時隱舟, 봄 거위가 때때로 배에 가려지고
新萍復滿湖. 새로 난 부평초가 다시 호수에 가득하다.

采采乘日暮,　해질 무렵을 틈타 따고 또 따며[32]
不思賢與愚.　현명함과 어리석음을 생각하지 않는다.

—저광희(儲光羲),「采蓮詞」

北河旄星隕,　北河에 旄頭星이 떨어지니
鬼方獮林胡.　귀방족이 임호에서 가을사냥을 한다.[33]
群師舞弓矢,　여러 무리가 활과 화살을 들고 춤추다
電發歸燕墟.　번개가 치니 연허로 돌아간다.
皇皇軒轅君,　훌륭하고 성대한 黃帝
贊贊皐陶謨.　밝게 보좌한 고요의 계책.
方思壯軍實,　강건한 군대의 결실을 생각하니
遠近遞生俘.　멀고 가까운 데서 번갈아 포로를 잡는다.
車馬踐大逵,　수레와 말이 큰 길을 달리고
合沓成深渠.　계속 모여들어 깊은 도랑을 이룬다.
牧人過橐駝,　방목하는 사람이 낙타를 지나가고
校正引騊駼.　말 관리인이 良馬를 끌고 간다.
烈風朝送寒,　거센 바람이 아침에 한기를 보내고
雲雪靄天隅.　구름과 눈이 하늘 모퉁이에 자욱하다.
草木同一色,　풀과 나무가 동일한 빛깔이니
誰能辨榮枯.　누가 번영과 쇠퇴를 구별할 수 있을까?
四履封元戎,　사방에서 대군을 막을 수 있다면
百金酬勇夫.　백금으로 용감한 장정에게 보상하리.
大邦武功爵,　큰 나라는 무공으로 작위를 내리니
固與炎皇殊.　본디 神農 황제 때와는 다르다.

—저광희,「觀范陽遞俘」

昔我去草堂,　지난날 내가 초당을 떠났을 때
蠻夷塞成都.　오랑캐 군대가 성도를 가득 메웠다.

32) 텍스트에는 '乘'이 '垂'로 되어 있는데, 誤字이다.
33) 텍스트에는 '獮'이 '獼'로 되어 있는데, 誤字이다.

今我歸草堂, 지금 내가 초당으로 돌아오니
成都適無虞. 성도는 마침 근심걱정이 사라졌다.
請陳初亂時, 동란이 처음 터졌을 때를 진술하면
反復乃須臾. 반란은 순식간에 일어났다.
大將赴朝廷, 대장군이 조정으로 떠나서 없자
群小起異圖. 소인배들이 딴 생각을 품고 일어났다.
中宵斬白馬, 그들은 한밤중에 백마를 베어[34]
盟歃氣已粗. 그 피를 마시며 맹세하니 기세가 등등했다.
西取邛南兵, 서쪽으로 邛州 남쪽의 병사를 취하고
北斷劍閣隅. 북쪽으로는 검각의 모퉁이를 끊었다.
布衣數十人, 그들에게 가담한 평민 수십 인이
亦擁專城居. 또한 모두 刺史의 자리를 차지하였다.[35]
其勢不兩大, 그들의 세력이 양립할 수 없으니
始聞蕃漢殊. 진작에 알았지 羌族과 漢人은 상종할 수 없다는 것을.
西卒卻倒戈, 서쪽의 병졸들이 창부리를 거꾸로 겨누자
賊臣互相誅. 반란의 도당들이 서로를 주살하였다.
焉知肘腋禍, 신변에서 재앙이 발생할 줄 어찌 알았으리?
自及梟獍徒. 스스로 맹수 무리에게 효수되고 말았다.
義士皆痛憤, 의로운 선비들은 모두가 통탄하였으니
紀綱亂相逾. 나라의 기강이 극도로 문란해졌다.
一國實三公, 한 나라에 실로 세 군주가 있는 격이니
萬人欲爲魚. 만백성은 거의 물고기 신세가 되었다.
唱和作威福, 그들은 서로 창화하며 전횡하였으니
孰肯辨無辜. 누가 유죄와 무고를 구분하려 들었겠는가?
眼前列杻械, 눈앞에는 형틀을 가득 늘어놓고
背後吹笙竽. 등 뒤에서는 생황과 피리를 불었다.
談笑行殺戮, 담소하면서도 살육을 자행하니
濺血滿長衢. 흩뿌려지는 피가 거리에 가득했다.

---

34) 텍스트에는 '斬'이 '新'으로 되어 있는데, 誤字이다.
35) 텍스트에는 '專'이 '千'으로 되어 있는데, 誤字이다.

到今用鉞地, 지금도 도끼를 휘두르던 곳에서는
風雨聞號呼. 비바람 속에 죽은 이의 절규가 들린다.
鬼妾與鬼馬, 귀신이 된 처첩과 말들은
色悲充爾娛. 슬픈 기색으로 그들의 오락에 충당되었다.
國家法令在, 나라에 엄연히 법령이 존재하건만
此又足驚吁. 그들의 무도한 행위는 참으로 놀랍고 한탄스럽다.
賤子且奔走, 비천한 이 몸은 사방으로 떠돌아다니며
三年望東吳. 삼 년 동안 줄곧 동오 지방을 그리워했다.
弧矢暗江海, 활과 화살이 강과 바다를 어둡게 가로막아
難爲遊五湖. 오호로 유람하기가 어렵게 되었다.
不忍竟舍此, 또한 끝내 차마 이곳을 버릴 수 없어서
復來薙榛蕪. 다시 와 잡목과 거친 풀을 베어냈다.
入門四松在, 문에 들어서니 네 그루 소나무 그대로 있고
步屧萬竹疏. 짚신 신고 걸으니 무성했던 대숲은 듬성해졌다.
舊犬喜我歸, 정들었던 개는 내가 돌아온 것이 기뻐서
低徊入衣裾. 반가워하며 내 옷자락으로 뛰어든다.
鄰舍喜我歸, 이웃 사람들도 내가 돌아온 것이 기뻐서
沽酒攜胡蘆. 술을 사서 표주박에 담아 들고 온다.
大官喜我來, 大官 嚴武公도 내가 돌아온 것이 기뻐서
遣騎問所須. 시종을 보내 내게 필요한 것을 물어주셨다.
城郭喜我來, 성곽의 사람들도 내가 돌아온 것이 기뻐서
賓客隘村墟. 찾아온 빈객이 마을을 비좁게 하였다.
天下尙未寧, 세상이 아직 평안해지지 않은 터라
健兒勝腐儒. 씩씩한 장정이 케케묵은 선비보다 낫다.
飄颻風塵際, 전란 속에서 떠돌던 몸이라
何地置老夫. 어떤 곳에서 이 늙은이를 필요로 하랴?
於時見疣贅, 이런 시국에 내가 사마귀와 혹임을 알았지만
骨髓幸未枯. 골수는 다행히도 아직 마르지 않았다.
飮啄愧殘生, 먹고 마실 입이 있음이 남은 생에 부끄러우니
食薇不敢餘. 고비를 먹으며 다른 것은 감히 바라지 않는다.

—두보, 「草堂」

2. '眞'운이 주이고 '未'운이 종인 것.

林色與溪古, 수풀 빛은 시내와 더불어 고색창연하고
深篁引幽翠. 깊은 대숲은 짙푸른 초목을 끌어들였다.
山尊在漁舟, 대나무 술잔이 고기잡이 배 안에 있어서
棹月情已醉. 달빛 아래 노 저으니 마음은 벌써 취한다.
始窮淸源口, 처음으로 맑은 水源 입구를 찾아가니
壑絶人境異. 골짜기가 빼어나 사람 사는 곳과 다르다.
春泉滴空崖, 봄 샘은 텅 빈 벼랑에서 방울져 떨어지고
萌草拆陰地. 풀의 새싹이 음지를 가르고 솟아나왔다.
久之風榛寂, 오랫동안 숲에는 바람이 고요했는데
遠聞樵聲至. 멀리서 나무꾼 노래 소리가 들려온다.
海雁時獨飛, 바다 기러기가 이따금 홀로 날아가니
永然滄洲意. 자연히 隱士가 사는 물가의 뜻이 있다.
古時靑冥客, 옛날에 산 속에 살던 隱士는
滅跡淪一尉. 속세의 자취를 없애고 緱氏尉를 이끌었다.
吾子躊躇心, 당신께서는 주저하는 마음이 있으셨으니
豈其紛埃事. 어찌 세속의 일에 마음을 어지럽히겠는가!
緱峰信所剋, 緱氏山의 修道成仙은 참으로 이룰 수 있고
濟北余乃遂. 제북에 나도 마침내 이르렀다.
齊物可任今, 齊物의 사상은 지금에 맡길 수 있지만
息肩理猶未. 휴양과 생장의 이치는 아직 아니다.
卷舒形性表, 물러나고 나아가는 것은 심신에 나타나고
脫略賢哲議. 소탈하고 자유로운 것은 현철이 의논한다.
仲月期角巾, 둘째 달에 隱士의 角巾을 기약하고
飯僧嵩陽寺. 숭양사 스님에게 식사를 대접한다.

— 왕창령(王昌齡), 「緱氏尉沈興宗置酒南溪留贈」

3. '庚'운이 주이고 '青'운이 종인 것.

天紀啓眞命,　하늘의 기강이 天命을 열어서
君生臣亦生.　군주가 나고 신하 또한 생겼다.
乃知赤帝子,　이에 赤帝의 아들 漢 高祖가 있고
復有蒼龍精.　다시 黃帝의 재상 奢龍이 있음을 안다.
神武建皇極,　神武는 황제의 지위를 세우고
文昌開將星.　文昌星은 大將의 星宿를 열었다.
超超渭濱器,　초연히 속세를 떠나 있었던 위수 가의 太公望
落落山西名.　도량이 크고 넓었던 산서의 名臣.
晝闔入受脤,　성문을 닫고 들어와서는 군 통솔의 명을 받고[36]
鑿門出捍城.　문을 뚫고 나가서는 성을 방어한다.
戎人昧正朔,　오랑캐는 황제가 새로 반포한 역법에 어둡고
我有軒轅兵.　나에게는 黃帝의 병사가 있다.
隴路起豐鎬,　隴山의 길은 國都 豐鎬에서 시작되고
關雲隨旆旌.　관문 위의 구름은 대장기를 따른다.
河湟訓兵甲,　黃河와 湟水에서 군대를 훈련시키니
義勇方橫行.　의용군이 바야흐로 횡행한다.
韓魏多銳士,　한나라와 위나라엔 정예병이 많아서
蹶張在幕庭.　군막의 마당에는 强弩가 있다.
大非四決軏,　큰 죄를 지으면 사방에서 軏刑에 처하고
石堡高峥嵘.　돌로 쌓은 보루는 높고 가파르다.
攻伐若振槁,　공벌이 마른 나뭇잎을 쳐서 떨어뜨리는 것처럼 쉬우니
孰云非神明.　누가 신처럼 지혜롭지 않다고 하리오?
嘉謀即天意,　고명한 국가정책은 하늘의 뜻이고
驟勝由師貞.　거듭 이기는 것은 올바른 군대에 달려 있다.
枯草被西陸,　마른 풀이 가을을 뒤덮었고
烈風昏太清.　세찬 바람이 하늘을 어둡게 한다.
戢戈旄頭落,　전쟁을 그치니 胡星 旄頭가 떨어지고

36) 텍스트에는 '脤'이 '脉'으로 되어 있는데, 誤字이다.

牧馬崑崙平. 곤륜산이 평평해지도록 말을 방목한다.
賓從儼冠蓋, 빈객과 시종의 관복과 수레 의젓하고
封山紀天聲. 산에서 승전의 제사 지내며 하늘의 소리를 기록한다.
來朝芙蓉闕, 연꽃 만발한 대궐에 와서 인사드리니
鳴玉飄華纓. 패옥과 화려한 갓끈이 바람에 날린다.
直道濟時憲, 올바른 도가 시대를 구원하는 법령이고
天邦遂輕刑. 하늘이 낸 나라는 마침내 형벌을 가볍게 했다.
抗書報知己, 글을 올려 자신을 알아준 사람에게 보답하니
松柏亦以榮. 소나무와 측백나무도 영예로 여긴다.
嘉命列上第, 官爵의 수여가 최상의 반열에 오르니
德輝照天京. 仁德의 광휘가 황제의 수도를 비춘다.
在車持簡墨, 수레에서 문서를 지니고 있으니
粲粲皆詞英. 선명한 것이 모두 빼어난 글이다.
顧我搶榆者, 나를 돌아보면 느릅나무에나 오르는 작은 새와 같아서
莫能翔青冥. 푸른 하늘 위로 비상할 수가 없다.
遊燕非騏驥, 날아가는 제비는 천리마가 아니지만
躑躅思長鳴. 머뭇거리며 목청껏 울 것을 생각한다.[37]

— 저광희(儲光羲), 「哥舒大夫頌德」

4. '遇'운이 주이고 '御'운이 종인 것.

天涯望不盡, 하늘 끝은 바라보아도 다 보이지 않아
日暮愁獨去. 해는 저무는데 슬픔 속에 홀로 간다.
萬里雲海空, 만리 길 아득히 구름바다 텅 비었는데
孤帆向何處. 외로운 돛배는 어느 곳으로 향하는가?
寄身煙波裏, 안개 물결 속에 이 몸을 맡기니
頗得湖山趣. 호수와 산의 흥취가 제법 난다.
江氣和楚雲, 長江의 기운과 초 땅 위의 구름
秋聲亂楓樹. 가을소리가 단풍나무에 어지럽다.

37) 여기서 '長鳴'은 포부와 재능을 펼치는 것을 뜻한다.

如何異鄉縣, 어떻게 하면 타향에서
日復懷親故. 날마다 다시 친구를 생각할 수 있으려나!
遙與洛陽人, 멀리 낙양에 있는 사람과 함께
相逢夢中路. 꿈속의 길에서 서로 만났다.
不堪明月裏, 밝은 달 아래서도 견딜 수 없었는데
更値淸秋暮. 더구나 맑은 가을 저녁임에랴!
倚棹對滄浪, 노에 의지하여 창랑을 마주하고 있으니
歸心共誰語. 돌아가고픈 마음을 누구에게 말하나?

— 유장경(劉長卿), 「夕次儋石湖夢洛陽親故」

5. '皓'운이 주이고 '巧'운이 종인 것.

二年客東都, 이 년 동안 東都 洛陽에서 나그네 되어
所歷厭機巧. 겪은 사람들의 잔꾀와 교활함에 물렸습니다.
野人對腥羶, 야인이 부호들의 생선과 고기를 대하면서도
蔬食常不飽. 채소와 밥을 늘 배불리 먹지 못하고 있습니다.
豈無靑精飯, 어찌 나의 안색을 좋아지게 할
使我顔色好? 南燭草로 만든 밥이야 없겠습니까?
苦乏大藥資, 진귀한 약을 지을 재료가 전혀 없는 것은
山林跡如掃. 산림 속에 발을 들여놓지 못했기 때문입니다.
李侯金閨彦, 당신께서는 金馬門을 출입하던 인재였는데
脫身事幽討. 조정을 떠나 조용한 산림을 찾아가셨습니다.
亦有梁宋遊, 또한 梁과 宋 일대를 유람하신다니
方期拾瑤草. 영지초 줍는 것을 기약할 수 있겠습니다.

— 두보(杜甫), 「贈李白」

6. '梗'운이 주이고 '迥'운이 종인 것.

高臺面蒼陂, 높은 대가 푸른 저수지를 대하고 있어서
六月風日冷. 유월인데도 바람과 햇빛이 서늘하다.

蒹葭離披去,　갈대는 어지러이 뻗어나가고
天水相與永.　하늘과 물이 서로 길게 연이어 있다.
懷新目似擊,　새 경치를 바라보니 눈이 부딪는 듯하고
接要心已領.　요처를 접하니 마음에 깨닫는 바가 있다.
仿像識鮫人,　비슷한 모습으로 교인을 알아보겠고
空濛辨魚艇.　어렴풋이 작은 고기잡이배들 보인다.
錯磨終南翠,　종남산의 푸른 모습 물결 따라 일렁이고
顚倒白閣影.　백각봉의 그림자는 거꾸로 드리웠다.
崷崒增光輝,　물빛이 높은 산에 빛을 더해주고 있어
乘陵惜俄頃.　올라가자니 잠시뿐임이 안타깝다.
勞生愧嚴鄭,　삶이 고달프니 嚴君平과 鄭子眞에게 부끄럽고
外物慕張邴.　속세에 초연했던 張仲蔚와 邴曼容이 부럽다.
世復輕驊騮,　세인들은 또 준마 화류를 가벼이 여기니
吾甘雜蛙黽.　나는 개구리와 섞여 지냄을 달게 여긴다.
知歸俗所忌,　歸隱의 추구를 세속 사람들은 꺼리지만[38]
取適事莫并.　마음에 맞는 것을 취하는 것보다 더 소중한 일은 없다.
身退豈待官,　은퇴하는 일에 어찌 벼슬을 기다리겠는가?
老來苦便靜.　늙어가며 고요함을 몹시 편안히 여기게 되었다.
況資菱芡足,　더구나 마름과 가시연밥이 충분하게 있으니
庶結茅茨迥.　이 외진 곳에 초가집을 짓고 싶다.
從此具扁舟,　이제부터는 일엽편주를 마련하여
彌年逐淸景.　일 년 내내 맑은 경치를 좇으리라.

— 두보, 「渼陂西南臺」

7. '陌'운이 주이고 '錫'운이 종인 것.

賢有不黔突,　墨子 같은 현인은 굴뚝을 그을릴 시간도 없었고[39]
聖有不暖席.　공자 같은 성인은 자리를 따뜻하게 하지 못했다.[40]

---

38) 텍스트에는 '所忌'가 '可忽'로 되어 있는데, 『杜詩詳注』에 의거하여 바꾸었다.
39) 이 말은 바빠서 밥 지을 시간도 없었다는 말이다.

况我饑愚人, 하물며 나같이 굶주리고 어리석은 사람이
焉能尙安宅? 더구나 어떻게 집안에 편안히 있을 수 있겠는가?
始來玆山中, 처음 이 산 속에 왔을 때에는
休駕喜地僻. 수레를 멈추고 이곳의 궁벽함을 좋아하였다.
奈何迫物累, 사람이 의식에 내몰리는 것을 어쩌지 못하여
一歲四行役! 한 해에 네 번씩이나 멀리 떠나는구나!
忡忡去絶境, 근심을 안고 이 아름다운 절경을 떠나니
杳杳更遠適. 마음으론 아득히 더 먼 곳으로 가고 싶다.
停驂龍潭雲, 용담의 운무를 바라보며 수레를 멈추고
回首虎崖石. 머리 돌려 호애의 바위를 보며 머뭇거린다.
臨岐別數子, 갈림길에 이르러 몇 명의 벗과 이별하려니
握手淚再滴. 손을 붙잡고는 눈물이 거듭 떨어진다.
交情無舊深, 사귄 지 오래되어 깊은 정 들지 않았다지만
窮老多慘慼. 곤궁한 노인들 대개 참담해하며 슬퍼한다.
平生懶拙意, 나는 평생 심성이 게으르고 졸렬하여
偶値棲遯跡. 어쩌다 살 곳을 만나면 머물고 싶어 한다.
去住與願違, 떠나는 것도 머무는 것도 다 내 바람과 어긋나니
仰慚林間翮. 숲 속의 새를 바라보며 부끄럽기 짝이 없다.

—두보, 「發同谷縣」

8. '東'운이 주이고 '冬'운이 종인 것.

汝北君子宅, 여수 북쪽에 있는 그대의 집에
我來見頹墉. 내가 와서 무너진 담을 보았다.
亂離子孫盡, 난리에 자손들은 모두 없어졌고
地屬鄰里翁. 땅은 이웃마을 노인에게 귀속되었다.
土木被丘墟, 땅과 나무는 폐허가 되었고
溪路不連通. 계곡 길도 통하지 않게 되었다.
舊井蔓草合, 옛 우물이 덩굴 풀로 뒤덮여

40) 이 말도 바빠서 온돌을 데울 시간도 없었다는 말이다.

牛羊墜其中. 소와 양이 그 속으로 떨어진다.
君辭天子書, 그대는 천자의 조서를 사양하고
放意任體躬. 마음 내키는 대로 몸을 맡기었다.
一生不自力, 일생 동안 자신의 역량을 다하지 않으며
家與逆旅同. 집을 여관과 똑같이 여겼다.
高議切星辰, 고아한 의론은 세월 가는 것을 잊지만
餘聲激瘖聾. 나머지 소리는 말하지도 듣지도 않는다.
方將旌舊閭, 옛 마을의 문에 기를 세워 표창할 것이니
百世可封崇. 백세에 걸쳐 그 공덕 크고 높아질 것이다.
嗟其未積年, 안타깝게도 여러 해 지나지 않았는데
已爲荒林叢. 이미 황량한 숲이 되고 말았다.
時豈無知音? 이 시대에 어찌 그 기풍을 받들 수 있는
不能崇此風. 그를 알아주는 사람이 없겠는가?
浩蕩竟無睹, 광대무변하여 아무것도 보이지 않으니
我將安所從? 나는 장차 무엇을 좇아야 하나?

— 장적(張籍),「沈千運舊居」

9. '陌'운이 주이고 '職'운이 종인 것.

僻性愛古物, 기벽한 성품이라 고물을 사랑하여
終歲求不獲. 평생을 구했지만 획득하지 못했다.
昨朝得古硯, 어제 아침 오래된 벼루를 얻었는데
黃河灘之側. 황하 급류의 곁에서였다.
念此黃河中, 생각해보니 이 황하 속에
應有昔人宅. 응당 옛사람의 집이 있었을 것이다.
宅亦作流水, 집 또한 흐르는 물이 되어 버려
斯硯未變易. 이 벼루가 변하지 않았을 것이다.
波瀾所激觸, 물결에 부딪고 접촉되어
背面生罅隙. 배면이 갈라지고 틈이 생겼다.
質狀樸且醜, 질과 모양이 소박하고 못생겨서

今人作不得. 지금 사람은 만들지 않는 것이다.
捧持且驚嘆, 조심스레 가지고 와서 또한 놀라니
不敢施筆墨. 감히 먹을 갈고 붓을 댈 수가 없다.
或恐先聖人, 혹시 앞선 성인이 일찍이 이것으로
嘗用修六籍. 육경을 편찬했는지도 모르는 일이다.
置之潔淨室, 이 벼루를 정결한 방에 모셔두고
一日三磨拭. 하루에 세 번씩 갈고 닦았다.
大喜豪貴嫌, 크게 기쁜 것은 부귀한 자들이 싫어하여
久長得保惜. 오래오래 애지중지할 수 있다는 것이다.

— 요합(姚合), 「拾得古硏」

10. '質'운이 주이고 '屑'운이 종인 것.

憶昔開元全盛日, 지난 개원 연간의 전성시기를 회상해보면
小邑猶藏萬家室. 작은 읍에도 만 호의 인가가 살고 있었다.
稻米流脂粟米白, 벼에는 기름기가 흐르고 쌀은 새하얐으며
公私倉廩俱豐實. 관가와 개인의 창고 모두 양식이 가득했다.
九州道路無豺虎, 전국의 도로에는 승냥이와 호랑이가 없어
遠行不勞吉日出. 먼 길을 떠날 때에도 길일을 택할 필요가 없었다.
齊紈魯縞車班班, 제 깁과 노 명주를 실은 수레가 줄을 이었고
男耕女桑不相失. 남자는 밭 갈고 여자는 양잠하며 서로 잃지 않았다.
宮中聖人奏雲門, 궁중의 천자는 「雲門」곡을 연주하였고
天下朋友皆膠漆. 천하의 친구들은 모두 아교와 옻칠처럼 친밀했다.
百餘年間未災變, 백여 년 동안 재난과 변고가 없었고
叔孫禮樂蕭何律. 叔孫通의 예악과 蕭何의 법률이 준수되었다.
豈聞一絹直萬錢, 어찌 명주 한 필에 만 전이라는 말을 들었겠는가?
有田種穀今流血. 곡식을 심던 전답에 지금은 유혈이 낭자하다.
洛陽宮殿燒焚盡, 낙양의 궁전은 전부 불에 타 없어졌고
宗廟新除狐兎穴. 장안의 종묘는 이제야 여우와 토끼의 굴을 없앴다.
傷心不忍問耆舊, 상심하여 차마 노인들에게 묻지 못하겠으니

復恐初從亂離說. 그들이 다시 난리의 처음부터 말할까 겁이 난다.
小臣魯鈍無所能, 말단 관리인 나는 노둔하여 할 줄 아는 게 없는데
朝廷記識蒙祿秩. 조정에서는 나를 기억하고 관직을 내려주었다.
周宣中興望我皇, 周나라 宣王의 중흥을 우리 황제께 바라며
灑淚江漢身衰疾. 쇠약하고 병들어 巴蜀에서 눈물 뿌리던 일 회상한다.

(이와 같은 용운(用韻)은 앞의 6운은 '質'운을 사용하고 중간의 3운은 '屑'운을 사용하고 마지막 2운은 다시 '質'운으로 돌아온 전운(轉韻)이라고 보는 사람도 있을 것이다. 그러나 작가는 실상 그와 같은 고려를 하지 않았을 것이다. 다만 이와 같이 적어도 서로 이어져 있는 두 개의 운각이 동운(同韻)인 글자가 결국 좀더 조화롭게 보였을 것이다.)

—두보, 「憶昔二首」(제2수)

25.7 (3) 등립통운(等立通韻)

이른바 등립통운은 두 운의 글자수가 반드시 똑같은 것은 아니고, 대체로 같다는 말이다. 관운(寬韻)에 속하는 글자가 종종 착운(窄韻)에 속하는 글자보다 조금 더 많다. 예를 들면 다음과 같다.

1. '魚'·'虞' 同用('魚'운에 속하는 글자를 고딕체로 표시하였다).

衆人恥貧賤, 뭇 사람들은 빈천한 것을 부끄러워하고
相與尙膏腴. 서로가 배부르고 기름진 것을 숭상한다.
我情旣浩蕩, 나는 흉금이 원래 호탕한지라
所樂在畋**漁**. 즐거움이 수렵과 어로에 있다.
山澤時晦暝, 산과 못이 어둠에 잠길 때면
歸家暫閑**居**. 귀가하여 잠시 한가히 거처한다.
滿園植葵藿, 뜰 가득히 해바라기와 콩잎을 심고
繞屋樹桑楡. 집 둘레에 뽕나무와 느릅나무를 심었다.
禽雀知我閑, 참새들도 내가 한가하다는 것을 알고
翔集依我**廬**. 떼로 몰려와 나의 오두막에 의지한다.

所願在優游,　내가 원하는 것은 유유자적한 삶이라
州縣莫相呼.　주와 현에서도 나를 부르는 이 없다.
日與南山老,　날마다 남산과 함께 늙어가면서
兀然傾一壺.　갑자기 생각나면 술병을 기울인다.

— 저광희(儲光羲), 「田家雜興」(제2수)

2. '語'・'麌' 同用('語'운에 속하는 글자를 고딕체로 표시하였다).

春至鶬鶊鳴,　봄이 와 꾀꼬리가 지저귀니
薄言向田**墅**.　서둘러 들판으로 향하였다.
不能自力作,　혼자 힘으로 농사를 지을 수 없어서
黽勉娶鄰**女**.　애써 이웃의 여자에게 장가들었다.
旣念生子孫,　자손을 낳을 생각에 즐거워하고
方思廣田圃.　전답을 넓힐 생각에 흐뭇하였다.
閑時相顧笑,　한가할 때면 서로 돌아보며 웃고
喜悅好禾**黍**.　벼와 기장 잘 자라는 것이 기뻤다.
夜夜登嘯臺,　날마다 밤이 되면 소대에 올라가
南望洞庭**渚**.　남쪽으로 동정호 물가를 바라보았다.
百草被霜露,　온갖 초목은 서리와 이슬에 덮였고
秋山響砧**杵**.　가을 산에는 다듬이 소리가 울렸다.
却羨故年時,　다시 옛 시절이 부러워지니
中情無所取.　마음속에 취해지는 바가 없다.

— 저광희, 「田家雜興」(제1수)

3. '皓'・'有' 同用('皓'운에 속하는 글자를 고딕체로 표시하였다).

綺樓何氛氳!　화려한 누각은 얼마나 향기가 짙은가!
朝日正杲杲.　아침 해가 마침 밝게 빛나고 있다.
四壁含淸風,　사방의 벽은 맑은 바람을 머금고
丹霞射其牖.　붉은 놀이 누각의 창에 비쳐든다.
玉顔上哀囀,　옥안의 여인이 올라와 슬픈 가락을 타니

絶耳非世有.　귀에 애절하여 이 세상 것이 아니다.
但感離恨情,　다만 이별의 정과 한이 느껴지니
不知誰家婦.　어느 집 여인인지 알 수 없다.
孤雲忽無色,　외로운 구름은 갑자기 광채를 잃고
邊馬爲回首.　변새의 말도 듣고는 고개를 돌린다.
曲絶碧天高,　연주 끝나니 푸른 하늘 드높고
餘聲散秋草.　그 여운에 가을 풀 흩어진다.
徘徊帷中意,　휘장 안에서 배회하는 마음
獨夜不堪守.　홀로 지키는 밤을 견딜 수 없다.
思逐朔風翔,　그리움이 북풍을 따라 비상하여
一去千里道.　단숨에 천 리 길을 날아간다.

— 위응물(韋應物), 「擬古詩」

4. '震' · '問' 同用('震'운에 속하는 글자를 고딕체로 표시하였다).

二紀尙雌伏,　이십여 년을 엎드려 숨어 지냈는데
徒然忝先**進**.　어쩌다가 앞으로 나가게 되었다.
英英爾衆賢,　준수하고 재능 있는 그대들 현인들은
名實鬱雙**振**.　이름과 실질이 성하여 함께 떨친다.
殘春惜將別,　저물어가는 봄에 이별이 아쉬워
淸洛行不近.　맑은 洛水로 가려고 해도 가까워지지 않는다.
相與愛後時,　서로 함께 미래를 사랑하여
無令孤逸韻.　빼어난 운치를 외롭게 하지 마시게.
('近'자는 여기서 거성으로 읽는다.)

— 소영사(蕭穎士), 「留別二三子」

5. '阮' · '銑' 同用('阮'운에 속하는 글자를 고딕체로 표시하였다).

吾弟東山時,　나의 동생이 동산에 은거할 때
心尙一何**遠**.　마음이 오히려 얼마나 고원했던가!

日高猶自臥, 해가 높이 솟았어도 혼자 누워 있다가
鐘動始能飯. 종이 울리면 비로소 밥을 먹었다.
領上髮未梳, 목 위의 머리는 빗질을 하지 않았고
床頭書不卷. 침상머리의 책은 펼쳐진 채로 있다.
清川興悠悠, 맑은 시내에서 흥이 유유하고
空林對偃蹇. 인적 없는 숲에서 편안히 누워 있다.
青苔石上淨, 푸른 이끼가 바위 위에서 깨끗하고
細草松下軟. 가는 풀이 소나무 아래에서 부드럽다.
窗外鳥聲閑, 창 밖에서는 새 소리가 한가롭고
階前虎心善. 섬돌 앞 호랑이는 마음이 착하다.
徒然萬象多, 만상이 많은 것은 부질없는 것이고
澹爾太虛緬. 고요한 태허는 아득하게 멀다.
一知與物平, 사물과 동등함을 알고 나서는
自顧爲人淺. 스스로 사람됨이 비천하다고 생각한다.
對君忽自得, 그대를 대하고 홀연히 터득하였으니
浮念不煩遣. 부질없는 생각에 산란해지지 않는다.

('飯'·'善'·'遣'은 여기서 모두 上聲으로 읽는다. '蹇'자는 '阮'운과 '銑'운의 두 가지 독음(讀音)이 있다.)

— 왕유(王維), 「戱贈張五弟諲三首」(제1수)

橘柚植寒陵, 귤과 유자를 찬 언덕에 심고
芙蓉蒔修坂. 연꽃은 긴 제방에 심었다.
無言不得意, 뜻을 얻지 못한 자는 말이 없지만
得意何由展. 뜻을 얻었다 해도 어떻게 펼 것인가?
況我行且徒, 하물며 나는 걷고 또 걸으며[41]
而君往猶蹇. 그대는 가다가 또 절룩거린다.
旣傷人事近, 사람의 일이 가까워 상심하고
復言天道遠. 다시 天道가 멀리 있음을 말한다.
薄暮入空亭, 저녁 무렵에 텅 빈 정자에 들어가니

41) 텍스트에는 '我'가 '復'로 되어 있는데, 誤字이다.

中夜不能飯. 한밤중에도 밥을 먹을 수 없다.
南聽鴻雁盡, 남쪽에서는 기러기 사라지는 소리가 들리고
西見招搖轉. 서쪽으로는 北斗星이 하늘을 도는 게 보인다.
千門漢主宮, 문이 천 개나 되는 한나라 군주의 궁전
百里周王**苑**. 사방 백 리나 되는 주나라 임금의 동산.
杲杲初景出, 밝게 빛나며 아침 해가 떠오르고
油油鮮雲卷. 뭉게뭉게 고운 구름이 피어오른다.
會朝幸歲正, 조정에 모인 사람들 바른 세월을 기뻐하고
校獵從新獮. 수렵은 새로운 가을 사냥을 따른다.
念君久京國, 서울에 오래 머물고 있는 그대를 생각하니
雙涕如露泫. 두 줄기 눈물이 이슬처럼 흘러내린다.
無人薦子雲, 揚子雲 같은 그대를 천거하는 사람 없어
太息竟誰辨. 크게 장탄식하지만 끝내 누가 알아주려나?
('飯'·'苑'·'辨'은 모두 上聲이다.)

— 저광희(儲光羲), 「秋次覇亭寄申大」

6. '泰'·'隊' 同用('泰'운에 속하는 글자를 고딕체로 표시하였다).

上卿增命服, 상경에게 황제께서 제복을 더해 주어
都護揚歸旆. 도호는 귀환의 대장기를 날리게 되었다.
雜虜盡朝周, 여러 오랑캐들이 모두 周朝에 조공하니
諸胡皆自鄶. 그들은 모두 회와 같은 소국 사람이다.
鳴笳瀚海曲, 외진 사막에서 피리를 불고
按節陽關**外**. 양관 밖에서 박자를 맞춘다.
落日下河源, 황하 상류로 저녁 해는 내려가고
寒山靜秋塞. 쓸쓸한 산은 가을 변새에서 고요하다.
萬方氛祲息, 만방에 전란의 조짐이 가라앉으니
六合乾坤**大**. 천지 사방이 광대하게 펼쳐 있다.
無戰是天心, 전란이 없는 것이 하늘의 마음인데
天心同覆載. 하늘의 마음은 황제의 은덕과 같다.

— 왕유, 「奉和聖製送不蒙都護兼鴻臚卿歸安西應制」[42]

獨飮灞上亭,　파상의 정자에서 홀로 술을 마시니
寒山靑門外.　푸른 문 밖으로 쓸쓸한 산이 보인다.
長雲驟落日,　길게 뻗은 구름이 저무는 해에게 달려가
桑棗寂已晦.　뽕나무와 대추는 고요히 어둠에 잠겼다.
古人驅馳者,　옛사람 중에 말 달리던 나그네가
宿此凡幾代.　이곳에 묵은 것이 몇 세대나 될까?
佐邑由東南,　고을을 돕는 것이 동남에서 비롯되었으니
豈不知進退.　어찌 진퇴를 알지 못할까?
吾宗秉全璞,　우리 종중은 온전한 옥돌을 갖고 있는데
楚得璆琳最.　초 땅에서 얻은 가장 아름다운 옥이다.
茅山就一徵,　모산에 가서 한 번 부르니
柏署起三載.　御史官署에서 삼 년 만에 일어났다.
道契非物理,　함께 도를 닦은 정은 사물의 이치가 아니고
神交無留礙.　정신의 사귐은 장애물을 남기지 않는다.
知我滄溟心,　내가 歸隱의 마음을 갖고 있는 것은
脫略腐儒輩.　케케묵은 선비들에게서 벗어나려는 것이다.
孟冬鑾輿出,　초겨울에 천자의 수레가 납시어
陽谷群臣會.　양지바른 계곡에 여러 신하가 모였다.
半夜馳道喧,　한밤중에 한길이 시끄럽더니
五侯擁軒蓋.　다섯 제후가 수레덮개를 에워쌌다.
是時燕齊客,　이때에 연과 제에서 온 객들이
獻術蓬瀛內.　蓬萊와 瀛洲 안에서 계책을 바쳤다.
甚悅我皇心,　우리 황제의 마음을 매우 기쁘게 했으니
得與王母對.　西王母와 대면할 수 있게 되었다.
賤臣欲干謁,　비천한 신하가 뵙기를 청하고자 하여

42) 이 시가 『王右丞集箋注』에는 근체시 부분에 수록되어 있다. 이 시가 측성운을 사용한데다가 '泰'운과 '隊'운을 통용하고 있어서 저자가 고체시로 분류하였을 것이다. 그러나 이 시는 기본적으로 黏對의 규칙을 준수하였고, 尾聯을 제외하면 각 연이 다 出句와 對句가 對仗을 이루고 있고, 저자가 밑에서 밝힌 것처럼 '泰'·'隊' 同用은 唐人의 통례이며, 대부분의 應制詩가 5言 6韻 또는 8韻의 排律이라는 점 등을 근거로 이 시를 근체시로 보기도 한다.

稽首期殞碎. 이마를 땅에 부딪치며 절하면서 기다렸다.
哲弟感我情, 총명한 동생이 내 마음에 감격하여
問易窮否泰. 易經에 물으며 운명의 順逆을 찾았다.
良馬足尚踠, 좋은 말은 다리를 구부릴 줄 알고
寶刀光未淬. 좋은 칼은 빛이 사그라지지 않는다.
昨聞羽書飛, 어제 들었다 긴급문서가 날아들고
兵氣連朔塞. 전쟁의 기운이 북쪽 변새에 이어졌다고.
諸將多失律, 여러 장수들 대부분 전쟁에서 失利하니
廟堂始追悔. 조정에서는 비로소 후회하기 시작했다.
安能召書生, 어떻게 하면 서생을 불러들여
願得論要害. 군사상의 요처를 논할 수 있을까?
戎夷非草木, 오랑캐는 초목이 아니니
侵逐使狼狽. 침략하면 쫓아서 낭패시켜야 한다.
雖有屠城功, 성을 도륙하는 공이 있다고 하여도
亦有降虜輩. 또한 오랑캐에게 항복하는 무리가 있다.
兵糧如山積, 군량미가 산처럼 쌓여 있으니
恩澤如雨霈. 황제의 은택이 쏟아지는 비와 같다.
羸卒不可興, 약한 군졸은 일으킬 수 없고
磧地無足愛. 사막 땅은 사랑하기에 부족하다.
若用匹夫策, 만약 필부의 계책을 쓴다면
坐令軍圍潰. 군대는 포위되어 궤멸할 것이다.
不費黃金資, 황금의 밑천을 쓰지 않으면서
寧求白璧賚. 어찌 백옥의 하사품을 구하겠는가?
明主憂旣遠, 영명한 군주가 먼 곳을 근심하시니
邊事亦可大. 변새의 일 또한 크다고 하겠다.
荷寵務推誠, 총애를 받아 성심으로 대하기에 힘쓰니
離言深慷慨. 이별의 말이 몹시도 비분강개하다.
霜搖直指草, 서리는 곧바로 지적하는 풀을 뒤흔들고
燭引明光佩. 촛불은 빛나는 패옥을 끌어들인다.
公論日夕阻, 공론이 아침저녁으로 막히니
朝廷蹉跎會. 조정에서는 때를 놓치고 말았다.

孤城海門月, 외로운 성을 바다 입구의 달이 비추고
萬里流光帶. 아득히 달빛 띠를 이루고 있다.
不應百尺松, 백 척의 소나무가 부질없이
空老鐘山靄. 종산의 안개 속에 늙어가지 말아야겠다.

('泰'·'隊' 동용은 당인의 통례여서 다른 통운 상황과 다른 것 같다. 그렇지 않으면 왕유의 응제시(應制詩)가 이와 같이 통운했을 리 없다.)

— 왕창령(王昌齡), 「宿灞上寄侍御璵弟」

7. '泰'·'卦' 同用('泰'운에 속하는 글자를 고딕체로 표시하였다).

仙穴逢羽人, 신선의 거처에서 道士를 만나
停艫向前拜. 배를 멈추고 앞을 향해 절하였다.
問余涉風水, 내게 묻는다 바람 부는 물결을 건너
何處遠行邁. 어디로 멀리 가느냐고.
登陸尋天臺, 육지에 올라 천대를 찾고서
順流下吳**會**. 물길을 따라 吳縣으로 내려가련다.
玆山夙所尚, 이 산은 전부터 숭상하던 곳인데
安得聞靈怪. 어찌 마귀와 괴물 소리를 들으랴![43]
上逼青天高, 위로는 높은 하늘에 닿으려하고
俯臨滄海**大**. 내려다보면 넓은 바다에 임한다.
鷄鳴見日出, 닭이 울면 해가 나오는 것이 보이고
常覿仙人旆. 언제나 선인의 깃발이 보인다.
來去赤城中, 적성산 속을 오고 가며
逍遙白雲**外**. 흰 구름 바깥을 소요한다.
莓苔異人間, 이끼는 속세의 것과 다르고
瀑布作空界. 폭포는 허공을 이룬다.
福庭長不死, 행복한 곳에서는 영원히 죽지 않고[44]
華頂舊稱**最**. 華頂峰이 예부터 최고로 칭해졌다.

---

43) 텍스트에는 '聞'이 '問'으로 되어 있는데, 誤字이다.
44) 텍스트에는 '不死'가 '自然'으로 되어 있는데, 『孟浩然集校注』에 의거하여 바꾸었다.

永願從此游,　영원히 이곳을 유람하기를 원하니
何當濟所屆.　어떻게 해야 이 소원을 이룰까?

—맹호연(孟浩然), 「越中逢天臺太乙子」

8. '月'·'曷' 同用('月'운에 속하는 글자를 고딕체로 표시하였다).

鹿頭何亭亭!　녹두산은 얼마나 우뚝 솟았는가!
是日慰飢渴.　이 날에 주리고 목마른 내가 위안을 얻었다.
連山西南斷,　이어진 산은 마침내 남서에서 끊기고
俯見千里豁.　내려다보니 천 리의 들판이 탁 트였다.
遊子出京華,　나그네가 京都를 출발한 이후로
劍門不可**越**.　劍門關을 넘을 수 없을 것 같았다.
及茲險阻盡,　이곳에 이르러 험준한 곳이 끝나고
始喜原野闊.　넓은 들판이 펼쳐져 비로소 기뻤다.
殊方昔三分,　지난날 이 먼 곳을 거점으로 三分天下하여
霸氣曾間**發**.　王霸의 기운이 일찍이 피어올랐었다.
天下今一家,　지금 천하는 한 집안으로 통일되어
雲端失雙**闕**.　구름 끝에 成都의 궁궐 보이지 않는다.
悠然想揚馬,　유유히 揚雄과 司馬相如를 생각해보니
繼起名硉**兀**.　잇달아 일어나 명성이 우뚝 솟았었다.
有文令人傷,　그들의 문장이 사람을 상심케 했지만
何處埋爾**骨**.　그대들의 뼈는 어디에 묻혀 있단 말인가?
紆餘脂膏地,　이곳은 굽이굽이 넓고 기름진 땅이어서
慘澹豪俠**窟**.　호걸들이 고심하고 애쓰던 장소이다.
仗鉞非老臣,　도끼를 든 장수가 노신이 아니라면
宣風豈專達.　어떻게 風敎를 펴고 民意를 전달하랴!
冀公柱石姿,　冀國公은 조정의 柱石과 같은 분이라
論道邦國活.　경륜이 나라를 살릴 수 있을 것이다.
斯人亦何幸,　이 고장 사람들은 얼마나 행운인가
公鎭踰歲**月**.　공께서 이곳을 지킨 지 오래 되었으니.

—두보(杜甫), 「鹿頭山」

9. '月'·'屑' 同用('月'운에 속하는 글자를 고딕체로 표시하였다).

北山白雲裏, 북산의 흰 구름 속에
隱者自怡悅. 안빈낙도하는 은자가 살고 있다.
相望試登高, 높은 곳에 올라가 멀리 바라보니
心飛逐鳥滅. 마음이 새 따라 날아가 사라진다.
愁因薄暮起, 슬픔이 황혼을 따라 솟구치고
興是清秋**發**. 감흥이 맑은 가을 따라 일어난다.
時見歸村人, 이따금 마을로 돌아가는 사람이 보이는데
沙平渡頭**歇**. 나루의 평평한 모래에서 쉬고 있다.
天邊樹若薺, 하늘 끝의 나무는 냉이처럼 작고
江畔舟如**月**. 강가의 배는 초승달 같이 보인다.
何當載酒來, 언제나 이곳에 술을 싣고 올라와
共醉重陽節. 중양절에 함께 취해보려나!

— 맹호연, 「秋登蘭山寄張五」

25.8 (乙) 세 운 이상이 상통하는 것

세 운 이상이 상통하는 것은 더 이상 분류하지 않는다. 독자들이 앞에서 설명한 '두 운이 상통하는 것'의 분류에 의거해서 이들이 어느 부류에 속해야 하는지를 스스로 결정할 수 있을 것이다. 다음에 예를 들어 본다.

1. '陌'·'錫'·'職' 通韻('錫'운은 명조체, '職'운은 고딕체로 강조하였다).

寒城朝煙淡, 겨울 성의 아침 안개 옅고
山谷落葉赤. 산골짜기의 낙엽은 붉다.
陰風千里來, 음산한 바람이 천 리 밖에서 와

吹汝江上宅.	그대의 강가 집에 불어 닥친다.
鶤雞號枉渚,	곤계는 굽이진 물가에서 울고
日色傍阡陌.	해는 두렁길에 기대어 있다.
借問持斧翁,	계제에 묻나니 법을 집행하는 그대가
幾年長沙客?	장사의 나그네 된 지 몇 년인가?
哀哀失木狖,	나무 잃은 원숭이 처량하고
矯矯避弓翮.	화살 피한 기러기 높이 날아간다.
亦知故鄉樂,	그대 또한 고향생각의 즐거움 있겠지만
未敢思宿昔.	감히 과거의 일을 회상하지 못하리라.
昔在鳳翔都,	지난날 西京의 鳳翔에 있으면서
共通金閨籍.	함께 조정의 관직을 맡고 있었다.
天子猶蒙塵,	황제께서는 몽진을 가시고
東郊暗長戟.	동쪽 교외는 오랜 전란에 휩싸였다.
兵家忌間諜,	병가에서는 간첩을 싫어하는데
此輩常接跡.	이 무리는 언제나 잇달아 있다.
臺中領舉劾,	御史臺에서 고발을 관장했으니
君必愼剖析.	그대는 안건 처리에 신중해야 했다.
不忍殺無辜,	무고한 사람을 죽일 수는 없어서
所以分白黑.	흑백을 분명하게 가려내야 했다.
上官權許與,	상관이 아첨을 좋아하는 사람이어서
失意見遷斥.	그의 뜻에 위배되었다 하여 좌천되었다.
朝廷非不知,	조정에서는 사정을 모르지 않았지만
閉口休嘆息.	입을 다물고 탄식조차 하지 않았다.
仲尼甘旅人,	공자께서도 떠도는 것을 달게 여기셨고
向子識損益.	漢의 向長은 손익의 이치를 통찰하였다.[45]
余時忝諍臣,	나는 당시에 諫臣의 반열에 있어서
丹陛實咫尺.	황제와는 확실히 지척의 거리에 있었다.
相看受狼狽,	나는 그대가 낭패 당하는 것을 보았으니
至死難塞責.	이 일은 죽어도 책임을 모면하기 어렵다.

45) 텍스트에는 '朝廷'연이 '仲尼'연의 뒤에 있는데, 『杜詩詳注』에 의거하여 바꾸었다.

行邁心多違, 이 번의 먼 길은 마음이 몹시 어그러져
出門無與適. 대문을 나선 이후로 마음 맞는 게 없다.
於公負明義, 그대에 대해 나는 밝은 도의를 저버려서
惆悵頭更白. 슬픔이 내 머리를 더욱 하얗게 한다.

—두보, 「兩當縣吳十侍御江上宅」

2. '屋' · '沃' · '職' 通韻('沃'운은 명조체, '職'운은 고딕체로 강조하였다).

憶昨離少城, 생각해보면 작년에 작은 성을 떠났는데
而今異楚蜀. 지금 눈앞에는 초와 촉의 다른 모습이다.
舍舟復深山, 배를 버리고 다시 깊은 산으로 들어가
窅窕一林麓. 그윽하고 고요한 숲 기슭에 자리 잡았다.
棲泊雲安縣, 운안현에 체류하고 있을 때에는
消中內相毒. 당뇨병 때문에 몹시 고통을 받았다.
舊疾甘載來, 이 고질병을 달게 몸에 달고 다녀서
衰年得無足. 노년에 이르렀으니 어찌 불만이리요?
死爲殊方鬼, 죽어서 타향의 귀신이 된다고 해도
頭白免短促. 머리가 셌으니 수명이 짧음은 면했다.
老馬終望雲, 노마처럼 끝내 고향 쪽 구름을 바라보고
南雁意在北. 남방의 기러기처럼 북녘을 그리워할 뿐이다.
別家長兒女, 고향을 떠난 후 자식들은 장성했지만
欲起慚筋力. 몸을 일으키자니 근력이 말을 안 듣는다.
客堂序節改, 객당에 거주한 뒤 계절이 바뀌고
具物對羈束. 눈앞의 경물은 나의 구속감을 이해해준다.
石暄蕨芽紫, 돌 따뜻하여 자주 빛 고사리 싹이 나오고
渚秀蘆筍綠. 수려한 물가에는 갈대와 죽순이 푸르다.
巴鶯紛未稀, 꾀꼬리 소리 요란하여 아직 드물지 않고
徼麥早向熟. 변새의 보리는 일찍이 거의 익어간다.
悠悠日動江, 햇빛은 유유히 물결치는 장강을 비추고
漠漠春辭木. 끝없이 펼쳐진 봄꽃은 초목을 하직하였다.
臺郎選才俊, 尙書省 郎官은 빼어난 인재를 선발하니

自顧亦已極.　자신을 돌아보면 이미 지극히 영예롭다.
前輩聲名人,　생각해보면 명성을 누렸던 선배들 중에
埋沒何所得.　많은 이가 매몰되어 아무 소득이 없었다.
居然綰章紱,　뜻밖에도 나는 緋魚袋를 몸에 찼지만
受性本幽獨.　타고난 성품은 본래 조용히 은거하는 것이다.
平生憩息地,　내가 평소에 쉬며 거주하는 곳에는
必種數竿竹.　반드시 몇 그루의 대나무를 심었다.
事業只濁醪,　하는 일이라야 탁주를 마시는 것뿐이고
營葺但草屋.　만들고 잇는 것은 내가 사는 초가뿐이다.
上公有記者,　상공께서 지난날의 우정을 기억하시어
累奏資薄祿.　누차 말하여 薄俸을 마련해 주셨다.
主憂豈濟時,　주군의 근심에 아무런 계책을 바치지 못하고
身遠彌曠職.　먼 곳에 있으면서 오래도록 직무에 소홀하였다.
循文廟算正,　文治를 따르려는 조정의 정책은 올바른 것이고
獻可天衢直.　황제에게 간언을 바치는 일은 곧게 열려 있다.
尙想趨朝廷,　아직도 나는 조정으로 달려가서 미력하나마
毫髮裨社稷.　나라를 위해 힘쓰고 싶은 생각이 있다.
形骸今若是,　그러나 지금 몸 상태가 이렇게 쇠약하니
進退委行色.　진퇴의 여부는 여행 상황에 맡겨야겠다.

※ 주의 : '職'운은 '陌' · '錫'운과 통하고 '屋' · '沃'운과도 통할 수 있지만, '陌' · '錫'운은 '屋' · '沃'운과 통할 수 없다. 또한 이 시와 같이 '職'운자는 적어도 두 개가 연용되어야 조화롭다.

— 두보, 「客堂」

3. '月' · '曷' · '屑' 通韻('曷'운은 명조체, '月'운은 고딕체로 강조하였다.).

故人千里道,　옛 친구는 천 리 길 멀리 있는데
滄波一年別.　푸른 물결 너머 헤어진 지 일 년.
夜上明月樓,　밤에 달빛 밝은 누각에 오르니
相思楚天闊.　남녘 하늘 아득히 그리움 솟는다.
瀟瀟淸秋暮,　쓸쓸하고 맑은 가을의 저녁에

裊裊涼風發. 선들선들 서늘한 바람이 불어온다.
湖色淡不流, 호수 빛 맑아서 물결치지 않고
沙鷗遠還滅. 갈매기는 멀리 날다가 이내 사라진다.
煙波日已遠, 안개 낀 물결은 날이 갈수록 멀어지고
音問日已絶. 소식은 날이 갈수록 두절된다.
歲晏空含情, 세모에 부질없이 정을 머금지만
江皐綠芳歇. 강 언덕의 방초는 이미 시들었다.

— 유장경(劉長卿), 「石梁湖有寄」

4. '齊'·'佳'·'灰' 通韻('齊'운은 명조체, '佳'운은 고딕체로 강조하였다).

同聲自相應, 같은 소리는 스스로 共鳴하게 되어 있어서[46]
體質不必齊. 형체와 바탕이 반드시 같을 필요는 없다.
誰知賈人鐸, 누가 알겠는가 상인의 큰 방울이
能使大樂**諧**. 조정의 아악을 조화롭게 할 수 있음을!
鏗鏘發宮徵, 우렁차게 울리며 악기 소리를 내니
和樂變其哀. 조화로운 음악이 슬픔을 바뀌게 한다.
人神旣昭享, 사람과 귀신이 함께 韶樂을 누리니
鳳鳥亦下來. 봉황도 내려와서 음악에 도취한다.
豈非至賤物, 아무리 비천한 것일지라도 연주를 들으면
一奏升天**階**. 어찌 하늘의 정원에 오르지 않겠는가?
物情苟有合, 물정은 진실로 합치되는 것이 있으니
莫問玉與泥. 옥인가 진흙인가를 묻지 마시게.

— 위응물(韋應物), 「雜體五首」(제4수)

夏日出東北, 여름 해가 북동쪽에서 솟아올라
陵天經中**街**. 하늘에 들어서 黃道를 지나간다.
朱光徹厚地, 붉은 빛이 두터운 대지를 뚫고 들어오니

46) 텍스트에는 '自'자가 '必'자로 되어 있는데, 내용상 『韋應物集校注』에 의거하여 바꾸었다.

鬱蒸何由開?　찌는 더위를 어떻게 물리칠 수 있으리?
上蒼久無雷,　푸른 하늘에는 오래도록 우레가 없으니
無乃號令乖?　우레의 호령이 어그러진 것이 아닌가?
雨降不濡物,　어쩌다 비가 내려도 대지를 적시지 못해
良田起黃埃.　전답에서 누런 먼지가 일어난다.
飛鳥苦熱死,　날아가는 새는 혹독한 더위에 죽었고
池魚涸其泥.　못의 물고기는 진흙 바닥에서 말라버렸다.
萬人尙流冗,　수많은 사람이 여전히 유랑하고 있고
擧目唯蒿萊.　눈을 들어 바라보면 밭에는 온통 잡초뿐이다.
至今大河北,　지금에 이르러 광대한 하북 땅은
化作虎與豺.　호랑이와 승냥이의 소굴이 되어 버렸다.
浩蕩想幽薊,　끝없이 넓은 幽州와 薊州를 생각하면
王師安在哉?　나라의 군대는 지금 어디에 있는가?
對食不能餐,　음식을 마주해도 들 수가 없어서
我心殊未諧.　나의 마음은 마구 어지럽기만 하다.
眇然貞觀初,　貞觀 初를 돌이켜보면 아득히 멀어서
難與數子偕!　여러 賢相들과 함께 하지 못해 안타깝다.

―두보, 「夏日嘆」

5. '元' · '寒' · '刪' · '先' 通韻('元'운은 명조체, '寒'운은 고딕체, '刪'운은 궁서체로 강조하였다).

陰崖有蒼鷹,　북쪽 벼랑에 참매가 살고 있는데
養子黑柏顚.　측백나무 꼭대기에서 새끼를 기른다.
白蛇登其巢,　백사가 그들의 둥지 위로 올라와
吞噬恣朝餐.　새끼를 씹어 삼켜 아침식사로 삼았다.
雄飛遠求食,　수컷은 멀리 먹이를 구하러 날아가
雌者鳴辛酸.　암컷 혼자 고통스럽게 절규했지만
力强不可制,　힘센 백사를 제압할 수 없었기에
黃口無半存.　어린 새끼들은 하나도 살아남지 못했다.

其父從西歸, 그들의 아비가 서쪽에서 귀환해서는
翻身入長烟. 몸을 되돌려 끝없는 안개 속으로 날아갔다.
斯須領健鶻, 어느새 건장한 송골매를 데려왔는데
痛憤寄所宣. 참매의 하소연을 듣고는 통분하였다.
斗上捩孤影, 홀연 위로 솟아 외로운 그림자로 바뀌더니
噭哮來九天. 크게 부르짖고는 높은 하늘에서 내려왔다.
修鱗脫遠枝, 기다란 몸뚱이가 높은 가지에서 떨어졌으니
巨顙坼老拳. 큰 머리를 노련한 주먹으로 깨버린 것이다.
高空得蹭蹬, 허공에서 몇 차례 몸뚱이를 비틀더니
短草辭蜿蜒. 풀 위에 떨어져서는 더 이상 꿈틀거리지 않았다.
折尾能一掉, 꺾여진 꼬리만이 한두 번 요동칠 뿐이지
飽腸皆已穿. 불룩한 내장은 이미 파열되고 말았다.
生雖滅衆雛, 백사는 살아서 수많은 새 새끼를 잡아먹었지만
死亦垂千年. 죽어서는 다만 천 년의 교훈을 남겼다.
物情有報復, 보복이 본래 세간의 情理이긴 하지만
快意貴目前. 사람을 통쾌하게 하는 건 목전의 보복이다.
茲實鷙鳥最, 이 송골매가 실로 맹금 중의 우두머리인데
急難心炯然. 위난에 긴급히 대처하니 마음이 빛난다.
功成失所往, 공을 이룬 뒤에는 간 곳을 알 수 없어
用舍何其賢! 진퇴가 분명하니 그 얼마나 현명한가!
近經潏水湄, 근래에 휼수 가를 지나가다가
此事樵夫傳. 이 이야기를 나무꾼에게서 전해 들었다.
飄蕭覺素髮, 나는 영락하여 머리가 하얗게 세어가지만
凜欲衝儒冠. 그 늠름한 기상에 머리칼이 모자에 부딪치려한다.
人生許與分, 사람이 살아가며 얻는 선악의 명분은
只在顧盼間. 다만 눈 깜박할 순간에 결정되고 만다.
聊爲義鶻行, 잠시 이렇게 「義鶻行」을 지어서
用激壯士肝. 장사들의 간담을 격려하려 한다.

—두보, 「義鶻行」

6. '質'·'物'·'月'·'屑' 通韻('物'운은 명조체, '月'운은 고딕체, '屑'운은 궁서체로 강조하였다).

花門天驕子, 回紇은 하늘의 교만한 자식이어서[47]
飽肉氣勇決. 고기를 포식하며 기세등등하고 호전적이다.
高秋馬肥健, 하늘 높은 가을에 전마는 건장하고
挾矢射漢月. 화살을 끼고 와 漢의 달을 쏜다.
自古以爲患, 그들은 자고로 漢人의 우환이어서
詩人厭薄伐. 『詩經』의 시인은 그들의 정벌을 싫어했다.
修德使其來, 덕을 닦아서 그들을 귀순시키는
羈縻固不絶. 회유정책은 본디 단절시킬 수 없다.
胡爲傾國至? 그러나 어찌하여 전군이 오게 한단 말인가?
出入暗金闕. 그들이 출입하며 대궐 안을 어둡게 했다.
中原有驅除, 중원 지역에 제거해야 할 반군이 있으니
隱忍用此物. 부득이 참고 이들을 사용하기는 한다.
公主歌黃鵠, 가엽게도 공주는 黃鵠의 悲歌를 불렀고
君王指白日. 군왕은 해를 가리키며 그들과 맹약하였다.
連雲屯左輔, 그들이 구름같이 몰려와 沙苑에 주둔하니
百里見積雪. 백 리 밖에서 한 조각 적설처럼 보인다.
長戟鳥休飛, 늘어선 긴 창에 새들도 날기를 그만두고
哀笳曙幽咽. 슬픈 호드기는 새벽에 나직이 흐느낀다.
田家最恐懼, 그들을 가장 두려워하는 건 농부들이니
麥倒桑枝折. 보리를 쓰러뜨리고 뽕나무 가지를 꺾는다.
沙苑臨清渭, 沙苑은 맑은 위수에 근접해 있어서
泉香草豐潔. 샘물은 달고 풀은 풍성하고 깨끗하다.
渡河不用船, 강을 건널 때에도 배를 사용하지 않아
千騎常撇烈. 수천의 기병이 늘 신속하기 짝이 없다.
胡塵踰太行, 지금 반군의 煙塵이 太行山을 넘어와
雜種抵京室. 그 잡종들이 다시 洛陽을 공략한다니

47) 텍스트에는 '花門'이 '北門'으로 되어 있는데, '花門'이 옳다.

花門旣須留, 回紇의 군대가 머무르긴 해야겠지만
原野轉蕭瑟. 온 들판이 쑥대밭으로 변할까 두렵다.

— 두보, 「留花門」

7. '質'·'物'·'月'·'曷'·'黠'·'屑' 通韻('質'운은 명조체, '月'운은 고딕체, '曷'운은 궁서체로 강조하였으며, '物'운은 ( )를 치고, '黠'운은 「 」를 쳤다).

杜陵有布衣, 무명옷 입고 두릉에 사는 나는
老大意轉拙. 늙어갈수록 생각이 졸렬해진다.
許身一何愚? 자신에 대한 기대가 얼마나 어리석었던가?
竊比稷與契. 은근히 자신을 賢臣 직과 설에 비유하였다.
居然成濩落, 결국 포부만 컸지 감당할 능력이 없었기에
白首甘契闊. 흰머리에도 고생하는 것을 달갑게 여긴다.
蓋棺事則已, 죽어서 관 뚜껑을 덮으면 만사가 끝인데도
此志常覬豁. 나의 뜻이 펼쳐지기를 항상 바라고 있다.
窮年憂黎元, 한 해가 다 가도록 백성들을 걱정하여
嘆息腸內熱. 탄식하다보니 속이 타들어간다.
取笑同學翁, 함께 공부한 사람들의 웃음거리가 되었지만
浩歌彌激烈. 내 이상의 노래는 그럴수록 더 격렬해진다.
非無江海志, 없었던 것은 아니다 강과 바다에 살면서
蕭灑送日月. 아무 거리낌 없이 세월을 보낼 뜻이.
生逢堯舜君, 살아서 요·순과 같은 聖君을 만나
不忍便永訣. 차마 영원히 떠날 수 없었던 것이다.
當今廊廟具, 지금 조정은 인재가 잘 갖추어져서
構廈豈云缺? 집을 이루는 데 빠진 것이 없긴 하지만
葵藿傾太陽, 해바라기는 태양을 향해 기울게 마련이라
物性固莫奪. 사물의 본성은 본디 뺏을 수 없는 것이다.
顧惟螻蟻輩, 생각해보면 땅강아지와 개미의 무리들은
但自求其穴. 단지 자신들의 굴을 추구할 뿐이거늘
胡爲慕大鯨, 나는 어찌하여 큰 고래를 사모하여
輒擬偃溟渤? 넓은 바다에서 뜻을 펴려고 생각하는가?

以玆悟生理,	그들로부터 삶의 이치를 깨달았지만
獨恥事干謁.	고관에게 청탁하는 일을 홀로 부끄러워한다.
兀兀遂至今,	어렵게 생활하며 마침내 지금에 이르렀지만
忍爲塵埃沒.	결코 속세의 티끌에 묻혀버리지는 않겠다.
終愧巢與由,	끝내 巢父와 許由같은 高士에게 부끄러우나
未能易其節.	아직 현실참여의 큰 뜻을 바꿀 수는 없다.
沉飮聊自適,	술을 흠뻑 마셔서 잠시 마음을 달래고
放歌破愁絶.	마음껏 노래 불러 크나큰 근심에서 벗어난다.
歲暮百草零,	한 해가 저물어 온갖 풀들 시들고
疾風高岡裂.	거센 바람은 높은 산을 찢는 듯하다.
天衢陰崢嶸,	皇都의 거리는 구름 끼어 어두운데
客子中夜發.	나는 나그네 되어 한밤중에 출발했다.
霜嚴衣帶斷,	서리가 심해 허리띠가 끊어지지만
指直不能結.	손가락이 곱아서 다시 맬 수가 없다.
凌晨過驪山,	이른 아침에 여산을 지나가는데
御榻在嵽嵲.	황제의 긴 의자가 높은 산에 있다.
蚩尤塞寒空,	황제의 깃발이 찬 하늘에 가득하고
蹴蹋崖谷「滑」.	깊은 골짜기 미끄러운 곳을 밟는다.
瑤池氣鬱律,	요지에선 따뜻한 기운이 피어오르고
羽林相摩「戛」.	禁衛軍은 서로 창이 부딪쳐 소리가 난다.
君臣留歡娛,	임금과 신하들이 머물러 즐기느라
樂動殷膠**葛**.	음악소리가 하늘 높이 울려 퍼진다.
賜浴皆長纓,	목욕을 하사받은 사람은 모두 고관이고
與宴非短褐.	잔치에 참여한 사람은 평민이 아니다.
彤庭所分帛,	붉은 궁정 뜰에서 나누어주는 비단은
本自寒女出.	본래 가난한 여인의 손에서 나온 것.
鞭撻其夫家,	그 지아비의 집을 채찍으로 후려쳐서
聚斂貢城闕.	긁어모아 궁궐에 진상한 것이리라.
聖人筐篚恩,	황제가 광주리로 비단을 하사하는 것은
實欲邦國**活**.	실로 나라를 잘 살게 하려는 것인데
臣如忽至理.	신하가 이 지극한 이치를 소홀히 한다면

君豈棄此(物)? 황제께서 그 물건을 버리는 것이 아니랴?
多士盈朝廷, 많은 관리들이 조정에 가득 차 있으니
仁者宜戰慄. 어진 이는 의당 두렵게 생각할 것이다.
況聞內金盤, 하물며 듣건대 궁전 안의 금 쟁반이
盡在衛霍室. 모두 위씨와 곽씨의 집에 있지 않은가!
中堂有神仙, 중당에는 신선 같은 여인이 있어서[48]
煙霧蒙玉質. 안개 같은 舞衣가 뽀얀 피부를 가렸다.
煖客貂鼠裘, 담비 갖옷으로 빈객을 따뜻하게 하고
悲管逐淸瑟. 비장한 관악과 맑은 현악을 연주한다.
勸客駝蹄羹, 빈객에게 낙타 족발 국을 권하고
霜橙壓香橘. 서리 맞은 등자가 향긋한 귤에 포개진다.
朱門酒肉臭, 붉은 대문 안에서는 술과 고기 냄새나고
路有凍死骨. 대문 밖 길에는 얼어 죽은 뼈가 있다.
榮枯咫尺異, 번영과 영락이 지척 사이에 다르니
惆悵難再述. 너무나 슬퍼 더 이상 기술하기 어렵다.
北轅就涇渭, 북으로 수레 몰아 경수와 위수로 가서
官渡又改轍. 관가 나루에서 다시 수레 방향을 바꿨다.
群水從西下, 여러 물길이 서쪽에서 내려오는데[49]
極目高崒兀. 아득히 바라보니 떠오는 얼음이 산처럼 높다.
疑是崆峒來, 혹시 공동산이 떠내려 와서는
恐觸天柱折. 天柱를 들이받아 부러질까 두렵다.
河梁幸未坼, 교량은 다행히 무너지지 않았지만
枝撑聲窸窣. 지탱하고 있는 다리가 삐걱거린다.
行旅相攀援, 행인들이 서로 붙잡고 가는데
川廣不可越. 내가 넓어서 넘을 수 없을 것 같다.
老妻寄異縣, 늙은 아내는 다른 현에 의탁하고 있는데
十口隔風雪. 열 식구가 바람과 눈 때문에 떨어져 있다.
誰能久不顧? 누군들 오랫동안 돌아보지 않을 수 있으랴?

48) 텍스트에는 '有'가 '舞'로 되어 있는데, 『杜詩詳注』에 의거하여 바꾸었다.
49) 텍스트에는 '水'가 '冰'으로 되어 있는데, 『杜詩詳注』에 의거하여 바꾸었다.

庶往共饑渴.　찾아가 굶주림과 추위를 함께 겪으리라.
入門聞號咷,　문에 들어서자 통곡 소리 들리니
幼子餓已卒.　어린 아들이 굶주려 이미 죽었다.
吾寧舍一哀?　내가 어찌 한바탕 슬픔을 사양하리요?
里巷亦嗚咽.　마을 골목의 이웃도 오열하고 만다.
所愧爲人父,　참으로 부끄럽다 아이의 아비가 되어
無食致夭折.　먹을 것이 없어 요절에 이르게 했으니!
豈知秋禾登,　어찌 알았으랴 가을 벼가 익었는데
貧窶有倉卒.　가난하여 이런 의외의 변고가 생길 줄을!
生常免租稅,　우리 같은 사람은 늘 조세를 면제받고
名不隸征伐.　이름은 징병의 명부에서 빠져 있지만
撫迹猶酸辛,　지나온 자취를 돌아보면 오히려 쓰라리니
平人固騷屑.　일반 백성들은 참으로 고통스러우리라.
默思失業徒,　묵묵히 생업을 잃은 사람들을 생각하고
因念遠戍卒.　집 떠나 멀리 수자리하는 병졸들을 생각하니
憂端齊終南,　근심스런 마음이 종남산과 같이 높고
澒洞不可掇.　바다처럼 끝없이 이어져 거둘 수가 없다.

— 두보, 「自京赴奉先縣詠懷五百字」

8. '眞' · '文' · '元' · '寒' · '刪' · '先' 通韻('眞'운은 명조체, '元'운은 고딕체, '寒'운은 궁서체로 강조하였으며, '文'운은 ( )를 치고, '先'운은 「 」를 쳤다).

憶昔避賊初,　회상하면 지난날 처음으로 반군을 피하여
北走經險艱.　북쪽으로 달려 험한 길을 지날 적에
夜深彭衙道,　밤은 팽아의 길에 깊고
月照白水山.　달은 백수의 산을 비추었다.
盡室久徒步,　온 집안 식구가 오래 걷다 보니
逢人多厚顔.　사람을 만나면 부끄러움 많았고
參差谷鳥吟,　들쭉날쭉 골짜기에 새들 우는데
不見遊子還.　나그네 돌아오는 것 보이지 않았다.
癡女饑咬我,　어린 딸은 배가 고픈 나머지 나를 깨물고

啼畏虎狼(聞).	우는 소리를 범과 승냥이가 들을까 두려워
懷中掩其口,	품에 안고 그 입을 가리면
反側聲愈嗔.	바동거리며 소리는 더욱 노기를 띠었고
小兒强解事,	어린 아들놈은 사리를 아는 듯이
故索苦李餐.	일부러 쓴 오얏이나마 찾아먹었다.
一旬半雷雨,	열흘에 반은 천둥과 함께 비가 내리니
泥濘相牽攀.	진창길에 서로 잡아주고 끌어주었고
旣無禦雨備,	비를 가릴 장비도 없는데다가
徑滑衣又寒.	길은 미끄럽고 옷 또한 차가웠다.
有時經契闊,	때때로 고생스런 길을 지날 때에
竟日數里間.	온종일 걸었어도 몇 리 되지 않았다.
野果充糇糧,	들 과일을 양식으로 삼고
卑枝成屋「椽」.	낮은 가지를 집의 서까래로 삼았다.
早行石上水,	아침 일찍 돌 위로 흐르는 물을 지났고
暮宿天邊「煙」.	저녁엔 하늘가 안개 낀 곳에서 묵었다.
少留同家窪,	잠시 동가와에 머물러 있다가
欲出蘆子關.	노자관으로 나가려 했는데
故人有孫宰,	거기서 친구 손재를 만났으니
高義薄層(雲).	드높은 의리가 層雲에 닿을 듯하였다.
延客已曛黑,	나를 맞을 땐 날이 이미 어두워져서
張燈啓重門.	등불 밝히고 겹문을 활짝 열고는
煖湯濯我足,	물을 데워 내 발을 씻기고
剪紙招我魂.	종이 오려 내 넋을 불러주었다.
從此出妻孥,	그런 후에 처자를 대면시키니
相視涕闌干.	서로 바라보며 눈물이 그칠 줄 몰랐다.
衆雛爛熳睡,	여러 어린것들 깊이 잠에 들어 있어서
喚起霑盤餐.	불러 일으켜 소반에 담긴 밥을 먹게 했다.
誓將與夫子,	그가 나에게 맹세하기를 장차 당신과
永結爲弟昆.	길이 형제의 의를 맺자고 하였다.
遂空所坐堂,	마침내 앉아 있던 방을 비워서
安居奉我歡.	편안히 거처케 하여 나를 기쁘게 했다.

誰肯艱難際, 그 누가 기꺼이 어려운 시기에
豁達露心肝. 활달히 속마음을 드러내겠는가?
別來歲月周, 헤어진 지 한 해가 지났지만
胡羯仍構患. 오랑캐는 여전히 근심거리를 만들고 있으니
何時有翅翎, 어느 때에나 등에 날개가 돋아나
飛去墮爾「前」! 날아가 그대 앞에 내릴 수 있으려나!

—두보, 「彭衙行」

25.9 총괄하여 말해보면 '歌'·'麻'·'陽'·'侵'·'藥'·'緝' 제운(諸韻)은 거의 절대적으로 다른 운과 상통하지 않는다고 말할 수 있고, 상통의 범위가 가장 넓은 것은 '眞'·'文'·'元'·'寒'·'刪'·'先'의 6운과 '質'·'物'·'月'·'曷'·'黠'·'屑'의 6운이라고 할 수 있다. 두보 시에 의거하여 말해보면 n으로 끝나는 글자들은 모두 상호 통압할 수 있고, t로 끝나는 글자들도 상호 통압할 수 있다.50) 이 규칙은 송시에 이르러서도 별로 달라지지 않았다.

25.10 여기서 상거통압(上去通押)에 대해 덧붙여 이야기하겠다. 사성(四聲) 중에서 상성운과 거성운은 글자수가 가장 적어서 시인들은 어쩌다 상성자와 거성자를 통압하였다. 또한 이 두 성조에 속하는 글자들은 본래가 어느 정도 유동적이어서 어떤 글자들은 본래 상거양독(上去兩讀)이고, 어떤 거성자들은 사람들에 의해 상성으로 읽혀지고, 어떤 상성자들은 사람들에 의해 거성자로 읽혀지는데, 더욱이 전탁음(全濁音)의 상성은 대략 만당 시기(또는 더 일찍)에 이미 거성에 혼입(混入)되었으므로 더욱 쉽게 상거통압(上去通押)의 상황을 조성하였다. 그러나 이와 같은 상황은 성당 이전에는 거의 없었고, 중·만당 이후에 이르러서야 비교적 많아졌다. 다음 예를 보자(상성은 고딕체로 강조하였다).

---

50) '質'·'物'·'月'·'曷'·'黠'·'屑'을 우리말 한자음으로 읽으면 모두 'ㄹ'로 끝난다. 그러나 이 글자들은 고대 중국어에서 모두 't'로 끝을 맺었다. 참고로 'ㄹ'과 't'는 모두 舌尖音에 속한다.

……

比屋皆可封,　　집집마다 덕행으로 旌表를 받을 수 있으니
誰家不相慶?　　어느 집인들 서로 경사가 아니겠는가?
林疏遠村出,　　숲이 성글어 멀리 마을이 눈에 뜨이고
野曠寒山靜.　　들이 탁 트여 있고 쓸쓸한 산 고요하다.
帝城雲裏深,　　황제의 성이 구름 속 깊숙이 있는데
渭水天邊映.　　위수가 하늘가에서 비친다.

(『廣韻』에서는 '靜'字에 거성이 없고, 平水韻에는 '靜'字에 거성이 있어서 고찰이 필요하다.)

— 왕유(王維), 「奉和聖製登降聖觀」

……

吏呼一何怒,　　관리의 소리는 어찌 그리도 노여울까?
婦啼一何苦.　　부인의 울음소리는 어찌 그리도 고통스러울까?
聽婦前致詞,　　부인이 나서서 하는 말 들어보세
三男鄴城戍.　　세 아들이 업성 싸움에 출정하였지요.

— 두보, 「石壕吏」

……

鴛鴦瓦冷霜華重,　　싸늘한 원앙 기와, 서리꽃이 겹쳐 있다.
翡翠衾寒誰與共?　　차가운 비취 이불, 누구와 함께 자나?
悠悠生死別經年,　　아득하다 삶과 죽음, 이별이 해를 넘기는데
魂魄不曾來入夢.　　혼백은 아직 꿈속에서도 돌아오지 않았다.

— 백거이(白居易), 「長恨歌」

……

歸來池苑皆依舊,　　돌아오니 연못과 동산은 옛날과 같구나,
太液芙蓉未央柳.　　태액지의 부용꽃과 미앙궁의 버들잎.

— 백거이, 「長恨歌」

……

明年十月東都破,　　이듬해 시월에 東都 洛陽이 함락되었고

御路猶存祿山過.　　황제의 길 그대로 있지만 안록산이 지나갔습니다.
驅令供頓不敢藏,　　숙식을 제공하라고 윽박지르니 감히 감추지 못하고
萬姓無聲淚潛墮.　　백성들은 소리 없는 눈물만 남몰래 떨어뜨렸습니다.

— 원진(元稹), 「連昌宮詞」

……

彭門十萬皆雄勇,　　彭城의 십만 군대 모두가 기백 있고 용감한데
首戴公恩若山重.　　머리에 盧公의 은혜를 산처럼 무겁게 이었다.
廷評日下握靈蛇,　　大理評事는 당일 靈蛇의 구슬을 손에 쥐었고
書記眠時呑綵鳳.　　掌書記는 잠잘 때 채색 봉황을 입에 삼켰다.[51)]

— 이상은(李商隱), 「偶成轉韻七十二句贈四同舍」

盡說青雲路,　　모두가 말한다 청운의 길은
有足皆可至.　　발이 있으면 다 이를 수 있다고.
……
玉京十二樓,　　皇都 長安의 열두 누대가
峨峨倚青翠.　　드높이 푸른 산에 기대어 있다.
下有千朱門,　　밑에는 천 개의 붉은 문이 있는데
何門薦孤士.　　어느 문이 외로운 선비를 천거하려나?

— 맹교(孟郊), 「長安旅情」

爾去東南夜,　　네가 남동으로 가는 밤
我無西北夢.　　나는 북서의 꿈이 없다.
誰言貧別易,　　누가 말했던가 가난한 이별이 쉽다고
貧別愁更重.　　가난한 이별이라 슬픔이 더욱 짓누른다.
曉色奪明月,　　새벽빛이 밝은 달빛을 빼앗으니
征人逐群動.　　나그네는 갖가지 움직임을 따른다.
秋風楚濤高,　　가을바람에 초 땅의 파도 높은데
旅榜將誰共.　　여로의 배를 누구와 함께 하나?

— 맹교, 「送從弟郢東歸」

---

51) 텍스트에는 '時'가 '前'으로 되어 있는데, 誤字이다.

……

山頭松柏半無主,　산 위의 송백 중 반은 주인이 없고
地下白骨多於土.　지하의 백골은 대부분 흙이 되었다.
寒食家家送紙錢,　한식에 집집마다 종이돈을 태우지만
烏鳶作窠銜上樹.　까마귀와 솔개가 둥지를 지으려고 물고서 나무에 오른다.

— 장적(張籍), 「北邙行」

……

翠華西去幾時返,　황제의 수레는 서쪽으로 가 언제나 돌아오려나?
梟巢乳鳥藏鷙鷰.　올빼미는 둥지에서 새끼 기르고 제비는 겨울잠을 잔다.
御門空鎖五十年,　황제의 문이 텅 빈 채 잠긴 지 오십 년이 지나
稅彼農夫修玉殿.　농부들에게서 세금을 거두어 궁전을 수리한다.[52]

— 장적, 「洛陽行」

……

夜雨岡頭食蓁子,　산등성이에서 밤비 맞으며 개암열매를 먹고
杜鵑口血老夫淚.　두견새가 토하는 피는 늙은이의 눈물.
藍溪之水厭生人,　남계의 물은 이미 산 사람을 싫어하여
身死千年恨溪水.　죽은 지 천 년이 지났어도 계곡 물을 원망한다.

— 이하(李賀), 「老夫採玉歌」

……

斜山柏風雨如嘯,　가파른 산 측백나무에 부는 바람 울부짖고
泉脚掛繩青裊裊.　계곡 물 밑바닥에 드리운 밧줄은 青絲처럼 하늘거린다.
村寒白屋念嬌嬰,　추운 마을 초가의 어여쁜 아이들이 염려되어
古臺石磴懸腸草.　오래된 누대 돌층계의 현장초처럼 마음이 아프다.
('嘯'·'皓' 통운으로서 상거통압이다.)

— 이하, 「老夫採玉歌」

52) 텍스트에는 '玉殿'이 '王殿'으로 되어 있는데, 誤字이다.

……

桐英永巷騎新馬, 오동 꽃 늘어선 긴 골목을 새 말을 타고 가니
內屋深屛生色畫. 내실의 깊숙한 병풍은 그림이 살아 있는 듯하다.
開門爛用水衡錢, 문을 열고 황제의 수형전을 마구 사용하니
卷起黃河向身瀉. 황하의 물을 말아 올려 제 몸에 붓는 듯하다.
('畫'는 '卦'운에 속하여 '馬'·'卦' 통운으로서 상거통압이다.)

— 이하, 「秦宮詩」

月落大堤上, 긴 제방 위로 달은 지고
女垣棲烏起. 성가퀴에 깃든 까마귀 일어난다.
細露濕團紅, 작은 이슬방울이 붉은 꽃을 적셔
寒香解夜醉. 차가운 향기가 숙취를 풀어준다.

— 이하, 「石城曉」

……

壯士臂立綠絛鷹, 장사의 팔뚝 위에는 초록 끈을 맨 매가 앉아 있고
佳人袍畫金泥鳳. 가인의 두루마기에는 황금빛 봉황이 그려져 있다.
椽燭那知夜漏殘, 서까래의 촛불이 밤 시간이 다해 감을 어찌 알며
銀貂不管晨霜重. 은빛 담비 옷은 새벽 서리가 심해도 상관치 않는다.
一梢紅破海棠回, 가지 끝에 붉은 꽃봉오리 터지니 해당화가 돌아왔고
數蕊香新早梅動. 몇 송이 향기가 새로우니 이른 매화가 움직인다.
酒徒詩社朝莫忙, 술친구와 시 모임은 아침에 서둘지 마시게
日月匆匆迭賓送. 세월이 총총히 흘러가 빈객 전송이 잦다네.

— 육유(陸游), 「懷成都十韻」

水邊小邱因古城, 물가의 작은 언덕에 古城이 자리하여
上有巨竹數百箇. 그 위에 키 큰 대나무 수백 개가 있다.
一徑蛇蟠不容脚, 길에는 뱀이 서려 있어 발 들이는 것을 허용치 않고
平處乃可十客坐. 평평한 곳은 열 사람이 앉아도 넉넉하다.
裊裊共看風枝舞, 바람에 가지가 한들한들 춤추는 것을 함께 보고
蔌蔌時聽春籜墮. 이따금 툭툭 봄 죽순껍질 떨어지는 소리를 듣는다.

古佛不妝香火冷, 　오래된 불상은 치장하지 않았고 향불 차가운데
瘦僧如臘袈裟破. 　파리한 중은 세월을 말해주듯이 가사가 해졌다.

— 육유, 「城西接待院後竹下作」

25.11 어떤 글자들은 상거양독(上去兩讀)이긴 하지만 뜻이 다르다. 예를 들어 '重'이 상성일 때는 '무겁다'는 뜻의 형용사이고, 거성일 때는 '더욱'이라는 뜻의 부사이다. '樹'가 거성일 때는 '나무'라는 뜻의 명사이고, 상성일 때는 '수립하다'는 뜻의 동사이다. '瀉'가 상성일 때는 '쏟아지다'는 뜻이고, 거성일 때는 '설사하다'는 뜻이다. 이로부터 볼 때 위의 '重'·'樹'·'瀉' 등의 글자는 상거통압으로 보아야 한다. '士'·'重'·'動'·'坐'·'墮' 등의 전탁음(全濁音) 상성자(上聲字)는 대략 중·만당 이후 구어에서는 이미 거성으로 읽게 되었기 때문에(現代官話와 마찬가지이다) 운서(韻書)에 의거하면 상거통압으로 보아야겠지만 구어에 의거하면 순수하게 거성운을 사용한 것이 된다. 남은 것은 두보가 '苦'로써 '戍'와 함께 압운하였고, 백거이(白居易)가 '舊'로써 '柳'와 함께 압운하였고, 장적(張籍)이 '返'으로써 '鷰'과 함께 압운하고 '士'로써 '樹'와 함께 압운하였고, 이하(李賀)가 '嘯'로써 '裊'와 함께 압운하고 '馬'로써 '畵'와 함께 압운하고 '起'로써 '醉'와 함께 압운한 것인데, 이것은 진정한 상거통압이라고 하겠다.

제26절 고체시의 용운(하) — 전운(轉韻)

26.1 전운(轉韻)은 『시경(詩經)』에 이미 보이고, 또한 「고시십구수(古詩十九首)」에도 보이는데 한 수를 예로 들어본다.

行行重行行,　가고 가고 또 가고 가니
與君生別離.　그대와 생이별을 한다.
相去萬餘里,　서로 만 리나 떨어져 있어
各在天一涯.　각각 하늘 한쪽 끝에 있다.
道路阻且長,　도로가 험하고도 머니
會面安可知?　만날 일을 어찌 알 수 있으리?
胡馬依北風,　북에서 온 호마는 북풍에 기대고
越鳥巢南枝.　남에서 온 월조는 남쪽 가지에 깃든다지.
相去日已遠,　서로의 거리가 날로 멀어져 가니
衣帶日已緩.　허리띠가 날마다 더욱 느슨해진다.
浮雲蔽白日,　뜬 구름이 밝은 해를 가렸기에
遊子不顧返.　나그네는 돌아올 생각을 하지 않는다.
思君令人老,　그대 생각에 사람은 늙어가고
歲月忽已晚.　한 해는 또 빨리도 저문다.
棄捐勿復道,　버려두고 다시 말하지 말아야지
努力加餐飯.　부디 끼니나 거르지 마시기를!
(전운된 곳에는 고딕체로 강조하였다. 다음에도 이와 같이 하였다.)

26.2 당시(唐詩)의 전운은 크게 두 종류로 나눌 수 있다. 하나는 임의로 환운(換韻)하는 것으로 고시(古詩)와 마찬가지이다. 또 하나는 환운의 거리와 운각의 성조에 있어서 모두 세심한 배려를 한 것인데, 이렇게 되면 명목은 고풍이지만 실은 일종의 새로운 형식이다. 전자는 옛것을 모방한 고풍이라고 할 수 있고, 후자는 신식의 고풍이라고 할 수 있겠다.

먼저 임의로 환운하는 종류에 대해 이야기해보자. 이 종류의 고풍이 오언시이면서 평측이 대부분 율구(律句)에 가깝지 않다면 매우 고시 같이 느껴질 것이다. 다음에 예를 들어본다.

本末一相返,　본말은 서로 되풀이되는 것이지만[53)]

漂浮不還眞. 떠도는 것은 참으로 돌아오지 않는다.
山野多餒士, 산과 들판에는 굶주린 선비가 많지만
市井無飢人. 시정에는 배를 곯는 사람이 없다.
虎豹忌當道, 호랑이와 표범은 길 막는 것을 꺼리고
麋鹿知藏身. 사슴은 제 몸을 숨길 줄 안다.
奈何貪競者, 어쩔 수 없구나 탐욕을 다투는 자들이
日與患害親. 날로 우환과 재앙에 가까워지는 것을.
顔貌歲歲改, 얼굴 모습은 해마다 바뀌고
利心朝朝新. 이기심은 날마다 새로워진다.
孰知富生禍, 누가 알리요 부가 재앙을 일으킴을!
取富不取貧. 그런데도 부를 취하고 가난을 취하지 않는다.
寶玉忌出璞, 보옥은 옥돌에서 나오기를 꺼리나니
出璞先爲塵. 옥돌에서 나오면 먼저 티끌이 된다.
松柏忌出山, 소나무와 측백나무는 산에서 나오기를 꺼리나니
出山先爲薪. 산에서 나오면 먼저 땔나무가 된다.
君子隱石壁, 군자는 암벽 아래에 은거하고
道書爲我鄰. 道家의 서적은 나의 이웃과 같다.
寢興思其義, 자나 깨나 그 要義를 사색하고
澹泊味始眞. 담박한 그 참맛을 처음으로 맛본다.
陶公自放歸, 도연명은 스스로 관직을 버리고 歸隱하였고
尙平去有依. 尙子平은 속세를 떠나 道家에 귀의하였다.
草木擇地生, 풀과 나무는 자랄 땅을 가려서 생장하고
禽鳥順性飛. 새들은 본성에 순응하여 하늘을 난다.
靑靑與冥冥, 무성한 초목과 하늘 높이 나는 새는
所保各不違. 각기 자신을 지키며 서로를 위배하지 않는다.

— 맹교(孟郊), 「隱士」

26.3 칠언의 경우에는 구마다 운을 단 것이 아니라면 그다지 고시 같지 않을 것이다. 또한 평측에 있어서 이것들은 대부분 율구(律句)에 가

53) 텍스트에는 '本末'이 '本來'로 되어 있는데, 誤字이다.

까워서 고시의 격조와 매우 차이가 난다(제29절을 참조할 것). 다만 장단구(長短句)의 격조가 비교적 고시에 가까운데, 장단구는 또한 대다수가 전운을 하였다. 다음 예를 보자.

海客談瀛洲, 바다를 떠도는 나그네가 영주에 대해 말하길
煙濤微茫信難求. 안개와 물결 아득하여 참으로 찾기 어렵단다.
越人語天姥, 월 땅의 사람이 천모산에 대해 말하기를
雲霞明滅或可覩. 구름과 놀이 명멸할 때 간혹 보인다고 한다.
天姥連天向天橫, 천모산은 하늘에 닿아 하늘가에 가로 놓여
勢拔五岳掩赤城. 기세는 오악을 압도하고 적성을 가리었다.
天台四萬八千丈, 사만 팔천 장에 달하는 그 높은 천태산도
對此欲倒東南傾. 이것과 마주하면 기가 죽어 동남으로 기운다.
我欲因之夢吳越, 나는 이 때문에 꿈속에서 오·월로 가고자 하여
一夜飛度鏡湖月. 하룻밤에 달빛 어린 경호를 날아서 지나갔다.
湖月照我影, 호수의 달이 내 그림자를 비추어
送我至剡溪. 나를 섬계로 보냈다.
謝公宿處今尙在, 사공이 머물던 곳 지금도 아직 있고
淥水蕩漾淸猿啼. 맑은 물 출렁거리고 원숭이 울음소리 맑다.
脚著謝公屐, 나는 사공의 나막신을 신고
身登靑雲梯. 구름사다리를 올라가니
半壁見海日, 절벽 중간에서 바다에 떠오르는 해가 보이고
空中聞天雞. 공중에서 하늘 닭 우는 소리가 들렸다.
千巖萬轉路不定, 바위와 골짜기 수없이 많아 바로 난 길이 없어[54]
迷花倚石忽已暝. 꽃 사이를 헤매고 바위에 기대다보니 어느새 날이 저물었다.
熊咆龍吟殷巖泉, 곰과 용의 울음소리가 바위와 샘에 울리니
慄深林兮驚層巓. 깊은 숲이 전율하고 산꼭대기가 놀란다.
雲靑靑兮欲雨, 짙푸른 구름은 비를 쏟을 듯하고
水澹澹兮生煙. 맑은 물에서는 안개가 피어오른다.
列缺霹靂, 벼락이 치고

54) 텍스트에는 '轉'이 '壑'으로 되어 있는데, 誤字이다.

丘巒崩摧.	언덕이 무너지며
洞天石扇,	동굴 안 별천지의 돌문이
訇然中開.	큰 소리를 내며 열렸다.
青冥浩蕩不見底,	푸른 하늘 넓고 멀어 그 끝을 볼 수 없고
日月照耀金銀臺.	해와 달은 금은대를 환히 비추었다.
霓爲衣兮風爲馬,	무지개를 옷으로 삼고 바람을 말로 삼아
雲之君兮紛紛而來下.	구름 속의 선인들이 성대하게 내려왔다.
虎鼓瑟兮鸞回車,	호랑이는 비파를 타고 난새는 수레를 몰며
仙之人兮列如麻.	선인들 벌려 있는 것이 삼밭의 삼대 같다.
忽魂悸以魄動,	홀연히 나의 혼백 두려움 속에 깨어나
怳驚起而長嗟.	놀라 일어나서 길게 탄식한다.
惟覺時之枕席,	깨어나니 본래의 그 잠자리뿐이고
失向來之煙霞.	아까의 그 煙霞는 온 데 간 데 없다.
世間行樂亦如此,	세간의 즐거움도 모두 이와 같나니
古來萬事東流水.	예부터 만사는 동쪽으로 흐르는 물과 같다.
別君去兮何時還?	그대들과 헤어지면 언제나 돌아올까?
且放白鹿青崖間.	우선 벼랑 사이에 흰 사슴을 기르다가
須行卽騎訪名山.	갈 때가 되면 그것 타고 명산을 찾으리라.
安能摧眉折腰事權貴,	어찌 굽실거리며 고관대작을 섬기면서
使我不得開心顏!	내 마음과 얼굴을 펴지 못하게 하랴!

— 이백(李白), 「夢遊天姥吟留別」

26.4 위에서 든 두 예를 환운(換韻)의 거리를 가지고 말하면 일정한 규칙 없이 임의로 했다고 말할 수 있다. 그러나 때로는 환운의 거리에 일정한 규칙이 없는 상황에서도 제법 의도적으로 거리를 조정한 부분이 있다. 이를테면 시의 처음 또는 끝 부분에 동운(同韻)의 두 운각만을 사용한 것이 그것이다. 전자를 촉기식(促起式)이라고 칭하고, 후자를 촉수식(促收式)이라고 칭할 수 있다.

26.5 촉기식의 예로는 이백의 「몽유천모음유별(夢遊天姥吟留別)」을 들 수 있다. 이 시는 처음에 두 개의 단운(短韻 : 尤, 麌)을 사용한 다음에

점차 장운(長韻)을 사용하였다.[55] 물론 처음에 하나의 단운만 사용한 시도 있다. 다음 예를 보자.

士卒何草草,	병사들은 왜 저리도 애를 쓰고 있나?
築城潼關道.	동관의 길에서 성을 쌓고 있다.
大城鐵不如,	큰 성은 무쇠보다 견고하고
小城萬丈餘.	작은 성은 만 장도 더 되는 높은 곳에 있다.
借問潼關吏,	동관의 관리에게 물어보았다.
修關還備胡.	"오랑캐를 방비하기 위해 관을 보수하겠지요?"
要我下馬行,	그는 나를 말에서 내려 걷게 하고는
爲我指山隅.	나에게 산모퉁이를 가리킨다.
連雲列戰格,	"구름에 잇닿아 방어용 목책이 줄지어 있으니
飛鳥不能踰.	날아다니는 새도 넘을 수 없을 것입니다.
胡來但自守,	오랑캐가 쳐들어와도 스스로 지키기만 하면
豈復憂西都?	어찌 다시 서도 장안을 염려하겠습니까?
丈人視要處,	어르신, 저 요충지를 보시지요.
窄狹容單車.	비좁아서 수레 한 대가 겨우 지나갈 수 있습니다.
艱難奮長戟,	어려운 상황에서 긴 창을 휘두르는 데는
萬古用一夫.	영원히 한 사람이면 될 것입니다."
哀哉桃林戰,	"슬프다 얼마 전에 도림의 전쟁에서
百萬化爲魚.	백만의 군대가 물고기가 되었음이.
請囑防關將,	관을 지키는 장수에게 부탁하나니
愼勿學哥舒.	제발 哥舒翰의 전철을 밟지 마시오."

—두보, 「潼關吏」

26.6 그러나 촉기식의 작용은 촉수식의 작용처럼 뚜렷하지 않다. 시론가의 말에 의하면 끝 부분에 단운(短韻)을 사용하는 것이 강건해지기 쉽다고 한다. 촉수식은 칠언고풍에 흔히 보인다. 예를 들면 다음과 같다.

---

55) 短韻은 換韻의 거리가 짧은 것을 가리키고, 長韻은 換韻의 거리가 긴 것을 가리킨다.

有客有客字子美, 字를 子美라고 하는 나그네가 있는데
白頭亂髮垂過耳. 흰 머리 헝클어져 귀를 덮었다.
歲拾橡栗隨狙公, 세모에 원숭이 기르는 사람을 따라가 도토리를 주우며
天寒日暮山谷裏. 추운 날씨 해는 저무는데 산골짜기에 있다.
中原無書歸不得, 중원에서는 편지 없어 돌아가지 못하고
手脚凍皴皮肉死. 손과 발은 얼고 갈라져서 피부 살이 죽었다.
嗚呼一歌兮歌已哀, 아아, 노래 한 곡이 이미 이렇게 슬프니
悲風爲我從天來. 슬픈 바람이 나를 위해 하늘에서 내려온다.

—두보, 「乾元中寓居同谷縣作歌七首」(제1수)

岑參兄弟皆好奇, 岑參 형제는 모두 기이한 것을 좋아하여
攜我遠來遊渼陂. 나를 데리고 멀리 와 미피를 유람하였다.
天地黯慘忽異色, 천지가 어둑해져 홀연 풍경이 달라지고
波濤萬頃堆琉璃. 만경창파가 유리를 쌓아놓은 듯하였다.
琉利汗漫泛舟入, 유리가 아득히 펼쳐진 곳으로 배 띄워 들어가니
事殊興極憂思集. 일이 별나 감흥은 지극하지만 걱정이 모여든다.
鼉作鯨吞不復知, 악어가 달려들고 고래가 삼킬지도 알 수 없고
惡風白浪何嗟及. 거센 바람과 흰 물결에 탄식해도 아무 소용없다.
主人錦帆相爲開, 주인은 비단 돛을 나를 위해 펼치고
舟子喜甚無氛埃. 뱃사공도 신선한 공기에 몹시 기뻐한다.
鳧鷖散亂棹謳發, 뱃노래 시작하니 물새들 놀라 이리저리 흩어지고[56)]
絲管啁啾空翠來. 음악소리 울려 퍼지며 푸른 하늘을 불러온다.
沉竿續縵深莫測, 장대를 넣고 밧줄을 이어도 깊이를 잴 수 없고
菱葉荷花淨如拭. 마름 잎이며 연꽃은 닦은 듯이 깨끗하다.
宛在中流渤澥清, 물 한복판은 완연히 맑은 발해에 있는 듯하고
下歸無極終南黑. 종남산의 검은 그림자가 끝없이 호수에 드리워 있다.
半陂以南純浸山, 못의 반 남쪽은 오직 산만이 잠기어 있어서
動影裊窕衝融間. 움직이는 산 그림자가 잔잔한 물결에 어른거린다.
船舷暝戛雲際寺, 배는 황혼 무렵에 운제산 절을 스쳐 지나가고

56) 텍스트에는 '謳'가 '鷗'로 되어 있는데, 誤字이다.

水面月出藍田關. 수면의 달은 남전관 위에서 떠오른다.
此時驪龍亦吐珠, 이때 검은 용은 또한 구슬을 토해내고
馮夷擊鼓群龍趨. 풍이가 북을 치니 뭇 용들이 달린다.
湘妃漢女出歌舞, 상비와 한녀는 나와 노래 부르고 춤을 추니
金支翠旗光有無. 황금 지주와 푸른 깃발에 빛이 명멸한다.
咫尺但愁雷雨至, 금방 구름 끼어 뇌우가 칠까 걱정되니
蒼茫不曉神靈意. 아득하여 신령의 속마음을 알 수가 없다.
少壯幾時奈老何, 젊은 시절 얼마나 되며 늙어 감을 어이하랴?
向來哀樂何其多! 예부터 슬픔과 즐거움은 어찌 그리 많았던가!
(마지막에 '寘' · '歌' 두 개의 단운으로 끝을 맺었다.)

—두보, 「渼陂行」

吾聞天子之馬走千里, 천자의 말이 천 리를 달린다고 들었는데
今之畫圖無乃是? 지금의 그림이 바로 그 말이 아닌가?
是何意態雄且傑, 기상과 자태가 어찌나 걸출한지
駿尾蕭梢朔風起. 갈기와 꼬리가 요동치니 삭풍이 일어난다.
毛爲綠縹兩耳黃, 털은 검푸른 색이고 두 귀는 누러며
眼有紫燄雙瞳方. 눈에는 보랏빛 화염이 일고 두 눈동자는 모져 있다.
矯矯龍性含變化, 도도한 용의 성정이라 변화를 머금고 있고
卓立天骨森開張. 우뚝한 天骨이 장엄하게 펼쳐져 있다.
伊昔太僕張景順, 옛날에 태복 직에 있던 장경순은
監牧攻駒閱淸峻. 牧馬를 감독하며 망아지를 훈련시킬 때 청준함을 살피고
遂令大奴守天育, 마침내 우두머리 종에게 천육에서 기르게 하여
別養驥子憐神駿. 각별히 준마로 길러내 그 빼어난 자태를 아꼈다.
當時四十萬匹馬, 당시에 사십만 필의 말이 있었지만
張公嘆其材盡下. 장공은 그들의 재주가 모두 아래인 것을 탄식하였다.
故獨寫眞傳世人, 그래서 유독 참모습을 그려 세인들에게 전한 것이라
見之座右久更新. 자리 오른 편에 두고 보니 오래 될수록 더욱 새롭다.
年多物化空形影, 세월이 흘러 말은 사라지고 그저 모습만 남아 있어
嗚呼健步無由騁. 아아, 건장한 발걸음은 치달릴 수가 없게 되었다.
如今豈無騕褭與驊騮, 지금인들 어찌 요뇨와 화류가 없으랴마는

時無王良伯樂死卽休! 왕량과 백락이 없으니 죽고 나면 그만이로다!

(말미에 '馬'·'眞'·'梗'·'尤' 네 개의 단운을 사용하였는데, 마지막 두 구에 9자구를 사용하여 더욱 힘이 있게 보인다.)

—두보, 「天育驃騎歌」

26.7 기왕 촉기식과 촉수식을 언급하였으니 내친김에 단운 위주의 고풍을 이야기하겠다. 다음에 예로 든 잠삼(岑參)의 시 같은 것이 바로 이 종류에 속한다.

輪臺城頭夜吹角, 윤대성 위에서 밤에 뿔피리 불고
輪臺城北旄頭落. 윤대성 북쪽에서 昴星이 떨어졌다.
羽書昨夜過渠黎, 긴급문서가 어제 밤에 渠黎城을 지나갔고
單于已在金山西. 선우는 이미 금산의 서쪽에 와 있다.
戍樓西望煙塵黑, 망루에서 서쪽을 바라보니 연기와 먼지 검고
漢兵屯在輪臺北. 한의 군대는 윤대의 북쪽에 주둔하였다.
上將擁旄西出征, 상장군이 깃발을 들고 서쪽으로 출정하니
平明吹笛大軍行. 먼동이 틀 때 피리 불며 대군이 떠났다.
四邊伐鼓雪海涌, 사방에서 북을 치니 설해가 솟아오르고
三軍大呼陰山動. 삼군이 크게 외치니 음산이 흔들린다.
虜塞兵氣連雲屯, 변새엔 전쟁의 기운이 구름까지 뻗어 있고
戰場白骨纏草根. 전쟁터에는 백골이 풀뿌리처럼 얽혀 있다.
劍河風急雪片闊, 검하에 바람 세차 눈 조각이 널려 있고
沙邊石凍馬蹄脫. 사변에는 돌이 얼어 말발굽이 벗겨진다.
亞相勤王甘苦辛, 부승상이 왕실의 구원을 위해 고생을 달게 여겨
誓將報主靜邊塵. 변방의 소요를 가라앉혀 군주에 보답하겠다고 맹세했다.
古來靑史誰不見, 예로부터 청사를 누군들 보지 않을까?
今見功名勝古人. 이제 고인을 능가하는 공명을 보게 되리라.

—잠삼(岑參), 「輪臺歌奉送封大夫出師西征」

이 시는 두 구마다 환운하다가 말미에 이르러 4구 1운을 사용하였는데, 왜냐하면 계속해서 끝까지 촉급하게 나갈 수가 없었기 때문에 마지

막에 이르러 4구로 늘여서 기세를 누그러 뜨려야 했기 때문이다. 이것은 비록 기교상의 문제이긴 하지만 용운의 형식에 영향을 미쳤기 때문에 약간 언급하였다.

26.8 옛 것을 모방한 고풍과 신식의 고풍 사이에 뚜렷하게 큰 격차는 없다. 그렇기는 하지만 전형적인 신식 고풍은 다음의 세 가지 조건을 구비해야 한다.

(1) 평측이 다수가 율격에 맞아야 한다.
(2) 4구에 한 번씩 환운한다.
(3) 평운과 측운을 번갈아 쓴다.

(1)에 대해서는 제29절에서 다시 이야기하겠다. 대체로 말해서 뒤의 두 가지 조건에 맞는 고풍은 대부분 첫 번째 조건에 부합한다. 그러나 일부의 고풍은 4구에 한 번씩 환운을 했지만 평운과 측운을 번갈아 쓰지는 않았다. 또 다른 일부의 고풍은 평운과 측운을 번갈아 쓰기는 했지만 4구에 한 번씩 환운하지는 않았다. 이것들은 옛 것을 모방한 고풍과 신식의 고풍 사이에 놓인 것이라고 하겠다.

26.9 다음에 예로 든 것은 4구에 한 번씩 환운을 했지만 전편(全篇)에 걸쳐 평운과 측운을 번갈아 쓰지는 않은 것들이다.

漢帝重阿嬌, 한 무제가 아교를 끔찍이 아껴서[57]
貯之黃金屋. 황금 궁전에 고이 모셔둘 적에는
咳唾落九天, 황궁에서 떨어뜨리는 침방울조차
隨風生珠玉. 바람 따라 주옥으로 바뀔 지경이었다.
寵極愛還歇, 총애 끝에 사랑이 시들해지고
妒深情却疏. 깊은 질투에 정마저 소원해져
長門一步地, 장문궁이 한 걸음에 닿을 곳이건만
不肯暫迴車. 발길 한 번 돌리지 않는다.

57) 텍스트에는 '重'이 '寵'으로 되어 있는데, 誤字이다.

雨落不上天, 떨어진 빗방울 하늘로 못 오르고
水覆難再收. 쏟아진 물은 주워 담기 어려운 법.
君情與妾意, 임의 정과 소첩의 마음은
各自東西流. 각자 동과 서로 갈라지고 말았다.
昔日芙蓉花, 예전에는 부용꽃과 같았는데
今成斷根草. 지금은 단근초처럼 가련한 신세.
以色事他人, 미색으로 타인을 섬기는 여인들이여
能得幾時好. 얼마나 오래 총애를 받을 수 있겠는가?

(4구에 한 번씩 환운하였고, 모두 '屋'·'魚'·'尤'·'皓'의 네 운을 썼지만 '魚'에서 '尤'로 환운한 것은 평운에서 평운으로 바꾼 것이다.)

— 이백(李白), 「妾薄命」

暮投石壕村, 날 저물어 석호촌에 묵었는데
有吏夜捉人. 밤이 되자 관리가 사람을 잡아간다.
老翁踰牆走, 할아버지는 담을 넘어 도망가고
老婦出門看. 늙은 부인은 문을 열고 나와 본다.
吏呼一何怒, 관리의 소리는 어찌 그리도 노여울까?
婦啼一何苦. 부인의 울음소리는 어찌 그리도 고통스러울까?
聽婦前致詞, 부인이 나서서 하는 말 들어보세
三男鄴城戍. "세 아들이 업성 싸움에 출정하였지요.
一男附書至, 한 아들이 편지를 부쳤는데
二男新戰死. 두 아들이 막 전사했다고 하였지요.
存者且偷生, 산 자식이야 잠시 더 살 수 있겠지만
死者長已矣. 죽은 자식이야 영영 그만이지요.
室中更無人, 집안에 남자라고는 다시없고
惟有乳下孫. 오직 젖먹이 손자가 있을 뿐이지요.
有孫母未去, 손자 탓에 며느리가 아직 떠나지 않았는데
出入無完裙. 출입할 때 입을 변변한 치마도 없다오.
老嫗力雖衰, 늙은 할멈이라 비록 쇠약하긴 하지만
請從吏夜歸. 나리 따라 이 밤에 떠나길 청합니다.
急應河陽役, 급한 대로 하양의 부역에 응하여

猶得備晨炊. 그럭저럭 새벽밥은 지을 수 있겠지요."
夜久語聲絶, 밤이 깊어지자 말소리 끊어졌지만
如聞泣幽咽. 숨죽여 흐느끼는 소리 듣는 듯하다.
天明登前途, 날이 밝아 길을 떠나려고 할 때
獨與老翁別. 할아버지 한 사람과만 작별하였다.

(4구에 한 번씩 환운하였고, 모두 '眞'·'霙'·'紙'·'元'·'支'·'屑'의 여섯 운을 썼지만 '霙'에서 '紙'로 환운한 것은 측운에서 측운으로 바꾼 것이고, '元'에서 '支'로 환운한 것은 평운에서 평운으로 바꾼 것이다.)

— 두보(杜甫), 「石壕吏」

飢寒平城下, 평성 밑에서 굶주려 추위에 떨면서
夜夜守明月. 밤마다 밝은 달을 지켜본다.
別劍無玉花, 집 떠날 때 찼던 검은 녹이 슬어 옥빛을 잃었고
海風斷鬢髮. 매서운 사막 바람은 머리칼을 끊을 듯하다.
塞長連白空, 변새는 끝없이 펼쳐져 뿌연 하늘에 이어져 있고
遙見漢旗紅. 멀리 붉은 漢旗가 선명하게 보인다.
靑帳吹短笛, 푸른 막사에서 짧은 피리를 불고 있는데
煙霧濕畫龍. 연무가 깃발에 그려진 용을 적신다.[58]
日晩在城上, 해 저물녘에 성 위에서
依稀望城下. 어렴풋이 성 아래를 바라본다.
風吹枯蓬起, 바람이 부니 마른 쑥대가 일어나고
城中嘶瘦馬. 성안에선 야윈 말이 울고 있다.
借問築城吏, 성을 쌓는 관리에게 물으니
去關幾千里. 관문에서 수천 리 떨어져 있단다.
惟愁裹屍歸, 다만 시체로 싸여 돌아가는 것이 슬플 뿐
不惜倒戈死. 싸우다 죽는 것은 애석하지 않다.

(4구에 한 번씩 환운하였고, 모두 '月'·'東'·'馬'·'紙'의 네 운을 썼지만 '馬'에서 '紙'로 환운한 것은 측운에서 측운으로 바꾼 것이다.)

— 이하(李賀), 「平城下」

---

58) 텍스트에는 '畵'가 '晝'로 되어 있는데, 誤字이다.

少年落魄楚漢間, 젊은 시절 초·한 일대에서 실의하여
風塵蕭瑟多苦顏. 풍진에 시달리며 얼굴이 일그러질 때 많았다.
自言管葛竟誰許, 스스로 管仲과 諸葛亮이라고 하지만 누가 인정하나?
長吁莫錯還閉關. 적막 속에 장탄식하며 문을 닫고 은거하였다.
一朝君王垂拂拭, 어느 날 군왕께서 먼지를 떨어내 광채가 드러나게 해주시면
剖心輸丹雪胸臆. 정성과 힘을 다해 충성을 바치리라 마음먹었다.
忽蒙白日迴景光, 갑자기 임금님의 밝은 빛이 나에게 돌아와
直上青雲生羽翼. 날개가 돋은 듯이 곧장 청운 위로 날아갔다.
幸陪鸞輦出鴻都, 성은으로 皇車를 모시고 鴻都門을 나서니
身騎飛龍天馬駒. 이 몸이 위풍당당하게 궁중의 준마를 탔다.
王公大人借顏色, 왕공과 대인들이 나에게 반가운 낯빛을 하고
金章紫綬來相趨. 金印과 자색 인끈의 고관도 내게 달려왔다.
當時結交何紛紛! 당시 나와 교제한 사람들이 얼마나 많았던가!
片言道合惟有君. 그러나 한 마디 말로 의기투합한 사람은 오직 그대뿐.
待吾盡節報明主, 내가 충성을 다 바쳐 明主에게 보답한 뒤에
然後相攜臥白雲. 그대와 함께 은거하여 흰 구름 위에 누우리.

(4구에 한 번씩 환운하였고, 모두 '刪'·'職'·'虞'·'文'의 네 운을 썼지만 '虞'에서 '文'으로 환운한 것은 평운에서 평운으로 바꾼 것이다.)

—이백, 「駕去溫泉宮後贈楊山人」

다음에 예로 든 것은 평운과 측운을 번갈아 쓰기는 했지만 전편에 걸쳐 4구에 한 번씩 환운하지는 않은 것들이다.

桂水通百越, 계수가 백월로 통하여
扁舟期曉發. 일엽편주를 타고 새벽에 출발하기로 하였다.
荊雲蔽三巴, 형주의 구름이 삼파 땅을 덮고 있어서
夕望不見家. 저녁에 바라보니 집이 보이지 않는다.
襄王夢行雨, 양왕은 巫山 神女의 꿈을 꾸었고
才子謫長沙. 才子 賈誼는 장사로 좌천되었다.
長沙饒瘴癘, 장사에는 풍토병이 많은데

胡爲苦留滯. 어찌하여 고생하며 머물러 있는가?
久別思款顔, 헤어진 지 오래되어 얼굴이 보고 싶고
承歡懷接袂. 기쁨을 잇고자 만날 것을 마음먹는다.
接袂杳無由, 만남은 아득하여 기약이 없고
徒增旅泊愁. 다만 나그네의 슬픔만 커간다.
淸猿不可聽, 원숭이 울음소리 차마 들을 수 없어서
沿月下湘流. 달빛 따라 湘水를 내려간다.59)

(모두 '月' · '庥' · '霽' · '尤'의 네 운을 썼지만 '月'운을 사용한 것은 두 구뿐이다.)

— 맹호연(孟浩然), 「湖中旅泊寄閻九司戶防」

辭君遠行邁, 그대와 작별하고 멀리 떠나며
飮此長恨端. 이 끝없는 슬픔을 들이마신다.
已謂道里遠, 이미 갈 길이 멀다고 말했지만
如何中險艱. 도중의 험난함을 어찌할까?
流水赴大壑, 흐르는 물은 큰 골짜기로 들어가고
孤雲還暮山. 외로운 구름은 저녁 산으로 돌아간다.
無情尙有歸, 무정한 사람 돌아가고 나니
行子何獨難. 나그네는 홀로 된 어려움을 어찌하나!
驅車背鄕園, 수레를 몰아 고향 땅을 등지니
朔風卷行迹. 삭풍이 나의 행적 따라 휘몰아친다.
嚴冬霜斷肌, 엄동에 서리는 살갗을 에는 듯하고
日入不遑息. 해가 진 뒤에도 쉴 겨를이 없다.
憂歡容髮變, 근심걱정에 용모와 머리 빛 변하고
寒暑人事易. 추위와 더위 지나며 인사가 바뀌었다.
中心君詎知, 이 내 마음속을 그대가 어찌 알리?
冰玉徒貞白. 어찌 얼음과 옥만이 곧고 희겠는가!

(모두 '寒' · '陌'의 두 운을 썼는데, 각기 8구씩이다.)

— 위응물(韋應物), 「擬古詩」(제1수)

59) 텍스트에는 '沿'이 '沼'로 되어 있는데, 誤字이다.

將軍昔著從事衫,	장군께서 예전에 막료의 옷을 입고
鐵馬馳突重兩銜.	철마를 몰며 두 재갈을 겹치시고는
披堅執銳略西極,	견고한 갑옷 입고 예리한 병기 들고 서쪽 끝을 정벌하시어
崑崙月窟東嶄巖.	곤륜산과 월굴이 오히려 동쪽에 우뚝하였습니다.
君門羽林萬猛士,	궁중의 우림군 일만의 용맹한 군사는
惡若哮虎子所監.	사납기가 호랑이 같지만 그대가 맡으셨습니다.
五年起家列霜戟,	오 년 만에 집안을 일으켜 서릿발 같은 창을 진열하게 되니
一日過海收風帆.	하루 만에 바다를 지나 돛을 거두신 격입니다.
平生流輩徒蠢蠢,	평소의 동년배들이 부질없이 법석을 떨고
長安少年氣欲盡.	장안의 젊은이들이 기가 다 꺾이니
魏侯骨聳精爽緊,	위후께서는 기골이 빼어나고 정신이 빈틈없어
華岳峰尖見秋隼.	화악 봉우리 끝의 가을 매를 보는 듯합니다.
星躔寶校金盤陀,	별을 두른 듯한 보옥장식에 금으로 된 반타
夜騎天駟超天河.	밤에 천마를 타고 은하수를 건너가니
攙槍熒惑不敢動,	혜성과 화성이 감히 움직이지 못하고
翠蕤雲旓相蕩摩.	푸른 기 구름 기가 서로 펄럭이며 부닥칩니다.
吾爲子起歌都護,	제가 그대를 위해 일어나 도호가를 노래하니
酒闌插劍肝膽露.	술이 거나해져 검을 꽂고 간담을 드러냅니다.
鉤陳蒼蒼風玄武,	구진이 밝게 빛나고 玄武闕에 바람이 불어
萬歲千秋奉明主,	천년만년 영명하신 주군을 받들 것이니
臨江節士安足數.	임강의 절사라 해도 어찌 견줄만하겠습니까!

(모두 '咸'·'軫'·'歌'·'遇'의 네 운을 썼으며, 篇末은 平仄通押으로 볼 수 있다. '咸'운이 8구이고, '軫'운이 4구이고, '歌'운이 4구이고, '遇'운이 5구이다.)

— 두보, 「魏將軍歌」

26.10 이제 신식의 고풍(古風)을 이야기해보자. 예를 들기 전에 먼저 오언고시와 칠언고시의 중요한 차이점을 설명하려 한다. 오언고시는 위에서 계승한 바가 있어서 한(漢)·위(魏)·육조(六朝)의 고시(古詩)는 거의 모두가 5언이었기 때문에 당인(唐人)들은 잇달아 옛것을 모방하였다. 칠언고시는 위에서 계승한 바가 없어서(앞의 머리말을 참조할 것) 당인들은

'백량체(柏梁體)' 외에는(다음 절을 참조할 것) 스스로 길을 헤쳐 나갈 수밖에 없었다. 그런데 스스로 길을 헤쳐 나가는 데에는 두 가지 방법이 있을 뿐이었다. 하나는 오언고시의 성률에 의거하되 매 구 앞에 두 개의 음을 첨가하는 것인데, 그렇게 하면 그 격조가 자연히 예스럽게 될 것이다. 이백과 두보가 모두 그와 같이 하기를 좋아하였다. 다른 하나는 율시의 격률에 의거하는 것이다. 그들은 평측을 율격에 맞추기를 좋아하였는데, 왜냐하면 그렇게 해야 율시에 가깝기 때문이다. 또한 그들은 4구에 한 번씩 환운하기를 좋아하였는데, 왜냐하면 그렇게 하면 몇 수의 근체절구를 모아서 한 수의 시를 만든 것과 같기 때문이다. 또한 그들은 평운과 측운을 번갈아 쓰길 좋아하였는데, 왜냐하면 그렇게 하는 것이 구 중의 평측을 번갈아 쓰는 것과 같은 이치이기 때문이다. 왕유(王維)가 그렇게 하기를 좋아하였고, 성당과 중·만당의 시인들은 모두 왕유를 따라 그렇게 하기를 좋아하였다.

26.11 상술한 이유 때문에 칠언고시를 가지고 말한다면 신식의 고풍이 절대의 우세를 차지하였다. 다시 성당의 시를 가지고 보면 신식의 고풍은 칠언고시에 국한되었고, 오언고시는 옛 것을 모방한 것만 있었고 순수한 신식은 없었다. 이것은 오언고시와 칠언고시의 내원이 달랐기 때문인데, 그로 인해 이 둘은 각기 제 갈 길을 가서 풍격상에서도 근본적인 차이가 생겨났다.

26.12 그렇다고 신식의 고풍이 성당 때에 처음 등장한 것은 아니고 제(齊)·량(梁) 및 초당(初唐) 때에 이미 그 단초가 열렸는데, 그것은 오언율시는 본래 제·량 때에 배태되었지만(이를테면 제4절에서 든 庾信의 「奉和山池」 같은 것), 칠언시는 칠언율시로 변하기 전에 먼저 신식의 고시로 변했기 때문이다. 다음 예를 보자.

燕朝佳人本自多,	연나라에는 가인이 본래 많았는데
遼東少婦學春歌.	요동의 젊은 여인이 봄노래를 배운다.

黃龍戍北花如錦,	황룡이 북쪽을 지키니 꽃은 비단 같고
元菟城南月似蛾.	원토성 남쪽으로는 달이 蛾眉 같다.
如何此時別夫壻,	어떻게 이때에 낭군과 이별하나?
金羈翠眊往交河!	말에 올라 창을 들고 교하로 간다.
還聞入漢去燕營,	다시 연나라 병영을 떠나 한나라로 들어갔다니
怨妾愁心百恨生.	소첩의 슬픈 마음에 온갖 한이 생겨난다.
漫漫悠悠天未曉,	아득하게 끝도 없이 날은 새지 않고
遙遙夜夜聽寒更.	멀리서 밤마다 물시계 소리 듣는다.
自從異縣同心別,	한 마음으로 이별하여 다른 곳에 있게 된 뒤로
偏恨同時成異節.	때를 함께 하면서 절조 달라진 것이 특히 한스럽다.
橫波滿臉萬行啼,	고운 눈망울에서 얼굴 가득히 눈물이 쏟아지니
翠眉暫斂千重結.	푸른 눈썹이 순식간에 천 겹으로 찌푸려졌다.
并海連天合不開,	바다와 하늘을 잇는다 해도 맺힌 마음 펴지지 않아
那堪春日上春臺.	봄날 춘대에 오르는 것을 어찌 견딜까?
乍見遠舟如落葉,	잠시 보니 멀리 있는 배가 낙엽 같은데
復看遙舸似行杯.	다시 보니 멀리 있는 배가 흐르는 술잔 같다.
沙汀夜鶴嘯羈雌,	밤에 물가에선 학이 짝 잃은 암컷을 부르고 있는데
妾心無趣坐傷離.	소첩은 우두커니 앉아서 이별에 마음 아파한다.
翻嗟漢使音塵斷,	더욱 안타깝게도 한의 사절 소식이 끊어져
空傷賤妾燕南陲.	연나라 남쪽 변방의 천첩을 공연히 상심케 한다.

— 양(梁) 원제(元帝), 「燕歌行」

이 시가 비록 전편에 걸쳐 네 구에 한 번씩 환운하지는 않았지만 제1단락만 여섯 구이고 나머지 각 단락은 모두 네 구로 되어 있다. 또한 제1·2단락과 마지막 두 단락이 평운에서 평운으로 바뀌었지만 나머지 각 운은 모두 평측이 번갈아 나왔다. 제1단락은 3운 소율(小律)과 흡사하고, 나머지 각 단락은 모두 금체절구(今體絶句)와 같다. 예를 하나 더 들어본다.

長安大道連狹斜,	장안의 대로는 좁은 골목이 무수히 이어져 있고

青牛白馬七香車.	青牛와 白馬가 끄는 七香車가 쉴 새 없이 지나간다.
玉輦縱橫過主第,	귀인의 옥 수레가 종횡으로 공주의 저택을 방문하고
金鞭洛繹向侯家.	화려한 수레와 말이 잇달아 王侯의 저택으로 향한다.
龍銜寶蓋承朝日,	용 기둥이 물고 있는 수레덮개는 아침 해에 빛나고
鳳吐流蘇帶晚霞.	봉 부리가 토해 내는 오색 술은 저녁놀을 띠고 있다.
百丈游絲爭繞樹,	길게 늘어져 날리는 游絲는 다투어 나무를 둘러싸고[60]
一群嬌鳥共啼花.	한 무리의 아름다운 새가 함께 꽃 속에서 지저귄다.
啼花戲蝶千門側,	새 울고 나비 날아다니는 수많은 대궐 문 곁에는
碧樹銀台萬種色.	푸른 나무 사이로 은빛 누대가 형형색색 빛난다.
復道交窗作合歡,	누각을 잇는 복도의 격자 창문은 꽃무늬를 이루고
雙闕連甍垂鳳翼.	두 망루는 용마루가 잇닿아 봉황 날개를 드리웠다.
梁家畫閣天中起,	귀족 저택의 채색 누각은 하늘로 우뚝 솟아 있고[61]
漢帝金莖雲外直.	漢 武帝가 세운 금빛 기둥이 구름 위로 솟아 있다.
樓前相望不相知,	누각 앞에서 위아래로 바라보아도 서로 모르고
陌上相逢詎相識.	길거리에서 만나도 어찌 서로를 알 수 있으랴?
借問吹簫向紫煙,	퉁소를 불며 자색 구름 향해 날아간 이 누구인가?
曾經學舞度芳年.	일찍이 가무를 배우며 꽃다운 날을 보낸 여인이란다.
得成比目何辭死,	比目魚 같이 지낼 수만 있다면 어찌 죽음을 사양하랴?
願作鴛鴦不羨仙.	한 쌍의 원앙이 될 수만 있다면 신선도 부럽지 않으리.
比目鴛鴦眞可羨,	비목어와 한 쌍의 원앙은 참으로 부러워할 만하니
雙去雙來君不見.	짝지어 오고 가는 것을 그대는 보지 못했는가?
生憎帳額繡孤鸞,	가장 미운 것은 휘장 입구에 수놓은 외로운 난새
好取門簾帖雙燕.	문의 주렴에는 즐겨 한 쌍의 제비장식을 붙여놓는다.
雙燕雙飛繞畫梁,	제비는 쌍쌍이 날아다니며 채색 들보를 맴돌고
羅幃翠被鬱金香.	비단 휘장과 비취 이불에는 울금향이 배어 있다.
片片行雲著蟬鬢,	매미 날개 머리는 하늘에 떠가는 조각구름 같고
纖纖初月上鴉黃.	이마에 칠한 額黃은 가느다란 초승달처럼 보인다.[62]

60) '游絲'는 봄날 거미 등의 벌레가 토해내어 공중에 흩날리는 가느다란 실 같은 것을 가리킨다.

61) '梁家'는 東漢 順帝의 외척 梁冀가 洛陽에 세웠던 호화주택이다. 여기서는 이것으로 귀족의 저택을 지칭하였다.

鴉黃粉白車中出,　곱게 단장한 歌妓와 舞女가 수레 안에서 나오니
含嬌含態情非一.　교태를 머금은 표정이 각양각색으로 아리땁다.
妖童寶馬鐵連錢,　곱게 화장한 歌童이 탄 것은 鐵連錢 무늬의 寶馬
娼婦盤龍金屈膝.　歌妓와 舞女가 탄 것은 용무늬의 황금빛 수레.
御史府中烏夜啼,　어사대부의 관저 안에서는 까마귀가 밤에 울고
廷尉門前雀欲栖.　사법관의 관청 문 앞에는 참새가 깃들려고 한다.[63]
隱隱朱城臨玉道,　보일 듯 말 듯 붉은 성벽은 玉道에 임해 있고
遙遙翠幰沒金堤.　아득히 푸른 수레휘장은 금빛 둑으로 사라진다.
挾彈飛鷹杜陵北,　杜陵 북쪽에서 탄환 끼고 매를 날리며 사냥하고
探丸借客渭橋西.　渭橋 서쪽에서 제비를 뽑아 청부 살인을 한다.[64]
俱邀俠客芙蓉劍,　건달들이 함께 모여 부용검을 차고 일을 행하고
共宿娼家桃李蹊.　복사꽃 길 따라 기생집으로 가서 함께 묵는다.[65]
娼家日暮紫羅裙,　기생들은 해가 지자 붉은 비단 치마를 입고서
清歌一囀口氛氳.　맑은 노래 구성지게 부르니 입에서 향기가 풍긴다.
北堂夜夜人如月,　밤마다 北堂의 여인들은 아름답기가 달덩이 같고
南陌朝朝騎似雲.　아침마다 남쪽 거리에는 말 탄 손님이 구름 같다.
南陌北堂連北里,　남쪽 길과 북당은 北里에 이어져 있어서
五劇三條控三市.　종횡으로 도로가 사통오달이라 장보기가 편하다.
弱柳青槐拂地垂,　하늘거리는 버들과 홰나무가 늘어져 땅을 스치고
佳氣紅塵暗天起.　열띤 분위기에 홍진이 일어 하늘을 어둡게 한다.
漢代金吾千騎來,　漢代의 禁衛軍 執金吾 천 명이 말을 타고 와서
翡翠屠蘇鸚鵡杯.　비취빛 屠蘇 美酒를 鸚鵡杯에 따라 마시니
羅襦寶帶爲君解,　비단저고리와 아름다운 허리띠를 그대 위해 풀고

62) '鴉黃'은 六朝와 唐代의 여인들이 이마에 초승달 모양으로 연한 노란색 분을 칠한 것인데, '額黃'이라고도 한다.

63) 이 두 구절은 날이 어두워진 후의 장안 모습을 묘사하면서 동시에 어사대부와 정위 같은 執法官이 장안 건달들의 범죄행위에 관여할 수 없게 되었음을 암시하였다.

64) 漢代 長安의 건달들 사이에 관리를 살해하는 전담조직이 있어서 청부살인을 했다고 한다. 그들은 행동에 옮기기 전에 紅·黑·白의 세 가지 탄환으로 제비를 뽑아 紅丸을 뽑은 사람이 武官을 죽이고, 黑丸을 뽑은 사람이 文官을 죽이고, 白丸을 뽑은 사람이 행동 중에 죽은 동료의 後事를 돌봐주는 일을 맡았다고 한다.

65) 텍스트에는 '蹊'가 '溪'로 되어 있는데, 誤字이다.

燕歌趙舞爲君開. 燕과 趙의 멋진 가무를 그대 위해 펼친다.
別有豪華稱將相, 따로 장군과 재상을 호언장담하는 사람들이
轉日回天不相讓. 황제의 마음을 돌리는 데 양보할 줄 모른다.
意氣由來排灌夫, 그로부터 비롯된 의기가 灌夫를 밀쳐내고
專權判不容蕭相. 전권을 휘둘러 蕭望之를 용납하지 않는다.
專權意氣本豪雄, 전권과 의기는 본래 세도가의 것이니
青虯紫燕坐春風. 青龍馬와 紫燕騮를 타고 봄바람에 우쭐댄다.
自言歌舞長千載, 스스로 가무가 천 년을 지속하리라 말하고
自謂驕奢凌五公. 부귀영화가 다섯 貴公을 능가한다고 한다.
節物風光不相待, 계절 따라 만물과 풍광은 머물러 있지 않아
桑田碧海須臾改. 桑田이 碧海로 바뀌는 것도 순식간의 일이다.
昔時金階白玉堂, 지난날 금빛 계단과 백옥의 호화로운 저택이
卽今唯見青松在. 지금은 모두 사라지고 푸른 소나무만 보인다.
寂寂寥寥揚子居, 적막하고 쓸쓸했던 揚雄의 거처에는
年年歲歲一床書. 세월이 흘러가도 서가의 책뿐이로다.
獨有南山桂花發, 오직 종남산에 계수나무 꽃이 피어나
飛來飛去襲人裾. 바람에 흩날리며 내 옷깃에 떨어진다.

— 노조린(盧照隣), 「長安古意」

이 시는 모두 '麻'·'職'·'先'·'霰'·'陽'·'質'·'齊'·'文'·'紙'·'灰'·'漾'·'東'·'賄'·'魚'의 14운을 사용하였는데, '麻'·'職'·'齊'가 각기 8구씩이지만 마침 4구의 두 배이고 그 나머지는 모두 4구씩이다. 그리고 '齊'와 '文'이 평운에서 평운으로 바뀐 것을 제외하면 그 나머지는 모두 평운과 측운이 번갈아 사용되었다. '麻'운과 '齊'운을 사용한 곳이 평운 칠언율시 같고 '職'운을 사용한 곳이 측운 칠언율시 같지만 그 나머지는 모두 근체절구(近體絶句) 같다. 이처럼 이 시는 성당 이후의 신식 고풍과 지극히 유사하다. 다수의 시론가들은 이것이 칠언고시의 '정조(正調)'라고 본다. 이백과 두보의 칠언고시는 오히려 제·량과 초당의 작풍(作風)을 벗어나 곧바로 한(漢)·진(晋)을 따르려한 것이라고 본다.

26.13 중당 이전에는 일운도저(一韻到底)의 칠언고시가 극히 적어서 (柏梁體는 물론 예외이다) 두보의 일부 칠언고시만이 있을 뿐이다. 한유(韓愈) 이후에 이르러 일운도저의 칠언고시가 점차 성행하기 시작했다. 따라서 중당 이전의 칠언고시를 가지고 말한다면 전운(轉韻)의 칠언고시가 가장 보편적인 종류였다. 이 또한 옛것을 모방했느냐의 여부와 밀접한 관계가 있다. 옛것을 모방한 칠언시는 일운도저이어야 했다. 왜냐하면 한·위·육조의 고시는 대다수가 일운도저였기 때문이다. 신식의 칠언고시는 전운을 해야 했다. 율시는 전운하지 않으므로 칠언고시가 전운을 통해 율시와 구분되었기 때문이다. 그렇지 않으면 평측을 대부분 율격에 맞추었으므로 칠언율시나 칠언배율과 혼동되었을 것이다.

26.14 다음에 예로 든 시들은 4구마다 한 번씩 환운하고 평운과 측운을 번갈아 쓰는 규칙에 완전히 부합하는 것들이다.

七國雄雌猶未分,	戰國 七雄의 자웅이 아직 구분되지 않아
攻城殺將何紛紛.	성을 공격하고 장수를 죽이는 일이 어찌 그리 빈번했던가!
秦兵益爲邯鄲急,	秦의 군대가 증강되어 한단을 포위하니 위급해졌지만
魏王不救平原君.	위왕은 평원군을 구원해주지 않았다.
公子爲嬴停駟馬,	信陵君은 侯嬴을 위해 사두마차를 멈추고
執轡愈恭意愈下.	말고삐를 잡으며 더욱 공손하고 겸허하게 대했다.
亥爲屠肆鼓刀人,	朱亥는 정육점의 백정에 불과하고
嬴乃夷門抱關者.	후영은 大梁城 東門의 문지기였다.
非但慷慨獻奇謀,	비분강개하여 기발한 계책을 바쳤을 뿐 아니라
意氣兼將身命酬.	의기 또한 기꺼이 목숨으로 보답하려 하였다.
向風刎頸送公子,	바람 앞에서 제 목을 베어 신릉군을 보냈으니
七十老翁何所求.	일흔 살 늙은이가 무엇을 구했겠는가?[66]

— 왕유(王維), 「夷門歌」

66) 이 시에서 '分'·'紛'·'君'은 上平12 '文'운에 속하고, '馬'·'下'·'者'는 上21 '馬'운에 속하고, '謀'·'酬'·'求'는 下平11 '尤'운에 속한다.

數年作吏家屢空,　　몇 년의 관리 생활에 집을 누차 비웠더니
誰道黑頭成老翁.　　누가 말했던가 검은 머리가 늙은이로 되었다고
男兒在世無産業,　　남아가 이 세상에서 생업이 없으면
行子出門如轉蓬.　　나그네 되어 문을 나서면 구르는 쑥대와 같다.
吾屬交歡此何夕,　　우리들이 기쁨을 나누는 이 밤은 어느 날인가?
南家擣衣動歸客.　　남쪽 집의 다듬이 소리가 귀객의 마음을 움직인다.
銅爐將炙相歡飲,　　구리 화로에 고기 구우며 서로 즐겁게 마시니
星宿縱橫露華白.　　별들이 종횡으로 반짝이고 이슬 꽃 하얗다.
寒風捲葉度滹沱,　　찬 바람이 잎을 말며 호타를 건너고
飛雪布地悲峨峨.　　날리는 눈이 땅을 덮어 슬픔이 북받친다.
孤城日落見棲鳥,　　외로운 성에 해 저물어 보금자리의 새가 보이고
馬上時聞漁者歌.　　말 위에서 이따금 어부들의 노래 소리를 듣는다.
明朝東路把君手,　　내일 아침에 동쪽 길에서 그대들의 손을 잡고
臘日辭君期歲首.　　납일에 그대들과 작별하며 연초를 기약한다.
自知寂寞無去思,　　적막함을 스스로 알아 떠날 생각 없지만
敢望縣人致牛酒.　　감히 현 사람들이 牛和酒 주길 바랄 수 있을까?

— 이기(李頎), 「欲之新鄉答崔顥綦毋潛」

古城莽蒼饒荊榛,　　옛 성은 아득히 넓고 잡목 숲이 우거져 있어
驅馬荒城愁殺人.　　황량한 성에 말을 달리니 슬픔이 극에 달한다.
魏王宮觀盡禾黍,　　위왕의 옛 궁전은 모두 벼와 기장으로 덮였고
信陵賓客隨灰塵.　　신릉군의 빈객들은 재와 먼지 되어 사라졌다.
憶昨雄都舊朝市,　　옛날 웅대했던 도읍의 조정과 시장을 회상하면
軒車照耀歌鐘起.　　수레는 빛나고 여기저기서 음악소리 들려왔다.
軍容帶甲三十萬,　　군대의 위용은 갑옷 입은 병사가 삼십 만이고
國步連營一千里.　　국토는 연이은 병영이 일천리에 뻗어 있다.
全盛須臾那可論,　　전성기는 잠시이니 무엇을 논할 수 있을까?
高臺曲池無復存.　　높은 누대와 굽은 못이 더는 존재하지 않는다.
遺墟但有狐狸迹,　　폐허에는 여우와 너구리의 자취가 있을 뿐이고
古地空餘草木根.　　옛 땅에는 초목의 뿌리만 덩그러니 남아 있다.
暮天搖落傷懷抱,　　저녁 하늘 쓸쓸하여 마음이 아파서

撫劍悲歌對秋草. 검을 잡고 가을 풀 대하며 슬픈 노래 부른다.
俠客猶傳朱亥名, 협객은 아직도 주해라는 이름을 전하고
行人尙識夷門道. 행인은 여전히 大梁城 東門 길을 알고 있다.
白璧黃金萬戶侯, 백옥과 황금을 하사받은 만 호의 제후 되어
寶刀駿馬塡山丘. 보도를 차고 준마를 타고 산언덕을 메웠다.
年代凄涼不可問, 세월이 처량하여 더는 물을 수가 없고
往來唯見水東流. 오가며 다만 동으로 흐르는 물을 볼 뿐이다.

— 고적(高適), 「古大梁行」

漢陽歸客悲秋草, 한양의 돌아가는 나그네가 가을 풀이 슬퍼서
旅舍葉飛愁不掃. 여관에 낙엽 흩날려도 슬픔에 쓸지 않는다.
秋來倍憶武昌魚, 가을이 오니 무창어가 갑절로 생각나고
夢著只在巴陵道. 꿈에 나타나는 것은 오직 파릉도 뿐이다.
曾隨上將過祁連, 일찍이 상장군을 따라 기련산을 지나갔고
離家十年恒在邊. 집 떠난 지 십 년이나 언제나 변방에 있다.
劍鋒可惜虛用盡, 칼날은 안타깝게도 헛되이 다 써버렸고
馬蹄無事今已穿. 말발굽도 별 볼일 없이 닳아서 구멍이 났다.
知君開館常愛客, 그대 언제나 객을 사랑하여 문을 열어놓았고
樗蒲百金每一擲. 도박을 하면 한 번에 백 금씩을 걸었다.
平生有錢將與人, 평생토록 돈이 있으면 남에게 주어
江上故園空四壁. 강가의 옛집은 텅 비어 사방의 벽뿐이다.
吾觀費子毛骨奇, 내가 보건대 비자는 용모가 기이하여
廣眉大口仍赤髭. 눈썹이 넓고 입이 크며 콧수염이 붉다.
看君失路尙如此, 그대가 이처럼 갈 길을 잃은 것을 보니
人生貴賤那得知. 인생의 귀천을 어떻게 알 수 있으랴?
高秋八月歸南楚, 하늘 높은 8월에 남쪽 초 땅으로 돌아가게 되어
東門一壺聊出祖. 동문에서 술 한 병으로 잠시 석별의 정을 나누었다.
路指鳳皇山北雲, 길은 봉황산 북쪽의 구름을 가리키고
衣沾鸚鵡洲邊雨. 옷은 앵무주 가의 비에 젖는다.
勿嘆蹉跎白發新, 실의 속에 백발만 새로이 났다고 탄식 마오.
應須守道勿羞貧. 도를 지키고 가난을 부끄러워하지 말아야겠지요.

男兒何必戀妻子,	남아가 어찌 처자에 연연해하겠소?
莫向江村老却人.	강촌에서 늙어가며 사람을 물리치지 마시구려.

— 잠삼(岑參), 「送費子歸武昌」

長安城中月如練,	장안성 안의 달은 명주처럼 하얀데
家家此夜持鍼線.	집집마다 이 밤에는 바늘과 실을 든다.
仙裙玉佩空自知,	선녀의 치마와 패옥을 알아보아야 헛되니
天上人間不相見.	천상과 속세처럼 서로 만나지 못한다.
長信深陰夜轉幽,	장신궁 깊은 곳은 밤에 오히려 어두우니
玉階金閣數螢流.	옥 계단 금 누각에 반딧불이 날아다닌다.
班姬此夕愁無限,	반희는 이 밤에 끝없는 슬픔에 잠겨서
河漢三更看女牛.	삼경 깊은 밤 은하수의 견우직녀를 본다.

— 최호(崔顥), 「七夕詞」

客舍逢君未授衣,	관복을 받지 못한 그대를 객사에서 만나니
閉門愁見桃花飛.	문을 닫고 슬픔 속에 복사꽃 흩날리는 것을 본다.
遙想故園今已爾,	생각해보면 고향도 지금 이와 같을 터이니
家人應念行人歸.	집사람은 집 떠난 그대가 돌아오길 기다릴 것이다.
寂寞垂楊映深曲,	적막 속에 수양버들은 외진 곳에 비치고
長安日暮靈臺宿.	장안에 해는 저물어 영대에서 묵는다.
窮巷無人鳥雀閑,	궁벽한 골목이라 사람 없어 참새가 한가롭고
空庭新雨莓苔綠.	텅 빈 뜰에 비 그치니 이끼가 파릇파릇하다.
此中分與故交疏,	마음속으로 옛 친구들과 소원해졌다고 생각했는데
何幸仍回長者車.	선배의 수레가 다시 돌아오니 얼마나 다행인가!
十年未稱平生意,	십 년이나 평생의 뜻을 이루지 못했으니
好得辛勤謾讀書.	고생하며 헛되이 독서해서 무엇하겠는가!

— 유장경(劉長卿), 「客舍喜鄭三見寄」

26.15 그러나 이런 시들에서도 몇몇 구의 평측은 완전히 율격에 들어맞지는 않는다(고풍의 入律에 관해서는 제31절을 참조할 것). 다음에 예로 든

몇 수의 시는 완전히 율격에 들어맞아 두 개 이상의 근체절구가 합쳐서 이루어진 시같이 변하였다.

不逐城東游俠兒,　　성 동쪽의 협객을 좇아가지 않고
隱囊紗帽坐彈棋.　　베개에 기대 사모 쓰고 앉아 바둑돌 튕기기를 한다.
蜀中夫子時開卦,　　촉중의 夫子 嚴君平은 때때로 점괘를 팔았고
洛下書生解詠詩.　　낙양성의 서생은 시를 읊조릴 줄 알았다.
藥欄花徑衡門裏,　　누추한 문 안의 작약 난간과 꽃길을 걷고
時復據梧聊隱几.　　때때로 다시 오동에 기대고 책상에 엎드린다.
屛風誤點惑孫郎,　　병풍에 잘못 떨어진 점이 孫權을 미혹시켰고
團扇草書輕內史.　　둥근 부채에 초서를 써주었지만 王內史를 경시했다.
故園高枕度三春,　　고향에서 베개를 높이 베고 봄 세 달을 보내며
永日垂帷絶四鄰.　　온종일 휘장 내린 채 사방의 이웃을 사절한다.
自想蔡邕今已老,　　스스로 생각건대 채옹이 지금 이미 늙었으니
更將書籍與何人.　　서적을 다시 누구에게 줄 것인가?

—왕유, 「故人張諲工詩善卜易兼能丹靑」

白日登山望烽火,　　대낮에 산에 올라 봉화를 바라보고
黃昏飮馬傍交河.　　황혼에 교하 가에서 말에게 물을 먹인다.
行人刁斗風沙暗,　　야전용 취사 솥은 바람과 모래에 시커매졌고
公主琵琶幽怨多.　　공주의 비파소리에는 많은 원망이 담겨 있다.
野雲萬里無城郭,　　들에는 구름이 끝없이 뻗었는데 성곽은 없고
雨雪紛紛連大漠.　　어지럽게 내리는 눈이 큰 사막까지 이어진다.
胡雁哀鳴夜夜飛,　　북녘 기러기는 슬피 울며 밤마다 날아가고
胡兒眼淚雙雙落.　　호아의 눈에서는 두 줄기 눈물이 떨어진다.
聞道玉門猶被遮,　　듣자니 옥문관이 아직 가로막혀 있어서
應將性命逐輕車.　　응당 생명이 가벼운 수레를 뒤좇게 되리.
年年戰骨埋荒外,　　해마다 전사자가 황량한 외지에 묻히건만
空見蒲桃入漢家.　　포도가 한나라로 드는 것을 부질없이 본다.

—이기(李頎), 「古從軍行」

昔時風景登臨地,	지난날 풍경이 좋아 오르던 곳에서
今日衣冠送別筵.	오늘은 의관을 갖추고 송별연을 가졌다.
醉坐自傾彭澤酒,	취해 앉아서 스스로 팽택주를 기울이고
思歸長望白雲天.	고향 생각에 한참 흰 구름 낀 하늘을 바라본다.
洞庭一葉驚秋早,	동정에 낙엽 지니 가을이 일찍 온 것에 놀라고
濩落空嗟滯江島.	실의 속에 공연히 탄식하며 강 안 섬에 머문다.
寄語朝廷當世人,	조정의 집권자에게 말을 전하나니
何時重見長安道.	언제나 장안 길을 다시 보게 될까요?

— 맹호연(孟浩然), 「和盧明府送鄭十三還京」

雨雪紛紛黑山外,	검은 산 너머에는 눈이 어지럽게 내리고
行人共指盧龍塞.	행인들은 함께 노룡새를 가리킨다.
萬里飛沙咽鼓鼙,	모래 날리는 만 리 길에 북소리 울리고
三軍殺氣凝旌旆.	삼군의 살기가 깃발에 맺힌다.
陳琳書記本翩翩,	진림 서기는 본래 행동이 민첩하여
料敵張兵奪酒泉.	적을 헤아려 무기를 펼쳐 주천을 빼앗았다.
聖主好文兼好武,	성스런 군주께서 문무를 함께 좋아하시니
封侯莫比漢皇年.	봉후는 한황의 시대에 비할 것이 없겠다.

— 전기(錢起), 「盧龍塞行送韋掌記」

郢客文章絶世稀,	영의 나그네는 문장이 세상에 드물게 뛰어난데
常嗟時命與心違.	언제나 한탄스럽게도 운명이 마음과 어긋난다.
十年失路誰知己,	십 년 동안 길을 잃었으니 누가 자신을 알아줄까?
千里思親獨遠歸.	부모님 그리며 홀로 천리 먼 길을 돌아간다.
雲帆春水將何適,	구름 돛대는 봄물 따라 장차 어디로 갈 것인가?
日愛東南暮山碧.	해는 동남쪽 푸른 저녁 산을 비춘다.
關中新月對離尊,	관중의 새 달은 이별의 술잔을 마주하고
江上殘花待歸客.	강가의 시든 꽃은 돌아가는 나그네를 기다린다.
名宦無媒自古遲,	명성과 관직은 중매 없이는 자고로 늦으니
窮途此別不堪悲.	곤경에 처해 이렇게 이별한다고 슬퍼마오.
荷衣垂釣且安命,	연잎 옷 입고 낚시하며 천명에 따라 살면

金馬招賢會有時.　　황금빛 말로 현인을 초빙할 때가 있을 것이오

— 전기, 「送鄔三落第還鄉」

還家不落春風後,　　귀향은 봄바람이 분 후일 필요가 없으니
數日應沽越人酒.　　며칠이면 응당 월인의 술을 살 수 있으리.
池畔花深鬪鴨欄,　　꽃이 무성한 못가 난간에서 오리 장난치는 것 보고
橋邊雨洗藏鴉柳.　　비에 씻긴 다리 옆 버드나무엔 까마귀가 숨어 있다.
遙憐內舍著新衣,　　멀리 있는 아내가 사랑스러워 새 옷을 입고
復向鄰家醉落暉.　　다시 이웃집을 향해 석양 아래 취한다.
把手閑歌香橘下,　　향긋한 귤나무 아래서 손잡고 한가히 노래 부르며
空山一望鷓鴣飛.　　텅 빈 산을 바라보니 자고새가 날아간다.

— 한굉(韓翃), 「送客還江東」

26.16 앞에서 말했듯이 성당의 신식 고풍은 칠언고시에 국한되었다. 오언고시의 경우는 중당 이후에 이르러서야 순수한 신식이 나타났지만 수량이 매우 적었다. 여기서 말하는 순수한 신식이란 평측의 입률(入律)을 포함한 것인데, 왜냐하면 4구에 한 번씩 환운하는 것 및 평운과 측운을 번갈아 쓰는 것만을 가지고 말한다면 성당 시기에 이미 있었기 때문이다. 예를 들어 왕유(王維)의 「증조삼영(贈祖三詠)」(어떤 이는 맹호연의 작품이라고 한다), 맹호연(孟浩然)의 「채초행(採樵行)」·「송위군이태수부임(送魏郡李太守赴任)」, 구위(丘爲)의 「범약야계(泛若耶溪)」 등이 있다. 순수한 신식 오언고시의 경우 여기서는 중당의 예 하나를 들 수 있을 뿐이다.

青袍芸閣郎,　　청포를 입은 비서성 사람이
談笑揖侯王.　　제후와 예를 갖추어 담소한다.
舊籙藏雲穴,　　옛 장부는 높은 산 동굴에 감추어 두고
新詩滿帝鄉.　　새로운 시가 황제의 도읍에 가득하다.
名高閑不得,　　명성이 높아 한가할 틈이 없고
到處人爭識.　　도처에서 사람들이 알려고 다툰다.

誰知冰雪顏, 누가 알리요 빙설 같이 깨끗한 얼굴에
已雜風塵色. 이미 풍진의 기색이 섞여들었음을!
此去復如何, 이번에 떠나면 다시 어디로 가는가?
東皐岐路多. 동쪽 언덕에는 갈림길이 많다.
藉茅臨紫陌, 황도 교외의 길에 임해 띠 깔개를 깔고
回首憶滄波. 머리 돌려 푸른 물결을 생각한다.
年來倦蕭索, 수 년 동안 적막하고 쓸쓸함에 물려서
但說淮南樂. 다만 회남의 즐거움만을 이야기한다.
幷檝湖中游, 함께 노 저으며 호수에서 노닐고
連檣月下泊. 돛을 연이어놓고 달빛 아래 정박한다.
沿溜入閶門, 물 흐름을 따라 閶門에 들어가니
千燈夜市喧. 수많은 등불에 야시장이 시끄럽다.
喜逢鄰舍伴, 이웃집 사람들을 기쁘게 만나서
遙語問鄉園. 오래 이야기하며 고향소식을 묻는다.
下淮風自急, 淮水로 내려가니 바람 절로 급하고
樹杪分郊邑. 나뭇가지 끝이 교외와 읍을 나눈다.
送客隨岸行, 객을 전송하러 강가를 따라 가니
離人出艫立. 떠나는 사람은 뱃전에 나와 서 있다.
漁村繞水田, 어촌을 논이 두르고 있고
澹浦隔晴煙. 맑은 안개 너머로 조용한 물가가 있다.
欲就林中靜, 숲 속의 조용한 곳으로 가서
先期石上眠. 먼저 바위 위에서 한잠 자고 싶다.
林昏天未曙, 숲은 어둡고 날은 아직 새지 않았는데
且向雲邊去. 우선 구름 가를 향하여 간다.
暗入無路上, 어둠 속에 들어 나아갈 길이 없는데
心知有花處. 마음으로 꽃이 있는 곳을 안다.
登高日轉明, 높이 오르니 날이 밝아져서
下望見春城. 아래를 바라보니 春城이 보인다.
洞裏草空長, 골짜기 안에서 풀은 부질없이 자라고
冢邊人自耕. 무덤가에서 사람들은 밭을 간다.
寥寥行異境, 쓸쓸히 다른 지역으로 떠나

過盡千峰影. 천 봉우리의 그림자를 다 지나간다.
露色凝古壇, 이슬은 오래된 단상에 맺혀 있고
泉聲落寒井. 샘은 소리 내며 찬 우물에 떨어진다.
仙成不可期, 신선이 되는 것은 기약할 수 없고
多別自堪悲. 많은 이별에 슬픔을 견딜 수 없다.
爲問桃源客, 도원의 나그네에게 묻나니
何人見亂時. 어지러운 때에 누구를 보았소?

(시 전체는 44구로 이루어졌는데, '送客隨岸行' · '暗入無路上' · '露色凝古壇'의 3구만이 율격에 맞지 않는다.[67] 그러나 이 3구의 평측도 신경을 써서 안배한 것이다. 왜냐하면 그렇게 해야 다음의 '평평측평측'과 대를 이루기 때문이다. 이외에도 약간의 요구(拗救)가 있지만 모두 율시에서 허용되는 것이다.)

— 노륜(盧綸), 「送吉中孚歸楚州舊山」

26.17 한 · 위 · 육조의 전운시(轉韻詩)도 4구에 한 번씩 환운하거나 평운과 측운을 번갈아 쓴 예가 있다. 그러나 그것은 우연히 그렇게 된 것이지 당인들처럼 신경을 써서 그렇게 지은 것은 아니다. 전자는 우연히 이루어진 것이므로 불규칙적이고, 후자는 일부러 그렇게 지은 것이므로 매우 규칙적이다.

26.18 전운(轉韻)의 고풍은 모두 몇 개의 운을 사용해야 할까? 여기에는 일정한 규칙이 없다. 제 · 량 이전의 고시는 왕왕 한 차례만 전운을 했다. 왜냐하면 그들은 왕왕 4구를 초과해서 환운했기 때문이다. 제 · 량 이후는 4구에 한 번씩 환운하는 것을 좋아하였고 심지어는 2구에 한 번씩 환운했기 때문에 운의 수가 많아져서 2, 30개 운에 달하는 것도 나왔다. 이를테면 백거이(白居易)의 「장한가(長恨歌)」 같은 것이 그렇다(원문은 제34절을 보라).

26.19 결론적으로 전운시(轉韻詩)는 당 이전에는 매우 적었고, 당 이

67) 이 세 구는 평측이 각각 "仄仄平仄平", "仄仄平仄仄", "仄仄平仄平"이어서 율격에 맞지 않는다.

후에 성행했다. 당 이후에도 오언 전운시는 적었고 칠언 및 잡언 전운시가 가장 많았다. 칠언 전운시는 옛것을 모방한 것이 적고 신식의 것이 많았다. 이 방면에서 고시로부터 진화한 이른바 '고풍(古風)'의 흔적을 살펴볼 수 있다.

제27절 기구운(奇句韻)과 백량체(柏梁體)

27.1 기구(奇句)란 율시의 출구(出句)를 말한다. 기구운(奇句韻)을 언급하려면 먼저 수구입운(首句入韻)의 문제를 이야기해야 한다. 고풍(古風)도 율시와 마찬가지로 오언시는 수구입운한 것이 적고, 칠언시는 수구입운한 것이 많다.

27.2 오언고시의 수구입운은 오언율시의 수구입운보다 더욱 드물게 보인다. 앞의 제23절부터 26절까지에서 든 여러 수의 오언고시 중에서 이백의 「고풍」 "秋露白如玉", 두보의 「동관리(潼關吏)」 "士卒何草草", 두보의 「석호리(石壕吏)」 "暮投石壕村", 맹호연(孟浩然)의 「호중려박(湖中旅泊)」 "桂水通百越", 노륜(盧綸)의 「송길중부(送吉中孚)」 "青袍芸閣郎" 정도가 입운(入韻)한 것인데, 이 중에서도 「동관리」와 「호중려박」은 특수한 원인이 있다. 두 시가 다 처음 두 구만에 환운했기 때문에 수구(首句)에 입운하지 않을 수 없었던 것이다. 다음에 수구입운한 오언고시의 예를 몇 개 더 들어본다.

五色憐鳳雛, 사랑스러운 오색의 봉황 새끼여
南飛適鷓鴣. 남으로 날아가니 마침 자고새 같다.
楚人不相識, 초인들이 그대를 알아보지 못하니

何處求椅梧. 어디서 깃들 오동나무를 찾을 것인가?
去去日千里, 하루에 천 리를 가고 또 가도
茫茫天一隅. 아득히 하늘 한 모퉁이일 뿐이다.
安能與斥鷃, 어떻게 힘껏 날아올라도 느릅나무가 고작인
決起但搶楡. 메추라기와 같을 수 있겠는가?

— 맹호연(孟浩然), 「送吳悅遊韶陽」

寇賊起東山, 도적 떼가 동산에서 일어나니
英俊方未閑. 영웅호걸들이 바빠지게 되었다.
聞君新應募, 그대가 새로 종군에 응모했다 하여
籍籍動京關. 경성 사람들을 놀라서 떠들게 했다.
出身文翰場, 그대는 글과 붓의 터전 출신이고
高步不可攀. 재능이 높아 남들이 오를 수 없었다.
靑袍未及解, 문관의 청포를 벗기도 전에
白羽插腰間. 흰 깃 화살을 허리춤에 찼다.
昔爲瓊樹枝, 옛날엔 옥 나무 가지처럼 준수했는데
今有風霜顔. 지금은 얼굴에 풍상이 가득하다.
秋郊細柳道, 가을 교외 細柳營의 길에서
走馬一夕還. 말을 달려 하룻저녁에 돌아오리.
丈夫當爲國, 대장부라면 응당 나라를 위해
破敵如摧山. 산을 꺾듯이 적을 격파해야 하리.
何必事州府, 어찌 반드시 관청에서 일하면서
坐使鬢毛斑. 부질없이 머리만 세어가게 하리!
(이상은 一韻到底의 예이다.)

— 위응물(韋應物), 「寄暢當」

春餘草木繁, 봄의 끝자락에 초목은 무성하고
耕種滿田園. 새로 심은 작물이 전원에 가득하다.
酌酒聊自勸, 술을 따라 잠시 스스로에게 권하니
農夫安與言. 농부와 어떻게 더불어 말을 하리!
忽聞荊山子, 홀연히 들었다 형산자가

時出桃花源. 때마침 도화원에서 나왔다고
採樵過北谷, 나무 하러 북곡을 지나가고
賣藥來西村. 약을 팔러 서촌으로 온단다.
村烟日云夕, 마을은 저녁 무렵이라 연기 오르고
榛路有歸客. 덤불길에는 돌아가는 나그네 있다.
杖策前相逢, 지팡이 짚고 앞에서 서로 만나니
依然是疇昔. 모습은 옛 모습 그대로이다.
邂逅歡覯止, 우연히 마주쳐 만남을 기뻐하며
殷勤叙離隔. 은근하게 헤어져 지낸 일을 말한다.
謂予搏扶桑, 나더러 하늘 위로 솟구쳐서
輕擧振六翮. 가볍게 새처럼 날아오르라고 한다.
奈何偶昌運, 어떻게 하면 태평성대를 만나려나?
獨見遺草澤. 나 홀로 풀 더미에 버려지고 말았다.
旣笑接輿狂, 광인 행세를 한 접여를 비웃고
仍憐孔丘厄. 곤경에 처했던 공자를 동정한다.
物情趨勢利, 물정은 세력과 이익을 좇아가고
吾道貴閑寂. 우리의 이상은 한적을 귀하게 여긴다.
偃息西山下, 서산 아래에서 편안히 쉬고 있으니
門庭罕人迹. 대문과 뜰에는 인적이 드물다.
何時還淸溪, 어느 때에나 청계로 돌아가
從爾鍊丹液. 그대를 따라 단약을 연마하려나?
(이것은 轉韻한 것의 예이다.)

— 맹호연(孟浩然), 「山中逢道士雲公」

27.3 칠언고시의 수구입운은 칠언율시의 수구입운보다 오히려 흔히 보인다. 앞의 제23절부터 26절까지에서 든 여러 수의 칠언고시 중에서 이기(李頎)의 「고종군행(古從軍行)」과 맹호연의 「화노명부(和盧明府)」 두 수만이 수구불입운(首句不入韻)이다. 이제 수구입운의 예를 두 수 더 든다.

歲云暮矣多北風, 한 해가 저물어가 북풍이 자주 몰아치고
瀟湘洞庭白雪中. 소수 상수와 동정호는 흰 눈에 덮여 있다.
漁父天寒網罟凍, 날이 추워 어부의 그물은 얼어붙었고
莫徭射雁鳴桑弓. 막요족은 기러기를 쏘아 상궁을 울린다.
去年米貴闕軍食, 작년에는 쌀값이 비싸 군량이 부족했고
今年米賤大傷農. 금년엔 쌀값이 싸 농부들을 낙심케 한다.
高馬達官厭肉酒, 달관귀인들은 술과 고기가 물리도록 넘치고
此輩杼柚茅茨空. 베 짜는 빈민들은 초가가 텅 비어 있다.
楚人重魚不重鳥, 초인들은 새가 아니라 물고기를 좋아하니
汝休枉殺南飛鴻. 남으로 날아가는 기러기를 공연히 쏘아죽이지 마시게.
況聞處處鬻男女, 더구나 듣자니 곳곳에서 살을 떼어내는 심경으로
割慈忍愛還租庸. 아들딸을 팔아서 세금을 낸다고 한다.
往日用錢捉私鑄, 옛날엔 개인이 돈을 주조하는 것을 엄금했는데
今許鉛鐵和青銅. 지금은 연철을 청동에 섞는 것까지 허용한다.
刻泥爲之最易得, 진흙에 새겨 돈을 주조하는 것이 가장 벌기 쉬우니
好惡不合長相蒙. 官錢과 私錢이 계속 서로 섞여서는 안 될 것이다.
萬國城頭吹畫角, 온 나라의 성에서 전란의 뿔피리를 불고 있으니
此曲哀怨何時終. 슬픔과 원망의 이 노래를 언제나 그칠 수 있을까!
(이것은 일운도저의 예이다.)

— 두보, 「歲晏行」

涼風冷露蕭索天, 바람 서늘하고 이슬 차가운 쓸쓸한 날
黃蒿紫菊荒涼田. 누런 쑥과 자색 국화 핀 황량한 전답.
繞冢秋花少顏色, 무덤을 두르고 핀 가을꽃은 생기를 잃었고[68]
細蟲小蝶飛翻翻. 작은 벌레와 나비가 이리저리 날아다닌다.
中有騰騰獨行者, 그 중에 정처 없이 홀로 가는 사람 있어
手拄漁竿不騎馬. 말을 타지 않고 손으로 낚싯대를 떠받치고 있다.
晚從南澗釣魚回, 저녁에 남쪽 계곡에서 낚시하고 돌아와서
歇此墟中白楊下. 이 빈터의 백양나무 아래서 쉰다.

68) 텍스트에는 '冢'이 '家'로 되어 있는데, 誤字이다.

褐衣半故白髮新,　　갈옷은 반쯤 낡고 백발이 새로워
人逢知我是何人.　　만나는 사람마다 내가 누군 줄 안다.
誰言渭浦棲遲客,　　누가 말하리 위포에 머물고 있는 나그네가
曾作甘泉侍從臣.　　일찍이 감천에서 시종 직을 지냈다고!
(이것은 전운의 예이다.)

—백거이(白居易), 「東墟晩歇」

27.4 잡언시(雜言詩)의 경우 오언이나 칠언(혹은 그 이상)으로 시작된다면 이 또한 입운(入韻)하는 것이 보통이다. 앞의 제23절에서 든 이백의 「장상사(長相思)」·「자한양병주귀(自漢陽病酒歸)」·「강하행(江夏行)」·「전유일준주행(前有一樽酒行)」·「백운가(白雲歌)」·「백호자가(白毫子歌)」·「장진주(將進酒)」·「비룡행(飛龍行)」·「일출행(日出行)」, 두보의 「모옥위추풍소파가(茅屋爲秋風所破歌)」, 장적(張籍)의 「절부음(節婦吟)」·「행로난(行路難)」, 진여의(陳與義)의 「요벽헌작(遙碧軒作)」, 주자지(周紫芝)의 「오금언(五禽言)」(思歸樂), 조보지(晁補之)의 「추풍취아의(秋風吹我衣)」는 모두 이 부류의 예이다. 삼언으로 시작한 것도 일부는 입운하였다. 제23절에서 든 장적의 「목동사(牧童詞)」·「산두록(山頭鹿)」, 주자지의 「오금언」(婆餠焦, 提壺蘆), 사고(謝翺)의 「북부주(北府酒)」는 모두 이 부류의 예이다. 여기서는 더 이상 예를 들지 않는다.

27.5 전운(轉韻)의 고풍(古風)에서는 전운할 때마다 첫째 구에 입운하는 것이 원칙이다. 칠언고시의 대다수가 그러하며, 오언고시조차도 일부분이 그러하다(이것은 오언고시의 首句不入韻하는 습관과 상반된다). 이와 같은 기풍은 아주 오래 전부터 있었다고 말할 수 있다. 예를 들어 앞 절에서 든 「고시십구수(古詩十九首)」 중의 「행행중행행(行行重行行)」은 '支'운에서 '阮'운으로 전입할 때 첫째 구가 "相去日已遠"인데, '遠'자가 바로 입운한 것이다. 앞 절에서 든 제·량 이후의 예 중에서는 맹교(孟郊)의 「은사(隱士)」, 두보의 「동관리(潼關吏)」·「석호리(石壕吏)」, 맹호연(孟浩然)의 「호

중려박(湖中旅泊)」, 노륜(盧綸)의 「송길중부(送吉中孚)」 등의 오언고시와 두보의 「건원중우거(乾元中寓居)」·「미피행(渼陂行)」·「천육표기가(天育驃騎歌)」·「위장군가(魏將軍歌)」, 잠삼(岑參)의 「윤대가(輪臺歌)」·「송비자(送費子)」, 이백의 「가거온천(駕去溫泉)」, 양무제(梁武帝)의 「연가행(燕歌行)」, 노조린(盧照隣)의 「장안고의(長安古意)」, 왕유의 「이문가(夷門歌)」·「고인장인(故人張諲)」, 이기(李頎)의 「욕지신향(欲之新鄉)」·「고종군행(古從軍行)」, 고적(高適)의 「고대량행(古大梁行)」, 최호(崔顥)의 「칠석사(七夕詞)」, 유장경(劉長卿)의 「객사(客舍)」, 맹호연(孟浩然)의 「화노명부(和盧明府)」, 전기(錢起)의 「노룡새행(盧龍塞行)」·「송우삼(送鄔三)」, 한굉(韓翃)의 「송객환강동(送客還江東)」 등의 칠언고시가 모두 이 규칙에 들어맞는다. 이백의 「몽유천모(夢遊天姥)」는 여덟 째 단락 수구(首句)가 "列缺霹靂"인데, '靂'자는 입운한 것이 아니다. 그것은 이 구가 4자구여서 상황이 특수하기 때문에 상규(常規)에 따르지 않은 것이다. 진정한 예외로는 이백의 「첩박명(妾薄命)」 둘째 단 수구(首句) "寵極愛還歇"과 셋째 단 수구 "雨落不上天", 이하(李賀)의 「평성하(平城下)」 셋째 단 수구 "日晚在城上", 위응물(韋應物)의 「의고시(擬古詩)」 둘째 단 수구 "驅車背鄉園"이 있을 뿐이다.

이제 몇 수를 더 들어 증거로 삼는다.

(1) 오언고시

昔年懷壯氣,	지난해에 장대한 기개를 품고서
提戈初仗節.	창을 들고 처음으로 부절을 지녔다.
心隨朗月高,	마음은 밝은 달을 따라 고상하고
志與秋霜潔.	뜻은 가을 서리와 같이 고결했다.
移鋒驚電起,	칼끝을 휘두르니 놀라 번개가 일고
轉戰長河決.	전장을 옮겨가며 싸우니 강물이 터졌다.
營碎落星沈,	군영을 부수니 별이 떨어져 가라앉고
陣卷橫雲裂.	진지를 뭉개니 구름이 가로로 찢어졌다.

一揮氛沴淨, 한 번 휘두르니 妖氣가 깨끗이 사라지고
再擧鯨鯢滅. 두 번 들어올리니 고래가 없어졌다.
於玆撫舊原, 여기서 옛 벌판을 어루만지고
屬目駐華軒. 화려한 수레를 멈추고 주시하였다.
沈沙無故跡, 가라앉은 모래에는 옛 자취가 없고
減竈有長痕. 야전용 아궁이에는 큰 자국이 있다.
浪霞穿水淨, 노을이 배어든 물결 깨끗하고
峯霧掩蓮昏. 봉우리의 안개가 연에 다가와 어둡다.
世途亟流易, 세상의 길은 지극히 빨리 바뀌고
人事殊今昔. 인간사도 지금과 옛날이 다르다.
長想眺前蹤, 깊이 생각하며 앞길을 바라보고
撫躬聊自適. 몸을 어루만지며 잠시 자적한다.69)

— 당(唐) 태종(太宗), 「經破薛擧戰地」

採樵入深山, 나무를 하러 깊은 산으로 들어가니
山深水重疊. 산은 깊고 물은 겹겹 가로놓여 있다.
橋崩臥査擁, 다리가 무너져 浮木이 어수선하게 흩어져 있고
路險垂藤接. 길이 험하여 늘어진 덩굴이 이어져 있다.
日落伴將稀, 해가 지니 다른 나무꾼들 대부분 돌아가고
山風拂蘿衣. 산바람이 隱士의 여라 옷을 스친다.
長歌負輕策, 길게 노래 부르며 땔감을 등에 지고
平野望煙歸. 평야에서 연기를 바라보며 돌아간다.

— 맹호연(孟浩然), 「採樵作」

舍下蛩亂鳴, 집 밑에서 귀뚜라미가 어지럽게 우니
居然自蕭索. 뜻밖에도 스스로 쓸쓸하게 느껴진다.
緬懷高秋興, 높은 가을의 감흥을 가슴에 품고
忽枉淸夜作. 홀연히 부질없이 맑은 밤에 짓는다.
感物我心勞, 사물에 느낌이 일어 내 마음 수고롭고

69) 이 시에서 '節'・'潔'・'決'・'裂'・'滅'은 入聲9 '屑'운에 속하고, '原'・'軒'・'痕'・'昏'은 上平聲13 '元'운에 속하고, '易'・'昔'・'適'은 入聲11 '陌'운에 속한다.

涼風驚二毛. 서늘한 바람에 희끗희끗한 머리가 놀란다.
池空菡萏死, 연꽃이 죽어서 연못이 텅 비었고
月出梧桐高. 오동나무 높이 달이 떠올랐다.
如何異鄕縣, 어떻게 하면 타향의 현에서
復得交才彦! 다시 재능 있는 선비와 교유할 수 있을까!
汨沒嗟後時, 몰락하여 때를 놓친 것을 탄식하고
蹉跎恥相見. 실의하여 그대 만나기가 부끄럽다.
箕山別來久, 기산에서 이별한 지 오래 되었으니
魏闕誰不戀? 누가 조정을 그리워하지 않겠는가?
獨有江海心, 나 홀로 강과 바다에 은거할 마음이 있어
悠然未嘗倦. 편안히 아직 권태로운 적이 없다네.

— 고적(高適), 「酬岑二十主薄秋夜見贈之作」

日落草木陰, 해가 져서 초목이 어두워지니
舟徒泊江泥. 사공이 강가 갯벌에 배를 댄다.
蒼茫萬象開, 아득하게 만상이 펼쳐지고
合沓聞風水. 바람소리 물소리 잇달아 들려온다.
洄沿値漁翁, 물길을 거슬러 올라가 어부를 만나고
嗷嘯逢樵子. 휘파람 불며 가다 나무꾼을 만난다.
雲開天宇靜, 구름이 걷히니 하늘이 고요한데
月明照萬里. 밝은 달이 만 리 먼 곳을 비춘다.
早雁湖上飛, 아침 기러기가 호수 위를 날고
晨鐘海邊起. 새벽 종소리가 해변에서 일어난다.
獨坐嗟遠遊, 홀로 앉아 먼 여행을 탄식하며
登岸望孤舟. 언덕에 올라 외로운 배를 바라본다.
零落星欲盡, 희미하게 별은 다 지려고 하고
朣朧氣漸收. 흐릿한 기운이 점차 걷혀간다.
行藏空自秉, 출사와 은거를 부질없이 고수하고
智識仍未周. 지식은 여전히 두루 미치지 못한다.
伍胥旣伏劍, 오자서는 검으로 자결하였고
范蠡亦乘流. 범여도 배를 타고 越王 곁을 떠났다.

歌竟鼓楫去,　　노래가 끝나 노를 두드리며 가니
三江多客愁.　　삼강에 나그네의 우수가 많다.

— 설거(薛據), 「泊震澤口」

結髮生別離,　　결혼하여 생이별을 하니
相思復相保.　　서로 그리워하고 서로 지킨다.
如何日已遠,　　어찌하나 날이 갈수록 멀어져
五變中庭草!　　뜰 안의 풀이 다섯 번이나 변했으니!
渺渺天海途,　　드넓고 아득한 하늘과 바다의 길
悠悠吳江島.　　저 멀리 있는 오강의 섬.
但恐不出門,　　다만 두려운 건 문을 나서지 못하는 것
出門無遠道.　　문을 나서면 먼 길이란 없는 것이다.
遠道行旣難,　　먼 길을 떠나는 것도 어려운데
家貧衣復單.　　집이 가난하여 옷 또한 홑옷이다.
嚴風吹鬢雪,　　혹독한 바람이 눈 맺힌 수염에 불고
晨起鼻何酸!　　새벽에 일어나니 코가 어찌나 시린지!
人生各有志,　　인생에 각기 뜻이 있겠지만
豈不懷所安!　　어찌 편안한 것을 생각하지 않으리!
分明天上日,　　저 뚜렷한 하늘 위의 해를 대하고
生死誓同觀.　　생사를 함께 하기로 맹세를 한다.

— 맹운경(孟雲卿), 「今別離」

※ 주의 : 이상의 여러 예는 수구에 운을 달지 않았지만 전운할 때마다 첫째 구에는 모두 운을 달았다.

(2) 칠언고시

洛陽女兒對門居,　　낙양의 여아가 문을 마주하여 거처하고 있는데
纔可容顔十五餘.　　그 얼굴을 보면 열다섯 남짓임을 알 수 있다.
良人玉勒乘驄馬,　　그녀의 남편은 옥 재갈의 청총마를 타고
侍女金盤膾鯉魚.　　시녀가 금 쟁반에 잉어회를 내온다.

畫閣朱樓盡相望, 채색한 붉은 누각에서 바라보면
紅桃綠柳垂簾向. 붉은 복사꽃과 푸른 버들이 주렴을 향해 있다.
羅帷送上七香車, 외출 때는 비단 휘장의 고급 수레에 오르고
寶扇迎歸九華帳. 돌아오면 화려한 침상에서 귀한 부채가 맞이한다.
狂夫富貴在青春, 호탕한 남편은 젊은 시절에 부귀를 이루었고
意氣驕奢劇季倫. 의기가 높고 호사스러움이 石崇보다 낫다.
自憐碧玉親教舞, 스스로 아내를 사랑하여 직접 춤을 가르치고
不惜珊瑚持與人. 산호를 남에게 주는 것을 아까워하지 않았다.
春窗曙滅九微火, 봄 창이 밝아서야 희미한 등불이 꺼지지만
九微片片飛花瑣. 작은 불꽃들은 여전히 남아 실내를 날아다닌다.
戲罷曾無理曲時, 가무가 끝나면 새 곡을 연습할 시간이 없고
妝成祇是薰香坐. 단장을 마무리하면 다만 앉아서 향을 쬔다.
城中相識盡繁華, 성안의 아는 사람들은 모두 부귀한 자들이고
日夜經過趙李家. 밤낮으로 왕래하는 사람들은 모두 귀인들이다.
誰憐越女顏如玉, 누가 아꼈는가 西施는 얼굴이 옥같이 아름다웠지만
貧賤江頭自浣紗. 빈천하여 시냇가에서 흰 깁을 빨고 있지 않았던가![70)]

— 왕유(王維), 「洛陽女兒行」

四月南風大麥黃, 사월에 남풍이 불어 보리가 누렇게 익고
棗花未落桐葉長. 대추 꽃 지지 않았고 오동잎 자랐다.
青山朝別莫還見, 청산과 아침에 이별하면 돌아와 볼 수 없고
嘶馬出門思故鄉. 말도 대문을 나서자 울며 고향을 생각한다.
陳侯立身何坦蕩! 진후의 세상살이는 얼마나 거리낌이 없는가!
虬鬚虎眉仍大顙. 규룡의 수염과 호랑이 눈썹에 이마가 넓다.
腹中貯書一萬卷, 뱃속에는 일만 권의 책이 들어 있고
不肯低頭在草莽. 평범한 사람에게 머리를 숙이려 하지 않는다.
東門沽酒飲我曹, 동문에서 술을 사서 우리들과 마시는데
心輕萬事如鴻毛. 마음으로 만사를 깃털처럼 가볍게 여긴다.

---

70) 이 시에서 '居'·'餘'·'魚'는 上平6 '魚'운에 속하고, '望'·'向'·'帳'은 去23 '漾'운에 속하고, '春'·'倫'·'人'은 上平11 '眞'운에 속하고, '火'·'瑣'·'坐'는 上20 '哿'운에 속하고, '華'·'家'·'紗'는 下平6 '麻'운에 속한다.

醉臥不知白日莫, 취해 누우면 날이 저무는 것도 모르고
有時空望孤雲高. 때때로 우두커니 외로운 구름을 바라본다.
長河浪頭連天黑, 긴 강에는 파도치고 하늘까지 어두워져
津吏停舟渡不得. 사공이 배를 멈추니 건너갈 수가 없다.
鄭國遊人未及家, 정국의 나그네가 집에 이르지 못하니
洛陽才子空歎息. 낙양의 재자가 부질없이 탄식한다.
聞道故林相識多, 듣자니 옛 숲에는 아는 이가 많다는데
罷官昨日今如何? 어제 관직을 그만두고 지금은 어떠한가?

— 이기(李頎), 「送陳章甫」

秦城舊來稱窈窕, 진성은 예부터 아름답다고 일컬어져서
漢家更衣應不少. 여기서 휴식한 漢 황제가 적지 않았을 것이다.
紅粉邀君在何處? 붉게 분칠한 미녀가 어디서 군왕을 맞았을까?
靑樓苦夜長難曉. 청루의 고달픈 밤 길어 동이 트기 어려웠다.
長樂宮中鐘暗來, 장락궁의 종소리가 은은히 울려오면
可憐歌舞慣相催. 사랑스러운 가무가 익숙하게 서로 재촉했다.
歡娛此事今寂寞, 기쁘고 즐거웠던 그 일이 지금은 적막하고
惟有年年陵樹哀. 오직 해마다 왕릉의 나무들만 슬퍼한다.

— 맹호연(孟浩然), 「長樂宮」

오언고시를 전운할 때 첫째 구에 운을 다는 것은 시인의 마음에 달렸다고 할 수 있었기 때문에 초·성당의 오언고시는 여전히 이 원칙에 따르지 않은 시들이 일부 있었다. 그러나 칠언고시를 전운할 때 첫째 구에 운을 다는 것은 거의 필요한 것이었다. 이와 같은 필요에다 평측을 율격에 맞추는 것 등등이 보태져서(앞 절을 참조할 것) 더욱 신식의 고풍으로 보이게 했다.

* * *

27.6 우리는 머리말에서 「백량대연구(柏梁臺聯句)」를 언급하였다. 그

와 같은 시는 매 구마다 운을 사용하였다. 구마다 운을 사용했으므로 자연히 홀수 구에도 모두 운이 있다. 또한 구마다 운을 달았기 때문에 한 수의 시가 반드시 짝수로 구성될 필요도 없었다. 이를테면 「백량대연구」는 모두 25구로 이루어져 있다. 이와 같은 시가 후세 칠언고풍에 끼친 영향이 매우 커서 시인들은 칠언고시를 지을 때 때때로 구마다 운을 달아 완전히 「백량시(柏梁詩)」를 모방하였으므로 이른바 '백량체(柏梁體)'가 성립되었다(다음 글을 볼 것). 때로는 비록 구마다 운을 달지는 않았지만 짝수 구에 국한해서 운을 달지는 않았으므로(一韻到底의 칠언고시를 가리켜 말한 것임) 구절 수가 반드시 짝수일 필요는 없었다. 이것도 '백량체'에서 탈태(脫胎)되어 나온 것이므로 '부분적인 백량체'라고 할 수 있다(역시 다음 글을 볼 것). 또한 때때로 갑자기 나홀로 구(句)가 나타나기도 했는데,[71] 이런 구는 다른 구와 합쳐져서 연(聯)을 이루지 않으므로 이 또한 '백량체'에서 연원하였다고 말할 수 있겠다.

27.7 그러면 먼저 나홀로 구를 이야기해보자. 나홀로 구에는 반드시 운을 달아야 한다. 다음 예를 보자.

南紀巫廬瘴不絶,	남쪽 경계의 무산과 여산은 瘴氣가 끊이지 않고
太古以來無尺雪.	태고 이래로 한 자 깊이의 눈도 내린 적이 없다.
蠻夷長老怨苦寒,	만이의 장로들은 혹독한 추위를 원망하며
崑崙天關凍應折.	곤륜산의 하늘기둥도 동파되어 끊어졌으리라.
玄猿口噤不能嘯,	검은 원숭이는 입이 얼어 울지도 못하고
白鵠翅垂眼流血.	흰 고니도 날개를 내려뜨리고 눈에서 피가 흐른다.
安得春泥補地裂!	어찌하면 봄 진흙으로 갈라진 이 땅을 메우나![72]

— 두보, 「後苦寒行二首」(제1수)

晩來江門失大木,	밤새 문밖 강변의 큰 나무가 없어질 정도로

71) 나홀로 句의 원문은 '畸零句'이다.
72) 이 시는 '絶'·'雪'·'折'·'血'·'裂'이 韻字로 入9 '屑'운을 사용하였다.

猛風中夜吹白屋.	거센 바람이 밤중에 내 초가로 불어 닥쳤다.
天兵斬斷青海戎,	하늘의 군대가 청해의 오랑캐를 격멸하고자
殺氣南行動坤軸.	살기를 남쪽으로 보내 지축을 흔들었나보다.
不爾苦寒何太酷!	그렇지 않다면 혹한이 어찌 이리 심한가!
巴東之峽生凌澌,	무협의 강물이 거대한 얼음덩이로 변했지만
彼蒼回斡人得知.	돌고 도는 저 하늘의 뜻을 사람이 어찌 알리![73]

— 두보, 「後苦寒行二首」(제2수)

昔登江上黃鶴樓,	지난날 강가의 황학루에 올라가
遙愛江中鸚鵡洲.	멀리서 강 속의 앵무주를 좋아하였다.
洲勢逶迤遶碧流.	앵무주의 지세 구불구불 뻗어 있고 푸른 물 둘렀는데
鴛鴦鸂鶒滿灘頭.	원앙과 비오리가 물가에 가득하다.
灘頭日落沙磧長,	물가에 해가 지니 모래톱 길게 펼쳐진 곳에
金沙熠熠動飆光.	모래가 금빛으로 빛나며 바람에 반짝인다.
舟人牽錦纜,	뱃사공은 비단 닻줄을 끌어당기고
浣女結羅裳.	빨래하던 여인은 빤 옷을 거두어들인다.
月明全見蘆花白,	달빛 밝아 하얀 갈대꽃 그대로 보이고
風起遙聞杜若香.	바람 불어 멀리서 두약의 향기 풍겨온다.
君行采采莫相忘.	친구여 이 아름다운 광경을 잊지 마시게.[74]

— 맹호연(孟浩然), 「鸚鵡洲送王九遊江左」

27.8 이른바 나홀로 구는 그 앞 연의 출구(出句)에 운을 달지 않았기 때문에 '나 홀로'인 것으로 보인다. 만약 잇달아 두 구 이상에 모두 운을 달았고 또한 수구(首句)나 전운(轉韻)한 첫째 구가 아니라면 마땅히 독립구(獨立句)라고 칭해야 할 것이다. 이를테면 앞에서 든 「앵무주(鸚鵡洲)」

73) 텍스트에는 '回斡'이 '回軒'으로 되어 있는데, 내용을 고려하여 『杜詩詳注』에 따라 바꾸었다. 이 시에서 '木'·'屋'·'軸'은 入1 '屋'운에 속하고, '酷'은 입2 '沃'운에 속하고, '澌'·'知'는 上平4 '支'운에 속한다. 그렇다면 시인이 '屋'운과 '沃'운을 通韻한 것으로 보아야 "不爾苦寒何太酷!"구가 나홀로 구가 된다.

74) 이 시에서 '樓'·'洲'·'流'·'頭'는 下平11 '尤'운에 속하고, '長'·'光'·'裳'·'香·'忘'은 下平7 '陽'운에 속한다.

의 "洲勢逶迤遶碧流. 鴛鴦鸂鶒滿灘頭"가 그렇다. 다시 제23절에서 예로 들었던 이백(李白)의 「장상사(長相思)」를 보자.

長相思,	애타게 그리워한다
在長安.	장안에서.
絡緯秋啼金井闌.	가을이라 우물가에는 귀뚜라미 슬피 울고
微霜凄凄簟色寒.	싸늘한 서릿발에 대자리 빛마저 차갑다.
孤燈不明思欲絶,	외로운 등 가물거려 그리움을 견딜 수 없어
卷帷望月空長歎(平聲).	휘장 걷고 달을 보며 부질없이 장탄식한다.
美人如花隔雲端.	꽃 같은 내 님은 저 멀리 구름 끝에 있다.
上有靑冥之高天,	위에는 까마득히 푸르고 높은 하늘이 있고
下有淥水之波瀾.	아래에는 맑은 강의 거센 물결이 있다.[75]
……	

—이백, 「長相思」

'絡緯'·'微霜' 두 구는 모두 독립구이고 '美人'은 나홀로 구이다.[76] 다시 이백의 「백호자가(白毫子歌)」를 보자.

……	
余配白毫子,	나는 백호자와 어울려서
獨酌流霞杯.	홀로 신선주 流霞를 마신다.
拂花弄琴坐靑苔.	푸른 이끼 위에 앉아 꽃을 스치며 거문고를 타니
綠蘿樹下春風來.	파란 등나무 아래로 봄바람이 불어온다.
……	

—이백, 「白毫子歌」

'拂花'와 '綠蘿' 두 구 모두 독립구이다. 다시 이백의 「비룡인(飛龍引)」

75) 이 시는 '安'·'闌'·'寒'·'歎'·'端'·'瀾'이 韻字로 上平12 '寒'운을 사용하였다.
76) '絡緯'·'微霜' 두 구가 독립구인 것은 두 구 마지막 글자에 모두 押韻했기 때문이고, '美人'이 나홀로 구인 것은 그 앞에 있는 '孤燈'聯의 出句 마지막 글자에 押韻하지 않았기 때문이다.

을 보자.

……
丹砂成黃金, 단사가 황금이 되니
騎龍飛上太淸家. 용을 타고 천상의 태청가에 올랐다.
雲愁海思令人嗟. 구름 같은 수심과 바다 같은 상념은 한숨만 짓게 할 뿐
宮中綵女顔如花. 궁중의 고운 여인은 그 얼굴이 꽃과 같다.
飄然揮手凌紫霞. 부드럽게 손짓하며 자주 빛 노을 위로 솟아서
從風縱體登鸞車. 바람에 몸을 싣고 신선의 난거에 올랐다.

— 이백, 「飛龍引二首」(제1수)

鼎湖流水淸且閑. 정호에 흐르는 물 맑고도 고요하다.
軒轅去時有弓劍, 黃帝가 떠날 때 활과 칼을 남겼으니
古人傳道留其間. 옛사람 전한 비법이 그 속에 남아 있다.
後宮嬋娟多花顔. 후궁 중에는 꽃처럼 아름다운 얼굴 많았는데
乘鸞飛煙亦不還. 난새 타고 안개 날리며 가서는 돌아오지 않는다.
騎龍攀天造天關. 용을 타고 하늘에 올라 天門에 다다른다.
……

— 이백, 「飛龍引二首」(제2수)

'雲愁'·'宮中'·'飄然'·'從風'·'後宮'·'乘鸞'·'騎龍'구 모두가 독립구이고 '鼎湖'는 나홀로 구이다. 다시 두보의 「모옥위추풍소파가(茅屋爲秋風所破歌)」를 보자.

八月秋高風怒號, 팔월이라 가을바람 세차게 몰아치더니
卷我屋上三重茅. 지붕 위의 세 겹 짚을 말아 올린다.
茅飛渡江灑江郊. 짚이 날아가 저 건너 강둑에 흩어지는데
高者掛罥長林梢; 위로는 높다란 나뭇가지 끝에 걸리고
下者飄轉沉塘坳. 아래로는 웅덩이에 떨어져 구르기도 한다.
南村群童欺我老無力, 남촌의 아이들은 나를 무력한 노인이라고 업신여기고

忍能對面爲盜賊. 모질게도 내가 보는 앞에서 도적질을 하며
公然抱茅入竹去, 보란 듯이 짚을 안고 대숲으로 도망친다.
脣焦口燥呼不得. 입술이 타고 입안은 말라붙어 소리도 나오지 않아
歸來倚仗自歎息. 돌아와 지팡이에 몸 기대고 한숨만 내쉬었다.
俄頃風定雲墨色, 이내 바람 자고 먹구름이 몰려오더니
秋天漠漠向昏黑. 가을의 넓은 들판에 어둠이 깔린다.
布衾多年冷似鐵, 베 이불 해묵으니 쇠붙이처럼 차갑고
驕兒惡臥踏裏裂. 아이놈들 잠버릇 나빠 이불이 죄 찢어졌다.
牀頭屋漏無乾處, 지붕이 새어 침상마다 마른 곳이 없고
兩脚如麻未斷絶. 장대 같은 빗줄기는 그칠 줄을 모른다.
自經喪亂少睡眠, 난리를 겪은 뒤로 잠조차 부쩍 줄었는데
長夜霑濕何由徹! 긴 밤을 흠뻑 젖은 채 어떻게 샐 수 있을는지!
安得廣廈千萬間, 어떻게 하면 천만 칸 넓은 집을 지어
大庇天下寒士俱歡顔, 이 세상 추위에 떠는 사람 온통 감싸서 환한 얼굴로
風雨不動安如山. 비바람 몰아쳐도 태산처럼 끄떡없을 수 있을까!
……

— 두보, 「茅屋爲秋風所破歌」

'茅飛'·'高者'·'下者'·'俄頃'·'秋天'·'風雨'구 모두가 독립구이다.[77] 다시 두보의 「입주행(入奏行)」을 보자.

竇侍御, 두시어여!
驥之子, 그대는 천리마의 자식이며
鳳之雛. 봉황의 새끼로다.
年未三十忠義俱. 나이 삼십이 안 되어 충의를 갖추었고
骨鯁絶代無. 강직한 기개는 온 세상에 으뜸이다.
炯如一段淸冰出萬壑, 심지의 밝기가 깊은 계곡의 한 조각 맑은 얼음이
置在迎風寒露之玉壺. 영풍궁과 한로궁의 옥병에 담겨 있는 듯하다.

---

77) '歸來'구는 나홀로 구이다. 그 앞의 '公然'聯 出句 마지막 글자에 押韻하지 않았기 때문이다.

蔗漿歸廚金盌凍, 또한 주방의 금 주발에 담긴 언 사탕수수 즙 같아서
洗滌煩熱足以寧君軀. 더위를 식혀주어 임금님 몸을 편안하게 해줄 수 있다.
政用疏通合典則, 그대는 정사에 밝고 행위가 모범적이어서
戚聯豪貴耽文儒. 황친과 귀족들이 그대의 문아한 선비풍을 좋아할 것이다.
兵革未息人未蘇. 지금 전란은 그치지 않고 백성들은 소생하지 못하여
天子亦念西南隅. 황제께서도 서남지구를 걱정하고 계신다.
吐蕃憑陵氣頗麤. 티베트의 침범은 그 기세가 매우 거칠어서
竇氏檢察應時須. 그대가 검찰을 맡은 것은 때에 꼭 맞는 것이었다.
……

— 두보, 「入奏行贈西山檢察使竇侍御」

'年未'·'骨鯁'·'兵革'·'天子'·'吐蕃'·'竇氏'구 모두가 독립구이다. 다시 장적(張籍)의 「산두록(山頭鹿)」을 보자.

山頭鹿, 산꼭대기에 사는 사슴
角芟芟, 뿔은 베어져 민둥민둥하고
尾促促. 꼬리는 짤막하다.
貧兒多租輸不足. 가난한 사람은 세금이 많아 다 내지 못하니
夫死未葬兒在獄. 남편이 죽어도 장례 못 치르고 아들은 감옥에 있다.
……

— 장적(張籍), 「山頭鹿」

'貧兒'구와 '夫死'구는 독립구이고, '山頭鹿'은 나홀로 구이다. 다시 조보지(晁補之)의 「추풍취아의(秋風吹我衣)」[78]를 보자.

海中群魚化黃雀, 바다 속의 물고기들이 꾀꼬리로 변하고
林鳥移巢避歲惡. 숲 속의 새들이 둥지를 옮겨 시절의 혹독함을 피하니
鄴王城上秋風驚. 업왕의 성 위에서 가을바람에 놀란다.
昔時城中鄴王第, 지난날 성 안 업왕의 저택은

78) 텍스트에는 '秋風'이 '春風'으로 되어 있는데, 誤字이다.

只今蔓草無人行. 지금 사람은 다니지 않고 덩굴 풀만 덮여 있다.
但見黃河咆哮奔碣石, 다만 보이는 건 황하가 포효하며 비석을 휩쓸고
秋風吹灘起沙礫. 가을바람이 물가에 몰아쳐 모래와 자갈 일으킨다.
翩翩動衣裳, 옷이 바람에 펄럭이니
游子悲故鄕. 나그네는 고향생각에 슬픔이 솟구쳐
忽憶若耶溪頭采薪鄭亘君. 문득 약야계 위에서 나무하는 정거군을 떠올린다.
南風溪頭曉, 아침에는 계곡 위에 남풍이 불고
北風溪頭昏. 저녁에는 계곡 위에 북풍이 분다.
一行作吏, 일단 관리가 되어 나가니
此事便廢. 그 일은 바로 그만두게 되었다.
夢中葉落, 꿈속에서 나뭇잎이 떨어지니
覺有歸意. 고향으로 돌아가고픈 마음이 있음을 깨달았다.
歸歟! 돌아가자꾸나!
歸歟! 돌아가자꾸나!
吾黨成斐然. 우리 마을은 아름다운 문채를 이루었다네.
君今生二毛, 그대는 이제 흰 머리가 났고
我亦非少年. 나 역시 젊은이가 아니다.
胡爲車如雞栖鄴城裏? 어찌하여 업성에서 닭장 같은 수레를 타고 다니는가?
朝風吹馬鬃, 아침에는 바람이 말갈기에 불고
莫風吹馬尾. 저녁에는 바람이 말 꼬리에 분다.
與人三歲居, 함께 삼 년을 살았는데
如何連屋似千里? 어찌하여 이웃이 천리처럼 멀게 되었단 말인가?
我則不狂, 나는 광인이 아닌데
曾謂我狂. 일찍이 나를 광인이라 하였다.
不吾知, 나를 알지 못하니
亦何傷! 또한 무엇이 가슴 아프리!
安能戶三尺喙家一吭! 세치 혀가 목구멍 하나에 자리 잡는 것을 어찌 막으리!
人亦有言, 사람에게는 말이 있고
人各有志. 사람은 각자 뜻이 있다.
呑若雲夢者八九, 운몽처럼 삼키는 자가 열에 여덟아홉이니
長劍耿介倚天外. 장검을 높이 치켜들고 하늘 밖에 의지한다.

有如陳仲擧, 진중거 같은 사람이 있으면
庭宇亦不治. 집도 다스리지 못한다.
吾今乃知貴不若賤無憂, 나 이제 알았네, 존귀함이 근심 없는 비천보다 못하고
富不若貧無求. 부유함이 구하는 것 없는 가난보다 못하다는 것을.
負日之燠吾重裘; 햇볕을 쪼이는 따뜻함보다 나는 갖옷을 중히 여겼고
芹子之飫吾食牛; 미나리를 실컷 먹느니 나는 소고기를 먹었다.
心戰故臞, 마음은 예전의 수척한 선비 상과 싸우고
得道故肥, 예전의 풍성한 마음에서 도를 얻어
吾封侯! 나는 제후에 봉해졌다!
匹夫懷璧將誰尤! 필부가 벽옥을 품었으니 누구를 원망하랴!
歸歟! 돌아가자꾸나!
歸歟! 돌아가자꾸나!
豈無揚雄宅一區? 어찌 양웅의 집 한 구역이 없으랴?
舍前青山木扶疎, 집 앞의 청산은 나무가 무성하고
舍後流水有菰蒲. 집 뒤의 냇물에는 줄과 부들이 있다.
今吾不樂日月除, 지금 나는 즐겁지 않은데 세월은 흘러가고
尺則不足寸有餘. 큰 것은 부족한데 작은 것은 여유가 있다.
七十二鑽莫能免豫且. 여러 번 점을 쳐 보아도 예저의 신세를 면할 수 없다.
無所可用, 아무런 쓸모가 없으니
乃有百歲樗. 백 년 묵은 가죽나무가 되겠다.
龔生竟夭天年非吾徒. 공생은 끝내 요절하였으니 내 무리가 아니다.

— 조보지(晁補之), 「和關彥遠秋風吹我衣」

'負日'·'芹子'·'舍前'·'舍後'·'今吾'·'尺則'·'七十'은 모두 독립구이고, '鄴王'·'忽憶'·'胡爲'·'安能'·'匹夫'·'龔生'은 모두 나홀로구이다. 다시 사고(謝翶)의 「북부주(北府酒)」를 보자.

北府酒, 북쪽에 있는 軍府의 술
吹濕宮城柳. 냄새가 바람에 실려와 궁성의 버들을 적신다.
柳枝着地春垂垂, 봄버들은 땅에 닿도록 가지를 드리우고
秖管人間新別離. 다만 인간세상의 새 이별에만 상관한다.

離情欲斷江水語,	이별의 정에 長江의 말이 끊기려 하고
女兒連臂歌白紵.	여아들은 손에 손을 잡고 「白紵歌」를 부른다.
淮南神仙來酒坊,	회남의 신선은 술 마을을 찾아오고
甲馬獵獵羽林郎.	禁軍의 우림랑은 바람을 가르며 말을 달린다.
百年風物烟塵蒼.	백 년의 풍물이 전란의 연기와 먼지로 자욱한데
老兵對月猶擧觴.	노병은 달을 대하고 오히려 술잔을 든다.
青帘淚濕女牆下,	성가퀴 아래로 눈물에 젖은 주막의 깃발이
曾識行軍舊司馬.	일찍이 행군하던 옛 사마를 알아본다.

—사고(謝翶), 「賦得北府酒」

'百年'과 '老兵'은 모두 독립구이다.

이상에서 든 「장상사(長相思)」부터 여기까지의 예는 모두 제23절에서 이미 들었던 것이다. 이로부터 독립구와 나홀로 구는 잡언시와 매우 어울림을 알 수 있다.

27.9 두 개 이상의 독립구가 있으면 부분적인 백량체(柏梁體)로 볼 수 있다. 그러나 독립구가 많으면 많을수록 「백량대연구(柏梁臺聯句)」에 가까워진다. 다음 예를 보자.

今我不樂思岳陽,	지금 나는 악양을 생각하는 것이 즐겁지 않고
身欲奮飛病在床.	그대에게 날아가고 싶지만 병상에 누워 있다.
美人娟娟隔秋水,	그대같이 아름다운 사람이 秋水 건너 멀리 있고
濯足洞庭望八荒.	동정호에서 발을 씻으며 사방을 바라보겠지.
鴻飛冥冥日月白,	기러기 아득히 날아가고 해와 달 하얀데
青楓葉赤天雨霜.	푸른 단풍 붉게 물들며 하늘에서 서리가 내린다.
玉京群帝集北斗,	서울의 여러 왕공귀인들은 북두성 주위에 모여
或騎騏驎翳鳳皇.	기린을 탄 사람도 있고 봉황을 탄 사람도 있다.
芙蓉旌旗煙霧落,	부용 깃발이 연무 속에서 펄럭이고 있어서[79]
影動倒景搖瀟湘.	그림자가 거꾸로 잠겨 소수 상수를 뒤흔든다.

79) 텍스트에는 '落'이 '樂'으로 되어 있는데, 『杜詩詳注』에 의거하여 바꾸었다.

星宮之君醉瓊漿. 　　은혜 입은 근신들은 美酒에 취해 있는데
羽人稀少不在旁. 　　신선은 소원하여 임금님 곁에 있지 않다.
似聞昨者赤松子, 　　지난날 적송자를 따라간 장량의 일화를 들은 것 같아
恐是漢代韓張良. 　　아마도 한주 그대가 한대의 장량인가 보다.
昔隨劉氏定長安, 　　유방을 따라 장안을 평정한 장량처럼 공이 있건만
帷幄未改神慘傷. 　　조정이 바뀌지 않아 그대의 기색 애처롭기만 하다.
國家成敗吾豈敢? 　　국가의 성패를 내 어찌 감히 수수방관하랴?
色難腥腐餐楓香. 　　어찌 속세를 피해 은거하여 신선처럼 지내리?
周南留滯古所惜, 　　太史公이 낙양에 머물러 옛사람이 애석해 했듯이
南極老人應壽昌. 　　그대가 나와 활동한다면 태평을 바랄 수 있다네.
美人胡爲隔秋水? 　　그대 같은 사람이 어찌 秋水 건너 멀리 있는가?
焉得置之貢玉堂? 　　어찌하면 그대를 다시 조정에 천거할 수 있을까?

—두보, 「寄韓諫議注」

姚公美政誰與儔? 　　요공의 훌륭한 정치를 누구에 견줄 수 있을까?
不減昔時陳太丘. 　　지난날의 진태구에 뒤떨어지지 않는다.
邑中上客有柱史, 　　성안에 귀빈 王侍御께서 오셔서
多暇日陪驄馬遊. 　　틈이 많아 매일 모시고 청총마를 타고 나간다.
東山高頂羅珍羞. 　　동산의 높은 정상에 진수성찬을 차려놓고
下顧城郭銷我憂. 　　성곽을 내려다보니 나의 근심이 사라진다.
清江白日落欲盡, 　　맑은 강 위의 하얀 해가 지려고 할 때
復攜美人登綵舟. 　　다시 미인을 데리고 채색 배에 오른다.
笛聲憤怨哀中流. 　　피리소리 구성져 물 위에서 슬퍼하고
妙舞逶迤夜未休. 　　멋진 춤 간드러져 밤에도 그치지 않는다.
燈前往往大魚出, 　　등불 앞에서 종종 큰 물고기가 뛰어 올라
聽曲低昂如有求. 　　곡을 들으며 부침하니 구함이 있는 듯하다.
三更風起寒浪涌, 　　삼경에 바람 일어 찬 물결이 솟아올라
取樂喧呼覺船重. 　　즐겁게 놀다 소리치니 배가 무겁게 느껴진다.
滿空星河光破碎, 　　하늘 가득했던 별빛은 이미 없어졌고
四座賓客色不動. 　　주위의 빈객들은 놀라 안색이 굳어졌다.
請公臨深莫相違, 　　공들이여 물 깊은 곳 가지 말라는 옛말을 어기지 마오

回船罷酒上馬歸.	술자리 끝내고 배를 돌려 말 타고 돌아갑시다.
人生歡會豈有極?	인생살이 즐거운 모임에 어찌 끝이 있겠소?
無使霜露沾人衣.	서리와 이슬이 옷을 적시 겔랑 하지 맙시다.

—두보, 「陪王侍御同登東山最高頂宴」

長安城頭頭白烏,	장안성 위의 머리 하얀 까마귀가
夜飛延秋門上呼.	한밤에 연추문으로 날아와 그 위에서 울고
又向人家啄大屋,	다시 인가로 날아가 큰집의 지붕을 쪼아대니
屋底達官走避胡.	지붕 아래 고관대작 오랑캐를 피해 달아났다.
金鞭斷折九馬死,	금 채찍 부러지고 아홉 마리 말도 죽으니
骨肉不得同馳驅.	골육이 함께 말을 달릴 수 없었다.
腰下寶玦靑珊瑚.	허리에 찬 보결은 푸른 산호 빛인데
可憐王孫泣路隅.	가련타 왕손은 길모퉁이에서 울고 있다.
問之不肯道姓名,	물어보아도 이름은 말하려하지 않고
但道困苦乞爲奴.	고달프니 노비로 삼아달라는 말만 한다.
已經百日竄荊棘,	이미 백여 일을 숲에서 숨어 지낸 탓인지
身上無有完肌膚.	몸에는 온전한 살갗이 없다.
高帝子孫盡隆準,	고제의 자손은 모두 우뚝한 코를 지녔거니와
龍種自與常人殊.	천자의 자손이라 자연 보통사람과는 다르다.
豺狼在邑龍在野,	승냥이와 이리가 성읍에 있고 용은 들에 있으니
王孫善保千金軀.	왕손께서는 천금같이 귀한 몸을 잘 보호하시라.
不敢長語臨交衢.	감히 교차로에서 길게 말할 수 없는 처지라서
且爲王孫立斯須.	그저 왕손을 위해 잠시 서 있을 뿐이다.
昨夜東風吹血腥,	지난밤 동풍에 피비린내 심하더니
東來橐駝滿舊都.	동쪽에서 온 낙타가 장안에 그득하고
朔方健兒好身手,	북방을 지키는 병사는 뛰어난 무예를 지녔는데
昔何勇銳今何愚!	지난날 용감하더니 오늘은 어찌 그리 둔하던지!
竊聞天子已傳位,	듣자 하니 천자께서 이미 보위를 넘기셨고
聖德北服南單于.	성덕이 북으로 남선우를 신하로 복종시켰다지요.
花門剺面請雪恥,	위그르족은 얼굴 가죽을 베어내며 설욕을 청한다니
愼勿出口他人狙.	삼가 발설하여 타인이 노리지 못하게 하소서.

哀哉王孫愼勿疏! 슬프다 왕손께서는 삼가 소홀히 하지 마시라
五陵佳氣無時無. 오릉의 훌륭한 기운 사라졌던 적이 없었으니.
—두보, 「哀王孫」

첫 번째 예의 독구운(獨句韻)이 가장 적고, 두 번째 예는 조금 많고, 세 번째 예는 더욱 많았다. 독구운의 수가 시의 반에 이를 정도로 많은 것도 있다. 다음 예를 보자(운각에 고딕체로 강조하였다).

長安客舍熱如**煮**, 장안의 객사는 삶는 것처럼 더운데도
無箇茗糜難御**暑**. 茶粥이 없어서 더위를 다스리기 어렵다.
空搖白團其諦**苦**. 부채를 부쳐도 소용없으니 참된 도리 고달파
欲向縹囊還歸**旅**. 책 주머니를 들고 나그네로 돌아가고 싶다.
江鄉鯖鮓不寄來, 강 마을에서 청어젓을 부쳐오지 않으니
秦人湯餠那堪**許**! 진인의 국과 떡을 어떻게 맛볼 수 있으리!
不如儂家任挑達, 차라리 나 구속 받지 않고 자유자재로
草屩撈蝦富春**渚**. 짚신 신고 부춘 물가에서 새우를 잡으리라.
—왕유(王維), 「贈吳官」

大麥乾枯小麥**黃**. 대맥은 마르고 소맥은 누렇게 변하여
婦女行泣夫走**藏**. 부녀는 걸으면서 울고 남편은 도망쳐 숨었다.
東至集壁西梁**洋**. 동으로 集州와 壁州에, 서로 梁州와 洋州에 이르러
問誰腰鐮胡與**羌**. 낫으로 보리를 베어가는 이 물으니 胡와 羌이란다.
豈無蜀兵三千人? 어찌 그들을 막을 촉의 병사 삼천 인이 없겠는가?
部領辛苦江山**長**. 통솔자가 강산의 길이 긴 것을 고생스러워해서란다.
安得如鳥有羽翅, 어떻게 하면 새처럼 양 날개가 있어서
託身白雲還故**鄉**! 흰 구름에 몸을 의탁하여 고향으로 돌아갈까!
—두보(杜甫), 「大麥行」

또한 독구운의 수가 시의 반을 초과한 것도 있다. 다음 예를 보자.

曲江蕭條秋氣**高**. 곡강은 쓸쓸하고 가을기운 높은데

菱荷枯折隨風濤. 연꽃은 시들어 꺾여 물결 따라 흔들리고
遊子空嗟垂二毛. 나그네는 반백의 머리에 공연히 한숨짓는다.
白石素沙亦相蕩, 하얀 돌과 하얀 모래도 요동쳐대고
哀鴻獨叫求其曹. 슬픈 기러기 홀로 울며 제 무리를 찾는다.

— 두보, 「曲江三章章五句」(제1수)

卽事非今亦非古. 즉흥시는 지금 것도 아니고 옛것도 아닌데
長歌激越梢林莽(音姥). 긴 노래 세차고 높게 숲을 울린다.
比屋豪華固難數. 줄지어선 호화로운 집들은 세기도 어렵다.
吾人甘作心似灰, 나는 기꺼이 마음을 재와 같이 하였는데
弟姪何傷淚如雨! 동생과 조카는 무엇이 슬퍼 눈물을 비처럼 흘리는가!

— 두보, 「曲江三章章五句」(제2수)

自斷此生休問天. 스스로 이 인생 살아가며 하늘에 묻지 않으련다.
杜曲幸有桑麻田. 다행스럽게도 두곡에 뽕과 삼을 심은 밭이 있어
故將移住南山邊. 짐짓 장차 남산 부근으로 옮겨 살리라.
短衣匹馬隨李廣, 짧은 옷과 필마로 이광을 따르며
看射猛虎終殘年. 맹호를 쏘는 것 보면서 여생을 마치리.

— 두보, 「曲江三章章五句」(제3수)

紛進舞兮堂前, 어지러이 나아가 집 앞에서 춤을 추고
目眷眷兮瓊筵. 아름다운 잔치 자리를 눈으로 돌아본다.
來不言兮意不傳. 와서 말하지 않으니 뜻이 전달되지 않고
作暮雨兮愁空山. 저녁 비 되어 내리니 텅 빈 산이 슬프다.
悲急管兮思繁弦. 급한 피리소리 슬프고 번잡한 현악을 그리니
神之駕兮儼欲旋. 귀신이 수레를 몰고 엄숙하게 돌아가려 한다.
倏雲收兮雨歇. 갑자기 구름 걷히고 비가 그치니
山青青兮水潺湲. 산은 푸르고 물이 콸콸 흘러간다.

(이 시는 매 구에 모두 '兮'자가 있어서 『楚辭』와 古樂府에 연원을 두고 있을 가능성이 있는 만큼 반드시 柏梁詩를 모방한 것으로 볼 수는 없다.)

— 왕유, 「送神」

三月三日天氣新, 삼월 삼일 날씨가 새로워져서
長安水邊多麗人. 장안의 물가에는 미인이 많다.
態濃意遠淑且眞. 자태 농염하고 마음 고원하니 맑고 참되며
肌理細膩骨肉勻. 살결 곱고 매끄러운데다 뼈와 살이 고르다.
繡羅衣裳照暮春. 수놓은 비단 옷은 늦봄과 어울리는데
蹙金孔雀銀麒麟. 금실 수놓은 공작에 은실 기린이 멋지다.
頭上何所有? 머리 위에는 무엇이 있는가?
翠微匎葉垂鬢脣. 연 푸른 머리장식 꽃잎이 살쩍 가에 드리워 있다.
背後何所見? 등 뒤에는 무엇이 보이는가?
珠壓腰衱穩稱身. 구슬에 눌린 허리띠가 알맞게 몸과 어울린다.
就中雲幕椒房親, 그 가운데 운막은 초방의 친척이라서
賜名大國虢與秦. 대국의 이름을 내리니 괵국과 진국이다.
紫駝之峰出翠釜, 자타의 등 요리가 푸른 솥에서 나오고
水精之盤行素鱗. 수정 쟁반에는 하얀 생선이 벌여 있다.
犀箸厭飫久未下, 물리도록 먹은 탓에 무소젓가락을 오랫동안 대지 않고
鸞刀縷切空紛綸. 난새 방울 달린 칼로 잘게 썰며 괜스레 어지러이 움직인다.
黃門飛鞚不動塵, 황문은 말을 달려도 먼지를 일으키지 않고
御廚絡繹送八珍. 황제의 주방에서는 끊임없이 팔진을 보내온다.
簫鼓哀吟感鬼神, 퉁소와 북의 구슬픈 음악이 귀신을 감동시키는데
賓從雜遝實要津. 빈객과 시종들 우글거리니 실로 요직에 있는 이들이다.
後來鞍馬何逡巡! 뒤에 온 안장 얹은 말은 얼마나 느긋한가!
當軒下馬入錦茵. 천막을 마주하고 말에서 내려 비단 요로 들어간다.
楊花雪落覆白蘋, 버들개지 눈처럼 떨어져 흰 마름을 덮고
靑鳥飛去銜紅巾. 파랑새 날아가며 붉은 수건을 물었다.
炙手可熱勢絶倫, 손을 쪼이면 델만큼 권세가 비할 데 없으니
愼莫近前丞相嗔! 삼가고 다가서지 마시게 승상께서 진노하실라!

—두보, 「麗人行」

27.10 칠언시가 구마다 운을 다는 것은 일종의 옛것을 모방한 자태이다. 왜냐하면 머리말에서 말했듯이 제・량 이전의 칠언시는 모두 구

마다 운을 달았기 때문이다. 이제 구마다 운을 달 필요는 없다고 하더라도 잇달아 두 구에 운을 달면 이미 율시와는 다르게 되고, 율시에서 멀어질수록 고시와는 가깝게 된다. 일운도저(一韻到底)의 칠언고시를 가지고 말하면 두보가 이 체에 가장 뛰어났다. 소식(蘇軾)의 칠언고시도 두보를 배운 것이기 때문에 옛것을 모방한 자태가 있다. 다음 예를 보자.

天欲雪, 雪滿**湖**.	하늘에 눈이 내리려 하더니, 눈이 호수에 가득하여
樓臺明滅山有**無**.	누대는 빛이 명멸하고 산은 있는 듯 없는 듯하다.
水淸石出魚可數,	물 맑아 돌이 드러나고 고기도 셀 수 있을 정도인데
林深無人鳥相**呼**.	숲이 깊어 사람은 없고 새들만 서로를 부른다.
臘日不歸對妻孥,	납일에 돌아가 처자식을 대하는 대신에
名尋道人實自**娛**.	명목은 도인을 찾아간다지만 실은 즐기기 위해서다.
道人之居在何許?	도인의 거처는 어디에 있을까?
寶雲山前路盤**紆**.	보운산 앞으로 길이 구불구불 이어져 있다.
孤山孤絶誰肯**廬**?	외진 고산에 누가 집을 짓고 살려고 하겠는가?
道人有道山不**孤**.	도인에겐 도가 있고 산은 벗을 얻었으니 외롭지 않다.
紙窗竹屋深自暖,	종이창과 대나무 집이지만 깊숙하여 절로 따뜻하니
擁褐坐睡依團**蒲**.	베옷 두르고 포단에 의지하여 앉아서 잔다.
天寒路遠愁僕**夫**,	날은 춥고 길 멀어 종복을 근심케 하여
整駕催歸及未**晡**.	저물기도 전에 수레를 정비하여 귀가를 서두른다.
出山回望雲木合,	산을 나와 돌아보니 구름과 나무가 합쳐져서
但見野鶻盤浮**圖**.	다만 송골매가 불탑 주위를 도는 것이 보일 뿐이다.
玆游淡薄歡有**餘**.	이번의 나들이는 담박하지만 즐거움이 넘쳐서
到家怳如夢**蘧蘧**.	집에 오니 황홀하여 꿈결같이 날아오를 듯하다.
作詩火急追亡**逋**.	蕭何가 달아나는 韓信을 뒤쫓듯이 화급히 시를 지으니
淸景一失後難**摹**.	맑은 정경을 한번 놓치면 나중에는 묘사하기 어렵다.

— 소식(蘇軾), 「臘日游孤山訪惠勤惠思二僧」

27.11 부분적인 백량체(柏梁體)는 물론 순수한 백량체가 아니다. 그렇긴 하지만 칠언고시에 구마다 운을 사용했다면 백량체라고 부를 수

있을까? 칠언고시에 구마다 운을 사용했다면 고체(古體)로 칠 수 있지만 반드시 백량체는 아니다. 왜냐하면 「백량대연구」는 일운도저의 순수한 칠언 평운시(平韻詩)이기 때문에 전운(轉韻)한 칠언고시라면 구마다 운을 사용했어도 백량체라고 할 수 없다. 다음 예를 보자(宋人에게는 이와 같은 시가 제법 많지만 唐詩에서는 岑參이 이 체를 즐겨 사용하였다. 여기서는 잠삼의 시 한 수만을 들겠다).

君不見走馬川行雪海邊, 그대는 보지 못 했는가 설해 가의 주마천을?
平沙莽莽黃入天. 끝없이 펼쳐진 평평한 모래가 누렇게 하늘에 든다.
輪臺九月風夜吼. 윤대는 구월이면 바람이 밤마다 울부짖고
一川碎石大如斗. 온 내에는 부서진 돌이 크기가 말만하다.
隨風滿地石亂走. 바람 따라 땅 가득히 돌이 어지럽게 굴러가고
匈奴草黃馬正肥. 누런 풀을 뜯으며 흉노의 말은 살이 찐다.
金山西見煙塵飛. 금산의 서쪽을 바라보니 연기와 먼지 흩날리고
漢家大將西出師. 한의 대장군이 서쪽으로 군대를 이끌고 출정한다.
將軍金甲夜不脫, 장군은 무쇠갑옷을 밤에도 벗지 않고
半夜軍行戈相撥. 한밤중에 군대가 출행하니 창이 서로 부딪는다.
風頭如刀面如割. 세찬 바람이 칼과 같아 얼굴을 에는 듯한데
馬毛帶雪汗氣蒸. 눈이 덮인 말 털에선 땀 기운이 증발한다.
五花連錢旋作冰. 오화마와 연전마의 갈기가 이내 얼음이 되고
幕中草檄硯水凝. 막사 안의 격문을 쓰는 벼루 물도 얼어붙었다.
虜騎聞之心膽懾, 오랑캐 기병이 듣고는 두려운 마음이 들어
料知短兵不敢接. 짧은 병기로 감히 접근하지 못함을 헤아리니
車師西門佇獻捷. 전차부대가 서문에서 승첩을 바치길 기다린다.

(沈歸愚는 이것이 「嶧山碑」 文法으로, 「唐中興頌」 또한 그렇다고 보았다. 李青萍은 이 시의 韻法이 「琅琊臺銘」에서 왔다고 보았다.)

— 잠삼(岑參), 「走馬川行奉送出師西征」

구마다 운을 사용한 잡언시도 백량체라고 할 수 없다. 다음 예를 보자.

雲穰穰, 구름은 풍성하게 깔려 있고[80)]
麥穗黃. 보리는 이삭이 누렇게 팼다.
婆餠欲焦新麥香. 아내의 떡이 그을어 가면 햇보리가 향긋하다.
今年麥熟不敢嘗. 금년에는 보리가 익어도 감히 맛보지 못하니
斗量車載傾囷倉. 말로 헤아려 수레에 실어도 곳집을 다 비워[81)]
化作三軍馬上糧. 삼군의 말 위의 식량으로 보내야 한단다. (婆餠焦)

— 주자지(周紫芝), 「五禽言」

구마다 운을 사용한 측운 칠언고시도 백량체라고 할 수 없다. 제·량 이전의 칠언시는 모두 구마다 운을 사용하였는데, 평운시만 그러했던 것이 아니라 측운시도 자연히 그러하였다. 다음에 예를 들어본다.

三星參差露霑濕. 삼성이 들쭉날쭉하고 이슬이 젖어드는데
絃悲管淸月將入. 현악기 슬프고 관악기 맑아 달이 들어가려 한다.
寒光蕭條候蟲急. 차가운 달빛 쓸쓸하고 가을벌레 소리 급한데
荊王流歎楚妃泣. 형왕은 길게 탄식하고 초비는 눈물짓는다.
紅顔難長時易戢. 홍안은 오래 가기 어렵고 좋은 때는 그치기 쉬워
凝華結藻久延立. 화려한 장식 걸치고 오랫동안 서 있어 보지만
非君之故豈安集? 그대가 없으니 어찌 편안히 화목할 수 있을까?

— 포조(鮑照), 「代白紵舞歌辭四首」(제3수)

그러나 이와 같은 측운시는 당시에 매우 드물게 보이고, 송시에도 지극히 드물다. 여기서는 억지로 한 예를 들 수 있을 뿐이다.

禹行掘山走百谷, 우가 다니며 산을 파고 온갖 골짜기를 돌아다니니
蛟龍潛藏魑魅伏. 교룡이 숨어들고 도깨비가 잠복하고 말았다.
心誌幽怪尙窺隙, 숨은 요괴들이 아직 틈을 엿보고 있음을 알고서
以金鑄鼎空九牧. 무쇠로 솥을 주조하니 九州가 텅 비었다.

---

80) 텍스트에는 '穰穰'이 '瀼瀼'으로 되어 있는데, 誤字이다.
81) 텍스트에는 '量'이 '酒'로 되어 있는데, 誤字이다.

冶雲赤天漲爲墨, 주조 중에 증기가 하늘을 붉게 만들고는 불어서 검게 되고
韝風餘吹山拔木. 풀무질에 바람이 일어 산의 나무들이 뽑혔다.
鼎成聚觀變怪索, 솥이 만들어져 모여서 보니 변괴가 없어지고
夜人行歌鬼盡哭. 밤에 사람이 다니며 노래 부르니 귀신들이 통곡하였다.
功施元元後無極, 공이 백성에게 베풀어지니 뒤로 끝이 없고
三姓衛守相傳屬. 夏商周 삼대가 서로 지키고 전하며 돌보았다.
弱周無人有宜出, 약한 주나라에 마땅히 꺼낼 사람이 없어서
沈之九幽拆地軸. 지하에 가라앉으니 지축이 갈라졌다.
始皇區區求不得, 시황이 애를 써보았지만 구하지 못하자
坐令神姦窺邑屋. 간사한 자를 시켜 마을 집을 엿보게 하였다.

— 왕안석(王安石), 「九鼎」

엄격히 말하면 이 시도 구마다 운을 사용했다고 칠 수 없다. 왜냐하면 수구(首句)와 우구(偶句)에는 '屋'·'沃'운을 사용하여 제대로 운을 썼지만 나머지 기구(奇句)에는 '陌(隙)'·'職(墨極得)'·'藥(索)'·'質(出)'운을 섞어서 사용하여 고의로 입성을 구사했다고 볼 수도 있기 때문이다.

27.12 진정한 백량체는 물론 구마다 운을 사용하고, 일운도저(一韻到底)이고, 순전히 칠언으로 이루어진 평운시(平韻詩)를 가리킨다. 당(唐) 경룡(景龍) 3년에 지어진 「제탄신내전연연구(帝誕辰內殿宴聯句)」가 「백량대연구(柏梁臺聯句)」를 그대로 모방한 것이라고 하겠다.

潤色鴻業寄賢才(中宗). 대업의 윤색은 어진 인재에게 맡겨진다.
叨居右弼媿鹽梅(李嶠). 보필의 자리에 앉아 있지만 나라의 인재라기에 부끄럽다.
運籌帷握荷時來(宗楚客). 후방에서 책략을 결정하는 것은 때에 맞추어 나온다.
職掌圖籍濫蓬萊(劉憲). 도서와 전적을 관장하니 봉래에 넘쳐난다.
兩司謬忝謝鍾裵(崔湜). 兩司 직에 잘못 들었으니 鍾·裵께 사죄한다.
禮樂銓管效涓埃(鄭愔). 예악과 인재의 저울질은 작은 것을 본받는다.

陳師振旅淸九垓(趙彦昭). 군대의 진열과 정돈은 천하를 맑게 한다.
忻承顧問侍天杯(李適). 기꺼이 하문하심을 받들어 천자의 잔을 모신다.
銜恩獻壽柏梁臺(蘇頲). 백량대에서 성은을 입고 축수의 잔을 바친다.
黃縑靑簡奉康哉(盧藏用). 노란 비단과 죽간에 새겨 태평성대를 노래한다.
鯫生侍從忝王枚(李義). 보잘것없는 이 시종이 王褒와 枚皐를 욕되게 했다.
右掖司言實不才(馬懷素). 중서성의 中書舍人은 참으로 재능이 없다.
宗伯秩禮天地開(薛稷). 종백이 상하의 예를 바로잡으니 천지가 열렸다.
帝歌難續仰昭回(宋之問). 제왕의 노래를 잇기 어려워 해와 달을 우러러본다.
微臣捧日變寒灰. 미천한 신하가 태양을 받드니 쓸모없는 몸이 변했다.
遠慚班左愧遊陪(上官婕妤). 멀리 班倢伃와 左芬에게 부끄럽고 모시기에 부끄럽다.

—「帝誕辰內殿宴聯句」

백량체의 고풍(古風)에 대해서 다음에 몇 가지 예를 들어보겠다.

盧谿郡南夜泊舟, 노계군 남쪽에 밤이 되어 배를 정박하니
夜聞兩岸羌戎謳. 양쪽 물가에서 羌族과 戎族의 노래가 들린다.
其時月黑猿啾啾, 그때 달이 어두워져 원숭이 서글프게 울고
微雨霑衣令人愁. 가랑비가 옷을 적시니 사람을 슬프게 한다.
有一遷客登高樓, 한 쫓겨난 나그네가 높은 누대에 올라가
不言不寐彈箜篌. 말없이 잠도 자지 않고 공후를 연주한다.
彈作薊門桑葉秋, 연주는 계문의 뽕나무 잎에 가을이 들게 하고
風沙颯颯靑塚頭. 모래바람은 쏴아 하고 무덤 위에 불어온다.
將軍鐵驄汗血流, 장군의 철갑 준마는 피땀을 흘리며
深入匈奴戰未休. 흉노로 깊이 들어가 전쟁이 그치지 않았다.
黃旗一點兵馬收, 노란 깃발 하나가 병마를 거느리고
亂殺胡人積如邱. 오랑캐를 마구 죽이니 언덕처럼 쌓였다.
瘡病驅來役邊州, 종기를 앓으며 말을 몰고 달려와 변경에서 종군하고
仍披漠北羔羊裘. 여전히 사막의 북쪽에서 양가죽 옷을 입고 있다.
顔色飢枯掩面羞, 안색이 굶주리고 말라서 부끄러운 얼굴 가리고

眼眶淚滴深兩眸.	움푹 팬 두 눈동자에서는 눈물방울이 떨어진다.
思還本鄕食犛牛,	고향으로 돌아가 검정소를 먹일 생각을 하지만
欲言不得指咽喉.	말을 하지는 못하고 그만 멘 목을 가리킨다.
或有强壯能咿嚘,	간혹 탄식할 수 있는 씩씩한 사람이 있으면
意說被他邊將讐.	그 뜻은 변방의 장수 되어 복수하겠다는 것이다.
五世屬藩漢主留.	다섯 세대를 번진과 한의 군주에 속해 머물고
碧毛氈帳河曲游.	푸른 털 모전 군막을 치고 굽은 강가를 돌아다녔다.
橐駝五萬部落稠.	낙타 오만의 부락이 빽빽이 들어차 있고
敕賜飛鳳金兜鍪.	칙명으로 봉새와 금 투구를 하사받았다.
爲君百戰如過籌,	군주를 위해 산가지 지나가듯 수없이 전투를 치러
靜掃陰山無鳥投.	음산을 깨끗이 쓸어버리니 잡을 새조차 없다.
家藏鐵券特承優.	집안에 철권을 간직하여 특별히 우대를 받으니[82]
黃金千斤不稱求.	황금 천근도 구한다고 일컬을 수 없었다.
九族分離作楚囚.	구족이 분리되어 초의 죄수가 되었으니
深谿寂寞絃苦幽,	깊은 계곡 적막한데 현 소리 고통스럽고
草木悲感聲颼飀.	초목도 슬픈지 바람에 윙윙 소리를 낸다.
僕本東山爲國憂.	저는 본래 동산에서 나라 위해 근심하여
明光殿前論九疇.	명광전 앞에서 천하를 다스리는 법을 논했다.
麄讀兵書盡冥搜.	병서를 꺼내 읽으며 심사숙고하였고
爲君掌上施權謀,	군주를 위해 손쉽게 계책을 시행하도록 하여
洞曉山川無與儔.	산천을 명확히 아니 더불어 짝할 이 없었다.
紫宸詔發遠懷柔,	자신궁에서 조서를 내려 먼 곳을 회유하고
搖筆飛霜如奪鉤.	붓을 움직여 갈고리를 빼앗듯이 飛白書를 썼다.
鬼神不得知其由,	귀신은 그 연유를 알지 못하고
憐愛蒼生比蚍蜉.	백성을 하루살이에 비겨 가엾이 여겼다.
朔河屯兵須漸抽,	황하 북쪽의 주둔병을 모름지기 점차 뽑아서
盡遣降來拜御溝.	모두 항복시켜 궁궐 河道에 절하게 해야 하리.
便令海內休戈矛,	나라 안에 전쟁이 그치도록 할 수 있다면
何用班超定遠侯?	반초같은 사람을 멀리 원정시킬 필요가 있겠는가?

82) 鐵券은 황제가 功臣에게 대대로 특권을 누릴 수 있도록 하사하는 징표이다.

史臣書之得已不?　史臣이 이를 기록한 것이 자신이 바란 것이겠는가?

(모두 45구로서, 奇數이다.)

— 왕창령(王昌齡), 「箜篌引」

燉煌太守才且賢,　돈황의 태수는 재능이 있고 현명한지라
郡中無事高枕眠.　고을이 무사하여 높이 베개 베고 자며 지냈다.
太守到來山出泉,　태수가 온 이래로 산에서 샘이 나와서
黃砂磧裏人種田.　누런 모래사막에 사람들이 농사를 지었다.
燉煌耆舊鬢皓然,　돈황의 원로들은 귀밑머리가 새하얀데[83)]
願留太守更五年.　태수가 오 년 더 머물러 주기를 원했다.
城頭月出星滿天,　성 위로 달이 뜨고 별이 하늘에 가득할 제
曲房置酒張錦筵.　내실에 비단자리를 깔고 주연을 베풀었다.
美人紅妝色正鮮,　미인이 붉게 단장하니 빛깔이 선명하고
側垂高髻揷金鈿.　옆으로 높이 쪽을 짓고 금비녀를 꽂았다.
醉坐藏鉤紅燭前,　취해 앉아 홍촉 앞에서 장구놀이를 하니
不知鉤在若箇邊.　고리가 누구 곁에 있는지 알 수가 없다.
爲君手把珊瑚鞭,　군주를 위해 손으로 산호 채찍을 잡고
射得半段黃金錢.　추측으로 맞추어 반 단의 황금전을 얻으니
此中樂事亦已偏.　이 가운데 즐거움 또한 이미 지나쳤다.[84)]

— 잠삼(岑參), 「燉煌太守後庭歌」

吳刀剪綵縫舞衣,　오나라 칼로 비단 베어 무의를 지었으니[85)]
明妝麗服奪春暉.　밝은 단장 고운 옷에 봄빛마저 무색하다.
揚眉轉袖若雪飛.　아미 펴고 소매 펄럭이니 흰눈이 날리는 듯.
傾城獨立世所稀.　성을 기울게 하는 미인이야 세상에 드무니
激楚結風醉忘歸,　휘모리 가락 잦아들고 취해 돌아가기도 잊었다.
高堂月落燭已微.　높은 지붕에 달 기울고 촛불도 사위어갈 제
玉釵掛纓君莫違!　옥비녀가 갓끈에 걸렸다고 과히 허물치 마소서!

83) 텍스트에는 '皓'가 '浩'로 되어 있는데, 誤字이다.
84) 이 말은 즐거움이 극에 달해서는 안 된다는 말이다.
85) 텍스트에는 '舞'가 '無'로 되어 있는데, 誤字이다.

(모두 7구로서, 奇數이다.)

— 이백, 「白紵辭三首」(제3수)

知章騎馬似乘船,	賀知章은 말 타는 것이 배를 타는 듯하여
眼花落井水底眠.	눈이 어른거려 우물로 떨어지자 물밑에서 잤다.
汝陽三斗始朝天,	汝陽王은 세 말 술을 마시고서야 천자를 알현하고
道逢麴車口流涎,	길에서 누룩 수레를 만나면 입에 침을 흘리고
恨不移封向酒泉.	주천으로 봉지를 옮기지 못한 것을 한탄하였다.
左相日興費萬錢,	李適之는 날마다 흥이 나 만 전의 돈을 쓰고
飮如長鯨吸百川,	큰 고래가 온 하천을 들이키듯 술을 마시며
銜杯樂聖稱世賢.	잔을 물고 술을 즐기며 일세의 현인이라 칭했다.
宗之瀟灑美少年,	崔宗之는 산뜻하고 깔끔한 미소년인데
擧觴白眼望青天,	술잔 들어 백안으로 푸른 하늘 바라보고
皎如玉樹臨風前.	맑기는 옥수가 바람 앞에 서 있는 듯하였다.
蘇晉長齋繡佛前,	소진은 자수 불상 앞에서 오래 재계하다가
醉中往往愛逃禪.	종종 빠져나가 취해 잠자는 것을 좋아했다.
李白一斗詩百篇,	이백은 술 한 말을 마시며 시 백 편을 짓는데
長安市上酒家眠,	장안거리 주점에서 잠을 자다가
天子呼來不上船,	천자가 불러도 배에 오르지 못하고
自稱臣是酒中仙.	스스로 칭하여 주중선이라고 하였다.
張旭三杯草聖傳,	장욱은 세 잔 술에 초서의 성인이라 전하는데
脫帽露頂王公前,	왕공 앞에서 모자를 벗어 정수리를 드러내고
揮毫落紙如雲煙.	붓을 휘둘러 종이에 대면 구름 연기 같았다.
焦遂五斗方卓然,	초수는 다섯 말 술에 비로소 의기가 우뚝해져
高談雄辯驚四筵.	고담과 웅변으로 사방의 술자리를 놀라게 했다.

— 두보, 「飮中八仙歌」

皇甫補官古賁渾,	皇甫湜이 보직을 받으니 옛날의 陸渾 땅이었다.
當時元冬乾澤源.	당시는 겨울이어서 못은 근원이 말라 있었다.
山狂谷很相吐呑,	산은 미치고 골은 어그러져 서로 토하고 삼켰다.
風怒不休何軒軒!	바람이 노하여 그치지 않으니 얼마나 기세등등한가!

擺磨出火以自燔. 서로 마찰하여 불이 나서 스스로를 불살랐다.
有聲夜中驚莫原. 밤중에 소리가 났지만 놀라서 원인을 캘 수 없었다.
天跳地踔顚乾坤. 하늘도 뛰고 땅도 뛰어 온 천지가 뒤집히고 말았다.
赫赫上照窮崖垠. 붉게 빛나며 위를 비추어 이 세상 끝까지 비추었다.
截然高周燒四垣. 우뚝하니 높이 둘러싸고 사방의 하늘을 다 태웠다.
神焦鬼爛無逃門. 귀신들 불에 타고 데었지만 빠져 나갈 문이 없었다.
三光弛隳不復暾. 해와 달과 별 무너져서 다시 솟아오르지 못하였다.
虎熊麋豬逮猴猿, 호랑이 곰 고라니 돼지로부터 잔나비 원숭이까지
水龍鼉龜魚與黿, 물에 사는 용 자라 거북이 물고기와 큰 자라까지
鴉鴟雕鷹雉鵠鵾, 갈가마귀 솔개 수리 매 꿩 고니 따오기에 이르기까지
燖炰煨爊孰飛奔? 데치고 그슬리고 타고 익으니 누가 달아날 수 있으리?
祝融告休酌卑尊, 축융이 휴가를 받아 몇몇 친구들과 술잔을 들었다.
錯陳齊玫闢華園. 불구슬을 즐비하게 늘어놓고 화려한 정원을 열었다.
芙蓉披猖塞鮮繁; 부용꽃 즐비하여 신선하고 번화하게 그 안을 메웠다.
千鐘萬鼓咽耳喧; 천 개의 종과 만 개의 북이 울려서 귀에 시끄러웠다.
攢雜啾嚄沸篪塤; 크고 작은 소리 함께 모이고 피리와 나팔소리 들끓었다.
彤幢絳旃紫纛旛. 여러 가지 의전용 붉은 깃발들이 바람에 나부끼고
炎官熱屬朱冠褌, 불 담당 관리와 그 부하들은 붉은 관과 잠방이를 입었다.
髹其肉皮通髀臀. 그들의 살갗을 검붉게 칠하였다 종아리와 엉덩이까지.
頹胸垤腹車掀轅, 가슴을 내리고 배를 올리고서 수레를 들어올렸다.
緹顔韎股豹兩鞬. 단황색 얼굴, 붉은 다리 표범가죽으로 만든 두 동개
霞車虹靷日轂轓; 너울 수레, 무지개 빛 가슴걸이와 큰 바퀴의 덮개 수레
丹蕤縓蓋緋繙帤; 붉은 덮개 드리우고 붉은 집같이 어지럽게 날았다.
紅帷赤幕羅脤膰; 붉은 장막과 천막은 제사 고기를 진열한 것 같았다.
衁池波風肉陵屯; 피 못에는 파도와 바람 일고 살덩이는 언덕을 이루었다.
谽呀鉅壑頗黎盆; 빈 골짜기와 큰 구렁은 유리로 만든 분과 같았다.
豆登五山瀛四尊. 다섯 큰 산들을 제기로 삼고 四海를 술잔으로 삼았다.
熙熙釂醻笑語言. 즐겁게 마시고 권하며 웃으며 이야기를 나누었다.
雷公擘山海水翻. 뇌공이 산을 쪼개니 바닷물이 뒤집히고 말았다.
齒牙嚼齧舌齶反. 이빨로 씹고 깨물며 혀는 잇몸과 반대가 되었다.
電光礒磹頳目暖. 번개 빛이 번쩍번쩍하고 붉은 눈은 퉁방울이 되었다.

頊冥收威避元根. 顓頊과 玄冥은 위엄을 거두고 그 뿌리를 피하였다.
斥棄輿馬背厥孫. 수레와 말을 버리고 그 손자도 등지고 말았다.
縮身潛喘拳肩跟. 몸을 오그리고 헐떡거리며 어깨와 발뒤꿈치를 오므렸다.
君臣相憐加愛恩. 임금과 신하가 서로 가련하게 여겨 恩愛를 더하였다.
命黑螭偵焚其元. 검은 이무기에 명하여 살피게 해서 머리를 태워버렸다.
天闕悠悠不可援, 하늘의 관문은 아득히 멀어서 올라갈 수가 없었다.
夢通上帝血面論. 꿈속에서 상제를 뵙고 얼굴에 피를 흘리며 말씀드렸다.
側身欲進叱於閽. 몸을 기울여 들어가려고 했지만 문지기가 꾸짖었다.
帝賜九河湔涕痕, 상제는 아홉 물줄기를 주시고 눈물흔적을 씻어주셨다.
又詔巫陽反其魂. 다시 무양을 불러서 그 혼이 되돌아오게 하였다.
徐命之前問何冤. 천천히 앞으로 오라고 명하고 무슨 원한이 있느냐고 물었다.
火行於冬古所存, "겨울에 불이 나는 것은 옛날부터 있었던 일이니
我如禁之絶其飧. 내가 그것을 금지하면 그 음식을 끊게 하는 것이 된다.
女丁婦壬傳世婚, 불의 요정이 물귀신의 신부가 되어 대대로 결혼하였다.
一朝結讐奈後昆! 그런데 하루아침에 원수가 되면 너희 자손들은 어찌하나?
時行當反愼藏蹲. 이제 불이 돌아갈 때가 되었으니 숨어서 웅크리고 있으라.
視桃著花可小騫, 복사꽃이 피는 계절이 될 때면 조금 기운이 오를 것이다.
月及申酉利復怨. 달이 칠월과 팔월에 미치면 원수를 갚기에 유리할 것이다.
助汝五龍從九鯤. 너에게 다섯 용을 보내 돕고 아홉 고니를 따르게 하겠다.
溺厥邑囚之崑崙. 그들의 읍을 물에 잠기게 하고 곤륜산에 가두어 넣겠다."
皇甫作詩止睡昏. 황보식은 이러한 시를 짓고는 깊은 잠에서 깨어났다.
辭誇出眞遂上焚. 말이 과장되고 진실에서 벗어나서 결국 불에 넣었다
要余和增怪又煩. 자신의 시에 화답하여 괴이함과 번잡함을 보태라고 하여
雖欲悔舌不可捫! 읊으면서 후회했지만 혀를 붙들어 맬 수가 없었다.
(모두 59구로서, 奇數이다.)

— 한유(韓愈), 「陸渾山火和皇甫湜」

眉如半照雲如鬟. 눈썹은 반달 같고 쪽진 머리는 구름 같은데
梧桐葉落敲井乾. 오동잎 떨어져 말라붙은 우물을 두드린다.
孤竹亭亭公署寒; 외로운 대나무 우뚝한데 관청은 춥고
微霜凄凄客衣單. 서리가 차갑게 내리건만 나그네 옷 얇다.

想佳人兮雲一端. 가인을 생각하니 구름 저편에 있고
夢魂悠悠關山難. 꿈속의 혼 아득하여 산하를 넘기 어렵다.
空牀展轉懷悲酸, 빈 침상에서 쓰라린 마음에 전전반측하니
銅壺漏盡開金鸞. 물시계에 물 다 떨어져 금빛 난새 열렸다.

— 한악(韓偓), 「寄遠」

大哉滄海何茫茫! 크구나 바다여 얼마나 아득히 펼쳐져 있는가!
天地百寶皆中藏. 천지의 온갖 보물이 모두 그 안에 감추어져 있다.
牙鬚甲角爭光鋩. 어금니 수염과 갑각이 밝은 빛을 다투고
腥風怪雨灑幽荒. 비린 바람 불고 기괴한 비가 이 세상 밖에 뿌린다.
珊瑚玲瓏巧綴裝. 산호는 영롱하게 아름다운 장식을 꾸미고
珠宮貝闕爛煌煌. 진주 궁전과 조개 대궐은 찬란하게 빛난다.
泥居殼屋細莫詳. 진흙 거처의 껍질 집은 섬세하기 짝이 없고
紅螺行沙夜生光. 붉은 소라가 모래 위를 가니 밤에 빛이 난다.
負材自累遭刳腸. 재능을 지고 자승자박하니 창자를 도려내는 아픔을 만났다.
匹夫懷璧古所傷. 필부가 벽옥을 지니면 예부터 해를 입었고
濃沙剝蝕隱文章. 짙은 모래는 숨긴 무늬를 침식하여 벗긴다.
磨以玉粉緣金黃. 옥가루로 갈아서 황금의 가선을 두르고
清罇旨酒列華堂. 맑은 술잔에 맛있는 술을 담아 화려한 집에 진열한다.
隴鳥回頭思故鄉. 농조는 머리를 돌려 고향을 그리워하고
美人清歌蛾眉揚. 미인은 맑은 노래 부르며 아미를 치켜 올렸다.
一醻凜冽回春陽. 한 잔을 들이켜니 매서운 추위가 봄볕으로 돌아와
物雖微遠用則彰. 사물이 작고 멀리 있어도 사용하면 빛나니
一螺千金價誰量? 소라 하나가 천금의 가치 있는 걸 누가 헤아리리오?
豈若泥下追含漿! 어찌 진흙 아래서 헤매며 물을 머금는 것과 같으리!
(모두 19구로서, 奇數이다.)

— 구양수(歐陽修), 「鸚鵡螺」

雲山參差碧相圍, 구름 산 들쭉날쭉 솟아 푸름이 에워싸고
溪水詰曲環城陴. 시냇물 구불구불 성가퀴를 돌아 흐른다.
溪窮壞斷至者誰? 시냇물 다하여 무너지고 끊어진 곳에 다다른 이 누구인가?

予獨與子相諧熙. 나 홀로 그대와 함께 서로 어울려 노닌다.
山城之西鼓吹悲. 산성의 서쪽에서는 북소리 피리소리 슬픈데
水風蕭蕭不滿旗. 물 위에 쓸쓸히 부는 바람 깃발에 가득하지 않다.
子今去此來無期; 그대가 지금 여기서 떠나면 올 기약 없으니
予有不可誰予規? 나에게 잘못 있을 때 누가 나에게 충고해줄까?

— 왕안석(王安石), 「雲山詩送正之」

貞觀之德來萬邦, 정관 연중에 태종의 덕이 만방을 내조케 하니
浩如滄海吞河江, 그 엄청남이 강물을 삼키는 바다와 같았다.
音容獊獰服奇厖. 그들은 발음이 혼탁하고 복장이 기이하고 복잡했다.
橫絶嶺海逾濤瀧, 고개와 바다를 가로지르고 큰 물결과 급류를 넘어
珍禽瑰產爭牽扛; 진귀한 새와 물산을 다투어 가지고 왔는데
名王解辮却蓋幢. 首長은 변발을 풀고 수레는 덮개와 휘장을 없앴다.
粉本遺墨開明窗, 그 광경을 그린 유묵을 밝은 창에서 펴보고는
我喟而作心未降, 탄식하며 일어나 마음이 가라앉지 않았으니
魏徵封倫恨不雙! 위징과 봉륜 같은 명신이 함께 있는 것을 다시 볼 수 없음이 한스럽다.

(모두 9구로서, 奇數이다.)

— 소식(蘇軾), 「閻立本職貢圖」

依山築閣見平川. 樊山에 기대어 누각을 세우니 평원이 눈에 들어온다.
夜闌箕斗插屋椽. 깊은 밤 箕宿와 斗宿가 서까래에 비스듬히 걸려 있어
我來名之意適然. 내가 와 이름을 지어주니 마음이 흡족하다.
老松魁梧數百年, 노송은 크고 우뚝하여 수백 년을 산 듯하니
斧斤所赦今參天. 도끼가 그를 사면하여 지금 하늘로 솟았나보다.
風鳴媧皇五十絃, 바람이 불어오니 女媧氏의 오십 현을 타는 듯하여[86]
洗耳不須菩薩泉. 귀를 씻어주니 보살천의 물이 필요 없을 정도이다.
嘉二三子甚好賢, 훌륭한 것은 몹시 현인을 좋아하는 여러분들이
力貧買酒醉此筵. 힘이 다하면 술을 사서 이 자리에서 취하는 것이다.

86) 텍스트에는 '媧'가 '蝸'로 되어 있는데, 誤字이다.

夜雨鳴廊到曉懸.　밤비 소리가 낭하에 울려 새벽까지 내리니
相看不歸臥僧氈.　서로 바라보며 돌아가지 못하고 스님의 담요에 누웠다.
泉枯石燥復潺湲.　샘과 바위가 말라붙었었는데 다시 물이 졸졸 흐르니
山川光輝爲我姸.　산천이 빛을 내며 우리를 위해 곱게 단장하였다.
野僧早飢不能饘.　스님은 일찍 허기져도 죽조차 먹을 수 없는데
曉見寒溪有炊煙.　아침에 찬 시냇가에서 밥 짓는 연기가 보인다.
東坡道人已沈泉.　동파도인께서는 이미 황천에 묻히셨고[87]
張侯何時到眼前?　張耒는 언제나 내 눈 앞에 나타나려나?
釣臺驚濤可晝眠.　조대의 놀란 파도소리 들으며 낮잠 잘 수 있고
怡亭看篆蛟龍纏.　이정의 전서를 보니 교룡이 얽혀 있는 듯하다.
安得此身脫拘攣,　어찌하면 이 몸이 속세의 속박에서 벗어나
舟載諸友長周旋!　벗들과 배에 올라 멀리 돌아볼 수 있을까!
(모두 21구로서, 奇數이다.)

— 황정견(黃庭堅), 「武昌松風閣」

盤崖繞壑步步高,　구불구불한 벼랑이 골짜기를 둘러 걸음걸음 높은데
僕痡馬乏游人勞.　종과 말이 지쳐서 나들이 나온 사람도 힘이 든다.
五峯崛起干雲霄.　다섯 봉우리 우뚝 솟아서 구름과 하늘을 찌르고
衆山奔走爭來朝.　뭇 산은 내달리며 다투어 와서 인사한다.
我行直欲犯星杓.　나는 곧장 올라가 북두칠성에 닿고 싶은데
意徹絶頂纔山腰.　마음만 꼭대기까지 갔지 몸은 겨우 산허리에 있다.
松間鳥語如我招.　소나무 사이의 새소리는 나를 부르는 것 같고
仰見白塔當林梢.　우러러보니 하얀 탑이 숲 끝에 걸려 있다.
擔携上下若桔槹.　지고 끌며 오르내리는 것이 두레박 같은데[88]
路窮飛樓鬱岧嶢.　길이 끝난 곳에 높은 누각이 우뚝 솟아 있다.
欽翁未來蔽菅茅.　골풀이 덮여 있어 蘇舜欽은 아직 오지 않았지만[89]
山精水怪讙游敖.　산의 정령과 물의 요괴들이 시끄럽게 노닌다.
麏馳甝竄鼪鼯跳.　노루 달리고 살무사 숨고 족제비와 다람쥐 뛰어

87) 텍스트에는 '東坡'가 '東波'로 되어 있는데, 誤字이다.
88) 텍스트에는 '若'이 '苦'로 되어 있는데, 誤字이다.
89) 텍스트에는 '菅'이 '官'으로 되어 있는데, 誤字이다.

靈景晦昧何由昭?	해가 어두우니 어떻게 하면 밝을 수 있을까?
忽然飛錫從江皐,	홀연히 스님이 錫杖을 타고 강 언덕에서 날아와
窮探不憚東峯遙,	깊이 탐색하며 동봉이 먼 것을 꺼리지 않는다.
曲腰丈人白絲袍.	허리 굽은 노인이 하얀 도포를 입고서
再拜辭前風雹飄.	재배하고 바람과 우박 날리는 앞에서 말한다.
三百年來響鐘鐃.	삼백 년 이래로 종과 징이 울리고
閩商海賈輸金刀.	민의 상인이 바다에서 金刀를 사서 날랐다.
直欄橫牖山周遭.	산 주위의 곧은 난간 가로놓인 창 밑에서
晨參夜諷聲嘈嘈.	아침에 참배하고 밤에 읊조리는 소리 드높다.
碧杉紫柏羅旌旄.	푸른 삼나무 자주 빛 측백나무 비단 깃발이[90]
客來六月忘炎歊.	손님이 오니 유월에 더위를 잊었다.
明月庵前醉松醪;	명월암 앞에서 소나무 술에 취하고
白雲峯頂瞰吳郊.	백운봉 정상에서 오 땅의 교외를 내려다보니
鵝毛一點錢塘潮.	전당의 조수가 한 점의 거위 깃털이고
錢王宮闕如累樵,	전왕의 궁궐이 쌓아놓은 땔나무 같다.
臨之股慄精魄超,	다가서니 다리가 후들거려 정신이 나갈 듯하고
歸不得寐心搖搖.	돌아와서도 잠들지 못하고 가슴이 두근거린다.
含輝孤亭立嶢崤.	외로운 정자가 빛을 머금고 높은 산에 서 있으니
此地覽景尤難逃.	이곳에서 경치를 보면 더욱 놓칠 것이 없겠다.
五更月落禽嘲嘲,	오경이 되어 달이 지니 새들이 지저귀고
陽烏欲上海水燒.	해가 솟아오르며 바닷물을 끓일 듯하다.
晦明變化不終朝.	어둠에서 밝음으로의 변화가 순식간이고
倏陰忽晴狀莫描.	갑자기 흐렸다가 개니 형상을 묘사할 수 없다.
夜闌燈青雨飄蕭.	밤 깊어 등불 희미하고 비바람 소슬한데
偶坐兩客論幻泡;	두 손이 함께 앉아 사물의 무상함을 논했었다.[91]
探玄窮妙窺寂寥,	현묘를 탐구하고 靜寂을 들여다보며
破除世事無絲毫,	세상사를 조금도 남김없이 물리쳐버렸다.
不奈詩思猶强豪.	횡포를 부리는 시상을 어쩔 수 없는데

90) 텍스트에는 '杉'이 '山'으로 되어 있는데, 誤字이다.

91) 텍스트에는 '坐'가 '然'으로 되어 있는데, 誤字이다.

歸時日沒紅霞消.　돌아갈 때는 해가 져서 붉은 놀이 사라지고
荒崖老木山蟬號.　황량한 벼랑 위의 노목에서 산매미가 울고 있다.
('蕭'·'肴'·'豪'를 通韻하였다.)

— 조보지(晁補之), 「徑山」

黃金篆書扁朱門,　황금 전서가 붉은 대문에 편액으로 걸려 있고
夾道巨竹屯蒼雲.　길 양쪽의 키 큰 대나무에는 푸른 구름이 머물러 있다.
崖嶺劃若天地分,　벼랑과 재가 천지를 나눈 듯이 그어져 있고
干柱耽耽壓其垠.　기둥이 위엄 있게 주시하며 그 끝을 누르고 있다.
纓冠肅謁丈人君.　갓끈 매고 관을 쓰고 엄숙히 장인을 알현하니
廣殿空庭吹寶薰.　넓은 집 빈 뜰에 보배로운 향기가 풍겨오고
摩挲畵橋手爲皸.　채색 다리를 어루만지니 손이 갈라진다.
異哉山夔與水狽,　다르구나 산중의 怪獸와 수중의 괴물이.
物怪齾齾冠丘墳!　괴이한 사물이 들쭉날쭉하게 산언덕을 덮었다.
仙人佩玉雜帨帉,　선인은 옥과 함께 손수건을 차고 있고
手整貂冠最不群.　손으로 가지런히 한 담비 모자가 가장 뛰어난다.
欲去不忍恨日曛.　차마 떠나지 못하는데 원망스럽게도 날이 저문다.
道翁採藥晝夜勤,　도인은 약초를 캐려고 밤낮으로 부지런하여
松根茯苓獲兼斤,　소나무 뿌리에서 복령을 두 근이나 캤다.
人之植立强骨筋.　사람이 바로 서니 뼈와 근육이 굳세어
狗起群吠聲狺狺.　개들이 여럿이서 으르렁거리며 짖는다.
山爐小甑吹幽芬.　산화로 작은 시루에서 그윽한 향기 풍기니
朱顔不飮常自醺.　붉은 얼굴은 마시지 않아도 늘 절로 취해 있다.
我亦宿誦五千文.　나 또한 오천의 글을 익히 외고 있지만
一念之差隨世紛.　생각 한번 삐끗하여 세상의 분란을 따랐다.
逝將從翁走如麇.　도인을 따라 노루처럼 달려서 가시니
隱書祕訣何由聞?　道家書의 비결을 어떻게 들을 수 있을까?

— 육유(陸游), 「丈人觀」

秋風稷稷松樹枝;　가을바람이 소나무 가지에 풍성히 불어오니
仙人骨輕雲一絲,　선인의 뼈는 한 가닥 구름처럼 가볍다.

不飮不食玉雪姿.	옥설의 자태로 마시지도 먹지도 않고
竹宮月夕頻望祠.	죽궁에서 달밤이면 자주 사당을 바라본다.
竟不下視齋房芝.	재계 거실의 지초를 끝내 내려다보지 않아
人間女手乃得之.	속세 여인의 손이 마침내 그것을 얻었다.
眼中擾擾昨莫兒.	눈이 어지러워선지 신생아 같은데
畵圖獨坐羲皇時.	伏羲氏 때부터 그림 속에 홀로 앉아 있은 듯하여
予懷渺兮幽林思.	내 마음은 아득히 그윽한 숲을 생각해본다.

(모두 9구로서, 奇數이다.)

— 원호문(元好問), 「松上幽人圖」

다음에 든 시는 처음의 두 구가 4자구인 것을 제외하면 나머지는 모두 7언구이어서 그런 대로 백량체로 볼 수 있겠다.

南山之下,	남산의 아래
汧渭之間,	汧水와 渭水 사이에 목마의 땅이 있다.
想見開元天寶年,	唐의 개원 · 천보 연간을 생각해보면
八坊分屯隘秦川.	팔방이 나누어 주둔하여 진천이 비좁았으니
四十萬匹如雲煙!	사십만 필의 말이 마치 구름 같았다!
騅駓駰駱驪騮騵,	오추마, 황부루, 오총이, 검은 갈기의 흰말, 가라말, 절따말, 월다말
白魚赤兎騂皇鶬,	백어마, 적토마, 적황색 말, 황백색 말, 털이 긴 말이 있고
龍顱鳳頸獰且姸,	용머리 형의 말, 봉황 목과 같은 말, 용모가 흉악한 것과 예쁜 것이 있어
奇姿逸態隱駑頑.	기이하고 빼어난 자태가 노둔함과 완고함을 숨기고 있다.
碧眼胡兒手足鮮,	푸른 눈의 호아는 손과 발이 가벼워서
歲時剪刷供帝閑.	매년 말의 털을 자르고 닦아서 제왕의 마구간에 바친다.
柘袍臨池侍三千.	황제가 黃袍를 입고 궁녀 삼천을 거느리고 못에 임하니
紅妝照日光流淵.	해가 붉게 단장한 여인들을 비추고 빛이 못에 흐른다.
樓下玉螭吐淸寒,	누각 밑의 말들은 맑고 찬 기운을 내뿜고
往來蹙踏生飛湍.	왕래하며 발을 디디니 세찬 여울이 생긴다.

衆工舐筆和朱鉛, 뭇 화공들은 붓을 핥으며 안료를 섞었지만
先生曹霸弟子韓. 그림의 선생은 조패장군이고 제자가 한간이다.
廐馬多肉尻脽圓, 마구간의 말은 살이 많고 꽁무니가 둥근데
肉中畫骨誇尤難. 살 속의 뼈를 그리는 것이 가장 어렵다고 한다.
金羈玉勒繡羅鞭, 금 고삐 옥 재갈과 수놓은 비단 채찍에
鞭箠刻烙傷天全, 채찍질하고 낙인을 찍어 천연을 손상하니
不如此圖近自然. 이 그림이 자연에 가까운 것만 못하다.
平沙細草荒芊綿, 광활한 평원에 가는 풀이 무성하게 이어져
驚鴻脫兔爭後先. 놀란 기러기와 도망가는 토끼가 앞뒤를 다툰다.
王良挾策飛上天, 왕량은 채찍을 끼고 하늘로 날아가는데
何必俯首服短轅? 어찌 고개 숙이고 조잡한 수레에 복속해야 하랴?

— 소식(蘇軾), 「書韓幹牧馬圖」

27.13 황정시(黃庭詩)는 『고시평측집설(古詩平仄集說)』에서 "생각건대 한대(漢代)의 칠언가요는 상사하삼(上四下三)의 절주여서 '關西夫子楊伯起'처럼 제4자·7자가 서로 운이 되는 경우가 셀 수 없을 정도로 많다. 그러므로 구마다 운을 사용한 것은 제4자가 바로 멈추고 바뀌는 자리이기 때문에 소홀히 할 수 없다. 이 시의 경우 '想見開元天寶年, 八坊分屯隘秦川'에서 '元'자와 '屯'자에 운을 달아 통편(通篇)을 이끌었으므로 음절이 지극히 예스럽다"라고 말했다. 이것은 일종의 매우 흥미 있는 관찰이다. 이에 따라 우리는 앞글에서 든 소식(蘇軾) 「납일유고산(臘日遊孤山)」의 "水淸石出魚可數, 林深無人鳥相呼"와 "道人之居在何許? 寶雲山前路盤紆"에서 '數'자와 '許'자는 작자가 고의로 평상통압(平上通押)을 조성하여 운조(韻調)를 더욱 조화롭게 한 것이리라고 연상할 수 있다.

27.14 백량체(柏梁體)는 칠언에 국한되어서 오언의 백량체는 없다. 이렇게 된 데는 이중의 원인이 있다. 첫째, 제(齊)·량(梁) 이전의 칠언시는 모두 구마다 운을 달았지만 오언시는 구마다 운을 단 시가 한 수도 없다. 따라서 시인들은 옛것을 모방하는 심리에 기초하여 구마다 운을

단 칠언고시만을 짓고 구마다 운을 단 오언고시는 짓지 않았다. 둘째, 칠언시에 구마다 운을 달면 사실상 격구용운(隔句用韻)의 오언시보다 음절이 촉박한데, 만약 오언시에도 구마다 운을 단다면 음절이 지나치게 촉박해질 것이다. 이런 연유로 시인들은 설사 일종의 새로운 풍격을 창조하고 싶었을지라도 구마다 운을 다는 오언시의 창조에는 생각이 미치지 않았을 것이다.

27.15 백량체와 전운(轉韻)의 칠언고시는 고풍(古風)의 양 극단이다. 즉 백량체의 체제가 가장 오래 되었고, 전운의 칠언고시가 가장 신식이다. 전운의 칠언고시는 입률(入律)하여도 무방하므로 다수의 시인들이 입률하기를 좋아하였다. 백량체의 경우는 입률을 꽤 기피하였다. 두보의 백량체(또는 부분적인 백량체)가 입률한 곳이 가장 적고, 소식(蘇軾)의 경우는 비교적 많다. 한유(韓愈)의 백량체는 극력 입률을 피하였는데, 그러다 보니 동시에 정도가 너무 지나친 곳도 있게 되었다(제29절을 참조할 것). 백량체는 또한 대장(對仗)을 기피하였다. 따라서 한악(韓偓)의 「기원(寄遠)」 "孤竹亭亭公署寒, 微霜凄凄客衣單" 같이 대장을 사용한 것은 요컨대 백량체의 정도(正道)가 아니다.

제28절 오언고시의 평측

28.1 고풍의 평측은 입률을 피하는 것이 원칙이다. 이른바 입률이란 제6절에서 설명한 근체시의 평측 격식에 맞는 것을 가리킨다. 만약 구마다 입률을 피할 수 없다면 적어도 출구와 대구의 동시 입률은 피해야 하는데, 그렇게 하는 것이 시론가들이 말하는 대구로 출구를 구(救)하거나 출구로 대구를 구하는 것이다.

28.2 '고풍'이 고시를 모방한 것이라면 당 이후에 율시가 출현하였으니 제·량 이전의 시인들은 어떻게 입률을 피하는 것을 알았을까? 당연히 당 이전의 시구에는 입률의 여부를 따질 것이 없었다. 시인들은 산문을 지을 때와 마찬가지로 글자의 평측은 귀로 들어서 자연스러우면 그만이었다. 그러나 그렇게 하다 보니 매 구 각 글자의 평측을 배합할 때 나타날 수 있는 형식의 가지 수가 매우 많아서 제6절에서 서술한 A·a·B·b의 네 가지 형식은 가능성 있는 수많은 형식 중의 일부분에 불과하여 이것들이 실제 구식(句式)에 사용될 가능성은 매우 낮을 수밖에 없었다. 물론 이 네 가지 형식도 우연히 나타나는 경우가 있겠지만 출구와 대구가 동시에 b·A 또는 a·B 식으로 되어야 완전한 입률로 칠 수 있는 만큼 그렇게 될 가능성은 더욱 낮을 수밖에 없다. 예를 들어 「고시십구수」 중의 한 수를 보자.

西北有高樓,	북서쪽에 있는 높다란 누각
上與浮雲齊.	하늘 위 구름에 닿아 있다.
交疏結綺窗,	비단을 입힌 꽃무늬 격자 창
阿閣三重階.	아각에는 세 겹의 층계가 있다.
上有絃歌聲,	그 위에서 나는 거문고 노래 소리
音響一何悲!	음향이 어찌나 슬프게 울리는지!
誰能爲此曲?	누가 이 같은 곡을 지을 수 있었을까?
無乃杞梁妻.	아마도 기량의 아내가 아닐까?
淸商隨風發,	청상의 가락이 바람결에 흐르다
中曲正徘徊.	중간에 이르러 그냥 맴돈다.
一彈再三嘆,	퉁길 때마다 두세 번 한숨지으니
慷慨有餘哀.	감정이 북받쳐 슬픔이 이어진다.
不惜歌者苦,	노래하는 이의 괴로움 애처롭지 않고
但傷知音稀.	다만 알아주는 이 드물어 가슴 아프다.
願爲雙黃鵠,	원컨대 한 쌍의 노란 고니가 되어
奮翅起高飛.	날개를 떨치며 높이 날아오르고 싶다.

출구 '西北'은 평측측평평으로 입률하였지만 대구 '上與'는 측측평평평으로 입률하지 않았으며 평측이 대를 이루지도 않았다. 출구 '交疏'는 평평측측평으로 입률하였지만 대구 '阿閣'은 평측평평평으로 입률하지 않았다. 율시의 규칙에 따르면 출구에 평각(平脚)을 써서도 안 된다. 대구 '音響'·'中曲'과 '慷慨'는 평측측평평이고 '奮翅'는 측측측평평으로 모두 입률하였지만, 이들의 출구 '上有'는 측측평평평이고 '淸商'은 평평평평측이고 '一彈'은 측평측평측이고 '願爲'는 측평평평측이어서 모두 입률하지 않았으며, 또한 '上有'구는 율시의 규칙에 따르면 평각을 써서도 안 된다. 이것이 바로 시론가들이 말하는 대구로 출구를 구하거나 출구로 대구를 구하는 것이다. 그러나 "誰能爲此曲? 無乃杞梁妻"연은 완전히 입률한 것이다.[92] 이 연이 있기 때문에 시론가들의 "입률을 피한다"는 규칙이 다소 고지식한 것임을 알 수 있다. 그러나 또한 이 연밖에 없기 때문에 더욱 그들로 하여금 "입률을 피한다"는 것을 원칙으로 삼아야 한다고 생각하게 하였다.

28.3 「서북유고루(西北有高樓)」의 평측은 가장 율격에 가깝다고 칠 수 있다. 다른 고시들은 율구(律句)가 더욱 적다. 예를 들어 「고시십구수」의 다른 시를 한 수 보자.

今日良宴會, 오늘 좋은 잔치가 열리니
歡樂難具陳. 즐거움을 이루 말할 수 없다.
彈箏奮逸響, 쟁을 타서 뛰어난 음향을 떨치니
新聲妙入神. 새로운 가곡이 오묘하고 아름답다.
令德唱高言, 훌륭한 덕을 소리 높여 노래하니
識曲聽其眞. 곡을 아는 이는 그 참됨을 듣는다.
齊心同所願, 한 마음으로 원하는 것이 같지만
含意俱未伸. 마음에 품고 모두 말하지 않는다.
人生寄一世, 사람이 한 세상 더부살이하는 것은

92) 이 聯의 평측은 平平平仄仄, 平仄仄平平이어서 b·A식이다.

奄忽若飆塵. 빠르기가 폭풍 속의 티끌과 같다.
何不策高足, 어찌 달리는 말에 채찍질하여
先據要路津? 먼저 좋은 목을 잡지 않을 텐가?
無爲守貧賤, 곤궁함과 비천함을 지킬 것 없고
轗軻長苦辛! 불우하게 늘 고생할 것 없다!

'令德'구가 A식이기는 하지만[93] 율시의 규칙에 의하면 평운시(平韻詩)의 출구는 평각(平脚)을 사용해서는 안 되며, 또한 그 평측도 '識曲'구와 대를 이루지 않는다.[94] '新聲'·'奄忽' 두 구의 출구도 입률하지 않았다. 또 다른 한 수를 보자.

去者日以疏, 가버린 청춘은 날이 갈수록 멀어지고
來者日以親. 다가올 노년은 날이 갈수록 가까워진다.
出郭門直視, 성문을 나서서 똑바로 살펴보니
但見邱與墳. 다만 언덕과 무덤이 보일 뿐이다.
古墓犁爲田, 옛무덤은 갈아엎어 밭이 되었고
松柏摧爲薪. 소나무 측백나무는 장작이 되었다.
白楊多悲風, 황철나무에는 가을바람이 세차서
蕭蕭愁殺人. 쓸쓸함에 시름겨워 사람 죽겠다.
思還故里閭, 고향으로 돌아가고 싶지만
欲歸道無因. 돌아가려 해도 갈 길이 없다.

(이 시에는 입률한 구가 하나도 없다. '思還'구는 출구인데 평각을 써서 입률로 치지 않는다.[95])

28.4 결론적으로 말하면 고인이 신경을 써서 회피한 평측 형식은 없다. 그런데도 후대의 율구(律句)에 부합하는 것이 매우 적은 까닭은 다만 '기회'가 그렇게 만들었을 뿐이다. 그러나 율시가 탄생한 이후로 시

93) 이 구는 평측이 仄仄仄平平이어서 전형적인 A식이다.
94) '識曲'구는 평측이 仄仄平平平이어서 出句인 '令德'구와 對를 이루지 않는다.
95) '思還'구의 평측은 平平仄仄平으로 B식이다.

인들이 고풍을 지을 때는 오히려 신경을 써서 율구를 피했다. 시험삼아 「고시십구수」와 두보의 고풍을 비교해보면 전자는 율구가 비교적 많고 후자는 율구가 오히려 지극히 드문데, 이것은 물론 두보가 신경을 써서 율구를 피했기 때문이다. 율구 같지 않으면 않을수록 고구(古句) 같다는 생각은 적어도 일부 당인(唐人)의 경우 그러했다. 그러나 시는 사람들에게 음송(吟誦)하여 들려주는 것이니 만큼 고인에게 비록 일정한 평측 격식이 없기는 했지만 일종의 자연스런 소리가 있어서 시인들이 예상치 않게 그런 자연스런 소리에 쏠려 시의 음절을 조화롭게 하지는 않았을까? 이것은 매우 합리적인 추측이다. 심지어 어떤 이는 고시의 평측도 일정한 규율이 있는데, 다만 율시와 다를 뿐이라고 생각한다. 전해지는 말에 의하면 조집신(趙執信)이 왕사진(王士禛)에게 고시의 평측법을 물어보았는데, 왕사진이 그에게 알려주려고 하지 않아서 그가 직접 고시와 당시(唐詩)를 비교 조사하여 『성조보(聲調譜)』를 지었다고 한다. 그러나 그 자신의 말에 의하면 오히려 왕사진에게서 은근히 편취한 것이라고 한다. 한편 왕사진의 후손 왕윤희(王允熙)에게도 『고시평측집설(古詩平仄集說)』이 있는데, 이 또한 왕사진의 원고라고 전해진다. 그 후 이영(李鍈)에게 『시법이간록(詩法易簡錄)』이 있고, 옹방강(翁方綱)에게 『평측거우(平仄擧隅)』가 있고, 동문환(董文渙)에게 『성조사보도설(聲調四譜圖說)』이 있고, 황정시(黃庭詩)에게 『고시평측집설(古詩平仄集說)』과 『오고평측략(五古平仄略)』이 있다. 이들은 모두 고시에 일정한 규율이 있다고 믿었기 때문에 조집신(趙執信)의 『성조보(聲調譜)』에 의거하여 그것을 보충하거나 천명하였다. 조집신은 고시의 규율을 '별률(別律)'이라고 했는데, 그 뜻은 고시가 또 다른 일종의 율시이며 그 규율의 엄격함은 금체(今體) 율시에 뒤지지 않는다는 것이다. 예를 들어 다음은 평운(平韻) 오언고시에 관한 규율이다.

(1) 제2자와 제4자는 동성(同聲 : 평측을 가리킴)이다. 그렇지 않으면

(2) 제3자와 제5자는 동성이다. 그렇지 않으면
(3) 출구(出句)에 평각(平脚)을 사용한다.

시험삼아 앞에서 든 「거자일이소(去者日以疏)」시를 가지고 검증해보면 이 규율에 꼭 들어맞는다는 것을 알 수 있다.

28.5 그러나 당인의 고풍은 결국 율시의 영향을 받아서 그들이 지은 고풍은 「거자일이소」처럼 근체시의 격률과 완전히 위배되는 것은 드물었다. 후세의 시론가가 당인의 고풍을 분석하고 나서는 상술한 규율에 들어맞는 시구는 오히려 고풍의 요체(拗體)일 뿐이고 정체(正體)의 규율은 공교롭게도 이와 상반되어 다음과 같이 되어야 한다고 보았다.

(1) 제2자와 제4자는 평측이 같지 않다.
(2) 출구(出句)에 평각(平脚)을 사용하지 않았다.

28.6 시론가들이 이 방면에서 의견상의 차이를 보이기는 했지만 조집신(趙執信)이 제기한 하나의 정리(定理)는 오히려 그들에게 공인되었는데, 그것은 바로 고체시는 오언 또는 칠언을 막론하고 언제나 매 구의 마지막 세 글자가 주이고 그 중에서도 복절상자(腹節上字 : 오언의 제3자, 칠언의 제5자)가 더욱 중요하다는 것이다.[96] 평각(平脚)의 구는 복절상자에 평성을 사용하는 것이 원칙이고, 측각(仄脚)의 구는 복절상자에 측성을 사용하는 것이 원칙이다. 이와 같이 전적으로 마지막 세 글자를 가지고 논하면 다음의 네 가지 형식이 고체시의 상궤(常軌)이다.

(甲) 평각

1. 평평평 2. 평측평

96) 텍스트에는 '腹節上字'가 '腹節下字'로 되어 있는데, 잘못된 것이다. 腹節은 5언구의 제3 · 4자, 7언구의 제5 · 6자를 가리킨다. (6. 11 참조.)

(乙) 측각

1. 측평측 2. 측측측

28.7 평각의 구에는 이른바 삼평조(三平調)가 있다. 삼평조는 고풍의 기본지식이다. 왜냐하면 고풍의 시구에 삼평조가 가장 많고, 평운시(平韻詩)는 더욱 그러하기 때문이다. 그러나 이 삼평조에 대해서도 두 가지 상이한 해석이 있다. 한 가지 해석은 마지막 세 글자가 '평평평'인 것을 삼평조라고 한다는 것이다. 왜냐하면 세 개의 평성이 연용되어 있기 때문이다. 또 한 가지 해석은 '측측평평평'·'측측평측평'과 '평평평측평'을 삼평조라고 한다는 것이다. 왜냐하면 이것들의 제3자가 모두 평성이기 때문이다. 우리는 앞의 설명을 채용하고자 한다. 왜냐하면 그쪽의 설명이 더욱 명확하기 때문이다. 따라서 본서에서 삼평조라고 할 때는 모두 마지막 세 글자가 '평평평'인 것을 가리킨다. 사실상 '평평평'은 또한 '평측평'보다 더욱 상용되었다. 수많은 평운 고풍 중 태반의 대구(對句)가 삼평조를 사용하였다. 다음 예를 보자.

夜靜群動息, 모든 움직임 멈추어 밤 고요한데
蟪蛄**聲悠悠**. 씽씽매미의 울음소리가 구성지다.
庭槐北風響, 뜰 안의 홰나무는 북풍에 울리고
日夕**方高秋**. 날은 저물어 가을이 깊어간다.
思子整羽翰, 그대를 생각하면 온전히 비상하여
及時**當雲浮**. 때가 되면 구름 위로 부상하리라.
吾生將白首, 나의 삶은 곧 머리가 하얗게 세어
歲晏**思滄洲**. 세모에 은거할 물가를 생각한다.
高足在旦暮, 준마가 조석으로 있긴 하지만
肯爲南畝儔! 어찌 남쪽 전답의 짝이 되어주랴!

— 왕유(王維), 「秋夜獨坐懷內弟崔興宗」

심지어 한 편 전체에 삼평조를 사용한 시도 있다. 다음 예를 보자.

寥寥空山岑,　　쓸쓸히 텅 빈 산 고요한데
冷冷風松林.　　차갑게 송림에 바람이 분다.
流月垂鱗光,　　흐르는 달빛은 비늘 빛 드리우고
懸泉揚高音.　　매달린 샘물은 높은 소리를 낸다.
希夷周先生,　　도사이신 주선생은
燒香調琴心.　　향을 사르고 마음으로 거문고를 탄다.
神力盈三千,　　신통한 힘이 三千大天世界를 채우지만
誰能還黃金?　　누가 황금을 되돌려줄 수 있을까?

— 원진(元稹), 「周先生」

이것은 '정도가 지나침'을 면하지 못했지만 이로부터 삼평조가 고풍 속에서 얼마나 우세를 차지했는가를 알 수 있겠다.

28.8 상술한 네 가지 형식은 앞쪽 두 글자 또는 네 글자의 성조(聲調)가 무엇이건 간에 율구(律句)로 변할 수 없다. 왜냐하면 율구는 평각(平脚)일 경우 복절상자(腹節上字)가 반드시 측성이어야 하고, 측각(仄脚)일 경우 복절상자가 반드시 평성이어야 하는데, 이는 앞의 네 가지 형식과 상황이 정반대이기 때문이다. 이외에도 마지막 세 글자가 '측평평'·'측측평'·'평평측'·'평측측'일 수 있는데, 두절하자(頭節下字)에 복절하자(腹節下字)와 같은 평측을 사용하기만 하면 「거자일이소(去者日以疏)」처럼 여전히 율구를 피할 수 있다. 왜냐하면 율구는 두절하자와 복절하자의 평측이 상반되기 때문이다(칠언고시는 상황이 좀더 복잡하다. 다음 절을 보라).

28.9 오언고시에서는 '측측평평측'의 형식이 동문환(董文渙)의 『성조사보도설(聲調四譜圖說)』에 의해 정조(正調)로 인정되었다. 그의 뜻은 이 형식이 비록 율구(律句)와 같지만 고풍에서 이를 피하지 않았을 뿐만 아니라 오히려 상용했다는 것이다. 우리가 당인의 고풍을 관찰해보면 마찬가지로 그와 같은 사실을 확인할 수 있다. 그러나 당인은 율시의 영향을 받아서 본래 종종 고풍(古風)에 율구를 섞어 넣었다(예를 들어 왕유 같은 시인). '측측평평측'의 구가 오언고시 중에 비록 흔히 보이기는 하지만,

당인들이 그와 같은 율구를 고풍 속에 집어넣기를 좋아했다고 말할 수 있을 뿐이지 고풍 속에 많이 나타난다고 하여 그것이 율구가 아니라고 말할 수는 없다. 따라서 우리는 여기서 황정시(黃庭詩)의 『오고평측집설(五古平仄集說)』에 의거하여 그대로 이것을 율구로 보겠다(황정시는 이를 '諧句' 또는 '和婉之句'라고 칭했다).

28.10 여기서 우리는 오언고시의 평측 구식(句式)을 다음과 같이 분류하고 예를 들겠다. 구식의 글자를 ≪ ≫ 표시를 한 것은 가장 상용되는 것이고, ( ) 표시를 한 것은 그 다음으로 상용되는 것이고, 〈 〉 표시를 한 것은 사용을 기피하거나 '낙조(落調)'[97]이거나 특정한 조건 아래서만 적용됨을 표시한다. 글자에 아무런 처리도 하지 않은 것은 그다지 상용되지는 않지만 동시에 '낙조'도 아님을 표시한다.

28.11 (甲) 평각(平脚)

(子) ≪평평평≫

1.a. ≪**측측평평평**≫

宿帆震澤口, **曉渡松江濆**.

돛배를 진택의 어귀에 하룻밤 정박시켰다가, 새벽에 송강 가를 건넌다.

—송지문(宋之問), 「夜渡吳松江」

悠悠西林下, **自識門前山**.

머나먼 서쪽 숲 아래에서, 스스로 문 앞의 산을 알아보겠다.

—왕유(王維), 「崔濮陽兄」

聖人赫斯怒, **詔伐西南戎**.

97) '落調'는 네 개의 평성자를 잇달아 사용한 것을 가리킨다. 28.11. 2.a. 설명 부분을 참조할 것.

성인께서 크게 진노하시어, 남서의 오랑캐를 정벌하라 하셨다.

— 고적(高適), 「李雲南征蠻詩」

腰間帶兩綬, **轉盼生光輝**.

허리춤에 두 개의 인끈을 달고, 돌아보는 눈에 광채가 난다.

— 최호(崔顥), 「古游俠」

山林二緇叟, **振錫聞幽聲**.

산 속 숲의 두 노승이, 錫杖을 짚고 출행하여 그윽한 소리를 듣는다.

— 유신허(劉昚虛), 「登廬山峯頂寺」

離筵對寒食, **別雨乘春雷**.

이별의 술자리에서 한식을 대하고, 이별의 비를 타고 봄 우레가 친다.

— 노상(盧象),[98] 「送綦毋潛」

夜靜天蕭條, 鬼哭夾道傍.

밤 고요하고 하늘은 쓸쓸한데, 귀신이 길 양 옆에서 통곡한다.

— 잠삼(岑參), 「武威送劉單判官」

夜夜聞悲笳, 征人起南望.

밤마다 슬픈 피리 소리 들으며, 나그네는 일어나 남쪽을 바라본다.

— 최융(崔融), 「關山月」

古岸生新泉, 霞峯映雪巘.

옛 언덕에 새로운 샘이 생기고, 노을 진 봉이 눈 덮인 봉에 비친다.

— 전기(錢起), 「仲春晩尋覆釜山」

獨有萋萋心, 誰知怨芳歲?

홀로 의기소침해 있으니, 누가 꽃다운 나이를 원망할 줄 알랴?

— 최국보(崔國輔), 「題豫章館」

---

98) 텍스트에는 '盧'가 '廬'로 되어 있는데, 誤字이다.

이 형식이 삼평조(三平調)의 정조(正調)로 인정되었는데, 왜냐하면 뒤에 삼평(三平)이 있으니 앞에 양측(兩仄)이 있어야 조화를 이룰 수 있기 때문이다. 삼평조는 대구(對句)에 사용된 것이 가장 많고, 출구(出句)에 사용된 것이 비교적 적은데 특히 평운고풍(平韻古風)의 출구에 사용된 것은(岑參의 「武威送劉單判官」 같은 것) 매우 드물다.

1.b. **≪평측평평평≫**

臨歧泣世道, **天命良悠悠**.

갈림길에 임하여 어지러운 세상사에 우니, 천명은 참으로 요원하다.

— 진자앙(陳子昂), 「感遇」

君徒視人文, **吾固和天倪**.

그대는 다만 인간사를 보지만, 나는 본디 하늘의 분수에 화합한다.

— 왕유, 「座上走筆贈薛據」

青槐夾馳道, **宮館何玲瓏**!

푸른 홰나무가 한길 양 옆에 늘어섰고, 사원은 얼마나 영롱한가!

— 잠삼(岑參), 「與高適薛據登慈恩寺」

今朝平津渚, **兼得瀟湘遊**.

오늘 아침 물가가 잔잔하니, 아울러 소상에 나들이할 수 있겠다.

— 낭사원(郎士元), 「題劉相公三湘圖」

南路隨長天, 征帆杳無極.

남쪽 길은 하늘 멀리 뻗어 있고, 떠나는 배는 아득히 끝이 없다.

— 유장경(劉長卿), 「桂陽西洲曉泊」

高臥南齋時, 開帷月初吐.

남재에서 베개 높이 베고 누워 있을 때, 휘장을 걷으니 달이 방금 떠올랐다.

— 왕창령(王昌齡), 「同從弟銷南齋翫月」

이 형식은 '측측평평평'식과 비교해볼 때 출현빈도에 큰 차이가 없다. 그러나 시론가들은 이와 같은 '사평구(四平句)'가 그다지 조화롭지 않다고 보았기 때문에 정조(正調)로 인정하려고 하지 않았다.

2.a. 〈**측평평평평**〉
次舍山郭近, **解鞍鳴鐘時**.
산성 근처에 묵으려 멈추고, 안장을 푸니 종이 울린다.
—잠삼, 「宿華陰東郭客舍」

嘗讀高士傳, **最嘉陶徵君**.
일찍이 高士의 전기를 읽었는데, 도징군이 가장 훌륭하였다.
—맹호연(孟浩然), 「仲夏歸漢南園」

文質相炳煥, **衆星羅秋旻**.
형식과 내용이 함께 빛나고, 뭇 별이 가을 하늘에 늘어서 있다.
—이백(李白), 「古風59首」(제1수)

正聲何微茫! 哀怨起騷人.
正聲은 지금 얼마나 미약한가! 騷人이 일어나 哀怨의 노래를 부른다.
—이백, 「古風59首」(제1수)

我來逢眞人, 長跪問寶訣.
나는 와서 진인을 만나고는, 무릎 꿇고 장생의 비결을 물었다.
—이백, 「古風59首」(제5수)

有時無人行, 沙石亂飄揚.
아무도 다니지 않는 때가 있는데, 모래 돌이 어지럽게 바람에 날린다.
—잠삼, 「武威送劉單判官」

上天無偏頗, 蒲稗各自長.

하늘은 편파가 없어서, 청포와 돌피가 각자 자란다.

—두보(杜甫), 「秋行官張望」

조집신(趙執信)의 『성조보(聲調譜)』에서는 네 개의 평성자를 잇달아 사용한 것을 '낙조(落調)'라고 하였다. 이른바 네 개의 평성자를 잇달아 사용했다는 것은 중간에 측성자가 섞여 있지 않다는 말이다. 1.b.의 '평측평평평' 같은 것은 비록 사평구(四平句)이기는 하지만 제2자의 측성자가 평성자 사이에 끼어 있으므로 낙조라고 하지 않는다. '측평평평평'은 낙조로 인정되기는 하지만 당인들이 절대로 사용하지 않은 것은 아니며 더욱이 출구에 사용된 경우는 제법 있다. 사용할 때에는 대략 두 가지 방법으로 그것을 조화시킬 수 있다. 한 가지 방법은 동련(同聯) 다른 구의 제2자와 제4자 두 글자를 모두 측성으로 하는 것인데, 그렇게 하면 제2자와 제4자가 모두 평성인 '측평평평평'과 짝을 이룰 수 있다. 예를 들면 위의 '次舍'·'嘗讀'·'文質'·'我來'·'上天'의 다섯 연과 28.7에서 든 왕유 「추야독좌(秋夜獨坐)」의 "夜靜群動息, 蟪蛄聲悠悠"와 "思子整羽翰, 及時當雲浮" 두 연 같은 것이다. 또 한 가지 방법은 동련(同聯)의 다른 구에 측기평수(仄起平收)의 율구(律句)[99]를 사용하는 것인데, 예를 들면 위의 '正聲'·'有時'연 같은 것이다.[100]

2.b. 〈평평평평평〉

長歌吟松風, 曲盡星河稀.

목 놓아 솔바람을 노래 부르다, 곡 끝나니 은하수가 희미하다.

—이백, 「下終南山」

吾將營丹砂, 永與世人別.

99) 仄起平收의 律句는 제2자가 측성이고 마지막 글자가 평성인 A식 律句(仄仄仄平平)를 가리킨다.

100) '正聲'연과 '有時'연 모두 평측이 '仄平平平平, 平仄仄平平'이어서 出句가 落調이고 對句가 A식이다.

나는 장차 단약을 만들어, 영원히 이 세상 사람과 결별하리.

—이백, 「古風59首」(제5수)

吁嗟乎蒼生, 稼穡不可救.

아아 백성들이여, 농사를 건질 수가 없겠구나.

—두보, 「九日寄岑參」

岑生多新詩, 性亦嗜醇酎.

岑參에게는 새 시가 많고, 성품 또한 진한 술을 좋아한다.

—두보, 「九日寄岑參」

坡陀金蝦蟆, 出見蓋有由.

울퉁불퉁한 금 두꺼비가, 출현한 것은 아마 이유가 있을 것입니다.

—두보, 「奉同郭給事湯東靈湫作」

淸晨陪躋攀, 傲睨府峭壁.

맑은 새벽 아저씨를 모시고 산에 올라, 깎아지른 절벽을 호기롭게 굽어본다.

—두보, 「白水縣崔少府十九翁高齋」

寒風吹長林, 白日原上沒.

찬 바람이 긴 숲에 불어오고, 하얀 해가 들판에 가라앉는다.

—설거(薛據), 「出靑門往南山別業」

오평구(五平句)는 앞의 사평구(四平句)보다 더욱 '낙조(落調)'이다. 가장 주의해야 할 점은 성당 시인이 절대로 대구에는 평성자를 다섯 개 잇달아 쓰지 않았다는 것이다. 출구에 오평조를 썼을 경우에는 대부분 대구에 오측(五仄) 또는 사측(四仄)을 사용하여 보구(補救)하였다.[101] 위의 여러

101) 杜甫의 「石櫃閣」: "淸暉迴群鷗, 暝色帶遠客"은 5仄과 5平을 상대시킨 것이다('暝'은 거성으로 읽는다. 仇兆鰲가 음이 '明'이라고 주해한 것은 잘못이다). 仇兆鰲는 다음과 같이 말했다: "고시에는 5자 모두 평성을 쓴 것이 있다. 예를 들어 曹植詩: '悲鳴夫

예 중에서 '吁嗟'句와 '淸晨'句의 대구에는 모두 오측을 사용하였고, '吾將'·'岑生'·'坡陀'와 '寒風'의 대구에는 모두 사측을 사용하였으니, 오직 '長歌' 1연만 진정한 '낙조'이다. 이로부터 볼 때 앞에서 예로 든 원진(元稹)의 「주선생(周先生)」은 그야말로 유희작(遊戲作)에 가깝다. 왜냐하면 이 시는 대구에 전부 오평(五平)을 사용하였고 출구에도 오평 또는 사평(四平)을 사용하였는데, 이는 성당의 시율에 위배되는 것이기 때문이다.

28.12 (丑) (평측평)

3.a. **(평평평측평)**

愛義能下士, **時人無此心**.

의를 좋아하고 하위직도 맡을 수 있는 선비인데, 요즘 사람들은 그런 마음이 없다.

—설거, 「冬夜寓居寄儲太祝」

空色不映水, **秋聲多在山**.

하늘빛은 물에 비치지 않고, 가을 소리는 주로 산에 있다.

—최서(崔曙), 「穎陽東溪懷古」

歲晏輸井稅, **山村人夜歸**.[102)]

세모에 田稅를 수레로 나르고, 산촌의 사람 밤에야 돌아온다.

—왕유(王維), 「贈劉藍田」

漢下白登道, **胡窺靑海灣**.

何爲', 杜甫詩 : '淸暉迴群鷗' 등이 있다. 또한 5자 모두 측성인 것도 있다. 예를 들어 應瑒詩 : '遠適萬里道', 杜甫詩 : '窟壓萬丈內' 등이 있다. 7자 모두 평성인 것으로는 崔魯詩 : '梨花梅花參差開' 등이 있고, 7자 모두 측성인 것으로는 杜甫詩 : '有客有客字子美' 등이 있다. 다만 고시에서 이와 같이 구애받지 않을 수 있을 뿐이다." ≪附註三十三≫

102) 텍스트에는 '晏'이 '宴'으로 되어 있는데, 誤字이다.

漢은 백등 길로 나아가고, 오랑캐는 청해만을 엿본다.

— 이백, 「關山月」

適楚豈吾願? **思歸秋向深**.

초 땅으로 가는 것이 어찌 내가 원하는 것이랴? 고향생각에 가을이 깊어간다.

— 낭사원(郎士元), 「宿杜判官江樓」

寒蛩悲洞房, 好鳥無遺音.

깊은 가을 귀뚜라미 소리가 규방을 슬프게 하지만, 좋은 새는 슬픈 소리를 내지 않는다.

— 위응물(韋應物), 「擬古詩」

高樓多古今, 陳事滿陵谷.

높은 누대는 고금에 걸쳐 많고, 지난 일은 능묘에 가득하다.

— 왕창령(王昌齡), 「酬鴻臚裴主簿」

身心能自新, 色相了無取.

몸과 마음을 스스로 새롭게 할 수 있고, 만물의 형상은 취함이 없다.

— 최서(崔曙), 「宿大通和尙塔」

逍遙精舍居, 飮酒自爲足.

소요하며 정사에 거처하니, 술을 마시면 스스로 넉넉하다.

— 위응물, 「始除尙書郎」

이 형식도 일종의 사평구(四平句)이지만 측성이 제4자에 있기 때문에 상관없다. 그러나 결국 네 개의 평성을 썼으므로 동련(同聯)의 다른 구에 왕왕 사측구(四仄句)를 써서 조화를 추구하였다. 위에서 든 '愛義'·'空色'·'歲晏'·'漢下'·'適楚'·'身心'·'逍遙' 연이 모두 그렇다.

3.b. **(측평평측평)**

臨事恥苟免, **履危能飭躬**.

일에 임해 구차하게 모면하는 것을 부끄러워하고, 위험에 처해서도 몸을 능히 바르게 한다.

— 고적(高適), 「李雲南征蠻詩」

地逈鷹犬疾, **草深孤兎肥**.

땅이 멀어 매와 개가 빠르고, 풀이 우거져 외로운 토끼 살졌다.

— 최호(崔顥), 「古遊俠」

此意在觀國, **不言空遠遊**.

이 뜻은 나라를 살펴보는 데 있으니, 공연한 遠遊를 말하는 것이 아니다.

— 저광희(儲光羲), 「遊茅山」

生事本漁釣, **賞心隨去留**.

사는 일은 고기잡이와 낚시에 근본을 두고, 마음을 즐겁게 하는 것은 가고 머묾에 따른다.

— 이기(李頎), 「題綦毋校書田居」

手攜雙鯉魚, 目送千里雁.

손에는 한 쌍의 잉어를 들고서, 천 리를 가는 기러기를 눈으로 전송한다.

— 왕창령, 「獨游」

不知從此分, 還袂何時把?

알 수 없구나 이제 헤어지면, 언제 다시 소매를 잡을 수 있을지.

— 맹호연(孟浩然), 「江上別流人」

削成元氣中, 傑出天漢上.

깎아서 원기 중에 이루었으니, 은하수 위에 우뚝 솟아 있다.

— 왕창령, 「望太華贈盧司倉」

이 형식 또한 동련(同聯)의 다른 구에 사측(四仄)을 즐겨 사용하였다. 위의 예 중에서 맹호연(孟浩然)의 것을 제외하면 나머지는 모두 사측을 사용하였다. 그것은 대략 시인들이 이 형식을 '평평평측평'의 변체(變體)라고 느꼈기 때문일 것이다(맹호연은 고시에서 율구의 사용을 좋아하였는데, '還袂何時把' 같은 구는 더욱 그러했다[103]).

4.a. **(측측평측평)**

世人久疎曠, **萬物皆自閑**.
세상 사람들 적막한 지 오래되어, 만물이 모두 절로 한가롭다.
— 최서(崔曙), 「潁陽東溪懷古」

夫君不得意, **本自滄海來**.
그대는 뜻을 얻지 못하고, 본래 창해에서 왔다네.
— 노상(盧象), 「送綦毋潛」

蘇君年幾許? **狀貌如玉童**.
소군은 나이가 얼마나 되었을까? 외모가 옥동자 같다.
— 이기, 「贈蘇明府」

屠酤亦與群, **不問君是誰**.
도살과 술파는 것도 무리와 함께 하니, 그대가 누구인지 묻지 않는다.
— 이기, 「贈別高三十五」

向夕林鳥還, 憂來飛景促.
저녁이 되니 숲에는 새가 돌아오고, 오는 것을 근심하니 햇빛이 재촉한다.
— 심전기(沈佺期), 「臨高臺」

及此年事衰, 徒看衆花發.
이에 이르러 나이는 노쇠하고, 다만 뭇 꽃이 피는 것을 본다.
— 장열(張說), 「相州山池作」

雪罷冰復開, 春潭千丈綠.

103) '還袂何時把'의 평측은 '平仄平平仄'으로서, a형의 律句이다.

눈이 끝나고 얼음 다시 녹으니, 봄 못은 천 장 멀리 푸르다.

— 맹호연, 「漢中漾舟」

白首垂釣翁, 新妝浣紗女.

낚시 드리운 머리 하얀 늙은이, 새로 치장한 빨래하는 아가씨.

— 맹호연, 「耶溪泛舟」

竹映秋館深, 月寒江風起.[104]

대나무 빛이 가을 객사 깊숙이 비치고, 차가운 달빛 아래 강바람이 인다.

— 왕창령(王昌齡), 「巴陵劉處士東齋作」

竹繞淸渭濱, 泉流白渠口.

대숲이 맑은 위수 가를 두르고, 샘물이 하얀 도랑 입구로 흐른다.

— 왕만(王灣), 「晩夏馬嵬卿叔池亭」

'측측평측평'은 평성이 두 개밖에 없으므로 동련(同聯)의 다른 구에 사측(四仄)을 사용하지 않는 것이 가장 좋다. 사측을 사용하면 자못 조화롭지 않게 될 것이다. 위에 든 여러 예 중에서 '世人'구와 '夫君'구는 각기 양평(兩平)을 사용하였고, 그 나머지는 모두 삼평(三平)을 사용하여 기세를 순조롭게 하였다. 또한 측운(仄韻) 오언고시의 출구가 평각(平脚)을 사용하는 경우에는 왕왕 '측측평측평' 및 그 변체 '평측평측평'을 사용하였다.

4.b. **평측평측평**

雲峯勞前意, **湖水成遠心**.

구름 덮인 봉우리가 이전의 뜻을 위로하고, 호수는 먼 곳을 향한 마음을 이룬다.

— 유신허(劉昚虛), 「尋東溪還湖中作」

晩田始家食, **餘布成我衣**.

---

104) 텍스트에는 '風'이 '門'으로 되어 있는데, 내용상 『全唐詩』에 의거하여 바꾸었다.

가을 작물이 비로소 집의 식량이 되고, 남은 베로 내 옷을 만든다.

— 왕유, 「贈劉藍田」

迴首思舊鄉, 雲山亂心曲.

머리 돌려 옛 고향을 그리니, 구름 낀 산이 심사를 어지럽힌다.

— 심전기(沈佺期), 「臨高臺」

元氣連洞庭, 夕陽落波上.

원기가 동정호에 이어져 있고, 석양빛이 물결 위에 떨어진다.

— 유장경(劉長卿), 「自鄱陽還道中」[105)]

乘月期角巾, 飯僧嵩陽寺.

달빛을 타고 隱士의 角巾을 기약하고, 숭양사에서 스님께 밥 공양을 하련다.

— 왕창령, 「緱氏尉沈興宗置酒」

이 형식은 '측측평측평'의 변체이지만 '측측평측평'만큼 상용되지는 않았다. '평측평측평'으로 '측평측평측'과 대를 이루게 한 것이 보통이니, 이를테면 '晩田'·'夕陽' 두 구 같은 것이다. 제1자와 제3자의 평측에 구애받지 않고 '평평측평측'·'측평평평측'·'평평평평측'과 대를 이룬 것은 '雲山'·'飯僧'·'雲峰'구와 같은 것들이다. 종합하면 대구의 제2자와 제4자가 측성이면 출구의 제2자와 제4자가 평성이고, 출구의 제2자와 제4자가 측성이면 대구의 제2자와 제4자가 평성이다.

28.13 (寅) 측측평

5.a. **측측측측평**

徒知眞機靜, **尙與愛網幷**.

---

105) 텍스트에는 '鄱'가 '番'으로 되어 있는데, 誤字이다. 참고로 이 시의 원 제목은 「自鄱陽還道中寄褚徵君」이다.

다만 현묘한 이치가 고요함을 알 뿐, 아직 애정의 올가미와 병존한다.

— 유신허(劉昚虛), 「登廬山峯頂寺」

終日飮醇酒, **不醉亦不醒**.

종일토록 진한 술을 마시면서, 취하지도 깨지도 않는다.

— 장열(張說), 「過冲和先生」

賓從何逶迤! **二十四老翁**.

빈객과 시종이 얼마나 길게 이어졌는가! 스물 네 분의 노옹들이다.

— 장열, 「觀李少府樹宓子賤碑」

南登秦望山, **極目大海空**.

남쪽으로 진망산에 올라가, 아득히 큰 바다와 하늘을 바라본다.

— 설거(薛據), 「登秦望山」

而多漁商客, **不悟歲月窮**.

그리고 고기잡이 상인들이 많아서, 세월이 가는 것을 깨닫지 못한다.

— 설거, 「登秦望山」

鶴巢前林雪, **瀑落滿澗風**.

학 둥지 앞의 숲에 내린 눈, 폭포 떨어지는 계곡에 가득 찬 바람.

— 주경현(朱景玄), 「華山南望春」

自勉且勉余, 良藥在苦口.

스스로의 격려가 나를 격려하고, 좋은 약이 입에 쓰다지.

— 왕계우(王季友), 「滑中贈顧高士瓘」

이 형식은 주로 대구에 사용되지만 제법 드물게 보인다. 이 형식은 평각(平脚)을 제외한 나머지 네 글자가 모두 측성이기 때문에 동련(同聯)의 다른 구는 왕왕 사평(四平)을 사용한다. 위의 예에서 '徒知'·'賓從'·'南登'·'而多' 등의 구가 이에 해당한다('從'자는 去聲이고 '望'자는 平去兩

讀이어서,[106] 평성으로 읽으면 五平句가 된다). 또는 중간의 세 글자에 평성을 사용하기도 하는데, '鶴巢'구가 이에 해당한다. '終日'과 '自勉'의 두 예는 그다지 조화를 이루지 못하였다.

5.b. **평측측측평**

張范善始終, 吾等豈不慕?
장범은 시종일관 훌륭한데, 우리가 어찌 흠모하지 않으랴?
— 왕창령(王昌齡), 「鄭縣宿陶大公館」

懷抱曠莫伸, 相知阻吳越.
넓은 회포를 펴지 말아야지, 오월 땅이 험하다는 것을 알고 있다.
— 설거, 「出青門往南山別業」

功夫競搰搰, **除草置岸旁**.
농부들은 다투어 힘껏 일하여, 풀을 뽑아 언덕 옆에 놓아둔다.
— 두보, 「秋行官張望」

이 형식은 5.a.보다 더욱 드물게 보인다. 동련(同聯)의 다른 구는 제2자와 제4자에 모두 평성을 쓰는 것이 정칙(正則)이다.

6. (**측평측측평**)

忠欲事明主, **孝思侍老親**.
충성은 영명한 군주를 섬기고자 하고, 효도는 늙은 부모를 모시고자 한다.
— 맹호연(孟浩然), 「仲夏歸漢南園」

嫁女與征夫, **不如棄路旁**.
딸을 출정하는 남자에게 시집보냄은, 길가에 버리는 것보다 못하답니다.
— 두보, 「新婚別」

---

106) '望'자는 下平7 '陽'운으로 읽을 수도 있고, 去23 '漾'운으로 읽을 수도 있다.

淨理了可悟, **勝因夙所崇**.

청정한 妙理를 깨달을 수 있고, 善의 근성을 일찍이 숭앙하였다.

— 잠삼(岑參), 「與高適薛據同登慈恩寺浮圖」

吳牛力容易, **并驅動莫當**.

물소는 힘들이지 않고 쟁기를 끌어, 그 구동하는 힘을 당할 수 없다.

— 두보, 「秋行官張望」

尙恐主守疎, **用心未甚臧**.

家臣이 소홀하여, 마음 씀이 적절치 못할까 여전히 걱정된다.

— 두보, 「秋行官張望」

廢興雖萬變, **憲章亦已淪**.

시대의 흥망에 따라 문풍이 수없이 변했지만, 正聲의 법도 역시 이미 사라졌다.

— 이백(李白), 「古風五十九首」(제1수)

昔日與高李, **晩登單父臺**.

지난날 高適·李白과 함께, 晩秋에 단보대에 올랐다.

('單'자는 去聲이다.)

— 두보, 「昔遊」

靈異可並跡, **澹然與世閑**.

신비하고 괴이한 일을 함께 찾아 나서고, 담담한 심경으로 한가하게 세상에 처한다.

— 이백, 「與南陵常贊府遊五松山」

自非曠士懷, 登玆翻百憂.

나는 광달한 선비의 마음이 아니라서, 이곳에 오르니 온갖 근심이 일렁인다.

— 두보, 「同諸公登慈恩寺塔」

有生固蔓延, 靜一資提防.
잡초가 끊임없이 만연하므로, 신중하게 방비해야 한다.
—두보, 「秋行官張望」

主稱會面難, 一擧累十觴.
주인은 만나기 어렵다고 하면서, 단숨에 술 열 잔을 들이킨다.
—두보, 「贈衛八處士」

我今日夜憂, 諸弟各異方.
내가 오늘 밤 근심에 젖은 것은, 여러 형제가 각기 다른 지방에 흩어져 있어서이다.
—두보, 「遣興」

不知死與生, 何況道路長?
죽었는지 살았는지도 알지 못하는데, 하물며 길의 거리를 어찌 알겠는가?
—두보, 「遣興」

貴人豈不仁, 視汝如莠蒿.
달관귀인들이 어찌 인자하지 않으랴만, 그대들을 강아지풀과 쑥처럼 본다.
—두보, 「遣遇」

澹然望遠空, 如意方支頤.
조용히 먼 하늘을 바라보며, 여의 지팡이로 턱을 지탱한다.
—왕유(王維), 「贈裴十迪」

我心素已閑, 淸川澹如此.
내 마음은 본디 이미 한가하고, 청계수는 이와 같이 맑다.
—왕유, 「靑谿」

夙從大導師,[107] 焚香此瞻仰.

107) 텍스트에는 '從'이 '乘'으로 되어 있는데, 誤字이다.

일찍이 보살을 따라, 이곳에서 분향하고 우러러보았다.

— 왕유, 「謁璿上人」

我行忽見之, 寒早悲歲促.

나는 나가서 갑자기 그것을 보았다, 추위가 일찍 와서 세월의 빠름을 슬퍼한다.

— 이백, 「古風五十九首」(제23수)

이 형식은 앞의 제7절에서 언급한 고평(孤平)이다. 고평이 근체시에서는 시가(詩家)의 큰 금기이지만 고체시에서는 오히려 시가의 총아이다. 율시에서는 고평의 사용을 기피하기 때문에 고평을 율구(律句)로 인정하지 않는다. 동련(同聯)의 다른 구에는 각종 형식이 모두 있다. 여기서 예를 특별히 많이 들었는데, 왜냐하면 고체와 근체가 크게 다른 점을 보이고자 했기 때문이다.

28.14 (卯) 측평평

7.a. **평평측평평**

白雲慚幽谷, **淸風愧泉源**.

흰 구름은 깊은 계곡에 부끄러워하고, 맑은 바람은 샘의 근원에 부끄러워한다.

— 장열(張說), 「雜興」

水客皆擁棹, **空霜遂盈襟**.

사공이 모두 노를 잡으니, 하늘의 서리가 마침내 옷깃을 채운다.

— 왕창령(王昌齡), 「江上聞笛」

行藥至石壁, **東風變萌芽**.

약을 복용하고 걸어서 석벽에 이르니, 봄바람에 싹이 텄다.

— 상건(常建), 「閑齋臥病行藥」

濟世翻小事, **丹砂駐精魂**.

세상을 구제하는 것은 작은 일을 뒤엎고, 단약은 정신과 혼백을 머무르게 한다.

— 위응물(韋應物), 「送李十四東山游」

晨登翅頭山, 山曛黃霧起.
새벽에 시두산에 올랐는데, 산에 황혼이 드니 노란 안개가 인다.

— 포융(包融), 「登翅頭山」

黃河走東溟,[108] 白日落西海.
황하는 동쪽 바다로 흘러가고, 하얀 해는 서해로 떨어진다.

— 이백, 「古風五十九首」(제10수)

이 형식은 대구에 사용된 것이 비교적 많다. 이것이 사평구(四平句)이기 때문에 동련(同聯)의 다른 구에 왕왕 사측(四仄)을 사용한다. 위의 여러 예 중에서 '白雲'·'晨登' 두 연만이 예외이다.

7.b. 측평측평평

首夏別京輔, **杪秋滯三河**.
初夏에 수도 일대를 떠나서, 晚秋에 三河 일대에 머물러 있다.

— 위징(魏徵), 「莫秋言懷」

蘿逕垂野蔓, **石房倚雲梯**.
여라 길에는 덩굴이 드리워 있고, 돌집에는 구름사다리가 기대어 있다.

— 장열, 「客中遇林慮」

千里橫黛色, **數峯出雲間**.
천리에 걸쳐 눈썹먹 빛이 가로놓여 있는데, 몇 봉우리가 구름 사이에서 솟아 있다.

— 맹호연(孟浩然), 「崔濮陽兄季重」

108) 텍스트에는 '溟'이 '冥'으로 되어 있는데, 誤字이다.

雄義每特立, **犯顔豈圖全**?

웅대한 뜻을 세울 때마다, 태도를 바꾸어 어찌 자신의 保全을 꾀할까?

— 도한(陶翰), 「贈房侍御」

靜然顧遺塵, 千載如昨朝.

조용히 앞 사람들이 남긴 자취를 돌이켜보니, 천 년 세월이 어제 같다.

— 장열, 「同群公秋登琴臺」

故人念江湖, 富貴如埃塵.

옛 친구는 강호를 그리워하여, 부귀를 티끌 같이 여긴다.

— 왕창령(王昌齡), 「送十二兵曹」

往年詣驪山, 獻賦溫泉宮.

왕년에 여산을 찾아가서, 온천궁에 부를 지어 바쳤다.

— 잠삼(岑參), 「送祁樂歸河東」

地形失端倪, 天色潛滉瀁.

지형은 그 끝을 잃었고, 하늘빛은 아득하게 잠겨 있다.

— 설거(薛據), 「西陵口觀海」

妙年卽沈痾, 生事多所闕.

젊은 나이에 중병이 들어, 사는 일에 빠진 것이 많다.

— 전기(錢起), 「海上臥疾」

이 형식이 7.a.의 변체이긴 하지만 평성자 하나가 줄었기 때문에 동련(同聯)의 다른 구에 반드시 사측(四仄)을 사용하지는 않고 때로는 삼측(三仄)이나 삼평(三平)을 쓸 수도 있다.

28.15 （乙）측각(仄脚)

(辰) ≪측평측≫

8.a. ≪**평평측평측**≫

昏見斗柄迴, **方知歲星改**.

밤에 북두칠성이 돌아온 것을 보고서야, 해가 바뀐 것을 알았다.

— 맹호연(孟浩然), 「歲莫海上作」

夜上明月樓, **相思楚天闊**.

밤에 밝은 달 떠오른 누각에서, 그대를 생각하니 남녘 하늘 드넓다.

— 유장경(劉長卿), 「石梁湖寄陸蕪」

自是君不來, **非關去山遠**.

본래 그대가 오지 않는 것은, 산이 멀리 있기 때문이 아니다.

— 이단(李端), 「歸山招王逵」

野漠冷胡霜, **關樓宿邊客**.

들판 사막은 오랑캐 서리 내려 춥고, 관산의 누각에서 변방의 나그네 묵는다.

— 사공서(司空曙), 「關山月」

不及墻上烏, **相將繞雙闕**.

담 위의 까마귀에 이르지 않고, 함께 쌍 門闕 주위를 돌려고 한다.

— 이건훈(李建勳), 「白雁」

況乃秋日光, **玲瓏曉窗裏**!

하물며 가을 햇빛이, 영롱하게 새벽 창 안으로 들어옴에랴!

— 원진(元稹), 「遣晝」

歸閑日無事, 雲臥晝不起.

돌아와 閑居하니 날마다 아무 일 없어, 구름에 누워 낮에도 일어나지 않는다.

— 맹호연, 「王逈見尋」

黃雲雁門郡, 日莫風沙裏.

누런 구름 덮인 안문군, 바람 부는 사막에 해가 저문다.

— 이기(李頎), 「塞下曲」

攀條憩林麓, 引水開泉源.

숲 기슭에서 가지에 올라가 쉬고, 샘의 근원을 열어 물을 끌어들인다.

— 노상(盧象), 「田家卽事」

當軒置罇酒, 送客歸江城.

정자 앞에 한 동이 술을 놓고, 강성으로 돌아가는 객을 전송한다.

— 노륜(盧綸),[109] 「送顧秘書獻書後歸岳州」

8.b. (측평측평측)

白首無子孫, **一生自疎曠**.

하얗게 센 머리에 자손도 없이, 일생 스스로 소탈하고 활달하다.

— 유장경, 「自鄱陽還道中」

論舊忽餘悲, **目存且相喜**.

옛일을 논하다 갑자기 슬퍼졌는데, 눈이 남아 있어 잠시 그것을 기뻐한다.

— 맹호연, 「休暇還舊業便使」

常若千里餘, **況之異鄉別**!

언제나 천리 남짓 떨어져 있는 것 같았는데, 하물며 타향에 헤어져 있음에랴!

— 왕창령(王昌齡), 「行子苦風泊來舟」

方此顧行旅, **末由飭仙裝**.

여기서 여행을 돌아보니, 도인의 복장을 삼갈 이유가 없다.

— 도한(陶翰), 「望太華贈盧司倉」

---

109) 텍스트에는 '盧綸'이 '廬綸'으로 되어 있는데, 誤字이다.

故山隔何處? 落日羨歸翼.

옛 산은 어디에 떨어져 있을까? 석양 아래 돌아가는 새가 부럽다.

— 유장경, 「桂陽西洲曉泊」

倚巖見廬舍, 入戶欣拜揖.

바위에 기대어 오두막집을 보고, 문에 들어가 기쁘게 인사한다.

— 왕만(王灣), 「奉使登終南山」

道門隱形勝, 向背臨層霄.

사원은 빼어난 경치 속에 숨어 있고, 정면과 후면이 높은 하늘에 임해 있다.

— 기무잠(綦毋潛), 「題鶴林寺」

涉深露沙石, 蘋藻生虛空.

깊은 곳을 건너니 모래와 돌이 드러나고, 마름풀이 허공에 자라는 것 같다.

— 이기, 「與諸公游濟瀆泛舟」

8.a.가 정례(正例)이고 8.b.가 변체(變體)인데, 전자가 비교적 상용된다. 율시에 이와 같은 구가 흔히 있지만(제8절을 참조할 것) 고시의 형식을 차용한 것이어서 율구로 볼 수 없다. 측운시(仄韻詩)에서 8.a.b.의 동련(同聯) 다른 구의 제2자와 제4자는 둘 다 측성인 것이 가장 흔히 보이고, 그 다음은 제2자가 측성이고 제4자가 평성인 것이다. 평운시(平韻詩)에서는 대구에 왕왕 삼평조(三平調)를 사용한다.

9.a. **측측측평측**

少年弄文墨, **屬意在章句**.

소년은 붓을 휘둘러 글을 쓰지만, 마음이 가는 곳은 문장에 있다.

— 맹호연, 「南歸阻雪」

林巒非一狀, **水石有餘態**.

숲과 산은 한 가지 모양이 아니고, 물과 바위에는 여태가 있다.

— 유장경, 「陪元侍御遊支硎寺」

以我越鄕客, 逢君謫居者.
고향 떠난 나그네인 내가, 좌천되어 거처하는 그대를 만났다.

— 맹호연, 「江上別流人」

作吏到西華, 乃觀三峯壯.
관리가 되어 서화에 도착해서, 마침내 웅장한 삼봉을 보았다.

— 도한, 「望太華贈盧司倉」

氣赤海生日, 光淸湖起雲.
대기가 붉어지며 바다에 해가 떠오르고, 빛이 맑아지며 호수에 구름이 인다.

— 송지문(宋之問), 「夜渡吳松江懷古」

大道本無我, 靑山長與君.
대도에는 본래 자아가 없고, 청산은 언제나 그대와 함께 있다.

— 이기, 「送暨道士還玉淸觀」

9.b. **평측측평측**

漾舟逗何處? **神女漢皐曲**.
배를 띄워 어디에 머무르려는가? 신녀가 있는 한고산 기슭이라네.

— 맹호연, 「漢中漾舟」

故人千里道, **滄海十年別**.
옛 친구 있는 곳은 천리 길, 창해에 십 년을 떨어져 있다.

— 유장경, 「石梁湖寄陸羔」

安期始遺舃, **千古謝榮耀**.
安期生은 붉은 옥 신발을 남겨두고, 천고에 빛날 영화를 사양하였다.

— 왕창령(王昌齡), 「觀江淮名山圖」

獨行旣未愜, **懷土悵無趣**.
홀로 가는 것이 내키지 않는데, 옛 땅을 생각하니 슬픔으로 흥취가 없다.

— 고적(高適), 「自淇涉黃河途中作」

秋月對愁客, 山鐘搖暮天.
가을 달은 슬픔에 젖은 나그네를 마주하고, 산사의 종이 저녁 하늘에 흔들린다.
— 왕창령, 「潞府客亭寄崔鳳童」

松色落深井, 竹陰寒小山.
소나무 빛이 깊은 우물에 떨어지고, 대숲 그늘에 작은 산 차갑다.
— 구양첨(歐陽詹), 「同諸公過福先寺」

9.a.가 정례이고 9.b.가 변체이지만 양자가 똑같이 상용된다. 이들 동련의 다른 구는 측운시일 경우에는 왕왕 8.a.나 8.b.를 사용하고, 평운시일 경우에는 왕왕 3.a.나 3.b.를 사용한다.

28.16 (巳) (측측측)

10.a. **(평평측측측)**
古岸生新泉, **霞峯映雪巘**.
옛 언덕에 새로운 샘이 생기고, 노을 진 봉이 눈 덮인 봉에 비친다.
— 전기(錢起), 「仲春晚尋覆釜山」

兼問前寄書, **書中復達否**?
겸하여 묻는다 전에 부친 편지와, 그 속의 것을 다시 전달했는가?
— 유신허(劉眘虛), 「送韓平兼寄郭微」

欲驗少君方, **長吟大隱作**.
李少君의 秘方을 증험하고자, 진정한 은사의 작품을 길게 읊조렸다.
— 노륜(盧綸), 「奉陪侍中游石笋溪」

回首碧雲深, **佳人不可望**.
머리 돌려 바라보니 푸른 구름 자욱하여, 가인은 볼 수가 없게 되었다.
— 권덕여(權德輿), 「晚渡揚子江」

峯峯帶落日, 步步入青靄.

봉우리마다 지는 해를 띠고 있고, 걸음마다 푸른 구름 속으로 들어간다.

— 유장경, 「陪元侍御遊支硎寺」

東溪一白雁, 毛羽何皎潔!

동쪽 시내의 한 마리 흰 거위, 깃털이 얼마나 희고 깨끗한가!

— 이건훈(李建勳), 「白雁」

邀歡日不足, 況乃前期長!

즐거움을 맞는 것은 하루로 부족한데, 하물며 미래의 기약이 멀어서야!

— 황보염(皇甫冉), 「之京留別劉方平」

誰言魏闕下, 自有東山幽!

누가 말했던가 조정 안에, 본래 동산의 그윽함이 있다고!

— 낭사원(郎士元), 「題劉相公三湘圖」

이 형식은 '古岸'·'邀歡'·'誰言'의 세 예와 같이 본래 '측측평평평'과 대를 이루어야 하지만, '欲驗'·'回首' 두 예와 같이 율구 '측측측평평'과 대를 이루는 것을 좋아한 사람도 있다. 이 두 가지 경우는 비교적 흔히 보인다. 물론 다른 경우도 있다. '兼問'·'峯峯'·'東溪'의 세 예를 관찰하면 알 수 있을 것이다.[110]

10.b. 측평측측측

少年負意氣, 好勇復知機.

젊은이는 의기를 짊어지고, 용감한데다 예견이 있다.

— 최호(崔顥), 「古遊俠」

故人不可見, 河水復悠然.

110) '兼問'구의 평측은 '平仄平仄平'이고, '步步'구의 평측은 '仄仄仄平仄'이고, '毛羽'구의 평측은 '平仄平仄仄'이다.

옛 친구는 볼 수가 없는데, 강물은 다시 유유히 흐른다.

— 왕유(王維), 「至滑州隔河望黎陽」

願聞素女事, 去採山花叢.

素女의 일을 들으려 했는데, 산꽃을 캐러 갔단다.

— 이기, 「贈蘇明府」

少憑水木興, 暫忝身心調.

물과 나무의 흥취에 의지하지 않고, 잠시 몸과 마음을 조절한다.

— 기무잠(綦毋潛), 「題鶴林寺」

宿帆謁郡佐, 悵別依禪林.

돛배를 정박시키고 郡丞을 찾아가니, 사원에 기대어 이별을 슬퍼한다.

— 상건(常建), 「潭州留別」

貴人昔未貴, 咸願顧寒微.

귀인도 옛날에는 귀하지 않았으니, 미천한 사람 두루 돌보아주길 원한다.

— 양분(楊賁), 「感興」

忽然辟命下, 衆謂趨丹墀.

갑자기 임용의 조서가 내려오니, 뭇 사람들은 궁전으로 달려가라고 말한다.

— 이기, 「贈別高三十五」

手持白羽扇, 脚步青芒履.

손에는 하얀 깃부채를 들고, 발에는 도사의 집신을 신고 걷는다.

— 맹호연(孟浩然), 「白雲先生王逈見訪」

이 형식이 대구에 사용되는 경우는 매우 드물다. 이 형식이 출구에 사용될 때는 10.a.의 경우와 비슷하여 '願聞'·'少憑'·'宿帆'·'忽然'의 네 예와 같이 대구에 왕왕 삼평조를 사용하였다. 또한 '少年'·'故人'·'貴人'·'手持'의 네 예와 같이 왕왕 율구를 사용하였다.

11.a. **측측측측측**

看看似相識, **默默不得語**.

바라보니 서로 아는 듯한데, 묵묵히 말이 없다.

— 맹호연, 「耶溪泛舟」

鴻鵠搏扶搖, **物性各自得**.

큰 기러기가 회오리바람을 치고 오르듯이, 물성은 각기 스스로를 얻는다.

— 장열(張說), 「同諸公登琴臺」

遙信蓬萊宮, **不死世世有**.

멀리서 믿는다 봉래궁에서는, 죽지 않고 대대로 살아 있음을.

— 왕계우(王季友), 「滑中贈顧高士瓘」

桃源數曲盡, **洞口兩岸拆**.

桃源 몇 굽이 다한 곳에, 동굴 입구 양쪽 언덕이 터졌다.

— 전기(錢起), 「尋華山雲臺觀道士」

暝色况復久! 秋聲亦何長!

어스름이 하물며 다시 오래랴! 가을 소리 또한 얼마나 긴가!

— 유신허(劉眘虛), 「莫秋揚子江」

出處兩不合, 忠貞何由伸?

出仕와 隱居 둘 다 맞지 않으니, 충성과 지조를 어떻게 펼까?

— 왕창령(王昌齡), 「送十二兵曹」

願守黍稷稅, 歸耕東山田.

원컨대 기장 세를 지키고자, 돌아가 동산의 밭에서 경작하리.

— 유신허, 「潯陽陶氏別業」

料死不料敵, 顧恩寧顧終.

죽음을 각오할 뿐 적의 강약을 헤아리지 않고, 皇恩의 보답을 생각할 뿐 어찌 끝을 돌아보랴?

— 고적(高適), 「李雲南征蠻詩」

오측구(五仄句)가 오평구(五平句)보다 많이 보인다. 성당 이전에는 시의 대구에 오평(五平)은 지극히 적었지만 오측(五仄)은 오히려 많았다. 시론가들은 그 원인으로 평성(平聲)은 하나의 성조이지만 측성(仄聲)은 그 안에 상·거·입 세 성조가 들어 있어서 오상(五上)·오거(五去) 또는 오입(五入)을 연용한다면 결점이 되겠지만 그렇지 않으면 기피할 필요가 없었기 때문이라고 생각했다. 동련(同聯)의 다른 구에는 '忠貞何由伸'처럼 오평(五平)을 사용하거나 '鴻鵠摶扶搖'·'遙信蓬萊宮'과 '秋聲亦何長'처럼 사평(四平)의 사용을 가장 좋아하였고, 만약 삼평(三平)이나 양평(兩平)을 사용하면 제대로 조화를 이루지 못한다고 생각하였다. 사측(四仄)이나 오측(五仄)을 이 형식과 대를 이루게 한 것은 당시에서 거의 찾아볼 수 없다.

11.b. **평측측측측**

雲龍未相感, **干謁亦已屢**.

구름과 용은 아직 서로를 느끼지 못했지만, 뵙기를 청한 것은 이미 여러 번이다.

— 왕창령, 「鄭縣宿陶大公館」

夕陽度西嶺, **群壑倏已暝**.

석양이 서쪽 고개를 넘어가자, 여러 골짜기가 갑자기 어두워졌다.

— 맹호연, 「宿叢師山房」

烟波日已隔, **音信日已絶**.

안개 어린 물결 날로 멀어지고, 소식은 날이 갈수록 끊어진다.

— 유장경(劉長卿), 「石梁湖寄陸蕪」

高臺無晝夜, **歌舞竟未足**!

높은 누대에서는 밤낮 없이, 노래와 춤이 끝내 흡족하지 못했다!

— 유상(劉商), 「銅雀妓」

猶是對夏伏, 幾時有凉飆?

오히려 여름의 복날을 대하고 있으니, 언제나 서늘한 바람이 불어올까?

— 장열, 「同群公登琴臺」

仙境若在夢, 朝雲如可親.

仙境은 꿈속에 있는 것 같고, 아침 구름은 친할 수 있을 것 같다.

— 왕창령, 「寄焦錬師」

於何今相逢, **華髮在我後**.

어떻게 지금 그대를 만날까? 희끗희끗한 머리는 나보다 뒤이리.

— 왕계우, 「滑中贈顧高士瓘」

棲遲樂尊渚, **恬曠寡所欲**.

높은 물가에 깃들어 쉬며 즐기니, 편안하고 후련하여 욕심이 없어진다.

— 염방(閻防), 「百丈溪新理茅茨讀書」

谿口水石淺, 泠泠明藥叢.[111)]

계곡 입구의 물과 돌 얕은데, 청량하여 약초 무더기를 밝힌다.

— 상건(常建), 「仙谷遇毛女」

오측(五仄)을 기피할 필요가 없는 만큼 사측(四仄)은 더욱 구애받지 않는다(다만 평운시 출구에 '평측측측측'을 사용한 경우는 극히 드물다). 동련(同聯)의 다른 구에 가장 좋은 것은 '於何今相逢'·'朝雲如可親'·'泠泠明藥叢'의 세 예처럼 오평(五平) 또는 사평(四平)이다. 그렇지 않으면 '雲龍'·'夕陽'·'幾時'·'棲遲'의 네 예처럼 제2자와 제4자에 평성을 사용해야 한

111) 텍스트에는 '泠泠'이 '冷冷'으로 되어 있는데, 誤字이다.

다. '高臺'연 같은 것은 다소 조화를 이루지 못한다. '烟波'연은 두 개의 '日已'를 잇달아 사용하였는데, 「거자일이소(去者日已疏)」와 같아서 구애받지 않아도 좋다.

28.17 (午) 평측측

12.a. **측측평측측**

愛君淸川口, **弄月時棹唱**.

그대의 맑은 시내 입구를 좋아하여, 달빛 아래 때때로 노 저으며 노래 부른다.

— 유장경, 「自鄱陽還道中」

暫因愜所適, **果得捐外慮**.

잠시 가는 바에 마음이 상쾌하여, 속세의 근심을 버릴 수 있게 되었다.

— 유장경, 「題虎丘寺」

我生好閒散, **此去殊未返**.

나의 삶은 유유자적을 좋아하여, 이번에 떠나면 돌아오지 않으리.

— 이단(李端), 「歸山招王逵」

遠公何爲者, **再詣臨海嶠**?

원공은 무엇 하는 사람이기에, 두 번 와서 해변의 산마루에 임했을까?

— 왕창령, 「觀江淮名勝圖」

倚巖見廬舍, **入戶欣拜揖**.

바위에 기대어 오두막집을 보고, 문에 들어가 기쁘게 인사한다.

— 왕만(王灣), 「奉使登終南山」

人生病長別, **此是長別處**!

사람은 오랜 이별을 근심하기 마련인데, 여기가 영원한 이별 자리였구려!

— 조미명(趙微明), 「古挽歌」

直道多不偶, 美才應息機.

正道는 대부분 짝이 없고, 훌륭한 재능은 속된 생각에서 벗어난다.

— 낭사원(郎士元), 「贈萬生下第還吳」

艷色天下重, 西施寧久微.

미색은 천하가 소중히 여기니, 서시인들 어찌 오랫동안 미천했으랴?

— 왕유(王維), 「西施詠」

小引何足貴? 長年固可尋.

잠시의 물러남이 어찌 귀하다고 할 수 있으랴? 長壽가 본디 찾을 만하다오.

— 저광희(儲光羲), 「酬綦毋校書」

12.b. **평측평측측**

輕舟恣來往, **探玩無厭足**.

가벼운 배를 타고 마음껏 왕래하며, 즐거움을 찾으니 싫증날 줄 모른다.

— 맹호연(孟浩然), 「漢中漾舟」

雄圖爭割據, **神器終不守**.

웅대한 계획으로 할 것을 다투었지만, 帝位는 끝내 지키지 못했다.

— 유장경, 「孫權故城下懷古」

東溪喜相遇, **貞白如會面**.

동쪽 계곡에서 기쁘게 서로 만나니, 貞白先生 陶弘景을 뵌 듯하다.

— 유장경, 「自紫陽觀至華陽洞」

辛勤久爲吏, **榮進何妄執**!

관리가 되어 오랫동안 부지런히 일했으니, 영달이 어찌 망령된 집착이겠는가!

— 왕만, 「奉使登終南山」

馬煩時欲歇, **歸客程未已**.

말이 피로하여 때때로 쉬고자 하나, 돌아가는 나그네 여정이 끝나지 않았다.

— 조영(祖詠), 「夕次圃田店」

湖上春已早, 田家日不閒.
호숫가에 봄이 일찍 와서, 농부는 날마다 쉴 틈이 없다.
— 구위(丘爲), 「題農父廬舍」

雞黍何必具? 吾心知道尊.
닭과 기장을 어찌 반드시 갖추어야 하리? 내 마음은 도사님을 안다.
— 노상(盧象),112) 「田家卽事」

12.a.와 12.b.는 성질이 지극히 가깝다고 보아야 한다. 이것들이 대구에 사용되었을 때 출구의 제2자와 제4자는 평성을 쓰는 것이 원칙이다. 대구에 사용되었을 경우와 출구에 사용되었을 경우의 상황이 다소 다른 원인은 그 해답을 찾기가 쉽지 않다. 상술한 원칙에 따르면 '暫因' · '雄圖' · '馬煩'의 세 연이 예외이다. 12.a.는 중간에 한 개의 평성이 있기 때문에 시론가들은 사측구(四仄句)로 보지 않는다.

28.18 (未) 평평측

13.a. 〈**평평평평측**〉
暮霞照新晴, **歸雲猶相逐**.
저녁놀이 갓 갠 하늘을 비추고, 돌아가는 구름이 나를 쫓아온다.
— 왕창령(王昌齡), 「酬鴻臚裴主簿」

俯仰垂華纓, **飄颻翔輕轂**.
잠깐 사이에 화려한 갓끈을 드리우고, 비상하듯 가볍게 수레를 몬다.
— 위응물(韋應物), 「始除尙書郎」

天寒蒹葭渚, 日落雲夢林.
날씨 차가운 갈대 물가, 운몽의 숲에 해가 저문다.
— 맹호연, 「送從弟蕃游淮南」

112) 텍스트에는 '盧象'이 '廬象'으로 되어 있는데, 誤字이다.

扁舟滄浪意, 澹澹花影沒.
푸른 물결에 조각배를 띄우는 마음, 담담하게 꽃 그림자 잠긴다.
—상건(常建), 「白龍窟泛舟」

長安三千里, 日夕西南望.
장안은 여기서 삼천 리, 석양 아래 남서쪽을 바라본다.
—장위(張謂), 「同孫搆免官後登薊樓」

沈吟東山意, 欲去芳歲晩.
동산에서 심사숙고하던 뜻, 정월이 저물어가려 한다.
—가지(賈至), 「贈裴九侍御」

'평평평평측'은 '측평평평평'처럼 낙조(落調)로 치지 않는다. 왜냐하면 이 형식은 앞에 사평(四平)이 있기 때문이다. 그러나 네 개의 평성이 연이어 있는 것은 결국 그다지 조화롭지 않기 때문에 대구에 사용되는 경우는 지극히 드물고, 출구에 사용되는 경우가 비교적 많다. 이것으로 고풍에서는 대구의 평측이 출구의 평측보다 중요하다는 것을 증명할 수 있다. 조집신(趙執信)의 『성조보(聲調譜)』가 대구를 중시한 것은 무리가 아니다.

13.b. **측평평평측**
久之風榛寂, **遠聞樵聲至**.
한참 후 숲 바람 고요해지니, 멀리서 나무하는 소리 들려온다.
—왕창령, 「緱氏尉沈興宗置酒」

久與林壑辭, **及來杉松大**.
오랫동안 숲 골짜기와 떨어져 있다가, 와서 보니 삼나무 소나무가 커졌다.
—상건, 「終南雙峯草堂」

嶺外飛電明, **夜來前山雨**.
고개 너머로 번개가 번쩍이더니, 밤이 되자 앞산에 비가 내린다.
—설거(薛據), 「宿大通和尙塔」

生事且彌漫, **願爲持竿叟**.

사는 일 또한 아득하여, 낚시하는 늙은이가 되련다.

— 기무잠(綦毋潛), 「春泛若耶溪」

本家藍田下, 非爲漁弋故.

본집이 남전 아래에 있는 것은, 물고기와 새를 잡기 위해서가 아니다.

— 왕창령, 「鄭縣宿陶大公館」

忽然爲枯木, 微興遂如兀.

홀연히 마른 나무가 되어, 작은 흥취가 마침내 우뚝 솟은 듯하다.

— 상건, 「白龍窟泛舟」

自云多方術, 往往通神靈.

스스로 말하기를 방술에 능하여, 왕왕 신령과 통한단다.

— 장열(張說), 「過沖和先生」

舊居緱山下, 偏識緱山雲.

예전에 구산 밑에 살아서, 마침 구산의 구름을 알아보았다.

— 잠삼(岑參), 「過緱山王處士」

'측평평평측'은 비록 '평평평평측'과 같은 종류에 속하지만(보통 제1자의 평측은 구애받지 않는 것으로 생각한다), 중간에 세 개의 평성만이 이어져 있기 때문에 사평구(四平句)보다 비교적 흔히 보인다. 더욱이 대구에 사용된 것은 사평구(四平句)보다 훨씬 많이 보인다. 이 형식과 동련(同聯)의 다른 구에는 '嶺外'·'生事'·'忽然'·'自云'·'舊居' 등과 같이 제2자가 측성이고 제4자가 평성이거나, '久與'와 '本家'의 두 예처럼 제2자가 평성이고 제4자가 측성이다. 제2자와 제4자가 모두 평성이거나 측성인 경우는 매우 드문데, '久之'연은 제2자와 제4자가 모두 평성이어서 변례(變例)로 볼 수 있다.

28.19 이상에서 서술한 13대류(大類) 25소류(小類)의 평측식(平仄式)은 이미 율구(律句) 이외의 각종 형식을 완전히 포괄한다. 비록 많이 사용되고 적게 사용되고의 차이가 있긴 하지만 각종의 가능한 형식이 모두 시인들에 의해 사용되었다. 출구와 대구의 평측 배합도 흔히 보이는 배합법과 드물게 보이는 배합법의 차이가 있긴 하지만 사용이 금지된 배합법은 없다. 이로부터 고풍의 평측은 확실히 율시처럼 엄격하지 않음을 알 수 있다.

28.20 다만 오언고시도 제26절에서 서술한 전운시(轉韻詩)와 마찬가지로 옛 것을 모방한 오언고시와 신식의 오언고시 두 종류로 나눌 수 있다. 이백과 두보의 오언고시는 전자에 속하는 것이 많고, 왕유(王維)·이기(李頎)·왕창령(王昌齡)·유장경(劉長卿)·맹호연(孟浩然)의 오언고시는 후자에 속하는 것이 많다. 전자는 거의 완전히 아무런 속박도 받지 않고, 후자는 점차 일종의 격률로 자리 잡았다. 그런데 후자가 우세를 점했기 때문에 당대의 고풍을 분석한 시론가들은 이것을 엄연히 일종의 평측 격식으로 보았다.

28.21 왕유·이기·왕창령·유장경·맹호연 제인의 오언고시는 마지막 세 글자를 살펴보면 평각은 삼평조 및 '평측평' 위주이고, 측각은 '측평측' 위주이다('측측측'은 다만 '측평측'의 變相에 불과하여 사용빈도에서 '측평측'에 훨씬 못 미친다). 평각에서 '평평평' 앞의 두 글자는 '측측' 위주이고, '평측평' 앞의 두 글자는 '평평' 위주이다. 그렇게 함으로써 다만 율구 '측측측평평'과 '평평측측평'의 제3자를 '평'으로 요(拗)하여 고풍을 이룬 것이다. 측각에서는 '측평측' 앞의 두 글자는 '평평'과 '측측'의 두 가지가 있는데, '평평측평측'은 율구 '평평평측측'의 제3자와 제4자를 뒤바꾸어 만든 것이고('평평측평측'은 율시에서 特拗에 속한다. 제9절을 참조할 것), '측측평측'은 율구 '측측평평측(仄)'의 제3자를 '측'으로 요(拗)하여 고풍을 이룬 것이다. 이와 같이 신식의 고풍에서 정칙(正則)의 평측 격식은 네 가지가 있을 뿐이다(제6절에서 서술한 율시의 네 가지 평측 격식과 비교해보라).

(1) 측측측평측(율구 a식에서 변한 것).
(2) 측측평평평(율구 A식에서 변한 것).
(3) 평평측평측(율구 b식에서 변한 것).
(4) 평평평측평(율구 B식에서 변한 것).

제1자는 평측에 구애받지 않을 수 있지만 나머지 네 글자는 제시된 격식에 의거하여 평측을 사용하는 것이 원칙이다. 오언고시의 글자 수는 정해진 것이 없지만 신식 오언고시의 규칙에 따르면 오언배율과 마찬가지로 점대(黏對)의 방법에 의해 이어 내려가야 할 것이다. 백운(百韻)을 연용한다고 하더라도 이를 통해 유추할 수 있다. 이제 예를 하나 들어본다.

向夕斂微雨, (a)　　저녁 무렵에 가랑비 걷히고[113]
晴開湖上天. (B)　　호수 위 하늘이 맑게 개었다.
離人正惆悵, (b)　　이별한 사람 슬픔에 잠겨 있는데
新月愁嬋娟. (A)　　새 달이 슬픔 속에 아름답다.
佇立白沙曲, (a)　　하얀 모래밭 가에 우두커니 서서
相思滄海邊. (B)　　푸른 바닷가를 그리워한다.
浮雲自來去, (b)　　뜬 구름은 스스로 오가지만
此意誰能傳? (A)　　이 마음을 누가 전할 수 있을까?
一水不相見, (a)　　같은 물이건만 그대 보이지 않고
千峯隨客船. (B)　　수많은 봉우리가 객선을 따른다.
寒塘起孤雁, (b)　　찬 못에서 외로운 기러기 날아오르고
夜色分鹽田. (A)　　밤빛에 염전이 구분되어 보인다.
時復一延首, (a)　　때때로 목을 빼어 멀리 바라보며
憶君如眼前. (B)　　그대 생각하니 눈앞에 있는 듯하다.
— 유장경(劉長卿), 「宿懷仁縣南湖寄東海荀處士」

113) 텍스트에는 '斂'이 '歛'으로 되어 있는데, 誤字이다.

이 시에는 상술한 네 가지 정칙(正則)의 평측 형식에서 벗어난 구가 하나도 없다('新'·'時'·'憶'은 제1자의 위치에 있으므로 따지지 않아도 된다). 또한 점대(黏對)도 율시의 점대와 완전히 같다. 물론 각각의 시가 다 이처럼 판에 박은 듯할 수는 없다. 더욱이 측운시는 왕왕 율구(律句)가 섞여 있다. 그러나 신식의 오언고시는 여전히 변별이 용이하다. 왜냐하면 그것은 어쨌든 점대의 구속을 받았기 때문이다(제30절을 참조할 것).

28.22 옛것을 모방한 것과 신식의 구별은 매우 중요하다. 전자는 옛것을 흠모하는 심정을 대표하고, 후자는 격률화의 조류를 대표한다. 그러나 당시 진화의 단계에서 보면 오히려 신식의 오언고시가 먼저 탄생했고, 옛것을 모방한 오언고시가 나중에 탄생했다. 격률화의 조류는 분명히 율시의 영향을 받은 것이고, 이백과 두보가 옛것을 모방한 것은 일부러 복고(復古)한 것이다. 일부의 시론가들이 그 차이를 제대로 모르고서 신식 오언고시의 평측 형식에 맞는 것을 '정체(正體)'로 보고, 맞지 않는 것을 모두 '요(拗)'라고 한 것은 타당하지 않다(『聲調四譜圖說』 같은 책에서는 '拗句'·'拗對'·'拗黏' 등의 용어를 사용하였다).

제29절 칠언고시의 평측

29.1 칠언고시의 평측도 오언고시와 마찬가지로 마지막 세 글자 위주이다. 마지막 세 글자의 네 가지 일반격식인 '평평평'·'평측평'·'측평측'·'측측측'은 모두 오언고시와 비슷하다. 또한 '측측평'·'측평평'·'평측측'·'평평측'도 앞에 네 글자를 배합하여 입률(入律)이 안 되면 그대로 사용할 수 있다. 다만 칠언고시는 오언고시보다 두 글자가 더 많기 때문에 변화가 비교적 다양하다. 모두 계산해보면 율구(律句)를 제외하고

29개 대류(大類)와 114개 소류(小類)로 나눌 수 있다. 이제 그 종류를 나누어서 예를 들어보면 다음과 같다.

29.2 (甲) 평각(平脚)

(子) ≪평평평≫

1.a. ≪**평평측측평평평**≫

未知肝膽向誰是, 令人却憶**平原君**.

속마음을 누구에게 보여야 할지 알 수 없어서, 다시금 평원군이 생각난다.

— 고적(高適), 「邯鄲少年行」

商聲寥亮羽聲苦, 江天寂歷**江楓秋**.

상성은 맑게 울리고 우성은 처량한데, 가을 단풍 위로 강 하늘 적막하다.

— 유장경(劉長卿), 「聽笛歌」

紅纓紫鞚**珊瑚鞭**, 玉鞍錦韀黃金勒.

붉은 가죽 끈 자주 빛 재갈 산호 채찍, 옥 안장 비단 언치 황금 굴레.

— 잠삼(岑參), 「衛節度赤驃馬歌」

都門柳色**朝朝新**, 念爾今爲江上人.

도성 문의 버들 빛 날마다 새로워, 그대를 생각하니 지금 강가의 사람이 되었겠지.

— 이기(李頎), 「送從弟遊江淮」

1.b. ≪**측평측측평평평**≫

朔方健兒好身手, 昔何勇銳**今何愚**!

북방을 지키는 늠름한 병사 뛰어난 무예를 지녔는데, 지난날 용감무쌍하더니 오늘은 어찌 그리 둔하던지!

— 두보, 「哀王孫」

聞道故林相識多, 罷官昨日**今如何**?

옛 숲에 대해 아는 것이 많다고 들었는데, 어제 관직을 그만두고 지금은 어떠시오?

— 이기, 「送陳章甫」

且與少年飮美酒, 往來射獵**西山頭**.

또한 젊은이들과 좋은 술을 마시고, 오가며 서산 꼭대기에서 사냥을 한다.

— 고적, 「邯鄲少年行」

自憐棄置**天西頭**, 因君爲問相思否.

하늘 서쪽 끝에 버려진 것이 스스로 안타깝지만, 그대로 인해 그리워하고 있는지 묻는다.

— 잠삼, 「與獨孤漸道別」

1.c. (측평평측평평평)

屈平詞賦懸日月, 楚王臺榭**空山邱**.

屈原의 사부는 해와 달처럼 빛나고, 초왕의 누대가 있던 언덕에는 아무 것도 없다.

— 이백(李白), 「江上吟」

木蘭之枻**沙棠舟**, 玉簫金管坐兩頭.

목란 노에 사당 배를 타고서, 배 양 끝에 앉아 옥퉁소와 금피리를 분다.

— 이백, 「江上吟」

國家成敗吾豈敢? 色難腥腐**餐風香**.

국가의 성패를 내 어찌 감히 좌시하리? 또한 어찌 속세를 피해 仙鄕에 은둔하리!

— 두보, 「寄韓諫議注」

衆中牽出**偏雄豪**, 騎將獵向南山口.

무리 속에서 기어코 호걸을 이끌어내어, 말 타고 사냥하러 남산 입구로 향한다.

— 잠삼(岑參), 「衛節度赤驃馬歌」

1.d. **평평평측평평평**

遙想故園今尙爾, 家人應念**行人歸**.

멀리 고향을 생각하는 마음 지금도 그러한데, 집 식구들은 행인이 돌아오길 기다릴 것이다.

— 유장경, 「客舍喜鄭三見寄」

石鼓之歌止於此, 嗚呼吾意**其蹉跎**!

석고의 노래가 여기서 끝나니, 아아 내 뜻은 그 얼마나 헛되겠는가!

— 한유(韓愈), 「石鼓歌」

1.a.와 1.b.는 모두 정례(正例)이다. 왜냐하면 제1자는 평측에 구애받지 않기 때문이다. 1.c.는 변례(變例)이다. 왜냐하면 제3자가 측성이어야 하는데 평성을 썼기 때문이다. 따라서 비교적 적게 사용된다. 1.d.는 모두 여섯 개의 평성이 있고 측성자가 한가운데에 있는데, 이것이 이른바 '고측(孤仄)'이다. 칠언고시는 고평(孤平)을 기피하지 않지만 고측은 기피한다. 성당의 칠언고시 중에서 고측의 구는 거의 보이지 않는다. 한유(韓愈) 이후로 고측을 사용한 사람이 조금 많아지긴 했지만 다른 세 형식에 비하면 여전히 많은 차이가 난다.

2.a. **《측측측측평평평》**

絆之欲動轉欹側, 此豈有意**仍騰驤**?

밧줄로 묶어 당기면 쓰러질 듯하니, 힘차게 뛰어오를 뜻이 어디 있겠는가?

— 두보, 「瘦馬行」

似聞昨日赤松子, 恐是漢代**韓張良**.

지난날 적송자 이야기를 들은 것 같은데, 그대가 바로 지금의 장량인가 보다.

— 두보, 「寄韓諫議注」

夜發猛士**三千人**, 淸晨合圍步驟同.

용맹한 군사 삼천을 거느리고 밤에 출발하여, 아침에 질서정연하게 포위망을 구축했다.

—두보, 「冬狩行」

却顧海客揚雲帆, 便欲因之向溟渤.

해상의 船客이 돛을 높이 올리는 것을 돌아보니, 속세를 떠나 大海로 들어가고 싶다.

—이백(李白), 「同族弟金城尉」

2.b. (평측측측평평평)

草中狐兎盡何益? 天子不在咸陽宮.

풀 속의 여우와 토끼를 모두 잡은들 무슨 보탬이 되리? 천자께서 함양궁에 있지 않은데.

—두보, 「冬狩行」

狂客落魄尙如此, 何況壯士當群雄!

미치광이 건달조차 이러했거늘, 항차 뭇 영웅에 견줄 장사임에랴!

—이백, 「梁父吟」

腰下寶玦靑珊瑚, 可憐王孫泣路隅.

허리에 찬 패옥은 푸른 산호 빛인데, 가련하게도 왕손은 길모퉁이에서 울고 있다.

—두보, 「哀王孫」

2.c. 평측평측평평평

已經百日竄荊棘, 身上無有完肌膚.

이미 백여 일을 숲 속에 숨어 지낸 탓인지, 몸에는 온전한 살갗이 없다.

—두보, 「哀王孫」

楊花雪落覆白蘋, 靑鳥飛去銜紅巾.

버들개지 눈처럼 떨어져 흰 마름을 덮고, 파랑새 날아가며 붉은 수건을 물었다.

—두보, 「麗人行」

2.d. (측측평측평평평)

當時歷塊誤一蹶, 委棄非汝**能周防**.

당시에 질주하다 실족하여 한 번 넘어지니, 이렇게 버려짐을 네가 미리 방비할 수 없었으리.

— 두보, 「瘦馬行」

喜君士卒甚整肅, 爲我迴轡**擒西戎**.

기쁘게도 그대의 사졸들이 이처럼 정숙하니, 나를 위해 말머리 돌려서 西戎을 잡으시게.

— 두보, 「冬狩行」

爾來四萬八千歲, 不與秦塞**通人煙**.

그 뒤로 사만 팔천 년, 진나라 변경과는 교섭이 없었다.

— 이백, 「蜀道難」

虜塞兵氣**連雲屯**, 戰場白骨纏草根.

虜塞의 전쟁 기운은 구름에 이어지고, 전장의 백골은 풀뿌리에 얽혀 있다.

— 잠삼(岑參), 「輪臺歌」

이 종류는 제2자와 제4자의 평측이 같기 때문에 몇몇 시론가들은 요구(拗句)로 본다. 그러나 이백과 두보는 이러한 평측 격식을 즐겨 사용하였고, 그 중에서도 '측측측측평평평'을 특히 좋아하였다. 2. c.는 비교적 드물게 보인다.

3.a. 〈측측평평평평평〉

君臣相憐加愛恩, 命黑螭**偵焚其元**.

君臣이 서로 가엾어 하며 恩愛를 더하였고, 검은 이무기에게 살피게 하여 그 머리를 태워버렸다.

— 한유(韓愈), 「陸渾山火」

3.b. 〈평측평평평평평〉

其時月黑猿啾啾, 微雨霑**衣令人愁**.

그때 달 어둡고 원숭이 처절하게 우는데, 가랑비가 옷을 적셔 사람을 슬프게 한다.

— 왕창령(王昌齡), 「箜篌引」

3.c. 〈평측측평평평평〉

(이 형식의 구는 보이지 않는다.)

3.d. 〈측측측평평평평〉

助汝五龍從九鯤, 溺厥邑**囚之崑崙**.

너에게 다섯 용을 보내 돕고 아홉 곤이를 따르게 하며, 그들의 읍을 물에 잠기게 하고 그들을 곤륜산에 구금하겠다.

— 한유, 「陸渾山火」

4.a. 〈평평평평평평평〉

淮西有賊五十載, 封狼生**貙貙生羆**.

회서 지방에 도적이 할거한 지 오십 년, 큰 이리가 추호를 낳고 추호가 큰 곰을 낳았다.

— 이상은(李商隱), 「韓碑」

4.b. 〈측평평평평평평〉

幕前生致九青兕, 馲駝𡾱峗垂元熊.

막사 앞에는 아홉 무소가 생포되어 있고, 거대한 낙타 등에는 검은 곰이 실려 있다.

— 두보, 「冬狩行」

用爲羲**和天爲成**, 用平水土地爲厚.

羲仲과 和仲 같은 두 사람을 쓰면 하늘이 이루어지고, 물과 흙 같은 두 사람을 쓰면 땅이 두터워진다.

— 두보, 「可嘆」

4.c. 〈**측평측평평평평**〉

表曰臣愈昧死上, 詠神聖**功書之碑**.

표에 이르기를 "臣 韓愈가 죽음을 각오하고 진언합니다"라고 하였으니, 신성한 功業을 칭송한 이 글을 비석에 썼다.

—이상은, 「韓碑」

4.d. 〈**평평측평평평평**〉

肉味不足登鼎俎, 何爲見**羈虞羅中**?

고기와 맛이 솥과 도마에 오르기에 부족한데, 어찌하여 그물에 붙잡혔는가?

—두보, 「冬狩行」

이상의 2대류(大類)와 8소류(小類)는 모두 마지막 네 글자가 평성(平聲)인 '하사평조(下四平調)'이다. 오언고시가 '하사평(下四平)'을 기피하고 칠언고시도 '하사평'을 기피하기 때문에 이 형식은 매우 드물게 보인다. 한유(韓愈)의 「육혼산화(陸渾山火)」는 백량체(柏梁體)여서 평측 규율이 보통의 칠언고시와 다소 다르며 어법상으로도 상삼하사(上三下四)이기 때문에 일부러 평측의 사용에 상삼하사(上三下四)의 국면을 조성한 것이다. 이상은(李商隱)의 「한비(韓碑)」는 고의로 칠평칠측(七平七仄) 등과 같은 기구(奇句)를 사용하였으니, 하사자(下四字)는 더욱 꺼리지 않았다. 남은 것은 왕창령(王昌齡)과 두보의 네 예인데, 이는 부지불식간에 조성된 것이라고 말할 수 있겠다.

29.3 (丑) ≪평측평≫

5.a. ≪**측측평평평측평**≫

誰家且養願終惠, 更試明年**春草長**.

어느 집에서 이 말을 거두어 기르길 원할까? 내년 봄풀이 자랄 때 다시 굳건해지리라.

—두보, 「瘦馬行」

非但慷慨獻奇謀, 意氣兼將**身命酬**.

격앙되어 기이한 계책을 바쳤을 뿐만 아니라, 의기는 목숨을 바쳐 보답하려 하였다.

— 왕유(王維), 「夷門歌」

孤城日落見飛鳥, 馬上時聞**漁者歌**.

해 저무는 孤城에 날아가는 새 보이고, 말 위에서 때때로 뱃노래 듣는다.

— 이기(李頎), 「欲之新鄉」

俠客猶傳**朱亥名**, 行人尙識夷門道.

협객들은 여전히 주해의 이름을 전하고, 행인들은 아직도 이문의 길을 안다.

— 고적(高適), 「古大梁行」

5.b. **(평측평평평측평)**

穆陵關帶淸風遠, 彭蠡湖連**芳草春**.

목릉관은 멀리 맑은 바람을 띠고 있고, 팽려호는 봄의 방초에 이어져 있다.

— 이기, 「送從弟遊江淮」

古城莽蒼饒荊榛, 驅馬荒城**愁殺人**.

옛 성은 아득히 넓고 잡목 숲이 우거져 있어, 황량한 성에 말을 달리니 슬픔이 극에 달한다.

— 고적, 「古大梁行」

冰片高堆**金錯盤**, 滿堂凜凜五月寒.

금착 쟁반에 얼음조각이 높이 쌓여 있어서, 오월인데도 집안 가득히 한기가 돈다.

— 잠삼(岑參), 「與獨孤漸道別」

5.c. **평측측평평측평**

男兒在世無産業, 行子出門**如轉蓬**.

남아가 이 세상에서 재산이 없으면, 나그네 되어 대문을 나서면서 구르는 쑥대 같다네.

— 이기, 「欲之新鄉」

靑山朝別莫還見, 嘶馬出門**思故鄕**.

청산과 아침에 이별하면 뒤돌아보지 말라, 말이 울며 문을 나서면 고향을 그리워하리라.

— 이기, 「送陳章甫」

5.d. (**측측측평평측평**)

功名富貴若長在, 漢水亦應**西北流**.

공명과 부귀가 영원하다면, 한수 또한 북서쪽으로 흐르리라.

— 이백(李白), 「江上吟」

向風刎頸送公子, 七十老翁**何所求**?

바람 앞에서 목을 베어 공자에게 보내니, 칠십 늙은이가 무엇을 갈구하겠는가?

— 왕유, 「夷門歌」

空歌漢代蕭相國, 肯事霍家**馮子都**!

부질없이 한대의 소상국을 노래 부르니, 어찌 곽가의 풍자도를 섬기려 하리!

— 이기, 「放歌行」

(5.c.와 5.d.의 두 형식은 율시에서 孤平의 拗救에 해당된다.)

6.a. (**평평측측평측평**)

看君失路尙如此, 人生貴賤**那得知**?

그대가 이와 같이 길을 잃은 것을 보니, 인생의 귀천을 어떻게 알겠는가?

— 잠삼, 「送費子歸武昌」

羽書紛紛來不息, 孤城望處**增斷腸**.

긴급문서가 잇달아 쉬지 않고 오니, 외로운 성 바라보는 곳에서 애가 더욱 끊긴다.

— 유장경(劉長卿), 「疲兵篇」

辛勤不見華蓋君, 艮岑靑輝慘幺麽.

애를 썼건만 화개군을 만나지 못하여, 간잠산은 푸른빛을 잃고 말았다.

— 두보, 「憶昔行」

劉侯歡我攜客來,114) 置酒張燈促華饌.

유후는 내가 손을 데리고 온 것이 기뻐서, 술상을 차리고 등을 걸고는 좋은 안주를 재촉한다.

— 두보, 「湖城東遇孟雲卿」

6.b. (측평측측평측평)

吾觀費子毛骨奇, 廣眉大口仍赤髭.

내가 비자를 보니 용모가 기이하여, 넓은 눈썹 큰 입에 코밑수염이 붉다.

— 잠삼, 「送費子歸武昌」

四月南風大麥黃, 棗花未落桐葉長.

사월에 남풍이 불어 보리가 누렇게 익고, 대추 꽃 지지 않았고 오동잎 자랐다.

— 이기, 「送陳章甫」

豫章太守高帝孫, 引爲賓客敬頗久.

예장 태수 李勉은 高帝의 賢孫인데, 그를 막료로 초빙하여 오랫동안 공경했다.

— 두보, 「可歎」

小臣魯鈍無所能, 朝廷記識蒙祿秩.

小臣은 노둔하여 잘하는 것이 없는데도, 조정에서는 이 몸을 잊지 않고 관직을 주었다.

— 두보, 「憶昔」(제2수)

6.c. (측평평측평측평)

谷永直言身不顧, 郄詵高地名轉香.

114) 텍스트에는 '歡'이 '歎'으로 되어 있는데, 내용상 『杜詩詳注』에 의거하여 바꾸었다.

谷永의 직언은 몸을 돌보지 않고, 郄詵의 고지는 명성이 더욱 향기롭다.

— 한굉(韓翃), 「別汜水陳縣尉」

劍鋒可惜虛用盡,[115] 馬蹄無事**今已穿**.

안타깝게도 칼날은 헛되이 다 써버렸고, 말발굽이 뚫어졌건만 일은 아직 이루어지지 않았다.

— 잠삼, 「送費子歸武昌」

以玆感歎辭舊遊, 更於時事**無所求**.

이로써 지난 나들이를 사양한 것에 감탄하고, 더욱이 時事에 추구하는 바가 없다.

— 고적(高適), 「邯鄲少年行」

古藤池水**盤樹根**, 左攫右拏龍虎蹲.

옛 등나무는 못 물이 나무뿌리를 밑받침하고, 좌우를 붙잡으며 용과 호랑이처럼 웅크렸다.

— 이기, 「愛敬寺古藤歌」

6.d. 〈평평평측평측평〉

廟令老人識神意, 睢盱偵伺**能鞠躬**.

사당을 지키는 노인이 山神의 뜻을 알아차리고, 눈을 크게 떠 엿보고는 몸을 굽힐 줄 안다.

— 한유(韓愈), 「謁衡嶽廟」

曲江荷花蓋十里, 江湖生目**思莫緘**.

곡강은 연꽃이 십리를 덮었고, 강과 호수가 목전에 나타나니 생각을 봉할 수가 없다.

— 한유, 「酬司門盧四兄」

115) 텍스트에는 '鋒'이 '峯'으로 되어 있는데, 誤字이다.

이상의 2대류(大類) 8소류(小類)는 6.d.를 제외하고는 모두가 정례(正例)이다. 그 중에서 5.a.가 가장 흔히 보이고, 5.c.가 비교적 적게 보인다. 6.d.가 가장 드물게 보이는데, 게다가 예로 든 한유의 시 중에서 '傎'자는 평성과 거성의 두 가지 독법이 있다. 아마도 고측(孤仄)에 가깝기 때문에 시인들이 이 형식의 사용을 그다지 좋아하지 않았을 것이다.

7.a. **측측측측평측평**

須臾九重眞龍出,[116] 一洗萬古**凡馬空**.

이윽고 황궁에 용 같은 神馬가 출현하여, 만고의 범속한 말들을 말끔히 쓸어 버렸다.

—두보, 「丹靑引」

東郊瘦馬使我傷, 骨骼硉兀**如堵墻**.

동쪽 교외의 야윈 말이 나를 상심케 하는데, 툭 튀어나온 골격이 마치 담벼락 같다.

—두보, 「瘦馬行」

7.b. **평측측측평측평**

昔隨劉氏定長安, 帷幄未改**神慘傷**.

지난날 張良이 劉邦을 따라 장안을 평정했듯이 나라에 공이 있건만, 웅지는 바뀌지 않았는데 안색은 비통하기 그지없다.

—두보, 「寄韓諫議注」

山石犖**確行徑微**, 黃昏到寺蝙蝠飛.

산의 바위가 비쭉비쭉 솟아 있고 길은 비좁은데, 저물녘 절에 도착하니 박쥐가 날아다닌다.

—한유, 「山石」

---

116) 텍스트에는 '須臾'가 '斯須'로 되어 있는데, 誤字이다.

7.c. **평측평측평측평**

三月三日**天氣新**, 長安水邊多麗人.

삼월 삼일 새로워진 날씨에, 장안의 물가에는 미인이 많다.

— 두보, 「麗人行」

山紅澗碧紛爛熳, 時見松櫪**皆十圍**.

산꽃은 붉고 계곡물 푸르러 찬란하게 빛나고, 때때로 보이는 소나무와 상수리나무는 모두가 열 아름이다.

— 한유, 「山石」

7.d. **측측평측평측평**

朝廷雖無幽王禍, 得不哀痛**塵再蒙**!

조정에 비록 幽王의 재앙은 없었다지만, 황제가 다시 몽진가시니 어찌 애통치 않으리!

— 두보, 「冬狩行」

紫蓋連延接天柱, 石廩騰擲**堆祝融**.

자개봉은 이어져 천주봉에 접해 있고, 석름봉은 높이 던져졌고 축융봉은 쌓여 있다.

— 한유, 「謁衡嶽廟」

8.a. **〈평평평평평측평〉**

長安城頭**頭白烏**, 夜飛延秋門上呼.

장안성 위의 머리 하얀 까마귀, 밤에 연추문 위로 날아와 운다.

— 두보, 「哀王孫」

8.b. **측평평평평측평**

紫髯胡**雛金剪刀**, 平明剪出三鬃高.

자색 구레나룻의 오랑캐 소년이 금전도를 차고, 분명하게 잘라 드러난 세 갈기 높다.

— 잠삼(岑參), 「衛節度赤驃馬歌」

8.c. 〈측평측평평측평〉

擺磨出火以自燔, 夜中有聲**驚莫原**.

서로 마찰해 불이 나서 스스로를 불살랐다, 밤중에 소리 났지만 놀라서 근원을 캐물을 수 없었다.

— 한유, 「陸渾山火」

8.d. 평평측평평측평

全盛須臾那可論? 高臺曲池**無復存**.

전성기가 잠깐이었으니 어찌 논할 수 있을까? 높은 누대와 굽은 못은 더 이상 존재하지 않는다.

— 고적(高適), 「古大梁行」

樗蒲百金每一擲, 平生有錢**將與人**.

도박을 하면 매 번 백금을 걸었고, 평생 돈이 있으면 남에게 나누어주었다.

— 잠삼, 「送費子歸武昌」

이상의 2대류 8소류는 모두 비교적 적게 보이는 형식인데, 그 중에서도 7.c.와 8.a.와 8.c. 세 종류는 더욱 드물게 보인다. 8.a.는 6평구(平句)여서 드물게 쓰이는 데 이유가 있다. 7.c.와 8.c.는 평측이 교차되며 잇달아 있기 때문인데, 7.c.는 앞의 여섯 자가 '평측평측평측'이고 8.c는 앞의 네 자가 '측평측평'인데다 마지막 두 자가 다시 '평측'이어서 도리어 조화롭지 않다(앞 절에서 서술한 '측측평측평'이 '평측평측평'보다 상용되는 것도 이러한 이치이다).

29.4 (寅) 측측평

9.a. 측측측평측측평

又向人家啄大屋, 屋底達官**走避胡**.

다시 인가로 날아가 큰 집의 지붕을 쪼아대니, 지붕 밑의 고관은 오랑캐를 피해 달아났다.

—두보, 「哀王孫」

美人娟娟隔秋水, 濯足洞庭**望八荒**.

그대 아름다운 사람은 가을 물 저 멀리 있고, 동정호에서 발을 씻으며 사방을 바라본다.

—두보, 「寄韓諫議注」

岸上種蓮**豈得生**? 池中種槿豈得成?

언덕 위에 연을 심으면 어떻게 살 수 있을까? 못 속에 무궁화를 심으면 어떻게 성장할 수 있을까?

—위응물(韋應物), 「橫塘行」

9.b. (**평측측평측측평**)

今我不樂思岳陽, 身欲奮飛**病在牀**.

지금 나는 슬픔에 잠겨 악양을 생각하고, 몸은 떨쳐 날아가고 싶지만 병상에 누워 있다.

—두보, 「寄韓諫議注」

美人胡爲隔秋水? 焉得置之**貢玉堂**?

미인은 어찌하여 가을 물 저 멀리 있는가? 어찌 하면 그대를 조정에 바칠 수 있을까?

—두보, 「寄韓諫議注」

冬夜夜寒**覺夜長**, 沈吟久坐坐北堂.

겨울밤은 추워서 유난히 길게 느껴지는지라, 읊조리며 우두커니 북쪽 방에 앉아 있다.

—이백(李白), 「夜坐吟」

星歲再周**十二辰**, 爾來不語今爲君.

다시 십이 년의 세월이 흘렀지만, 근래에 말하지 않다가 지금 그대에게 이야기한다.

—위응물, 「白沙亭逢吳叟」

이 형식은 고평조(孤平調)인데, 칠언고시도 오언고시와 마찬가지로 고평을 피하지 않는다. 피하지 않을 뿐만 아니라 일부 시인들은 고평을 즐겨 사용하였다. 이를테면 두보가 「기한간의주(寄韓諫議注)」 한 수의 시에서 3개의 고평조를 사용한 것으로 이를 증명할 수 있을 것이다.

10.a. **평평평평측측평**

飄然時危**一老翁**, 十年厭見旌旗紅.

國難 중에 떠돌아다니는 한 늙은이, 십 년 동안 깃발이 붉게 타는 것을 실컷 보았다.

—두보, 「冬狩行」

哀哉王孫**愼勿疎**, 五陵佳氣無時無.

슬프다 왕손은 삼가 소홀히 하지 마소서, 오릉의 훌륭한 기운 사라졌던 적 없었으니.

—두보, 「哀王孫」

10.b. **측평평평측측평**

玉京群帝集北斗, 或騎騏驎**翳鳳皇**.

玉京山에 여러 仙人들이 북두성을 에워싸고 모였는데, 기린을 탄 이도 있고 봉황을 탄 이도 있다.

—두보, 「寄韓諫議注」

莫言牆陰**數尺間**, 老却主人如等閑.

말하지 말게 담 그늘 몇 자 사이에서, 늙어갈수록 주인이 등한한 것 같다고.

—유우석(劉禹錫), 「牆陰歌」

10.c. **측평측평측측평**

況今**攝**行**大將權**, 號令頗有前賢風.

하물며 지금은 대장의 직권을 장악하여, 호령에 자못 전현의 유풍이 있다.

— 두보, 「冬狩行」

欲來不來**夜未央**, 殿前青鳥先迴翔.

올 듯하다가 오지 않고 밤은 깊었는데, 궁전 앞에 파랑새가 먼저 선회한다.

— 위응물, 「漢武帝雜歌」

10.d. **평평측평측측평**

昨夜東風吹血腥, 東來橐駝**滿舊都**.

지난밤 동풍에 피비린내 심하더니, 동쪽에서 온 낙타가 옛 도읍에 가득하다.

— 두보, 「哀王孫」

柏梁沈飮自傷神, 猶聞駐顏**八十春**.

柏梁臺에서 흠뻑 마시며 스스로 상심했는데, 오히려 팔십 세에 청춘의 얼굴이라 들었다.

— 위응물, 「漢武帝雜歌」

11.a. **평평측측측측평**

去歲奔波逐餘寇, 驊騮不慣**不得將**.

지난해 官軍이 달려와 남은 叛軍을 소탕했는데, 전투에 익숙한 良馬가 아니면 참여할 수 없었다.

— 두보, 「瘦馬行」

齊王不忍**觳觫牛**, 簡子亦放邯鄲鳩.

齊王은 두려움에 떠는 소를 차마 죽일 수 없었고, 간자도 한단의 비둘기를 놓아주었다.

— 유종원(柳宗元), 「放鷓鴣詞」

11.b. **측평측측측측평**

星宮之君醉瓊漿, 羽人稀少**不在旁**.

天宮 안의 仙人들은 옥 음료를 마시며 취했건만, 飛仙인 그대는 멀리 떨어져 곁에 없다.

—두보, 「寄韓諫議注」

左右六翮利如刀, 踊身失勢**不得高**.

좌우의 여섯 깃촉은 칼처럼 날카롭지만, 몸을 솟구쳐도 세를 잃어 높이 오를 수 없다.

—유종원, 「跂鳥詞」

11.c. **측평평측측측평**

乃言聖祖奉丹經, 以年爲日**億萬齡**.

이에 말하기를 老子께서 丹經을 받들고서, 일 년을 하루로 삼고 억만년을 지내셨다고 한다.

—위응물, 「驪山行」

梓中豪俊**大者誰**? 本州從事知名久.

梓州의 호걸 중에 뛰어난 자 누구인가? 본주의 종사는 이름난 지 오래이다.

—두보, 「相逢歌」

11.d. **평평평측측측평**

東西南北**百里間**, 髣髴蹴踏寒山空.

동서남북 백 리 안에, 샅샅이 수색하여 겨울 산을 비우려는 것 같다.

—두보, 「冬狩行」

今來蕭瑟**萬井空**, 唯見蒼山起煙霧.

지금 오니 쓸쓸하게 온갖 우물 비었고, 다만 푸른 산에 연무 이는 것이 보인다.

—위응물, 「溫泉行」

12.a. **측측측측측측평**

壯士有仇未得報, 拔劍欲去**憤已平**.

장사에게 원수가 있는데도 아직 갚지 못하여, 검을 뽑아 들고 가려 했지만 분노가 이미 가라앉았다.

—위응물, 「五弦行」

欲囀不囀**意自嬌**, 羌兒弄笛曲未調.

지저귈 듯 말 듯한 것이 절로 어여뻐서, 羌兒가 피리를 부는데 가락을 이루지 못한 것 같다.

—위응물, 「聽鶯曲」

雲龍風虎盡交回, 太白入月**敵可摧**.

용호상박 뒤엉켜 싸움을 마치니, 태백성은 달을 가리고 적은 무너지겠다.

—이백(李白), 「胡無人」

12.b. **평측측측측측평**

士卒多騎內廐馬, 惆悵恐是**病乘黃**.

사졸 대부분이 황실 마구간의 말을 탔으니, 슬프게도 이 버려진 말이 병든 乘黃馬이리라.

—두보, 「瘦馬行」

北方竫人長九寸, 開口抵掌**更笑喧**.

북방의 난장이는 키가 아홉 치이나, 입을 벌리고 손뼉을 치며 웃고 떠들기까지 한다.

—유종원, 「行路難」

12.c. **평측평측측측평**

堯舜之事**不足驚**, 自餘囂囂直可輕.

요와 순의 선양도 놀랄 만한 일이 아니니, 그 나머지 요란한 권력 다툼은 그야말로 가소롭다.

—이백, 「懷仙歌」

12.d. **측측평측측측평**

鐘鼎玉帛豈足貴? 但願長醉**不願醒**.

고상한 음악과 맛있는 음식도 귀할 것이 없으니, 그저 이대로 길이 취하여 깨어나지 말기를.

—이백, 「將進酒」

『성조사보도설(聲調四譜圖說)』은 11을 요구(拗句)로 보고, 10을 단요(單拗)로 보고, 12를 쌍요(雙拗)로 보았다. 기실 마지막 세 글자에 측측평을 사용한 것은 고평을 사용하거나 요(拗)를 사용하지 않으면 율구로 변한다. 이 3대류(大類)는 칠언고시에서 '평측평'보다 적게 보인다.

29.5 (卯) 측평평

13.a. **측측평평측평평**

苦竹嶺頭秋月輝, 苦竹南枝**鷓鴣飛**.

고죽령 꼭대기에 가을 달이 빛나고, 고죽의 남쪽 가지에서 자고새가 비상한다.

—이백, 「山鷓鴣詞」

邑西有路緣石壁, 我欲從之**臥穹嵌**.

읍 서쪽으로 석벽 따라 길이 나 있어서, 나도 따라가 높고 험한 바위에 눕고 싶다.

—왕창령(王昌齡), 「奉贈張荊州」

13.b. **평측평평측평평**

影落明湖青黛光, 金闕前開**二峯長**.

산 그림자 明鏡 같은 호수에 떨어져 검푸른 빛을 띠고, 石門은 金闕처럼 앞에 우뚝 솟은 두 봉우리가 있다.

—이백, 「廬山謠寄盧侍御虛舟」

悲臺蕭颯石巃嵸, 哀壑杈枒**浩呼洶**.

悲臺는 스산하고 石壁은 우뚝 솟았는데, 哀壑의 나뭇가지 무성하고 계곡물 소리 우렁차다.

—두보, 「王兵馬使二角鷹」

13.c. 〈**평측측평측평평**〉

(이 형식의 예는 보이지 않는다.)

13.d. 〈**측측측평측평평**〉

(이 형식의 예는 보이지 않는다.)

14.a. **측측측측측평평**

寺門高開洞庭野, 殿脚插入**赤沙湖**.

절 문은 활짝 열려 동정의 들판을 마주하고, 전각의 밑동은 적사호까지 뻗어 있다.

—두보, 「岳麓山道林二寺」

太守頃者**領山南**, 邦人思之如父母.

태수는 근간에 山南西道觀察使를 맡아서, 고을 사람들이 부모처럼 그를 그리워했다.

—두보, 「可歎」

14.b. **평측측측측평평**

昔遭衰世皆晦迹, 今幸樂國**養微軀**.

古人은 난세를 만날 때마다 자취를 감추려했지만, 지금 나는 다행히도 극락의 땅으로 와 미구를 보양하고 있다.

—두보, 「岳麓山道林二寺」

嗟爾石筍**擅虛名**, 後來未識猶駿奔.

안타깝게도 석순이 허명을 향유하고 있어서, 후세 사람도 진상을 모르고 여전히 달려들겠지.

—두보, 「石筍行」

14.c. 〈평측평측측평평〉

(이 형식의 예는 보이지 않는다.)

14.d. 측측평측측평평

濟人然後拂衣去, 肯作徒爾一男兒!

인민을 구제한 뒤 옷을 떨치고 떠나야지, 어찌 그저 평범한 남아가 되겠는가!

— 왕유(王維), 「不遇詠」

潭府邑中甚淳古, 太守庭內不喧呼.

潭州城의 民風은 참으로 순박하고, 태수의 관아는 시끄럽지 않다.

— 두보, 「岳麓山道林二寺」

15.a. 〈평평평평측평평〉

重聞西方止觀經, 老身古樹風泠泠.117)

당신의 止觀經 소리를 다시 들으니, 늙은 몸과 오래된 나무에 시원한 바람이 부는 듯하구려.

('重'자는 평성과 거성의 두 가지 독법이 있어서, 거성으로 읽으면 이 예에 맞지 않는다.)

— 두보, 「別李秘書」

15.b. 측평평평측평평

玉泉之南麓山殊, 道林林壑相盤紆.

玉泉寺 남쪽 岳麓山의 경치 특히 빼어난데, 道林寺의 숲과 골짜기가 서로 곡진함을 다툰다.

— 두보, 「岳麓山道林二寺」

15.c. 측평측평측평평

謝朓已沒青山空, 後來繼之有殷公.

사조는 이미 죽어 청산은 비었는데, 그 후 그를 계승한 건 은공이라네.

— 이백(李白), 「訓殷明佐」

117) 텍스트에는 '泠泠'이 '冷冷'으로 되어 있는데, 誤字이다.

15.d. **평평측평측평평**

王君飛舃仍未去, 蘇耽宅中**意遙緘**.

왕군의 날아가는 신발이 아직 가지 않았으니, 소탐의 댁에서 멀리서 온 편지를 생각하련다.

— 왕창령(王昌齡), 「奉贈張荊州」

深閨女兒**莫愁年**, 玉指泠泠怨金碧.

깊은 규방의 아가씨 세월을 슬퍼하지 않고, 옥 손가락 차가운데 아름다운 산수를 원망한다.

— 상건(常建), 「古興」

칠언고시의 평측구식(平仄句式)은 '측평평'으로 끝맺는 것이 가장 드물게 보이는데, 왜냐하면 '측평평'을 사용하느니 아예 '평평평'을 사용하는 것이 낫기 때문이다.

칠언고시에는 하나의 규칙이 있다. 만약 제4자에 평성을 사용했다면 제6자에는 반드시 측성을 사용해야 한다. 이 기준에 의거하면 3. 4. 13. 15.는 모두 통례(通例)와 맞지 않는다. 따라서 모두 대단히 드물게 보인다.

29.6 (辰) 측평측

16.a. 《**평평측측측평측**》

干戈**戰罷數功閥**, 周蔑方召堯無皐.

방패와 창의 전쟁이 끝나고 공로를 따지니, 周는 方叔과 召虎를 업신여기고 요임금에겐 皐陶가 없다.

— 구양수(歐陽修), 「答謝景山遺古瓦」

詩人猛士**雜龍虎**, 楚舞吳歌亂鵝鴨.[118]

시인 맹사들은 용과 호랑이가 섞여 있는 듯하고, 楚舞와 吳歌가 어울리니 거

118) 텍스트에는 '舞'가 '無'로 되어 있는데, 誤字이다.

위와 오리가 어지럽다

— 소식(蘇軾), 「九日黃樓作」

青山偃蹇如高人, 常時不肯**入官府**.

청산이 우뚝 솟아 높은 사람 같아서, 여느 때는 관아에 들어오려 하지 않는다.

— 소식, 「越州張中舍」

16.b. (**측평측측측평측**)

洛陽舊友**一時散**, 十年會合無二三.

낙양의 옛 친구들 일시에 흩어진 뒤, 십 년에 두세 번의 회합도 없다.

— 구양수, 「聖兪會飮」

永辭角上**兩蠻觸**, 一洗胸中九雲夢.

달팽이 뿔 위의 蠻國과 觸國의 싸움 같은 것은 영원히 그만두고, 아홉 운몽을 삼킨 흉중을 깨끗이 씻어버리세.

— 소식, 「同正輔表兄游白水山」

韓公好古生已遲, 我今況又**百年後**!

한공이 옛것을 좋아하지만 태어난 것이 이미 늦었는데, 나는 지금 하물며 다시 백 년 뒤임에랴!

— 소식, 「石鼓」

16.c. **측평평측측평측**

鳥啼人去**廟門闔**, 還有山月來娟娟.

새 울고 사람은 떠나 사당 문은 닫혔는데, 다시 산 위에 달 떠올라 아름답다.

— 구양수, 「晋祠」

洞庭青草**渺無際**, 天柱紫蓋森欲動.

동정호의 푸른 풀 아득하여 끝이 없고, 하늘 기둥 자색 덮개 빽빽하여 움직일 듯하다.

— 소식, 「送陳睦知潭州」

陋哉徐鉉**說茶苦**, 欲與淇園竹同種!

고루하다 서현이 차를 애써 말한 것이, 기원의 대나무와 같은 종류라고 우기다니!

— 조충지(晁冲之), 「陸元鈞寄日注茶」

16.d. (**평평평측측평측**)

唐從天寶**運中**圮, 廊廟往往非忠佳.

唐은 천보로부터 국운이 도중에 무너졌고, 조정은 왕왕 충성스럽고 훌륭한 사람들의 것이 아니다.

— 왕안석(王安石), 「董伯懿示」[119]

君時年少**面如玉**, 一飮百觚嫌未痛.

그대는 젊었을 때 얼굴이 옥 같았고, 한 번에 백 잔을 마셔도 흡족하지 않다고 서운해했다.

— 소식, 「送陳睦知潭州」

我車旣攻我馬同, 其魚維鱮**貫之柳**.

나의 수레 공격하니 내 말도 같고, 물고기 묶는 것은 연어를 버들가지에 꿴다.

— 소식, 「石鼓」

17.a. ≪**측측평평측평측**≫

二十年間**幾人在**? 在者憂患多乖睽.

그 후 이십 년 동안 몇 사람이 남아 있는가? 살아 있는 자도 어려울 때 등 돌렸던 이가 많다.

— 구양수, 「寄聖兪」

劈開翠峽走雲雷, 截破奔流**作潭洞**.

푸른 협곡을 쪼개 열어 구름과 우레를 달리게 하고, 세찬 물줄기를 끊어서 沼

119) 이 시의 원 제목은 「和董伯懿咏裴晋公平淮西將佐題名」이다.

와 동굴을 만들었다.

— 소식, 「同正輔表兄游白水山」

我得生還雪髯滿, 君亦老嫌金帶重.

나는 얼굴 가득 흰 수염 달고 생환할 수 있었고, 그대도 늙어서 금 허리띠 무겁다고 꺼린다.

— 소식, 「送陳睦知潭州」

17.b. 평측평평측평측

而我官閑幸無事. 北窗枕簟風泠泠.

나는 한직이라 다행히 일이 없고, 북창 아래 대자리 깔고 누우니 바람이 시원하다.

— 왕안석, 「獨歸」

象胥雜遝貢狼鹿, 方召聯翩賜圭卣.

코끼리가 서로 뒤섞여 이리와 사슴을 바치고, 方叔과 召虎가 잇달아 홀과 술통을 하사한다.

— 소식, 「石鼓」

此時軒然盍飛去, 何乃巑岏立西壁!

이때 높이 솟아 어찌 날아가지 않으랴? 어찌 높이 솟구쳐 서쪽 벽에 서지 않으리!

— 황정견(黃庭堅), 「觀劉永年團練畫」

17.c. 〈평측측평측평측〉

高帝子孫盡隆準, 龍種自與常人殊.

고제의 자손은 모두 우뚝 솟은 코를 지녔고, 천자의 자손이라 자연 보통사람과 다르다.

— 두보, 「哀王孫」

17.d. 측측측평측평측

渤海細書藝文草, 精絶戈波絶回互.

발해의 가는 글씨로 쓴 예문의 초서, 빼어난 戈波 필법이 曲折婉轉을 극하였다.

— 우집(虞集), 「爲汪華玉題」

愬武古通作牙爪, 儀曹外郎載筆隨.

李愬 · 韓公武 · 李道古 · 李文通이 휘하의 장수가 되었고, 儀曹의 員外郎이 필묵을 들고 뒤따랐다.

— 이상은(李商隱), 「韓碑」

貧窮老瘦家賣屐, 好事就之爲携酒.

빈궁한데다 늙고 야위어 나막신 팔아 살아가지만, 도와 학문을 좋아하는 사람들은 술을 들고 그를 찾아간다.

— 두보, 「可歎」

18.a. 평평평평측평측

東征徐夷闞虓虎, 北伐犬戎隨指嗾.

동쪽을 치면 서이가 울부짖는 호랑이처럼 노하고, 북쪽을 치면 견융이 지시를 따른다.

— 소식, 「石鼓」

曹侯黃鬚便弓馬,[120] 從軍賦詩橫槊間.

曹侯는 누런 수염에 활과 말을 잘 다루고, 종군 시엔 창을 비껴들고 시를 읊는다.

— 황정견, 「送曹子方福建路運判兼簡運使張仲謀」

18.b. (측평평평측평측)

往來翰墨頗橫流, 此公歸來有邊幅.

120) 텍스트에는 '鬚'가 '須'로 되어 있는데, 誤字이다.

문장의 왕래가 자못 많았고, 이 公께서 돌아올 때는 규칙이 있다.

— 황정견, 「次韻王炳之惠玉版紙」

指撝光顔戰洄曲, 闞如怒虎搏貙豻.

李光顔을 지휘하여 회곡에서 싸웠고, 성난 호랑이처럼 표호하며 살무사와 승냥이를 때려눕혔다.

— 왕안석, 「董伯懿示」

小夫偸安**自非計**, 長者遠慮或可懷.

소인배가 안일을 탐하는 것은 응당 계책이 아니고, 어른이 멀리 생각함은 가슴에 품을 수 있다.

— 왕안석, 「董伯懿示」

18.c. 측평측평측평측

昨來杜鵑**勸歸去**, 更得把酒聽提壺.

전에는 두견새가 돌아가라고 권하더니, 다시 술잔을 드니 사다새 소리가 들린다.

— 황정견, 「次韻子瞻寄眉山王宣義」

是時旦公**主舒卷**, 一二文士相交參.

그때 단공이 펴고 마는 것을 주관하니, 한 두 문사가 교대로 참여하였다.

— 우집(虞集), 「題但景初僉司圖」

18.d. ≪평평측평측평측≫

惟存祖宗**聖功業**, 干戈象舞被管絃.

祖宗의 성스런 功業만이 남아 있어, 전쟁이 춤으로 표현되어 음악에 담겼다.

— 구양수(歐陽修), 「晋祠」

傾壺豈徒**强君飮**, 解帶且欲留君談.

술병을 기울이는 것이 어찌 다만 그대에게 억지로 술 마시게 하려는 것이랴? 허리띠 풀고 잠시 그대와 담소하려는 것일세.

— 구양수, 「聖兪會飮」

儒林丈人有蘇公, 相如子雲**再生蜀**.

儒林의 원로에 蘇軾 공이 있으니, 司馬相如와 揚雄이 촉 땅에 환생하였다.

— 황정견, 「次韻王炳之惠玉版紙」

19.a. 〈**측측측측측평측**〉

不憂兒輩知此樂, 但恐造物**怪多取**.

아이들이 이 즐거움을 아는 것은 걱정하지 않지만, 다만 조물주가 많이 취함을 나무랄까 두렵다.

— 소식, 「越州張中舍壽樂堂」

19.b. 〈**평측측측측평측**〉

冬十一月**歲辛丑**, 我初從政見魯叟.

겨울 십일월 신축년에, 나는 비로소 관리가 되어 孔子의 사당을 참배하였다.

— 소식, 「石鼓」

19.c. **平仄平仄仄平仄**

皆云皇帝巡四國, 烹滅强暴**救黔首**.

모두가 말하기를 황제께서 사방의 나라를 순방하시며, 강포한 자를 섬멸하시어 백성을 구했다고 한다.

— 소식, 「石鼓」

張君眼力窺天奧, 能遣荊棘**化堂宇**.[121)]

장군의 시력이 하늘의 깊은 이치를 엿볼 수 있어서, 가시나무 밭을 집으로 바꾸어 놓을 수 있었다.

— 소식, 「越州張中舍壽樂堂」

19.d. **측측평측측평측**

欲尋年歲無甲乙, 豈有文字**記誰某**!

年代를 찾으려 해도 甲乙의 紀年이 없으니, 누가 기록했는지에 대한 문자가

---

121) 텍스트에는 '堂宇'가 '望宇'로 되어 있는데, 誤字이다.

어찌 있으랴!

—소식, 「石鼓」

壯志銷盡憶閒處, 生計易足纔蔬畦.

장대한 뜻 소진되어 한가한 곳을 생각하니, 생계는 채소밭을 일구면 쉽게 해결되리.

—구양수, 「寄聖俞」

여기서는 대부분의 예를 송시(宋詩)에서 취하였다. 송인은 당인을 모방했기 때문에 큰 차이가 없다. 19.a.는 육측구(六仄句)이고 19.b.는 그 변상(變相)이기 때문에 모두 대단히 드물게 보인다. 17.c.와 17.d.는 송대의 고풍에서도 드물게 쓰였는데, 그 이유는 미상이다.

29.7 (巳) (측측측)

20.a. (측측평평측측측)

枕中鴻寶舊所傳, 飲我寧辭酒或索!

『枕中鴻寶苑』은 예부터 전해오는 것, 내게 마시게 하니 술이 혹 다 없어진다고 해도 어찌 사양하랴!

—왕안석(王安石), 「過劉貢甫」

淮蝗蔽天農久餓, 越卒圍城盜少逸.

회 땅에 누리가 하늘을 덮어 농부들이 굶주린 지 오래고, 월 땅에 군졸이 성을 포위하여 도적들이 편안하지 않다.

—왕안석, 「次韻和中甫兄春日有感」

20.b. 평측평평측측측

凡目矜新不重故, 千錢酬直皆笑愚.

범인들의 눈은 새 것을 아끼고 옛 것을 소중히 여기지 않아, 그림 값으로 천전을 주자 모두들 어리석다고 비웃었다.

—왕안석, 「次韻和中甫兄春日有感」

金印煌煌未入手, 白髮種種來無情.

빛나는 황금 인장이 손에 들어오기 전에, 무정하게도 늙어서 백발이 성성하다.

— 육유(陸游), 「長歌行」

20.c. 〈평측측평측측측〉

(이 형식의 예는 보이지 않는다.)

20.d. 측측측평측측측

公子爲嬴停駟馬, 執轡愈恭意愈下.

공자는 侯嬴을 예우키 위해 駟馬를 세우고, 공손히 고삐를 잡으니 마음 씀이 더욱 겸손했다.

— 왕유(王維), 「夷門歌」

且與少年飮美酒, 往來射獵西山頭.

또한 젊은이들과 좋은 술을 마시고, 오가며 서산 꼭대기에서 사냥을 한다.

— 고적(高適), 「邯鄲少年行」

21.a. (평평평평측측측)

淸晨無風浪自湧, 中流歌笑倚半酣.

맑은 새벽 바람도 없는데 물결이 저절로 일고, 얼근하게 취한 덕분에 물 가운데서 노래 부르며 웃었다.

— 소식, 「自金山放船」

當今人才不乏使, 天上二老須人扶.

지금은 인재가 부리기에 부족하지 않으니, 천상의 두 노인을 사람들이 보좌해야 하리.

— 황정견(黃庭堅), 「次韻子瞻寄眉山王宣義」

21.b. (측평평평측측측)

杜陵評書貴瘦硬, 此論未公吾不憑.

두릉은 글씨를 평할 때 마르고 굳센 것을 귀하게 여겼지만, 그 견해가 공평치 않아 나는 의거하지 않는다.

— 소식, 「孫莘老求墨妙亭詩」

自從周衰更七國, 竟使秦人**有九有**!

주나라가 쇠퇴하고부터 칠국이 일어났지만, 결국 진나라로 하여금 천하를 차지하게 했다.

— 소식, 「石鼓」

21.c. (**측평측평측측측**)

大烹養賢**有列鼎**, 豈久師門共藜藿?

성찬으로 현자를 양성할 솥들이 늘어서 있는데, 어찌 오랫동안 스승의 문하에서 변변치 못한 음식을 함께 할 수 있을까?

— 구양수(歐陽修), 「讀張李二生文」

舞干兩階**庶可覩**, 跳空七劍今何庸?

文德을 갖춘 君臣을 볼 수 있게 되었으니, 공중에 도약하는 일곱 검이 지금 무슨 소용이 있으랴?

— 조보지(晁補之), 「贈戴嗣良歌」

21.d. (**평평측평측측측**)

香新味全**手自摘**, 玉潔沙磨軟還美.

향이 새롭고 맛이 온전하여 손이 저절로 가고, 옥같이 하얀 살을 씹으니 연하고 맛있다.

— 구양수, 「初食雞頭有感」

何當凱還**宴將士**, 三更雪壓飛狐城.

어찌하면 개선하여 장병들에게 잔치를 열어줄 수 있을까? 쌓인 눈이 한밤중 호성에 흩날린다.

— 육유, 「長歌行」

22.a. (**평평측측측측측**)

胡爲我**輩坐自苦**, 不念玆時去如失!

무엇 때문에 우리들은 앉아서 스스로 괴로워하는가? 이때를 생각하지 않으면 잃은 듯이 가버리는데!

— 왕안석, 「次韻和中甫兄春日有感」

同遊盡返**決獨往**, 賦命窮薄輕江潭.

함께 노닐던 사람들은 모두 돌아가 혼자 가기로 결심하고, 운명이 궁박하여 강과 못을 가볍게 여겼다.

— 소식, 「自金山放船」

參軍但有**四立壁**, 初無臨江千木奴.

참군의 집안은 네 벽만 있을 뿐이고, 애초에 강변의 천 그루 나무는 없다.

— 황정견, 「次韻子瞻寄眉山王宣義」

22.b. (**측평측측측측측**)

得之數日**未暇讀**, 意欲百事先屛却.

그것을 얻고도 여러 날 읽을 틈이 없었는데, 마음은 만사를 제쳐두고 먼저 읽고 싶었다.

— 구양수, 「讀張李二生文」

遠方不異**輦轂下**, 詔遣中使哀恫瘝.

먼 곳도 서울과 다르지 않아서, 황명으로 사자를 파견하여 질고를 가엾어하는 것이다.

— 황정견, 「送曹子方」

豈其馬上**破賊手**? 哦詩長作寒螿鳴.

어찌 그가 말 위에서 도적을 격파하는 사람이랴? 시를 읊으며 언제나 가을 매미 소리를 낸다.

— 육유, 「長歌行」

22.c. (측평평측측측측)

大梁崔白**亦善畵**, 曾見桃花淨初吐.

대량의 최백도 그림을 잘 그려서, 일찍이 깨끗하게 막 피어난 도화를 보았다.

— 왕안석, 「純甫出釋惠崇畵要予作詩」

短長肥瘠**各有態**, 玉環飛燕誰敢憎?

작건 크건 통통하건 수척하건 각기 자태가 있으니, 楊玉環과 趙飛燕을 누가 감히 미워하랴?

— 소식, 「孫莘老求墨妙亭詩」

撫軍監國**太子事**, 何乃趨取大物爲?

군대의 통솔과 국가의 수호는 본디 태자의 일이거늘, 무엇 하러 서둘러서 황제의 자리에 올랐단 말인가?

— 황정견, 「書摩崖碑後」

22.d. (평평평측측측측)

紛紛爭**奪醉夢裏**, 豈信荊棘埋銅駝!

취중에도 꿈속에도 아등바등하는 이야, 어찌 믿으리 구리 낙타가 가시덤불 속에 묻힐 수도 있다는 것을!

— 소식, 「百步洪」

將軍掌勇**饋不繼**, 痛惜靈武奇謀空.

장군이 용사를 장악해도 양식이 이어지지 않아, 안타깝다 영무의 기발한 계책이 수포로 돌아간 것이.

— 조보지, 「贈戴嗣良歌」

23.a. 〈측측측측측측측〉

水邊小邱因古城, 上有巨竹**數百箇**.

물가의 작은 언덕에 古城이 자리하여, 그 위에 키 큰 대나무 수백 개가 있다.

— 육유, 「城西接待院後竹下作」

一勝一敗**又苦似**, 勝者狠逐敗者趨.

승리와 패배도 아주 흡사하여, 승자는 사납게 뒤쫓고 패자는 달아난다.

— 매요신(梅堯臣), 「觀何君寶畫」

23.b. 〈**평측측측측측측**〉

禽獸已斃**十八九**, 殺聲落日迴蒼穹.

금수는 이미 십중팔구가 죽었고, 죽이는 소리가 지는 해 속에 창공에 메아리친다.

— 두보, 「冬狩行」

23.c. **평측평측측측측**

持頤宴坐不出門, 收攬奇秀**得十五**.

턱을 괴고 편안히 앉아 문을 나가지 않고, 빼어난 것을 열람하니 열에 다섯을 터득했다.

— 소식, 「越州張中舍壽樂堂」

23.d. **측측평측측측측**

內間張后**色可否**, 外間李父頤指揮.

안의 장후는 안색으로 가부를 알리고, 바깥의 이부는 턱으로 지휘한다.

— 황정견, 「書摩崖碑後」

羨子年少**正得路**, 有如扶桑初日昇.

그대가 젊은 나이에 제대로 길을 얻은 것이 부러우니, 부상에서 아침 해가 떠오르는 것 같다.

— 구양수, 「送徐生之澠池」

이상의 4대류(大類) 16소류(小類) 중에서 제20류는 율구에 가깝기 때문에 일운도저(一韻到底)의 칠언고시에는 매우 적게 사용되는데, 사용할 경우에는 단지 20.a.류 및 20.b.류만을 사용하며, 20.d.류는 당인의 전운(轉韻) 칠언고시에만 보인다. 20.c.류는 극히 드물게 보인다. 21류와 22류는 비교적 흔히 보인다. 23류는 측성이 너무 많기 때문에 가장 드물게 보인다. 23류 중에서 23.a.는 칠측구(七仄句)여서 낙조(落調)로 보는 사람도 있기 때문에 드물게 보인다. 그러나 때로는 시인들이 일부러 칠측구를 만들기도 했다. 예를 들면 이상은(李商隱) 「한비(韓碑)」의 "帝得聖相相曰度(황제가 현명한 재상을 얻으니 裴度라고 하였다)", "入蔡縛賊獻太廟(蔡州에 들어가 도적을 사로잡아 태묘에 바쳤다)", "愈拜稽首蹈且舞(韓愈는 머리를 조아려 절을 하고 나서 춤을 추었다)"122) 등이 있다. 또한 매요신(梅堯臣) 「관하군보화(觀何君寶畵)」의 "一勝一敗又苦似, 勝者狠逐敗者趨(승리와 패배도 아주 흡사하여, 승자는 사납게 뒤쫓고 패자는 달아난다)"는 한 연에 모두 13개의 측성자를 사용하였으니, 이것은 일부러 그렇게 만든 일종의 '극변(極變)'이다. 23.b.는 육측(六仄)을 연용했는데, 오히려 칠측(七仄)보다도 드물게 보인다. 이것은 아마도 일부러 그렇게 만든 사람이 없었기 때문일 것이다. 한편 '측측측'각(脚)은 출구에 주로 사용되고, 대구에는 그다지 사용되지 않았다.

29.8 (午) 평측측

24.a. **평평측측평측측**

平生半世**看墨本**, 摩挲石刻鬢成絲.

평생의 반이 지나도록 탁본만 보다가, 이제 직접 석각을 어루만지니 머리가 백발이 되었다.

— 황정견, 「書摩崖碑後」

東馬嚴徐已奮飛, 枚皐卽召**窮且忍**.

東方朔 · 司馬相如 · 嚴安과 徐樂은 이미 떨쳐 비상했건만, 枚皐는 소환되어 곤궁 속에 인내하였다.

— 한유(韓愈), 「贈崔立之評事」

---

122) 여기서 '稽'는 上聲이다. (原註)

24.b. **측평측측평측측**

立談左右**俱動色**, 一言徑破千言牢.

잠깐 사이에 좌우가 모두 감동하고, 한 마디 말로 바로 천언의 견고함을 깬다.

— 소식, 「送李公恕赴闕」

上人淡泊**何所好**? 工書草隸如飛蓬.

스님은 담백하여 무엇을 좋아하실까? 서예에 뛰어나 초서와 예서가 날리는 쑥대 같다.

— 조충지(晁冲之),[123]「贈僧法一墨」

畫史紛紛何足數? 惠崇晚出**吾最許**.

화가는 수없이 많지만 어찌 꼽아줄만 하리오? 후에 나온 혜숭만은 내가 가장 인정한다.

— 왕안석(王安石), 「純甫出釋惠崇畫要予作詩」

24.c. **측평평측평측측**

覺來身世**都是夢**, 坐久枕痕猶着面.

깨어 나니 이 신세 모두가 꿈, 오래 앉아 있어도 베개자국이 얼굴에 남아 있다.

— 소식, 「和子由送將官梁左藏仲通」

絶塵超日**精爽緊**, 若失其一望路馳.

절진과 초일 두 말은 정신이 굳게 얽혀 있어서, 하나를 잃으면 길을 바라보며 달린다.

— 황정견, 「詠李伯時摹韓幹馬」

24.d. **평평평측평측측**

安能終老**塵土下**, 俯仰隨人如桔槹?

어찌 하면 늙도록 진토 아래 있으며, 두레박처럼 사람의 뜻 따라 오르내릴 수

123) 텍스트에는 '晁'가 '晃'으로 되어 있는데, 誤字이다.

있을까?

— 소식, 「送李公恕赴闕」

細思物理坐歎息, 人生安得**如汝壽**?

사물의 이치를 곰곰이 생각하며 앉아서 탄식하니, 사람의 명성이 어찌 하면 너처럼 오래갈 수 있을까?

— 소식, 「石鼓」

25.a. **평평평평평측측**

朝庭淸明**天子聖**, 陽德彙進羣陰剝.

조정이 청명하고 황제께서 성스러워, 햇빛이 모여드니 모든 그늘이 벗겨진다.

— 구양수(歐陽修), 「讀張李二生文」

浮來山高**回望失**, 武陵路絶無人送.

羅浮山은 높지만 돌아보면 놓치는 것은, 무릉의 길 끊어져 전송하는 사람이 없는 것과 같다.

— 소식, 「同正輔表兄游白水山」

25.b. **측평평평평측측**

緬懷胡沙**英妙質**, 一雄可將十萬雛.

북쪽 사막에서의 영묘한 자질을 생각해보니, 영웅 하나가 십만의 신병을 거느릴 수 있다.

— 황정견, 「咏李伯時」

伏波論兵**初矍鑠**, 中散談仙更淸遠.

복파장군은 출전을 청할 때 노익장을 과시하였고, 중산대부는 신선을 말하며 더욱 맑고 고원하였다.

— 소식, 「和子由送將官梁左藏仲通」

古田小牋惠我百, 信知溪翁**能解玉**.

옛 전답에서 나에게 백 통의 편지를 보내주시니, 참으로 알겠다 계곡의 노인이 관직에서 물러날 수 있음을.

— 소식, 「次韻王炳之」

25.c. **측평측평평측측**

但應此心**無所住**, 造物雖駛如余何.

다만 마음속에 집착하는 것만 없다면, 조물주가 날래다 한들 나를 어쩌랴?

— 소식, 「百步洪」

金盤磊落何所薦? 滑臺撥醅**如玉醴**.

금 쟁반에 풍성히 깔려 있는 것이 무엇인가? 滑臺의 거르지 않은 술이 단 샘물 같다.

— 구양수, 「初食雞頭」

25.d. **평평측평평측측**

金坡巨然**山數堵**,[124] 粉墨空多眞漫與.

翰林院에 거연이 그린 몇 폭의 산수화 같아서, 안료를 멋대로 덧칠하여 그린 것과는 다르다.

— 왕안석, 「純甫出釋惠崇畵要予作詩」

一見眞謂値芳時, 安知有人**槃礴臝**.

언뜻 보니 참으로 생화 같지만, 벗고서 다리 펴고 앉아 있는 사람 있는 줄 어찌 알겠는가?

— 왕안석, 「題徐熙花」

26.a. **측측측측평측측**

豈料生還得一處? 引袖拭淚**悲且慶**!

생환하여 한 자리를 얻을 줄 어찌 생각이나 했으리? 소매로 눈물 닦으며 슬프고도 경사스럽다.

— 한유(韓愈), 「寒食日出游」

124) 텍스트에는 '金坡'가 '金波'로 되어 있는데, 誤字이다.

當今聖人求侍從, 拔擢杞梓收楛篾.

지금 황제께서 시종을 구하시어, 우수한 인재를 발탁하고 거두신다.

— 한유, 「贈崔立之評事」

26.b. **평측측측평측측**

强尋偏旁推點畫, 時得一二**遺八九**.

억지로 편방을 찾아 필획을 추측하며, 때때로 한 두 글자를 확인하지만 십중팔구는 놓친다.

— 소식, 「石鼓」

洞庭青草渺無際, 天柱紫蓋**森欲動**.

동정호의 푸른 풀 아득하여 끝이 없고, 하늘 기둥 자색 덮개 빽빽하여 움직일 듯하다.

— 소식, 「送陳睦知潭州」

26.c. **〈평측평측평측측〉**

牧童敲火**牛礪角**, 誰復着手爲摩挲?

목동은 두드려 불을 취하고 소는 뿔을 갈았으니, 누가 다시 손을 대어 어루만지랴?

— 한유, 「石鼓歌」

26.d. **측측평측평측측**

盡壞屛障**通內外**, 仍呼騎曹爲馬曹.

阮籍처럼 칸막이를 모두 제거하여 안팎을 통하게 하니, 王徽之처럼 騎曹를 馬曹라고 부르고 있다.

— 소식, 「送李公恕赴闕」

辭嚴意正質非俚, 古味雖淡**醇不薄**.

문사가 근엄하고 뜻이 바르며 바탕이 속되지 않아, 옛 맛이 담백하지만 묽지 않고 진하다.

— 구양수, 「讀張李二生文」

漂流百戰偶然存,[125] 獨立千載誰與友?

수많은 전쟁에 표류하면서도 우연히 남아 있어, 천 년 동안 독립하였으니 누가 이와 벗할 수 있으랴?

— 소식, 「石鼓」

칠언고시에서 '평측측'각(脚)의 시구는 율구로 많이 쓰여서, 입률되지 않는 것들은 대략 이상의 예들이다. 26.c.는 대단히 드물게 보이는데, 왜냐하면 앞쪽 여섯 글자의 평측이 '평측평측평측'으로 평성과 측성이 잇달아 교차되어 오히려 조화롭지 못하기 때문이다. 7.c.와 8.c. 및 그에 대한 설명을 참고하기 바란다.

29.9 (未) 평평측

27.a. **측측평평평평측**

將軍金甲夜不脫, 半夜軍行戈相撥.

장군은 무쇠갑옷을 밤에도 벗지 않고, 한밤중에 행군하니 창이 서로 부딪는다.

— 잠삼(岑參), 「走馬川行」

憶昔周宣歌鴻雁, 當時籒史變蝌蚪.

그 옛날 周 宣王 때 백성들이 「鴻雁」의 노래를 불렀는데, 그 당시 史籒가 蝌蚪文을 大篆으로 바꾸었다.

— 소식, 「石鼓」

昔有佳人公孫氏, 一舞劍器動四方.

지난날 公孫大娘이라는 가인이 있었는데, 「劍器」舞를 추면 사방이 술렁거렸다.

— 두보, 「觀公孫大娘弟子舞劍器行」

125) 텍스트에는 '流'가 '知'로 되어 있는데, 誤字이다.

27.b. 〈평측평평평평측〉
(이 형식의 예는 보이지 않는다.)

27.c. 〈평측측평평평측〉
(이 형식의 예는 보이지 않는다.)

27.d. 〈측측측평평평측〉
(이 형식의 예는 보이지 않는다.)

28.a. 〈평평평평평평측〉
朝廷雖無幽王禍, 得不哀痛塵再蒙!
조정에 비록 幽王의 재앙은 없었다지만, 황제가 다시 몽진가시니 어찌 애통치 않으리!

— 두보, 「冬狩行」

28.b. 〈측평평평평평측〉
(이 형식의 예는 보이지 않는다.)

28.c. 〈측평측평평평측〉
君家赤驃畵不得, 一團旋風桃花色.
그대 집의 적표마는 그려낼 수 없으니, 일단의 회오리바람처럼 달리는 도화빛 말이다.

— 잠삼, 「衛節度赤驃馬歌」

28.d. 평평측평평평측
四邊伐鼓雪海涌, 三軍大呼陰山動.
사방에서 북을 치니 설해가 솟아오르고, 삼군이 크게 외치니 음산이 흔들린다.

— 잠삼, 「輪臺歌」

秦兵益爲邯鄲急, 魏王不救平原君.
秦의 군대가 증강되어 한단을 포위하니 위급해졌지만, 위왕은 평원군을 구원해주지 않았다.

— 왕유(王維), 「夷門歌」

長河浪頭**連天黑**, 津吏停舟渡不得.

긴 강에는 파도치고 하늘까지 어두워져, 사공이 배를 멈추니 건너갈 수가 없다.

— 이기(李頎), 「送陳章甫」

29.a. (측측측측평평측)

秋來倍憶武昌魚, 夢著只在**巴陵道**.

가을이 오니 무창어가 갑절로 생각나고, 꿈에서는 그저 파릉도에 있다네.

— 잠삼, 「送費子歸武昌」

錦囊深貯幾春風? 借問此木**何時果**?

비단 주머니 깊숙이 얼마큼의 봄바람을 넣어두었을까? 이 나무는 언제나 열매를 맺으려나?

— 왕안석(王安石), 「題徐熙花」

遂因鼓鼙思將帥, 豈爲考**擊煩矇瞍**?

마침내 말 위의 북소리를 듣고 장수를 생각한 것이지, 어찌 두드려서 몽수를 번거롭게 하려고 했으리?

— 소식, 「石鼓」

去年相從殊未足, 問道已許**談其粗**.[126)]

작년에 어울린 것이 얼마 안 되는데도, 도를 물으니 흔쾌히 그 대략을 이야기했다.

— 소식, 「寄劉孝叔」

29.b. (평측측측평평측)

吾輩碌碌飽飯行, 風后力牧**長迴首**.

---

126) 여기서 '粗'는 上聲이다. (原註)

나같이 보잘것없는 사람은 배불리 먹고 가면서, 風后와 力牧을 수시로 머리 돌려 바라본다.

— 두보, 「可歎」

桐葉最晩今已繁, 君不强起**時難更**.

오동잎이 가장 늦게 나왔지만 지금 이미 무성하고, 그대가 억지로라도 일어나지 않으니 시절이 다시 어렵구려.

— 한유(韓愈), 「寒食日出游」

黃蘆低摧雪翳土, 鳧雁靜立**將儔侶**.

누런 갈대는 낮게 꺾이고 눈이 땅을 덮었는데, 오리와 기러기는 짝과 함께 고요히 서 있다.

— 왕안석, 「純甫出釋惠崇畵要予作詩」

自從四方冠蓋鬧, 歸作二浙**湖山主**.

사방에서 고관의 수레가 시끄럽게 몰려오니, 돌아가 浙江 東西路 호수와 산의 주인이 되어야겠다.

— 소식, 「寄劉孝叔」

29.c. 〈**평측평측평평측**〉

(이 형식의 예는 보이지 않는다.)

29.d. 〈**측측평측평평측**〉

借問苦心愛者誰? 後有韋諷**前支遁**.

고심해가며 말을 사랑했던 이 누구인가? 뒤에는 위풍이 있고 앞에는 지둔이 있었다.

— 두보, 「韋諷錄事宅觀曹將軍畵馬圖歌」

晋水今入**幷州裏**, 稻花漠漠澆平田.

진수는 지금 병주로 흘러들어, 벼꽃 빽빽한 평평한 논에 물을 대준다.

— 구양수(歐陽修), 「晋祠」

勸君韜養待徵招, 不用雕琢愁肝腎.

그대에게 권하니 재능을 감추고 임용을 기다리며, 조탁으로 심사를 슬프게 하지 마시게.

— 한유, 「贈崔立之評事」

舊聞石鼓今見之, 文字鬱律蛟蛇走.

예전에 들었던 석고를 지금 직접 보니, 문자가 구불구불한 것이 교룡과 뱀이 기어가는 것 같다.

— 소식, 「石鼓」

'평평측'각(脚)도 '측평평'각(脚)과 마찬가지로 비교적 드물게 보이는 형식이다. 또한 다수의 '평평측'각(脚)은 입률(入律)된 것이다(다만 『聲調四譜』는 '평평측측평평측'을 칠언고시의 正句로 보고 입률로 치지 않았다). 입률되지 않은 경우에는 29.a. 29.b. 29.d.가 비교적 많이 보이는데, 왜냐하면 전구(全句)는 비록 입률되지 않았지만 뒤쪽의 다섯 글자는 입률되어 있기 때문이다. 29.c.는 평측이 교차되어 있기 때문에 오히려 드물게 쓰였다. 28.a.는 오평(五平)을 잇달아 썼고 28.b.도 중간의 다섯 글자에 평성을 잇달아 썼기 때문에 시론가들이 이는 가볍게 사용할 수 없는 것이라고 보았다. 그밖에 27.b. 27.c. 27.d. 28.c. 같은 것들도 대단히 드물게 보인다.

29.10 전운(轉韻)의 칠언고시와 일운도저(一韻到底)의 칠언고시는 평측 방면에서 크게 다르다. 대체로 말해서 전운의 칠언고시는 입률한 것이 보통이고, 일운도저의 칠언고시는 입률하지 않은 것이 보통이다. 전자는 완전한 입률이 아니라고 하더라도 제5자의 평측이 율구(律句)와 상반될 뿐이고, 후자는 왕왕 이른바 '요구(拗句)'(四六同聲)·'단요(單拗)'(二四同聲) 또는 '쌍요(雙拗)'(二四六同聲)를 사용한다. 전자는 왕유(王維)·이기(李頎)·고적(高適)·잠삼(岑參)·최호(崔顥)·유장경(劉長卿)·전기(錢起)·한굉(韓翃)·백거이(白居易)·원진(元稹) 등이 대표이고, 후자는 두보(杜甫)·한유(韓愈)·이상은(李商隱)이 대표이다. 이백(李白)의 경우 오언고시는 옛것

을 모방한 것이 많지만 칠언고시는 오히려 입률한 것이 많다. 당인에게는 일운도저의 칠언고시가 많지 않았는데, 송인들이 점차 이 체를 숭상하여 구양수(歐陽修)·왕안석(王安石)·소식(蘇軾)·황정견(黃庭堅)이 모두 두보와 한유를 배워 평측에 요(拗)가 많아졌다. 입률에 관해서는 제31절을 참고하기 바란다.

29.11 이 절과 앞 절의 평측 구식(句式)을 통계내보면 오언고시 불입률(不入律)의 구식이 모두 합쳐서 13대류 25소류이고, 칠언고시 불입률의 구식이 29대류 114소류이다. 여기에 율구도 포함시켜 계산해보면 오언과 칠언의 평측 구식[小類] 총수는 다음과 같다.

오언의 평측 구식 : 32류
칠언의 평측 구식 : 128류

그렇지만 이 중에는 삼평조(三平調) 등과 같이 자주 사용된 것도 있고, 사평각(四平脚)·고측(孤仄)·평측의 교차 등과 같이 드물게 사용된 것도 있다. 이 분석을 통해 알 수 있듯이 고풍(古風)의 평측도 임의로 아무렇게나 사용한 것은 아니다.

제30절 고풍의 점대 및 출구 말자의 평측

30.1 신식 오언고풍의 점대(黏對)는 율시의 점대와 대체로 같아서 제2자가 중심이다. 출구의 제2자가 대구의 제2자와 평측이 상반되면 대(對)이고, 뒷 연 출구의 제2자가 앞 연 대구의 제2자와 평측이 같으면 점(黏)이다. 예를 들면 다음과 같다.

漕水東去遠, 조수는 동쪽으로 멀리 흘러가고
送君多暮情. 그대를 보내려니 저녁의 정취 많다. ('水'仄 '君'平 : 對)
淹留野寺出, 야외의 절에 오랫동안 머물다 나오니 ('君''留'皆平 : 黏)
向背孤山明. 뒤 쪽으로 외로운 산이 밝다. ('留'平 '背'仄 : 對)
前望數千里, 앞으로 수천 리를 바라보니 ('背''望'皆仄 : 黏)
中無蒲稗生. 그 가운데 부들과 피가 없다. ('望'仄 '無'平 : 對)
夕陽滿舟檝, 석양이 배와 노에 가득하지만 ('無''陽'皆平 : 黏)
但愛微波淸. 다만 잔잔한 물결 맑은 것을 사랑한다. ('陽'平 '愛'仄 : 對)
擧酒林月上, 술잔을 드니 숲에서 달이 떠오르고 ('愛''酒'皆仄 : 黏)
解衣沙鳥鳴. 옷을 벗으니 모래밭에서 새가 운다. ('酒'仄 '衣'平 : 對)
夜來蓮花界, 밤에 연꽃 세계로 들어오니 ('衣''來'皆平 : 黏)
夢裏金陵城. 꿈속의 금릉성이로다. ('來'平 '裏'仄 : 對)
歎息此離別, 이번의 이별에 탄식하니 ('裏''息'皆仄 : 黏)
悠悠江海行. 멀리 멀리 강과 바다로 나가겠구려. ('息'仄 '悠'平 : 對)

— 이기(李頎), 「送王昌齡」

閑歸日無事, 한가히 돌아와 날마다 일이 없어
雲臥晝不起. 높이 누워서 낮에도 일어나지 않는다. ('歸'平 '臥'仄 : 對)
有客款柴扉, 손님이 찾아와 사립문을 두드리니 ('臥''客'皆仄 : 黏)
自云巢居子. 스스로 말하길 은둔자라고 한다. ('客'仄 '云'平 : 對)
居閑好芝朮, 한가히 거처하며 지초와 삽주를 좋아하여 ('云''閑'皆平 : 黏)
採藥來城市. 약초를 캐어 도성의 시장에 가져온다. ('閑'平 '藥'仄 : 對)
家在鹿門山, 집이 녹문산에 있어서 ('藥''在'皆仄 : 黏)
常遊澗澤水. 늘 계곡과 못의 물로 놀러 간다. ('在'仄 '遊'平 : 對)
手持白羽扇, 손에 하얀 깃털 부채를 들고서 ('遊''持'皆平 : 黏)
脚步靑芒履. 푸른 짚신을 신고 걷는다. ('持'平 '步'仄 : 對)
聞道鶴書徵, 초빙의 조서로 부른다는 말을 들으면 ('步''道'皆仄 : 黏)
臨流還洗耳. 물가에 가서 다시 귀를 씻는다. ('道'仄 '流'平 : 對)

— 맹호연(孟浩然), 「白雲先生王迥見訪」

30.2 그러나 오언고시의 점대(黏對)가 율시의 점대와 똑같은 것은 아

니다. 율시는 제2자와 제4자의 평측이 모두 대(對)를 이루지만 오언고시는 제4자의 평측은 따지지 않아도 된다. 여기에는 두 가지 원인이 있다. (1) '평평측평측'은 고풍(古風)의 정조(正調)여서 왕왕 '측측평평평' 또는 '측측측평측'과 대(對)를 이루게 되어 제4자의 평측이 형편상 같지 않을 수 없다. (2) 오언고시에는 이른바 요구(拗句)가 있어서 제2자와 제4자의 평측이 같은 경우 그 대구가 요(拗)를 이루지 않으면 제4자는 형편상 반드시 대(對)를 이루지 않는다. 앞에서 예로 든 이기(李頎)와 맹호연(孟浩然)의 시를 가지고 말하면 '夕陽滿舟檝'의 '舟'자가 '但愛微波淸'의 '波'자와 대(對)를 이루지 않고 '居閑好芝朮'의 '芝'자가 '採藥來城市'의 '城'자와 대(對)를 이루지 않은 것은 (1)의 원인 때문이고, '漕水東去遠'의 '去'자가 '送君多暮情'의 '暮'자와 대를 이루지 않고 '擧酒林月上'의 '月'자가 '解衣沙鳥鳴'의 '鳥'자와 대를 이루지 않고 '夜來蓮花界'의 '花'자가 '夢裏金陵城'의 '陵'자와 대를 이루지 않고 '閑歸日無事'의 '無'자가 '雲臥晝不起'의 '不'자와 대를 이루지 않고 '有客款柴扉'의 '柴'자가 '自云巢居子'의 '居'자와 대를 이루지 않은 것은 (2)의 원인 때문이다.

만약 시 중에 요구(拗句: '古拗'를 가리킴)가 없고 또한 점대(黏對)가 격식에 맞는다면 '평평측평측'을 '평평평측측'으로 간주해야 하는 것을 제외하면 제2자와 제4자가 모두 점(黏)을 이루고 모두 대를 이룰 것이다. 오언고시를 가지고 논하면 다음에 예로 든 시의 점대가 가장 규칙적이어서 신식 오언고시의 표준시로 인정할 수 있을 것이다.

常**稱**掛**冠**吏, 늘 관직을 떠난 관리로 일컬어지다가[127]
昨**日**歸**滄**洲. 어제야 은둔의 푸른 물가로 돌아갔다.
行**客**暮**帆**遠, 떠나는 나그네의 저녁 돛배 멀리 있고
主**人**庭**樹**秋. 주인집 뜰의 나무는 가을빛을 띠었다.

---

127) 이 구의 평측이 '平平仄平仄'이어서 '平平平仄仄'으로 간주해야 제2자와 제4자가 對를 이룬다. 제5구와 제13구도 이 부류에 속한다.

豈伊問天命, 어찌 그가 천명을 묻고 그랬겠는가?
但欲爲山遊. 다만 산수를 유람하고자 한 것이리.
萬物我何有? 만물 중에서 내가 무엇을 가졌는가?
白雲空自幽. 흰 구름만 부질없이 스스로 그윽하다.
蕭條江海上, 쓸쓸한 강과 바다 위에서
日夕見丹丘. 석양에 붉은 언덕이 보인다.
生事本漁釣, 사는 일은 고기잡이와 낚시에 의거하고
賞心隨去留. 마음의 즐거움은 가고 머무름에 따른다.
惜哉曠微月, 애석하다 밝은 초승달 빛 아래
欲濟無輕舟. 건너고자 해도 가벼운 배가 없음이.
倏忽令人老, 순식간에 사람을 늙게 만들고
相思河水流. 그리움만 강물 따라 흘러간다.

— 이기, 「題綦毋校書田居」

30.3 그러나 몇몇 시론가들은 그와 같이 엄격한 점대법(黏對法)만이 오언고시의 정도라고 하는 것은 잘못된 견해라고 생각한다. 그것은 다만 당대(唐代)의 어느 한 파 시인들의 일종의 풍조(율시의 영향을 받은 뒤의 풍조)였을 뿐, 모든 당대 시인들의 작풍을 대표할 수는 없다는 것이다. 당 이전의 고시에서는 더욱 완전히 점대의 구속을 받지 않았다. 다음 예를 보자.

夜中不能寐, 한밤중에도 잠을 이룰 수 없어서
起坐彈鳴琴. 일어나 앉아 거문고를 탄다.
薄帷鑒明月, 얇은 휘장 사이로 밝은 달을 보고 있으니
淸風吹我襟. 맑은 바람이 내 옷깃에 불어온다.
孤鴻號外野, 외로운 기러기가 바깥 들판에서 울고
朔鳥鳴北林. 북방의 새는 북쪽 숲에서 울고 있다.
徘徊將何見? 배회하지만 장차 무엇이 보일까?
憂思獨傷心! 근심스런 생각에 홀로 마음이 아프다.

— 완적(阮籍), 「詠懷」

'坐'와 '帷'가 점(黏)을 이루지 않았고, '鳥'와 '徊'가 점을 이루지 않았다.[128] '帷'와 '風'이 대를 이루지 않았고, '徊'와 '思'가 대를 이루지 않았다.[129] 이와 같이 점대의 구속을 받지 않은 고풍은 당송 이후에 이르러서도 대다수를 차지했다. 『성조사보(聲調四譜)』는 점을 이루지 않은 경우를 요점(拗黏)이라고 불렀고, 대를 이루지 않은 경우를 요대(拗對)라고 불렀다. 고풍에서는 본래 다시 '요(拗)'를 언급해서는 안 되겠지만 만약 마음으로 그 뜻을 알고 너무 융통성 없게 보이지 않는다면 그와 같은 명칭을 차용해도 무방할 것이다. 이것들과 '요구(拗句)'·'단요(單拗)'·'쌍요(雙拗)' 같은 명사들을 합쳐서 살펴보면 '요(拗)'를 이루면 이룰수록 고시에 가깝고, 정격(正格)을 이룰수록 율시에 가깝다고 할 수 있다.

30.4 오언고시는 점대가 완전히 율격에 합치되는 것들이 있다. 그러나 칠언고시는 전편에 걸쳐 점대에 요(拗)가 없는 경우는 거의 없다. 총괄해보면 오언고시와 칠언고시를 막론하고 모두 요대(拗對)와 요점(拗黏)이 있다. 이제 요대와 요점의 예를 몇 가지 들어보겠다.

30.5 (甲) 요대(拗對)

(1) 오언(五言)

白雲慚幽谷, 흰 구름은 깊은 계곡에 부끄러워하고
淸風愧泉源. 맑은 바람은 샘의 근원에 부끄러워한다.[130]

— 장열(張說), 「雜興」

128) '坐'는 仄聲이고 '帷'는 平聲이어서 黏을 이루지 않았고, '鳥'는 仄聲이고 '徊'는 平聲이어서 黏을 이루지 않았다.
129) '帷'와 '風'이 모두 平聲이어서 對를 이루지 않았고, '徊'와 '思'가 모두 平聲이어서 對를 이루지 않았다.
130) '雲'과 '風'은 모두 平聲이어서 對를 이루지 않았다.

昔余涉漳水,　지난날 나는 장수를 건너
驅車行鄴西.　수레를 몰고 업서로 갔다.

— 장열, 「客中遇林慮」

寒夜天光白,　추운 밤이라 하늘 빛 창백하고
海靜月色眞.　바다 고요하여 달빛이 참되다.[131)]

— 왕창령(王昌齡), 「送十二兵曹」

危徑數萬轉,　위험한 길이 수만 번 돌아들어
數里將三休.　몇 리에 세 번을 쉬어야 하리.

— 왕유(王維), 「自大散以往」

蟲鳴機杼悲,　벌레 우는 소리에 베틀 북 슬프고
雀喧禾黍熟.　참새 시끄러워 벼와 기장 익어간다.

— 왕유, 「宿鄭州」

夙承大導師,　일찍이 보살을 따라
焚香此瞻仰.　이곳에서 분향하고 우러러보았다.

— 왕유, 「謁璿上人」

興盡方下山,　흥이 다하면 하산하는 것이지
何必待之子?　어찌 반드시 그분을 기다려야 하리?[132)]

— 구위(丘爲), 「尋西山隱者不遇」

一川草長綠,　온 들판에 풀이 자라 푸르니
四時那得辨?　네 계절을 어떻게 구분할 수 있으리?

— 구위, 「泛若耶谿」

131) '夜'와 '靜'은 모두 仄聲이어서 對를 이루지 않았다.
132) '盡'과 '必'은 모두 仄聲이어서 對를 이루지 않는다.

含笑默不語, 웃음 머금고 잠자코 말이 없다가
化作朝雲飛. 아침 구름으로 변화하여 날아갔다.

— 조영(祖詠), 「古意」

幽意無斷絶, 그윽한 정취가 끊임이 없어서
此去隨所偶. 여기서 떠나 만나는 바 따르리.

— 기무잠(綦毋潛), 「春泛若耶溪」

清澗日濯足, 맑은 산골 물에서 날마다 발을 씻고
喬木時曝衣. 교목 아래에서 때때로 옷을 말린다.

— 저광희(儲光羲), 「樵父詞」

舊蒲雨抽節, 옛 부들은 비를 맞아 새 마디를 싹틔우고
新花水對窗. 새 꽃은 물가에서 창문을 마주한다.

— 상건(常建), 「白湖寺後溪宿雲門」

家本渭水西, 집은 본래 위수의 서쪽에 있는데
異日同所適. 때는 다르지만 가는 곳이 같구나.

— 도한(陶翰), 「晩出伊闕寄河南裴中丞」

匈奴不敢敵, 흉노가 감히 대적하지 못하고
相呼歸去來. 서로 부르며 돌아간다.

— 안진경(顔眞卿), 「贈裴將軍」

顧我譾劣質, 나를 돌아보니 자질이 천박하고
希聖杳無因. 성인을 바라지만 아득하여 인연이 없다.

— 소영사(蕭穎士), 「過河濱和文學張志尹」

一從文章事, 일단 문장의 일에 종사하니
兩京春復秋. 두 경성에서 봄가을이 되풀이된다.

— 최서(崔曙), 「宿大通和尙塔」

廢興雖萬變, 그 후 흥망이 수없이 바뀌었지만
憲章亦已淪. 正聲의 법도는 이미 없어져버렸다.
— 이백(李白), 「古風五十九首」(제1수)

明斷自天啓, 영명함과 과단성은 하늘로부터 열렸고
大略駕群才. 여러 인재들의 큰 책략을 조종하였다.
— 이백, 「古風五十九首」(제3수)

一體更變易, 본래 한 몸이 다시 바뀌는 것이니
萬事良悠悠. 모든 일이 참으로 다 이와 같다.
— 이백, 「古風五十九首」(제8수)

淸風灑六合, 맑은 바람이 천지에 흩뿌려지니
邈然不可攀. 아득하여 붙잡고 오를 수 없다.
— 이백, 「古風五十九首」(제11수)

生苦百戰役, 살아서는 갖은 전쟁에 시달리더니
死託萬鬼鄰. 죽어서는 온갖 귀신들과 섞이게 되었다.
— 이백, 「門有車馬客行」

光景不知晩, 광음은 저무는 것을 알지 못하니
觥酌豈言頻. 술 따르는 것이 어찌 잦다고 하겠는가?
— 위응물(韋應物), 「軍中冬燕」

汗馬牧秋月, 戰馬는 가을 달 아래 풀을 뜯고 있고
疲卒臥霜風. 지친 병졸은 서릿바람 앞에 누워 있다.
— 유만(劉灣), 「出塞曲」

稽首謝眞侶, 머리를 조아려 道士에게 사례하고
辭滿歸崆峒. 임기가 차서 사직하고 공동으로 돌아갔다.
— 이서균(李栖筠), 「張公洞」

嵇康不得死,　혜강은 제대로 죽지 못하였고
孔明有知音.　제갈공명은 알아준 이가 있었다.

— 두보(杜甫),「遣興五首」(제1수)

誰謂築居小?　누가 집을 지은 곳이 협소하다고 하는가?
未盡喬木西.　교목의 서쪽을 다 돌아보지 않은 탓이다.

— 두보,「泛溪」

만약 출구와 대구에 모두 평각(平脚)을 사용했다면 요대(拗對)를 쓰는 것이 보통이다. 예를 들면 다음과 같다.

猶憶雞鳴山,　다시 계명산을 생각해보면
每謂西昇經.　그때마다 서승경을 말한다.

— 장열(張說),「過冲和先生」

藹藹帝王州,　풍성한 제왕의 고을
宮觀一何繁!　별궁이 얼마나 많았던가![133]

— 왕유,「瓜園詩」

邪氣悖正聲,　사악한 기운이 바른 소리를 어그러뜨려서
鄭衛生其間.　鄭과 衛의 음악이 그 사이에서 생겨났다.

— 이화(李華),「雜詩」

登高望天山,　높이 올라가 천산을 바라보니
白雲正崔嵬.　흰 구름이 바로 높이 떠 있다.

— 안진경(顔眞卿),「贈裴將軍」

太息感悲泉,　길게 숨을 내쉬며 슬픈 샘을 느끼고
人往跡未湮.　사람이 가면 자취가 잠기지 않는다.

— 소영사(蕭穎士),「過河濱」

133) '觀'이 '寺觀'의 뜻으로 사용된 경우에는 去聲이어서 둘 다 仄聲으로 拗對이다.

松柏今在玆,　소나무와 측백나무가 지금 여기에 있으니
安忍思故鄕.　어찌 차마 고향이 그립지 않으리.

— 맹운경(孟雲卿), 「傷情」

昔別雁門關,　종전에 안문관을 떠나서
今戍龍庭前.　지금은 용정 앞을 지킨다.

— 이백, 「古風五十九首」(제6수)

日暮醉酒歸,　해 저물녘 술에 취해 돌아가니
白馬驕且馳.　백마가 우쭐하여 달린다.

— 이백, 「古風五十九首」(제8수)

對此嘉樹林,　이 아름다운 숲을 대하고서
獨有戚戚顔.　홀로 슬픈 얼굴을 하고 있다.

— 위응물(韋應物), 「移疾會詩客元生」

車馬日蕭蕭,　찾아오는 수레와 말이 날로 드문데
胡不枉我廬?　어찌하여 내 집에 왕림하지 않는가?

— 위응물, 「城中臥疾」

始自風塵交,　벼슬길에서의 교제가 시작되고부터
中結綢繆姻.　끈끈하게 얽힌 혼인을 맺게 되었다.

— 위응물, 「寄令狐侍郎」

茫茫十月交,　어슴푸레하게 시월로 들어서서
窮陰千里餘.　음침한 하늘이 천리에 뻗어 있다.

— 고적(高適), 「苦雨寄房四昆季」

下有冬青林,　밑에는 동청의 숲이 들어서 있고
石上走長根.　바위 위에는 뿌리가 길게 뻗어 있다.

— 두보(杜甫), 「木皮嶺」

高標跨蒼穹,　높은 표지처럼 창공에 올라타서
烈風無時休.　매서운 바람이 그칠 때가 없다.

— 두보, 「同諸公登慈恩寺塔」

30.6 (2) 칠언(七言)

秦兵益圍邯鄲急,　진나라 군대가 더욱 한단을 포위하여 급박해졌는데도
魏王不救平原君.　위왕은 평원군의 요청을 받아들이지 않았다.

— 왕유, 「夷門歌」

美酒尊中置千斛,　술항아리에 맛있는 술을 천 섬 채우고
載妓隨波任去留.　기생 싣고 배를 띄워 물결에 맡겨둔다.

— 이백(李白), 「江上吟」

士卒多騎內廐馬,　사졸 대부분이 황실 마구간의 말을 탔으니
惆悵恐是病乘黃.　슬프게도 이 버려진 말이 병든 乘黃馬이리라.

— 두보(杜甫), 「瘦馬行」

手指交梨遺帝食,　손가락으로 배를 건네주며 황제에게 드시라 하니
可以長生臨寓縣.　영생을 누리며 우현에 임할 수 있을 것이다.

— 이기(李頎), 「王母歌」

累薦賢良皆不就,　누차 현량을 천거해도 모두 가지 않아서
家近陳留訪耆舊.　집이 진류에 가까워 원로를 방문하였다.

— 이기, 「答高三十五留別」

白雲飛鳥去寂寞,　흰 구름과 나는 새가 떠나니 적막하고
吳山楚岫空崔嵬.　吳와 楚의 산과 봉우리 부질없이 솟아 있다.

— 유장경(劉長卿), 「時平後送范倫歸汝州」

却到長安逢故人, 장안으로 돌아가 옛 친구들을 만나도
不道姓名應不識. 성명을 말하지 않으면 알아보지 못하리라.
— 유장경, 「時平後送范倫歸汝州」

車傍側挂一壺酒, 수레 옆에 술 한 병을 매달아놓고
鳳笙龍管行相催. 생황 노래 들으며 나들이를 재촉한다.
— 이백, 「襄陽歌」

深山大澤龍蛇遠, 깊은 산과 큰 못에 용과 뱀이 멀리 있고
春寒野陰風景暮. 싸늘한 봄 어둑한 들에 풍경은 저물녘이다.
— 두보, 「送孔巢父謝病歸」

琉璃汗漫泛舟入, 유리가 아득히 펼쳐진 곳으로 배를 띄워 들어가니
事殊興極憂思集. 일이 별나 흥이 지극한데 걱정스런 생각 모여든다.
— 두보, 「渼陂行」

칠언고시도 오언고시와 마찬가지로 출구와 대구가 모두 평각이라면 왕왕 요대(拗對)를 사용한다. 다음 예를 보자.

木蘭之枻沙棠舟, 목란나무의 노에 사당나무의 배를 탔는데[134]
玉簫金管坐兩頭. 옥퉁소 금피리가 배 양 옆에서 연주한다.
— 이백, 「江上吟」

今我不樂思岳陽, 지금 나는 악양을 생각하는 것이 즐겁지 않고
身欲奮飛病在床. 그대에게 날아가고 싶지만 병상에 누워 있다.
— 두보, 「寄韓諫議注」

蘄州笛竹天下知, 기주의 적죽은 세상 사람들이 다 알아주는데
鄭君所寶尤瓌奇. 정군의 보물은 더욱 아름답고 기이하다.
— 한유(韓愈), 「鄭羣贈簟」

134) 텍스트에는 '枻'이 '泄'로 되어 있는데, 誤字이다.

將軍善畫蓋有神, 장군이 그림에 능한 것은 신의 도움이 있는 듯하고
心逢佳士寫其眞. 마음으로 훌륭한 선비를 만나야 참된 모습을 그린다.
—두보, 「丹靑引」

鮫人潛織水底居, 교인은 물밑에 살며 물속에서 비단을 짜고
側身上下隨遊魚. 몸을 위아래로 기울이며 고기를 따라 논다.
—이기, 「鮫人歌」

梁生倜儻心不羈, 양생은 소탈하여 마음이 얽매여 있지 않고
途窮氣蓋長安兒. 길이 다해도 기개가 장안을 덮는 남아이다.
—이기, 「別梁鍠」

與君携手姑蘇臺, 그대와 손 붙잡고 고소대에 올라가
望鄕一日登幾迴. 고향을 바라본 것이 하루에도 몇 번이었던가!
—유장경, 「時平後送范倫歸汝州」

落日欲沒峴山西, 석양이 지려 하는데 현산의 서쪽에서
倒著接䍦花下迷. 흰 모자를 거꾸로 쓰고 꽃 아래서 취한다.
—이백(李白), 「襄陽歌」

30.7 율시의 대장(對仗)에서는 동자상대(同字相對)의 경우가 거의 없다. 하나는 근체시에 그와 같은 규칙이 없기 때문이고(제15절을 참조할 것), 또 하나는 동자상대를 쓰더라도 제1자·제3자(오언과 칠언)와 제5자(칠언)에 국한될 수밖에 없고 제2자·제4자·제6자는 동자상대를 쓸 방법이 없다. 왜냐하면 '특요(特拗)'를 제외하면 율시 출구의 제2자·제4자·제6자와 대구 제2자·제4자·제6자의 평측은 상반되어야 하기 때문이다. 그러나 고풍은 이와 다르다. 고풍은 요대(拗對)를 허용하므로 동자상대인 곳이 많고, 제2자·제4자·제6자라도 동자상대를 할 수 있다. 다음 예를 보자.

朝與周人辭, 아침에 주 땅의 사람과 작별하고
暮投鄭人宿. 저녁에 정주 사람 집에 투숙한다.

— 왕유(王維), 「宿鄭州」

結廬若耶裏, 약야 계곡에 오두막을 지으니[135]
左右若耶水. 좌우가 약야의 물이다.

— 구위(丘爲), 「泛若耶谿」

一射百馬倒, 한 번 쏘면 백 마리의 말이 쓰러지고
再射萬夫開. 두 번 쏘면 만 장부가 피해 비켜난다.

— 안진경(顔眞卿), 「贈裴將軍」

綠筍總成竹, 푸른 죽순은 결국 대나무가 되고
紅花亦成子. 붉은 꽃도 또한 열매를 맺는다.

— 최서(崔曙), 「古意」

但見萬里天, 다만 만 리에 걸친 하늘만 보일 뿐
不見萬里道. 만 리에 뻗은 길은 보이지 않는다.

— 맹운경(孟雲卿), 「古別離」

去年桑乾北, 작년에는 상건수의 북쪽에 있었는데
今年桑乾東. 금년에는 상건수의 동쪽에 있다.

— 유만(劉灣), 「出塞曲」

死是征人死, 죽음은 정벌 나간 사람들의 몫이고
功是將軍功. 공을 세우는 것은 장군의 몫이다.

— 유만, 「出塞曲」

昔如水上鷗, 옛날엔 물가의 갈매기와 같았는데

---

135) 텍스트에는 '結'이 '紘'으로 되어 있는데, 誤字이다.

今如罝中兎. 지금은 그물에 갇힌 토끼와 같다.

— 두보, 「有懷台州鄭十八司戶」

昨日延英對, 어제는 연영과 마주하였는데
今日崖州去. 오늘은 애주로 떠나갔다.

— 백거이(白居易), 「寄隱者」

美人在時花滿堂, 미인이 있을 때는 꽃이 집안에 가득했는데
美人去後空餘牀. 미인이 떠나가니 남은 침상이 텅 비었다.

— 이백, 「長相思」

館娃宮中春已歸, 관왜궁 속은 봄이 이미 돌아갔고
闔閭城頭鶯已飛. 합려성 위는 꾀꼬리 이미 날아갔다.

— 이가우(李嘉祐), 「傷吳中」

百人會中身不預, 백 인의 회합에는 몸이 참여할 수 없고
五侯門前心不能. 오후의 문 앞에는 마음이 가지지 않는다.

— 왕유, 「不遇詠」

30.8 고풍(古風)은 요대(拗對)를 사용하여 때때로 완전한 합률(合律)을 피할 수 있다. 이를테면 두 구가 모두 율구(律句)인 경우에 요대(拗對)를 사용하기만 하면 율시의 격식과는 차이가 있게 된다. 다음 예를 보자.

行人過欲盡, 행인은 지나가는 것이 끝나려 하는데
狂夫終不至. 광인은 끝내 오지 않는다.[136)]

— 왕유, 「羽林騎閨人」

136) 이 두 구는 모두 '平平平仄仄'이어서 律句이지만 제2자가 둘 다 平聲으로 拗對이다. '過'는 下平聲 '歌'韻에 속하여 平聲이다.

自然成妙用,　자연의 변화는 미묘한 효용을 이루지만
孰知其指的?　누가 그 목적을 알 수 있으랴?

—이백, 「草創大還贈柳官迪」

車馬平明合,　수레와 말이 여명에 만나니
城郭滿埃塵.　성곽에 먼지가 가득하다.

—위응물(韋應物), 「大梁亭會李四」

一夕南宮遇,　어느 날 저녁 남궁에서 만나
聊用寫中情.　잠시 속마음을 써냈다.

—위응물, 「寄職方劉郎中」

皓氣凝書帳,　호연지기로 서재를 응시하고
清著釣魚竿.　맑은 마음으로 낚시를 한다.

—맹언심(孟彦深), 「元次山居武昌之樊山」

憶昔好追涼,　옛날을 생각하면 더위를 피하고자
故繞池邊樹.　일부러 못가 나무를 맴돌곤 하였다.

—두보, 「羌村」

莫學吹笙王子晋,　생황 부는 왕자진일랑 배우지 마시게
一遇浮丘斷不還.　부구생에게 한 번 배우면 돌아오지 못할지니.

—이백, 「鳳吹笙曲」[137]

한 연 중에 한 구만이 율구(律句)인 경우에도 요대(拗對)를 사용하여 고풍(古風)에 가깝도록 할 수 있다. 예를 들어 앞에서 든 위응물(韋應物)의 "光景不知晚, **觥酌豈言頻**"과 두보의 "**深山大澤龍蛇遠**, 春寒野陰風景暮" 등이 있다.[138] 결론적으로 요대(拗對)는 왕왕 시인들에 의해 율구(律

137) 이것은 樂府의 편명으로 일반적으로는 「鳳笙篇」이라고 한다.
138) "觥酌豈言頻"은 '平仄仄平平'이고, "深山大澤龍蛇遠"은 '平平仄仄平平仄'이어서

句)를 보완하는 방법으로 이용되었는데, 이것은 대다수의 상황으로부터 관찰할 수 있는 것이다.

30.9 (乙) 요점(拗黏)

(1) 오언(五言)

君子每念春, 군자가 매번 봄을 생각할 때마다
江上共流眄. 강가에서 함께 흐르는 물을 바라본다.
遠水林外明, 멀리 있는 물은 숲 밖에서 밝고
近岩霧中見. 가까이 있는 바위는 안개 속에 보인다.
終日西北望, 하루 종일 북서쪽을 바라보니
何處是京縣? 어디쯤이 서울이 있는 곳일까?
屢登高春臺, 여러 번 높은 봄 누대에 올라
徒使淚如霰. 다만 눈물을 싸라기처럼 뿌린다.

('日'은 '岩'과 黏을 이루지 않고, '登'은 '處'와 점을 이루지 않았다. '君子'와 '終日' 두 연은 모두 拗對를 사용하였다.)

— 장열(張說), 「奉陪登南樓」

平生白雲志, 평생토록 隱居와 求仙의 뜻을 품고서
早愛赤松游. 일찍이 赤松子를 따라 노닐기를 바랐다.
事親恨未立, 양친을 모시느라 그 꿈을 이루지 못하고
從官此中州. 이 洛陽 땅에서 관직에 종사하였다.
主人亦何問, 주인은 또 무엇을 물으시려는가?
旅客方悠悠. 나그네는 이룬 것 없이 허송세월하였다.
方謁明天子, 앞으로 聖明하신 황제를 만나 뵙고
清宴奉良籌. 한가하실 때 좋은 계책을 올리리라.
再取連城璧, 藺相如처럼 和氏璧을 다시 취하는 공을 세우고

둘 다 律句이다.

三陟平津侯. 公孫弘 같이 세 번 승진하여 평진후가 되리라.[139]
不然拂衣去, 그렇지 못하면 옷을 털고 떠나가
歸從海上鷗. 歸隱하여 바닷가의 갈매기와 어울리리라.
寧隨當代子, 어찌 당대의 세속인을 따라서
傾仄且沈浮. 변덕스럽게 부침을 거듭하겠는가?

('親'은 '愛'와 점을 이루지 않고, '然'은 '陟'과 점을 이루지 않았다. '事親'·'方謁'과 '不然' 세 연은 모두 拗對를 사용하였다.)

— 진자앙(陳子昂), 「答洛陽主人」

荒城自蕭索, 황량한 성은 본래 쓸쓸한데
萬里山河空. 만 리에 걸친 산하가 텅 비었다.
天高秋日迥, 하늘 높아서 가을 해 멀리 있고
嘹唳聞飛鴻. 날아가는 기러기 울음소리 들린다.
寒塘映衰草, 차가운 못 물에 시든 풀 비치고
高館落疎桐. 높은 객사에 성긴 오동잎 떨어진다.
臨此歲方宴, 이곳에 임하여 세월은 한가한데
顧景問悲翁. 경치를 돌아보며 슬픈 노인에게 묻는다.
故人不可見, 옛 친구를 만나볼 수 없어서
寂寞平林東. 적막 속에 아득한 숲 동쪽을 바라본다.

('高'와 '里', '塘'과 '唳', '人'과 '景'은 모두 점을 이루지 않았다. '臨此' 한 연은 요대를 사용하였다.)

— 맹호연(孟浩然), 「奉寄韋太守涉」

適從郡邑喧, 시끄러운 고을에 들어가 보니
又玆三伏熱. 이곳 또한 삼복의 더위 속이다.
山中淸景多, 산 속에는 맑은 경치 많아서
石罅寒泉潔. 바위틈으로 찬 샘물이 깨끗하다.
花香天界事, 꽃향기는 하늘나라의 것이고
松竹人間別. 소나무와 대는 속세의 것이 아니다.

139) 텍스트에는 '陟'이 '涉'으로 되어 있는데, 誤字이다.

殿分嵐嶺明, 절이 바람 부는 고개를 나누어 밝고
磴臨懸壑絶. 돌층계는 깎아지른 골짜기에서 끊어졌다.
昏旭窮陟降, 어둠과 밝음이 오르내림에 따라 다하여
幽顯盡披閱. 숨은 것과 드러난 것을 모두 헤쳐 본다.
嶔駭風雨區, 높고 험하여 風雨區에 놀라고[140]
寒知龍蛇穴. 차가워 용과 뱀의 굴임을 알겠다.
情虛澹泊生, 마음이 비니 담박함이 생겨나고
境寂塵妄滅. 경계가 고요하니 잡념이 사라진다.
經世豈非道, 經國治世가 어찌 道가 아니리요?
無爲厭車轍. 세속의 왕래를 싫어하지 말아야 하리.

('香'과 '罇', '分'과 '竹', '旭'과 '臨'은 모두 점을 이루지 않았다. '適從' · '殿分'과 '昏旭' 세 연은 모두 요대를 사용하였다.)

— 위응물(韋應物), 「同元錫題瑯琊寺」

百川日東流, 수많은 냇물이 날마다 동쪽으로 흐르듯이
客去亦不息. 나그네 또한 떠나며 안식하지 못한다.
我生苦飄蕩, 나의 인생은 고달픈 떠돌이이니
何時有終極? 언제나 이 생활에 종지부를 찍을까?
贊公釋門老, 찬공은 佛門의 장로인데도
放逐來上國. 京城에서 쫓겨나 이곳으로 왔다.
還爲世塵嬰, 끝내 세속에 얽매임을 면치 못하여
頗帶憔悴色. 안색이 자못 초췌한 빛을 띠고 있다.
楊枝晨在手, 새벽에 버들가지를 들고 중생을 맑게 하고
豆子雨已熟. 비를 맞으며 익은 콩을 수확한다.
是身如浮雲, 이 몸은 뜬구름처럼 정처 없으니
安可限南北? 어떻게 동서남북을 제한할 수 있으리?
異縣逢舊友, 타향에서 우연히 옛 친구를 만나
初欣寫胸臆. 이제 막 기쁘게 속마음을 털어놓았는데
天長關塞寒, 하늘 아득하고 변새의 땅 차가워

140) '風雨區'는 神人이 출몰하는 장소를 가리킨다.

歲暮饑凍逼. 세모가 되니 굶주림과 추위가 핍박한다.
野風吹征衣, 산야의 찬 바람이 내 옷에 불어와
欲別向曛黑. 그대와 이별하려니 날이 어두워진다.
馬嘶思故櫪, 말이 우는 걸 보니 옛 구유를 생각하고
歸鳥盡斂翼. 돌아가는 새들도 모두 날개를 거두었다.
古來聚散地, 예부터 세상은 이합집산의 장소이고
宿昔長荊棘. 예전의 번화했던 곳도 가시나무가 자라기 마련.
相看俱衰年, 그대를 보니 우리 둘 다 노쇠한 나이
出處各努力. 떠나는 자와 남아 있는 자 각기 노력하세.

('生'과 '去', '爲'와 '逐', '枝'와 '帶', '風'과 '暮', '嘶'와 '別', '來'와 '鳥', '看'과 '昔'은 모두 점을 이루지 않았다. '我生' 한 연은 요대를 사용하였다.)

—두보, 「別贊上人」

栖栖遠方士, 고독하고 쓸쓸한 먼 고장의 선비로
讀書三十年. 삼십 년 동안 글을 읽어 왔다.
業成無知己, 학업은 이루었지만 알아주는 이 없어
徒步來入關. 다만 걸어서 函谷關 안으로 들어왔다.
長安多王侯, 장안에는 왕족과 귀인들이 많이 있어
英俊競攀援. 천하의 영재들이 다투어 줄을 댄다.
幸隨衆賓末, 다행히 여러 빈객의 말미에 끼어서
得厠門館間. 객사의 말석을 차지할 수 있었다.
東閣有旨酒, 동쪽 누각에는 맛좋은 술이 있고
中堂有管弦. 중앙 본채에는 관현의 음악이 있다.
何爲向隅客, 어찌하여 모퉁이를 향한 객은
對此不開顔. 이를 대하고도 얼굴을 펴지 못할까?
富貴無是非, 부귀한 사람에겐 옳고 그름이 없고
主人終日歡. 주인은 하루 종일 환락에 빠져 있다.
貧賤多悔尤, 빈천한 사람들은 원한이 많아
客子終夜嘆. 객은 밤새도록 이를 한탄하였다.
歸去復歸去, 돌아가야지 돌아가야 하고말고!
故鄕貧亦安. 고향에선 가난하지만 편안한 것을!

('安'과 '步', '隨'와 '俊', '賤'과 '人'은 모두 점을 이루지 않았다. '栖栖'와 '貧賤' 두 연은 요대를 사용하였다.)

— 백거이, 「續古詩十首」(제6수)

朝出羽林宮, 아침에 우림궁에서 나와
入參雲臺議. 朝廷에 들어가 회의에 참가하였다.
獨請萬里行, 홀로 만 리 길 원정을 자청하고
不奏和親事. 화친의 일은 주청하지 않았다.
君王重年少, 군왕께서는 젊은이를 중용하시어
深納開邊利. 변방 개척의 책략을 깊이 받아들이셨다.
寶馬雕玉鞍, 훌륭한 말에 옥을 장식한 안장을 얹고
一朝從萬騎. 하루아침에 만 기의 병사가 뒤따랐다.
煌煌都門外, 휘황찬란하게 도성 문밖에서
祖帳光七貴. 송별연을 여니 귀인들이 빛난다.
歌鐘樂行軍, 노래와 쇠북이 행군을 즐겁게 하지만
雲物慘別地. 경물은 이별의 땅에 참담하기만 하다.
簫笳整部曲, 퉁소와 호드기로 군대를 정비하고
幢蓋動郊次. 장군의 의장이 교외의 진영에서 움직인다.[141]
臨風親戚懷, 바람 앞에서 친척을 마음에 품으니
滿袖兒女淚. 소매 가득히 어린아이처럼 눈물 흐른다.
行行復何贈? 가고 또 가서 다시 무엇을 드릴까?
長劍報恩字. 장검으로 '報恩'의 글자를 쓴다.

('請'과 '參', '王'과 '奏', '鐘'과 '帳', '笳'와 '物', '風'과 '蓋', '行'과 '袖'는 모두 점을 이루지 않았다. '獨請' 한 연은 요대를 사용하였다.)

— 포용(鮑溶), 「羽林行」

30.10 (2) 칠언(七言)

客舍逢君未授衣, 관복을 받지 못한 그대를 객사에서 만나니

141) 텍스트에는 '郊次'가 '鄉次'로 되어 있는데, 誤字이다.

閉門愁見桃花飛. 문을 닫고 슬픔 속에 복사꽃 흩날리는 것을 본다.
遙想故園今已爾, 생각해보면 고향도 지금 이와 같을 터이니
家人應念行人歸. 집사람은 집 떠난 그대가 돌아오길 기다릴 것이다.
寂寞垂楊映深曲, 적막 속에 수양버들은 외진 곳에 비치고
長安日暮靈臺宿. 장안에 해는 저물어 영대에서 묵는다.
窮巷無人鳥雀閑, 궁벽한 골목이라 사람 없어 참새가 한가롭고
空庭新雨莓苔綠. 텅 빈 뜰에 비 그치니 이끼가 파릇파릇하다.
此中分與故交疏, 마음속으로 옛 친구들과 소원해졌다고 생각했는데
何幸仍回長者車. 선배의 수레가 다시 돌아오니 얼마나 다행인가!
十年未稱平生意, 십 년이나 평생의 뜻을 이루지 못했으니
好得辛勤謾讀書. 고생하며 헛되이 독서해서 무엇하겠는가!

('想'과 '門', '寞'과 '人', '巷'과 '安', '年'과 '幸'은 모두 점을 이루지 않았다.)

— 유장경(劉長卿), 「客舍喜鄭三見寄」

館娃宮中春已歸, 관왜궁 속은 봄이 이미 돌아갔고
闔閭城頭鶯已飛. 합려성 위는 꾀꼬리 이미 날아갔다.
復見花開人又老, 다시 꽃 피는 것 보며 사람은 또 늙고
橫塘寂寂柳依依. 횡당은 적적한데 버들가지 하늘거린다.
憶昔吳王在宮闕, 지난날 생각하면 오왕이 궁궐에 있을 때
館娃滿眼看花發. 관왜궁에 눈 가득히 꽃 피는 걸 보았다.
舞袖朝欺陌上春, 춤추는 소매는 아침에 거리의 봄을 속였고
歌聲夜怨江邊月. 노래 소리는 밤에 강변의 달을 원망하였다.
古來人事亦猶今, 예부터의 인간사는 지금 또한 같으니
莫厭清觴與綠琴. 맑은 술잔과 푸른 거문고를 물리치지 말라.
獨向西山聊一笑, 홀로 서산을 향해 잠시 한 번 웃나니
白雲芳草自知心. 흰 구름과 방초가 스스로 마음을 알리라.

('見'와 '閭', '昔'과 '塘', '袖'와 '娃'는 모두 점을 이루지 않았다. '館娃宮中' 한 연은 요대를 사용하였다.)

— 이가우(李嘉祐), 「傷吳中」

丈人駿馬名胡騮, 　장인의 준마는 이름을 호류라고 하는데
前年避胡過金牛. 　지난해 반란군을 피해 금우를 지나갔다.
回鞭卻走見天子, 　채찍을 되돌려 달려와 천자를 알현하고
朝飮漢水暮靈州. 　아침에 한수를 마시고 저녁에 영주에 이르렀다.
自矜胡騮奇絶代, 　호류가 절세의 뛰어난 말이라고 자부하니
乘出千人萬人愛. 　타고 나가면 천인 만인이 애호하였다.
一聞說盡急難才, 　주인의 위급을 구한 준마라는 말을 들으니
轉益愁向駑駘輩. 　내가 타는 둔마들을 보며 더욱 슬퍼진다.
頭上銳耳批秋竹, 　머리의 두 귀는 가을 대나무처럼 예리하고
脚下高蹄削寒玉. 　다리의 높은 발굽은 옥을 깎은 듯이 견고하다.
始知神龍別有種, 　비로소 알겠다 神龍 같은 준마는 별종이어서
不比俗馬空多肉. 　俗馬가 쓸데없이 군살이 많은 것과 다르다는 것을.
洛陽大道時再淸, 　낙양의 대도가 때마침 다시 깨끗이 열려서
累日喜得俱東行. 　연일 준마와 함께 동쪽으로 온다는 희소식이 온다.
鳳臆龍鬐未易識, 　봉황의 가슴과 용의 갈기는 식별하기 어려운데
側身注目長風生. 　몸을 기울여 주목하면 장풍이 이는 것이 보인다.

('矜'과 '飮', '聞'과 '出', '知'와 '下', '陽'과 '比'는 모두 점을 이루지 않았다. '丈人'과 '頭上'의 두 연은 요대를 사용하였다.)

—두보, 「李鄠縣丈人胡馬行」

征人遙遙出古城, 　나그네가 멀리멀리 옛 성을 나서서 가니
雙輪齊動駟馬鳴. 　두 바퀴 나란히 움직이고 네 말이 운다.
山川無處無歸路, 　산천이야 돌아오는 길 아닌 곳이 없겠지만
念君長作萬里行. 　생각건대 그대는 만 리 먼 길을 가야 한다.
野田人稀秋草綠, 　들판에는 사람 드물고 가을 풀만 푸르러
日暮放馬車中宿. 　날 저물면 말 풀어두고 수레 속에서 잠잔다.
驚麏游兎在我傍, 　놀란 노루와 뛰노는 토끼들이 그 곁에 있고
獨唱鄉歌對僮僕. 　홀로 하인들을 대하고 고향 노래를 부른다.
君家大宅鳳城隅, 　그대의 큰 저택은 장안의 길모퉁이에 있어
年年道上隨行車. 　해마다 길 위에는 수레들이 잇달았었다.
願爲玉鑾繫華軾, 　옥 방울이라도 되어 수레 앞턱에 매여져

終日有聲在君側. 종일토록 소리 내며 그대 곁에 있기 바랐으나
門前舊路久已平, 문 앞의 옛길 오래 전에 이미 평안해졌는데도
無由復得君消息. 다시는 그대 소식을 들을 길이 없구나!

('磨'과 '暮', '家'와 '唱', '前'과 '日'은 모두 점을 이루지 않았다. '征人'·'山川'·'君家'와 '門前' 네 연은 모두 요대를 사용하였다.)

—장적(張籍), 「車遙遙」

藍田十月雪塞關, 남전은 시월이면 눈이 관문을 막아서
我興南望愁群山. 아침에 일어나 남쪽을 바라보면 여러 산이 슬프다.
攢天嵬嵬凍相映, 하늘가에 모여 우뚝 솟아 언 모습이 서로 비치고
君乃寄命於其間. 그대는 그 사이에 생명을 기탁했다.
秩卑俸薄食口衆, 官等이 낮아 봉급은 적은데 식구가 많으니[142]
豈有酒食開容顔. 어찌 술과 음식이 있어 얼굴을 활짝 펴리?
殿前群公賜食罷, 궁전 앞의 여러 公卿은 황제의 잔치가 끝나면
驊騮踏路驕且閑. 화류마를 타고 길을 밟는데 늠름하고 여유 있다.
稱多量少鑒裁密, 재능의 다소를 헤아려 인물을 엄밀히 등용해야 하는데
豈念幽桂遺榛菅. 어찌 생각했으랴 계수나무가 잡목 틈에 버려지리라고!
幾欲犯嚴出薦口, 몇 번이나 직무를 뛰어넘어 추천의 말을 하려 했지만
氣象硉兀未可攀. 기상이 가혹하여 아직은 오를 수가 없구려.
歸來殞涕揜關臥, 돌아와 눈물을 떨어뜨리며 문을 닫고 누우니
心之紛亂誰能刪. 이 어지러운 마음을 누가 가라앉힐 수 있을까?
詩翁憔悴斸荒棘, 시인 孟郊는 초췌하여 거친 가시나무를 베었지만
淸玉刻佩聯玦環. 그의 시는 맑은 옥으로 노리개를 새겨 패옥을 연결한 듯하였다.
腦脂遮眼臥壯士, 눈병으로 눈곱이 눈을 덮어 누워 있는 장사 張籍은
大弨挂壁無由彎. 큰 활을 벽에 걸어놓고 당길 수가 없다.
乾坤惠施萬物遂, 하늘과 땅이 은혜를 베풀어 만물이 자라건만
獨於數子懷偏慳. 유독 이 몇 사람에게는 인색한 마음을 품었나보다.
朝欷暮唶不可解, 아침에 흐느끼고 저녁에 탄식해도 알 수가 없으니

142) 텍스트에는 '秩'이 '秋'로 되어 있는데, 誤字이다.

我心安得如石頑!　　내 마음이 어찌 하면 바위처럼 무딜 수 있을까!

('卑'와 '乃', '前'과 '有', '脂'와 '玉'은 모두 점을 이루지 않았다. '藍田'·'殿前'·'幾欲'·'歸來'·'腦脂'·'乾坤'과 '朝欷' 일곱 연은 모두 요대를 사용하였다.)

— 한유(韓愈), 「雪後寄崔二十六丞公」[143]

30.11 이상의 열두 예 중에서 유장경의 시 한 수를 제외하면 모두 요점(拗黏)과 요대(拗對)를 병용하였다. 왜냐하면 요점을 하고 나서 요대를 하지 않으면 앞 뒤 두 연(聯)의 평측이 비슷해져서 단조롭게 되기 때문이다. 그러므로 어떤 곳은 먼저 요점을 한 뒤에 요대로써 조정하고, 어떤 곳은 먼저 요대를 한 뒤에 요점으로써 조정한다. 물론 양자 사이에 아무런 관계가 없는 곳도 있다.

30.12 통계를 내보면 요대(拗對)가 정대(正對)에 비해 아무래도 훨씬 적고, 요점(拗黏)도 정점(正黏)에 비해 적은 것 같다. 그러나 요대가 율구(律句)를 보완할 수 있는 것과 마찬가지로 요점도 율련(律聯)을 보완할 수 있다. 고풍의 평측이 율시에 가까울수록 요점으로써 율시와 다르다는 것을 보여줄 필요가 있다. 예를 들어 위응물(韋應物) 「동원석제낭야사(同元錫題瑯琊寺)」의 '花香'연은 율련(律聯)이어서 앞뒤 연 모두에 요점(拗黏)을 사용하였다. 또한 유장경(劉長卿) 「객사희정삼견기(客舍喜鄭三見寄)」는 거의 전부가 율련(律聯)이라고 말할 수 있기 때문에 모두 네 차례나 요점(拗黏)을 사용하여 보완하였다.

30.13 조집신(趙執信)의 『성조보(聲調譜)』에는 이른바 '제량체(齊梁體)'가 있다. 이영(李鍈)의 『시법이간록(詩法易簡錄)』에서도 "제량체는 당률(唐律)이 나온 근원으로서 고시로부터 율시로 들어가는 중간 단계이다. 따라서 고조(古調)와 다르고 또한 율격을 이루지 못하여 달리 한 격식이 되었다. 당(唐) 『백향산집(白香山集)』에 격시(格詩)가 있고, 『이의산집(李義山集)』과 『온비경집(溫飛卿集)』에 모두 제량격시(齊梁格詩)가 있는데, 모두 이

143) 텍스트에는 '公'이 '厶'로 되어 있는데, 誤字이다.

체이다. 이 시들은 평측이 있지만 점련(黏聯)이 결핍되었고, 구(句) 중의 평측의 조화도 소(疎)와 밀(密) 사이에 있다"라고 말하였다. 이와 같은 해설은 제법 명백한 것이다. 이로부터 볼 때 '격시(格詩)'는 모두 세 가지 특색이 있다.

(1) 오언만 있고 칠언은 없다.

(2) 매 구의 평측이 대단히 율시에 가까워서 제3자가 평측에 구애받지 않는 것을 제외하면 나머지의 평측은 율구(律句)와 완전히 같다.

(3) 늘 요점(拗黏)이 있고, 간혹 요대(拗對)가 있다.

이제 이상은(李商隱)과 온정균(溫庭筠)의 '격시(格詩)' 두 수를 예로 들어 본다.

緩逐煙波起, 천천히 안개어린 물결 따라 일어나서 (a)
如妒柳綿飄. 버들 솜을 시기하는 듯이 두둥실 떠돈다. (A, 拗對)
故臨飛閣度, 일부러 비각에 다가와 넘어가고 (b, '臨'字 拗黏)
欲入迴波銷. 소용돌이치는 물결로 들어가 사라지려 한다. (A, 對句 三平調)
縈歌憐畫扇, 맴돌게 하는 노래에 歌扇이 사랑스럽고 (b, '歌'字 拗黏)
敞景弄柔條. 해가 나오니 부드러운 가지를 희롱한다. (A)
更奈天南位, 더욱이 어찌하나 하늘 남쪽 자리의[144] (A, 出句 三平調)
牛渚宿殘宵. 牽牛渚에서 남은 밤을 묵으니. (A, 拗對)

—이상은, 「晴雲」

朔管迎秋動, 북방의 羌笛이 가을을 맞아 움직이고 (a)
雕陰雁來早. 雕陰郡에는 기러기가 일찍 온다. (b, 對句 特拗)
上郡隱黃雲, 上郡은 누런 구름 밑에 숨었고 (A, '郡'字 拗黏)
天山吹白草. 천산의 바람이 백초에 불어온다. (b)

144) 텍스트에는 '位'가 '征'으로 되어 있는데, 誤字이다. 이 경우 '位'가 측성자여서 구의 평측이 '仄仄平平仄'이므로 A식이 아니라 a식이며, 따라서 삼평조도 아니다.

嘶馬渡寒磧, 말은 울면서 차가운 사막을 건너고 (A, 제3자 拗, '馬'字 拗黏)
朝陽照霜堡. 아침 해는 서리 내린 보루를 비춘다.[145] (b, 제3자 拗)
江南戍客心, 강남에서 온 수자리하는 나그네 마음 (B)
門外芙蓉老. 문밖에 있는 부용처럼 늙어간다. (a)

— 온정균, 「邊笳曲」

30.14 격시(格詩)와 보통의 오언고시는 차이가 없다고 생각하는 사람들도 있는데, 아마 보통의 오언고시도 요대(拗對)와 요점(拗黏)이 있음을 보았기 때문인 것 같다. 그러나 보통 오언고시의 평측은 요구(拗句)가 있을 수 있지만 격시(格詩)는 전적으로 율구(律句)를 사용하거나 율구에 가까우므로 그 차이는 매우 분명하다. 나중에 유장경(劉長卿)과 왕창령(王昌齡) 등은 제량(齊梁)의 율구와 근율구(近律句)를 채용하고 점대(黏對)를 덧붙여 신식의 오언고시를 이루었고, 이백과 두보 등은 도연명(陶淵明)과 사령운(謝靈運)을 모방하고 제량(齊梁)을 취하지 않아 옛것을 모방한 오언고시를 이루었으니, 이 두 갈래 길도 매우 분명한 것이다.

* * *

30.15 율시에서는 수구(首句)의 마지막 글자가 평측에 구애받지 않을 수 있는 것을 제외하면 출구에는 반드시 측각(仄脚)을 사용해야 한다. 율시는 평운(平韻)을 쓰는 것이 원칙이므로 대구에 평각(平脚)을 사용했으면 출구에는 측각(仄脚)을 사용해야 대를 이룰 수 있기 때문이다. 고풍에는 평운도 있고 측운도 있다. 그리고 평운고풍(平韻古風)·측운고풍(仄韻古風)과 전운고풍(轉韻古風)은 출구 마지막 글자의 평측에 또한 각기 규칙이 있어서 한 데 섞어 같이 논할 수 없다. 따라서 여기서는 평운·측운과 전운을 나누어서 이야기하겠다.

145) 텍스트에는 '霜'이 '雪'로 되어 있는데, 誤字이다.

30.16 (1) 평운의 고풍은 제27절에서 언급한 기구운(奇句韻) 외에는 출구에 측각(仄脚)을 사용하는 것이 원칙이다. 신식의 고풍은 더욱 그러하다. 다음 예를 보자.

河洲多青草, 강의 모래섬에는 푸른 풀이 많아서
朝暮增客愁. 아침저녁으로 나그네 슬픔을 더한다.
客愁惜朝暮, 나그네 슬픔은 아침저녁으로 아쉬워
枉渚暫停舟. 굽은 물가에서 잠시 배를 멈추었다.
中宵大川靜, 한밤중이라 큰 내는 고요하여
解纜逐歸流. 닻을 올리고 귀로의 물길을 따랐다.
浦溆旣淸曠, 물가가 맑고 넓게 펼쳐져 있어서
沿洄非阻修. 거슬러 올라가는 것도 험하지 않다.
登艫望落月, 배에 올라가 지는 달을 바라보며
擊汰悲新秋. 노를 젓노라니 초가을이 슬프다.
倘遇乘槎客, 혹시 뗏목을 탄 나그네를 만나면
永言星漢游. 은하수에 가는 것을 음영하리라.
(全詩의 出句가 모두 仄脚을 사용하였다.)

— 저광희(儲光羲), 「夜到洛口入黃河」

山石犖确行徑微, 돌멩이 울퉁불퉁 좁은 산길을 가서
黃昏到寺蝙蝠飛. 황혼녘 절에 닿으니 박쥐가 날아다닌다.
升堂坐階新雨足, 불당에 올라 마루에 걸터앉으니 비도 흠뻑 내렸는지라
芭蕉葉大支子肥. 파초 잎은 훨씬 커졌고 치자 열매도 토실토실하다.
僧言古壁佛畫好, 낡은 벽의 佛畫가 좋다고 스님이 말씀하시기에
以火來照所見稀. 불 들고 비쳐보니 희미하기만 하다.
鋪床拂席置羹飯, 상 놓고 자리 펴서 국이랑 밥이랑 차리니
疏糲亦足飽我饑. 현미 잡곡이지만 주린 배 채우기에 족하다.
夜深靜臥百蟲絶, 밤 깊어 자리에 누우니 벌레 소리 멎어 조용한데
淸月出嶺光入扉. 밝은 달 고개 마루에 떠올라 뜰 안까지 환하다.
天明獨去無道路, 날이 밝아 홀로 떠나니 길이 따로 없어서

出入高下窮煙霏. 산 넘고 고개 넘어 구름과 안개를 헤쳐 나왔다.
山紅澗碧紛爛熳, 붉은 산과 푸른 물이 한 데 어우러졌는데
時見松櫪皆十圍. 여기저기 아름드리 소나무 참나무가 보인다.
當流赤足蹋澗石, 맨발로 돌을 밟고 물을 건너니
水聲激激風吹衣. 물소리 찰찰 나고 바람에 옷자락이 펄럭인다.
人生如此自可樂, 이 가운데 사람 살아가는 즐거움이 있으니
豈必局束爲人鞿. 어쩌자고 남에게 매여서만 살 것인가?
嗟哉吾黨二三子, 아아 여보시게 벗님네들이여
安得至老不更歸! 늙어 가는 터에 어찌 돌아올 줄 모르시는가!
(首句에 入韻한 것을 제외하면 출구에 모두 측각을 사용하였다.)

— 한유(韓愈), 「山石」

30.17 그러나 당 이전의 고시는 이와 같은 구속을 받지 않았다. 예를 들어 제28절에서 예로 든 「고시십구수」 중의 "西北有高樓, 上與浮雲齊. 交疏結綺窗, 阿閣三重階. 上有絃歌聲, 音響一何悲!"는 출구에 모두 평각(平脚)을 사용하였다. 또한 "去者日以疏, 來者日以親. …… 古墓犁爲田, 松柏摧爲薪. 白楊多悲風, 蕭蕭愁殺人. 思還故里閭, 欲歸道無因"도 출구에 모두 평각을 사용하였다. 따라서 옛것을 모방한 '평운(平韻) 오언고시'는 출구에 결코 평각을 기피하지 않았다. 다음 예를 보자(글자를 고딕체로 진하게 표시한 것이 평각이다).

弱志厭衆紛, 욕심을 적게 하니 여러 번거로움이 싫어
抱素寄精廬. 순박한 본질을 지키며 精舍에 의탁하였다.
皦皦仰時彦, 밝고 깨끗한 당대의 명사들을 우러러보니
悶悶獨爲愚. 우울하게도 나 홀로 어리석다.
之子亦辭秩, 이 사람 또한 관직을 그만두고
高縱罷馳驅. 마음껏 遠遊하며 질주하는 것을 그만두었다.
忽因西飛禽, 갑자기 서쪽으로 날아가는 새를 통하여
贈我以瓊琚. 나에게 아름다운 옥과 같은 편지를 주셨다.

始表仙都集,	처음에는 선인의 거처에 모인 것을 표명하였고
復言歡樂殊.	다시 남다른 즐거움을 말씀하셨다.
人生各有因,	인생에는 각기 인연이 따로 있어서
契闊不獲俱.	노고하여도 다 함께 얻을 수는 없다.
一來田野中,	일단 들판 속으로 들어오니
日與人事疏.	날로 인간사와 소원해진다.
水木澄秋景,	물과 나무로 가을 경치 깨끗하여
逍遙淸賞餘.	소요하니 맑은 흥취 넉넉하다.
枉駕懷前諾,	수레 몰고 왕림하신다는 예전의 승낙을 품고
引領豈斯須!	목을 빼고 기다린 것이 어찌 잠깐이겠습니까?
無爲便高翔,	인연의 조작이 없이 높이 비상하시면
邈矣不可迂.	아득히 멀어도 에돌지 않을 수 있겠지요.

— 위응물(韋應物), 「善福精舍答韓司錄淸都觀會宴見憶」

草有害於人,	쐐기풀은 사람에게 해로운데도
曾何生阻修.	어찌하여 길 위에 자라는 것일까?
其毒甚蜂蠆,	그 독은 벌과 전갈보다도 심한데
其多彌道周.	군락을 이루어 길 주변을 메웠다.
淸晨步前林,	맑은 아침에 앞 숲으로 산보 나가면
江色未散憂.	강 경치가 근심을 풀어주지 못한다.
芒刺在我眼,	바늘이 내 눈을 찌르는 듯하니
焉能待高秋.	어떻게 깊은 가을까지 기다릴 수 있으리!
霜露一霑凝,	서리와 이슬이 일단 맺히기 시작하면
蕙葉亦難留.	향긋한 혜초 잎도 남아 있기 어렵다.
荷鋤先童稚,	이에 호미를 메고 아이들을 이끌고서
日入仍討求.	해가 들어가도록 색출하여 제거했다.
轉致水中央,	이것들을 들어다 물 중앙에 쌓으려니
豈無雙釣舟.	내게 어찌 낚싯배 한 두 척이 없으랴?
頑根易滋蔓,	튼튼한 뿌리는 자라나 뻗기 쉬워서
敢使依舊丘.	이것들을 원래 자라던 곳에 둘 수가 없다.
自玆藩籬曠,	이제부터는 울타리 주변이 확 트였으니

更覺松竹幽. 소나무와 대나무의 그윽함을 더욱 느끼리.
芟荑不可闕, 독초의 제거는 빠트릴 수 없는 일이니
疾惡信如讐. 악을 미워함이 참으로 원수를 대하듯 한다.

— 두보(杜甫), 「除草」

30.18 칠언고시의 경우 포조(鮑照) 이전에는 구마다 운을 사용했던 만큼 출구라고 말할 것이 없었다. 당 이후 격구용운(隔句用韻)이면서 일운도저(一韻到底)인 '평운(平韻) 칠언고시'는 출구에 거의 언제나 측각을 사용하였다. 이 점이 오언고시와 다른 점이다. 아마도 출구 마지막 글자의 평측에 있어서는 모방할 고시가 없었기 때문에 율시의 규칙에 따랐던 것 같다. 두보의 평운 칠언고시는 출구에 평각을 사용한 것도 있다. 예를 들면 다음과 같다.

問之不肯道姓**名**, 물어보아도 성명은 말하려 하지 않고
但道困苦乞爲奴. 다만 고달프니 노비로 삼아달라고 한다.

— 두보, 「哀王孫」

昨夜東風吹血**腥**, 지난 밤 동풍에 피비린내 심하더니
東來槖駝滿舊都. 동쪽에서 온 낙타가 長安에 그득하다.

— 두보, 「哀王孫」

昔隨劉氏定長**安**, 유방을 따라 장안을 평정한 장량처럼 공이 있건만
帷幄未改神慘傷. 조정이 바뀌지 않아 그대의 기색 애처롭기만 하다.

— 두보, 「寄韓諫議注」

夜發猛士三千**人**, 용맹한 군사 삼천을 거느리고 밤에 출발하여
淸晨合圍步驟同. 아침에 질서정연하게 포위망을 구축했다.

— 두보, 「冬狩行」

東西南北百里**間**, 동서남북 백 리 안에서

髣髴蹴踏寒山空.　텅 빈 겨울 산을 발로 차고 짓밟는 듯하다.

— 두보, 「冬狩行」

況今攝行大將權,　하물며 지금은 대장의 직권을 장악하여
號令頗有前賢風.　호령에 자못 전현의 유풍이 있다.

— 두보, 「冬狩行」

그러나 이 시들은 모두 기구운(奇句韻)이 섞여 있어서(제30절을 보라) 칠언고시의 상례(常例)가 아니기 때문에 출구의 마지막 글자도 자연히 상례에 따르지 않을 수 있었다. 진정한 예외는 바로 다음의 예들이다.

張生手持石鼓文,　張籍이 손에 석고문을 들고서
勸我試作石鼓歌.　나에게 석고가를 지으라고 권했다.

— 한유(韓愈), 「石鼓歌」

孔子西行不到秦,　공자가 서쪽으로 가셨을 때 진나라에 이르지 않아
掎摭星宿遺羲娥.　별들을 주워 모았지만 해와 별을 잃으셨다.

— 한유, 「石鼓歌」

憶昔初蒙博士徵,　지난날을 생각하면 처음으로 皇恩을 입어 國子博士가 되었고
其年始改稱元和.　그 해에 비로소 연호를 元和로 개칭하였다.

— 한유, 「石鼓歌」

雪眉老人朝扣門,　새하얀 눈썹의 노인이 아침에 문을 두드리며
願爲弟子長參禪.　제자가 되어 늘 참선하고자 원한단다.

— 소식(蘇軾), 「遊徑山」

潮陽太守南遷歸,　조양의 태수가 남천하여 돌아와서는
喜見石廩堆祝融.　석름봉과 축융봉을 보고는 기뻐하였다.

— 소식, 「海市」

결론적으로 평운 칠언고시와 평운 오언고시의 평각(平脚) 출구(出句)를 비교해보면 그 상용(常用)의 정도에 있어서 하늘과 땅만큼 차이가 있음을 알 수 있다.

30.19 (2) 측운의 고풍도 신식과 옛것을 모방한 것의 차이가 있다. 신식의 고풍은 모두 격률화로 치달아서 출구 마지막 글자의 평측에 대해서도 예외일 수 없었다. 측운 오언고시의 출구 마지막 글자는 평측이 교차하는 것이 정격이다. 이를테면 앞 연 출구에 평각을 사용했으면 뒷 연 출구에는 반드시 측각을 사용해야 하고, 앞 연 출구에 측각을 사용했으면 뒷 연 출구에는 반드시 평각을 사용해야 한다. 율시에 가까운 신식의 고풍에서는 이 규칙이 상당히 엄격했다. 다음 예를 보자(평각은 고딕체, 측각은 명조체로 강조하였다).

飮馬伊水**中**,　　이수에서 말에게 물을 먹이며 보니
白雲鳴皐上.　　명고산 위에 흰 구름이 덮여 있다.
氛氳山絶**頂**,　　산꼭대기에 운무가 자욱하여
行子時一望.　　길 가는 사람이 이따금씩 바라본다.
照日龍虎**姿**,　　햇빛이 용과 범 같은 자태를 비추고
攢空冰雪狀.　　빙설의 모습으로 공중에 모여 있다.
嵡嵷殊未**已**,　　무수한 산봉우리처럼 끝없이 펼쳐지더니
崚嶒忽相向.　　가파른 모습으로 갑자기 서로를 향한다.
皎皎橫綠**林**,　　새하얀 자태로 푸른 숲을 가로 질러가고
霏霏澹青嶂.　　자욱이 모여 높고 푸른 산을 희게 한다.
遠映村更**失**,　　멀리 비치던 마을이 다시 사라지고
孤高鶴來傍.　　고고한 학이 내 곁으로 다가온다.
勝氣欣有**逢**,　　반갑게도 강성한 기세를 만나게 되어
仙游且難訪.　　신선을 찾아가는 것이 잠시 어렵게 되었다.
故人吏京**劇**,　　옛사람들은 사무가 많고 번거로워도
每事多閑放.　　매사를 대부분 여유 있게 처리하였다지.

室晝峨眉峰, 방안에 들어앉아 아미봉을 그리고
心格洞庭浪. 마음으로는 동정호의 물결을 추구했다지.
惜哉淸興裏, 안타깝구나 맑은 흥취 속에서도
不見予所尙. 내가 숭상하는 바를 보지 못하니.

— 이기(李頎), 「望鳴皐山白雲寄洛陽盧主簿」

幽意無斷絶, 그윽한 정취가 끊임이 없어서
此去隨所偶. 여기서 떠나 만나는 바 따르리.
晩風吹行舟, 저녁 바람이 가는 배에 불어오고
花路入溪口. 꽃길은 계곡 입구로 들어간다.
際夜轉西壑, 밤이 다 되어 서쪽 골짜기로 돌아드니
隔山望南斗. 산 너머로 남두성이 바라보인다.
潭煙飛溶溶, 못에는 안개가 뭉게뭉게 피어오르고
林月低向後. 숲 위의 달은 나지막이 뒤로 향한다.
生事且瀰漫, 사는 일 또한 아득하여
願爲持竿叟. 낚시하는 늙은이가 되련다.

— 기무잠(綦毋潛), 「春泛若耶溪」

空中望小山, 허공 속에서 작은 산을 바라보니
山下見餘雪. 산 아래로 남은 눈이 보인다.
皎皎河漢女, 밝고 맑은 은하수의 여인이
在茲養眞骨. 여기서 진골을 수양하는가보다.
登門駭天書, 문에 올라 天書에 놀라서
啓籥問仙訣. 자물쇠를 열고 仙人이 되는 비결을 물었다.
池光搖水霧, 못의 빛이 물과 안개에 흔들리고
燈色連松月. 등불 빛이 소나무와 달에 이어져 있다.
合甎起花臺, 벽돌을 쌓아서 화대를 세우고
折草成玉節. 풀을 꺾어서 악기를 만든다.
天雞弄白羽, 하늘의 닭은 흰 깃털을 자랑하고
王母垂玄髮. 서왕모는 검은 머리를 드리웠다.
北有祈年宮, 북쪽에는 秦 穆公이 세운 기년궁이 있는데

一路在雲霓.　구름과 무지개 속에 길이 뻗어 있다.
上心方嚮道,　임금님의 마음 마침 도의를 흠모하여
時復朝金闕.　때때로 다시 황금빛 궁궐을 향한다.

— 저광희(儲光羲),「題應聖觀」

商風入我絃,　가을바람이 나의 거문고 줄에 들고
夜竹深有露.　밤 대나무는 깊이 이슬이 묻어 있다.
絃悲與林寂,　현의 가락이 슬퍼 숲과 함께 적막하고
清景不可度.　맑은 빛이 건너갈 수 없다.
寥落幽居心,　은거하는 마음 쓸쓸하기만 한데
颼飀青松樹.　푸른 소나무에 바람소리 울린다.
松風吹草白,　솔바람이 시든 풀에 불고
溪水寒日暮.　시냇물에 차가운 해가 저문다.
聲意去復還,　소리의 뜻 갔다가 다시 돌아오니
九變待一顧.　여러 번 연주하며 한 번의 돌아봄을 기다린다.
空山多雨雪,　텅 빈 산에 비와 눈이 많은데
獨立君始悟.　홀로 서서 그대가 깨닫길 기다린다.

— 왕창령(王昌齡),「聽彈風入松闋贈楊補闕」

山居秋更鮮,　산 속의 거처에 가을이 더욱 선명하여
秋江相映碧.　가을 강이 하늘과 서로 푸르게 비친다.
獨臨滄洲路,　홀로 창주의 길에 임하여
如待挂帆客.　돛을 건 나그네를 기다리는 듯했다.
遂使康樂侯,　마침내 康樂侯 같은 蕭使君이
披榛着雙屐.　나막신 신고 잡목을 헤쳐 나가시게 하였다.
入雲開嶺道,　구름에 들어 고갯길을 열어나가며
永日尋泉脈.　종일토록 물줄기를 찾았다.
古寺隱青冥,　古寺는 깊숙한 푸른 숲에 숨어 있었는데
空中寒磬夕.　저녁에 찬 경쇠 소리가 공중에 울려 퍼진다.
蒼苔絕行逕,　푸른 이끼가 좁은 길을 끊어 놓아
飛鳥無去跡.　나는 새도 지나간 자취가 없다.

樹杪下歸人, 나뭇가지 끝 아래 사람은 돌아가고
水聲過幽石. 물소리는 그윽한 바위를 지나간다.
任情趣逾遠, 내키는 대로 갈수록 더욱 심하여
移步奇屢易. 걸음을 옮길 때마다 기이함이 자주 바뀐다.
蘿木靜蒙蒙, 여라목은 고요히 무성하게 자랐고
風煙深寂寂. 바람 안개는 깊숙이 적적하기만 하다.
徘徊未能去, 배회하며 떠날 수 없었으니
共畏桃源隔. 함께 桃源과 멀어질까 두려웠다.

— 유장경(劉長卿), 「奉陪蕭使君入鮑達洞尋靈山寺」

海行信風帆, 바람과 돛에 의지하여 바다를 가다가
夕宿逗雲島. 저녁이 되어 구름 덮인 섬에 머물렀다.
緬尋滄洲趣, 멀리 隱者의 滄洲를 찾아 가다가
近愛赤城好. 가까이 아름다운 赤城山을 애호한다.
捫蘿亦踐苔, 여라 덩굴을 당기고 이끼를 밟으며
輟棹恣探討. 노 젓기를 멈추고 마음껏 완상한다.
息陰憩桐柏, 오동과 측백 아래서 쉬니 시원하고
採秀弄芝草. 芝草를 따서 가지고 논다.
鶴唳淸露垂, 맑은 이슬이 떨어지니 학이 울고
鷄鳴信潮早. 조수가 일찍 와 石雞가 운다.
願言解纓紱, 원컨대 갓끈과 인끈을 풀고
從此無煩惱. 이제부터 번뇌가 없기를 바란다.
高步凌四明, 큰 걸음으로 사명산을 넘고
玄踪得二老. 자취를 감추어 老子와 老萊子를 얻는다.[146)]
紛吾遠游意, 내 遠遊의 뜻을 성대하게 하여
樂彼長生道. 저 영생의 도를 즐기리라.
日夕望三山, 황혼에 세 神山을 바라보니
雲濤空浩浩. 구름과 파도가 부질없이 아득하다.

— 맹호연(孟浩然), 「宿天台桐柏觀」

146) 텍스트에는 '二老'가 '三老'로 되어 있는데, 『孟浩然集校注』에 의거하여 바꾸었다.

一從守茲郡, 이 고을에 태수로 있으면서부터
兩鬢生素髮. 양쪽 살쩍에 흰 머리가 생겼다.
新正加我年, 신정이 되니 내 나이가 늘었고
故歲去超忽. 지난해는 순식간에 지나가버렸다.
淮濱益時候, 회수의 물가 滁州는 때를 더하여
了似仲秋月. 마치 추석 때 같다.
川谷風景溫, 내와 골짜기는 바람과 햇볕 따뜻하여
城池草木發. 성의 못에는 초목이 피어난다.
高齋屬多暇, 고아한 서재는 한가한 때가 많아서
惆悵臨芳物. 꽃과 나무를 보면 슬픔이 인다.
日月昧還期, 흐르는 세월에 돌아갈 기약 없는데
念君何時歇? 그대에 대한 그리움 언제나 그칠까?

— 위응물(韋應物),「元日寄諸弟兼呈崔都水」

이와 같은 시는 출구의 마지막 글자가 평측이 교차할 뿐만 아니라 가장 정교한 것은 출구 마지막 글자와 운각(韻脚)의 성조(聲調)가 다를 것을 요구한다. 이를테면 운각에 거성을 사용했으면 출구 마지막 글자는 거성을 피해야 하며, 그렇지 않으면 상미(上尾)로 간주된다.[147] 앞에서 예로 든 시들은 모두 이 규칙에 부합된다. 이기(李頎)와 저광희(儲光羲) 등이 이 규칙을 가장 잘 지켰고, 유장경(劉長卿)과 위응물(韋應物) 등은 가끔 상미(上尾)를 범하였다.

30.20 측운 칠언고시는 이 방면에서 오언고시처럼 엄격할 수 없었다. 사실상 측운 칠언고시 중의 일운도저(一韻到底)인 것은 성당(盛唐)에서는 두보 한 사람뿐이었는데, 두보는 옛것을 모방하는 파여서 이에 그다

147) 王力은 11.10에서 上尾에 대해 "최소한 이웃한 두 연 出句의 句脚이 같은 성조가 되는 것을 피해야 하는데, 그렇지 못한 것이 바로 상미이다"라고 하였다. 여기서의 上尾는『文鏡秘府論』에서 언급한 "5언시의 제5자는 제10자와 同聲이 될 수 없다. 예를 들어 "西北有高樓, 上與浮雲齊"에서 '樓'와 '齊'는 똑같이 平聲이어서 上尾病을 범한 것이다"를 가리킨다.

지 관심을 두지 않았다. 우리가 보기에 두보의 시집 중에는 다음의 한 수만이 출구의 마지막 글자가 평측이 교차된 것에 가깝다.

憶昔北尋小有洞,	돌이켜 보면 지난날 북으로 王屋山 小有洞을 찾아서
洪河怒濤過輕舸.	넓은 黃河의 성난 파도를 일엽편주로 지나갔다.
辛勤不見華蓋君,	고난을 무릅쓰고 갔지만 仙人 華蓋君을 보지 못하여
艮岑青輝慘么麼.	艮岑의 푸른빛이 그 광택을 잃은 것 같았다.
千崖無人萬壑靜,	千山萬壑에 사람은 없고 고요하기만 하여
三步回頭五步坐.	세 걸음에 한 번씩 머리 돌려 보고 다섯 걸음마다 멈추었다.
秋山眼冷魂未歸,	가을 산이 냉대하는 듯 화개군의 혼백 돌아오지 않아
仙賞心違淚交墮.	求仙의 숙원이 어긋나 눈물이 교대로 땅에 떨어진다.
弟子誰依白茅屋?	제자 중의 누가 흰 띠풀로 엮은 道觀을 지키고 있을까?
盧老獨啓青銅鎖.	盧老 홀로 나에게 청동 자물쇠를 열어 주었다.
巾拂香餘搗藥塵,	두건을 터니 약을 찧던 먼지가 餘香을 풍기고
階除灰死燒丹火.	섬돌 앞 단약을 사르던 화로에는 재만 남아 있다.
懸圃滄洲莽空闊,	崑崙山 懸圃 仙人의 거처는 드넓게 풀이 우거졌고
金節羽衣飄婀娜.	화개군이 지녔던 金節과 羽衣가 바람에 나부낀다.
落日初霞閃餘映,	석양에 노을 비쳐 남은 빛 번쩍이더니
倏忽東西無不可.	갑자기 동서로 화개군이 당도한 것 같았다.
松風澗水聲合時,	솔바람과 계곡 물소리가 합쳐지더니
青兕黃熊啼向我.	푸른 소와 누런 곰이 나를 향해 울부짖는다.
徒然咨嗟撫遺跡,	남은 자취를 쓰다듬으니 공연한 탄식 나오고
至今夢想仍猶左.	지금도 화개군의 몽상이 그대로 남아 있다.
秘訣隱文須內教,	仙人의 비결과 神語를 배워야 할 텐데
晚歲何功收願果?	만년에 무슨 공덕으로 그 소원을 이룰까?
更討衡陽董鍊師,	다시 형양의 道士 董鍊師를 찾아서
南浮早鼓瀟湘柁.	서둘러 배를 띄워 남쪽 瀟湘으로 가야지.

— 두보, 「憶昔行」

이 시는 '懸圃'와 '落日' 두 연과 '徒然'과 '秘訣' 두 연의 출구에 측각을 잇달아 쓴 것을 제외하면 다른 연들의 출구에는 모두 평측을 교차시켰다. 이것은 두보집(杜甫集)에서 하나의 예밖에 없는 것이지만 한유(韓愈)·왕안석(王安石)·소식(蘇軾)·육유(陸游) 제가의 모범이 되었다. 그들의 측운 칠언고시는 출구 마지막 글자에 대해 두보와 마찬가지로 평측의 교차를 기본으로 하면서도 반드시 매 연마다 교차시키지는 않았다. 그들은 어쩌다 두 개의 평각(平脚) 또는 측각(仄脚)을 잇달아 사용하였다. 다음 예를 보자.

崔侯文章苦捷敏,	崔評事의 문장은 대단히 민첩하여
高浪駕天輸不盡.	높은 물결이 하늘에 오르고 묘사에 끝이 없다.
曾從關外來上都,	일찍이 函谷關 밖에서 서울로 왔는데
隨身卷軸車連軫.	몸을 따라 차축이 돌며 수레가 잇달았다.
朝爲百賦猶鬱怒,	아침에 백 편의 부를 지어도 기세에 여유가 있고[148]
暮作千詩轉遒緊.	저녁에 천 편의 시를 지어도 음절이 긴박하다.
搖毫擲簡自不供,	붓을 놀리면 죽간을 던지듯 대어도 공급이 딸리고[149]
頃刻青紅浮海蜃.	잠깐 사이에 푸르고 붉은 바다의 신기루가 떠오른다.
才豪氣猛易語言,	재주 호탕하고 기세 맹렬하여 언어를 쉽게 다루니
往往蛟螭雜螻蚓.	왕왕 교룡 사이에 땅강아지와 지렁이가 섞여 있다.
知音自古稱難遇,	자신을 알아주는 이는 예부터 만나기 어려웠다니
世俗乍見那妨哂?	세속에서 잠깐 보면 어찌 웃기를 꺼리겠는가?
勿嫌法官未登朝,	評事라 아직 登朝官이 아니라고 싫어하지 마시게
猶勝赤尉長趨尹.	赤尉로서 늘 京兆尹을 좇아다니는 것보다 낫다네.
時命雖乖心轉壯,	시기가 어그러졌어도 마음은 오히려 씩씩하고
技能虛富家逾窘.	재능이 재산을 비게 하여 집안은 더욱 곤궁하다.
念昔塵埃兩相逢,	돌이켜보면 지난날 먼지 속에서 서로 만났는데
爭名齟齬持矛楯.	명성을 다투는 것이 어긋나 창과 방패를 지녔다.
子時專場誇觜距,	그대가 무적의 장소에서 부리와 발톱을 자랑할 때

148) 텍스트에는 '朝'가 '胡'로 되어 있는데, 誤字이다.
149) 텍스트에는 '毫'가 '豪'로 되어 있는데, 誤字이다.

余始張軍嚴轣輅. 나는 비로소 張署와 수레를 탈 채비를 하였다.
爾來但欲保封疆, 근래에는 다만 강역을 지키려고 하고
莫學龐涓怯孫臏. 방연이 손빈을 겁쟁이로 깔본 것을 본받지 마시게.
竄逐新歸厭聞鬧, 쫓겨났다가 새로 돌아오니 시끄러운 소리 듣기가 싫고
齒髮早衰嗟可閔. 치아와 머리가 일찍 노쇠하여 안타깝고 걱정된다네.
頻蒙怨句刺棄遺, 자주 원망의 시구가 이 버려진 몸을 찌르지만
豈有閑官敢推引? 한직의 관리가 어찌 감히 끌어들일 수 있으리?
深藏篋笥時一發, 깊이 상자 속에 감추어 두었다가 때맞추어 꺼내면
戢戢已多如束筍. 빽빽하게 많아서 죽순을 묶어놓은 것 같으리.
可憐無益費精神, 가련하게도 무익하게 정신을 소모하고 있으니
有似黃金擲虛牝. 황금을 텅 빈 골짜기에 던져 넣는 것과 같다.
當今聖人求侍從, 지금 황제께서 시종을 구하시어
拔擢杞梓收楛箘. 우수한 인재를 발탁하고 거두신다.
東馬嚴徐已奮飛, 東方朔・司馬相如・嚴安과 徐樂은 이미 떨쳐 비상했건만
枚皐卽召窮且忍. 枚皐는 소환되어 곤궁 속에 인내하였다.
復聞王師西討蜀, 또한 황제의 군대가 서쪽으로 촉을 토벌한다는데
霜風冽冽摧朝菌. 서릿바람 차갑게 불어와 버섯을 꺾어버렸다.
走章馳檄在得賢, 긴급문서를 써서 보내려면 현인을 얻어야 하고
燕雀紛拏要鷹隼. 제비와 참새가 어지러우면 새매가 필요하다.
竊料二途必處一, 잘 생각하여 두 길 중의 하나를 선택해야 하리니
豈比恒人長蠢蠢! 어찌 평범한 사람이 언제나 우매한 것에 비하리!
勸君韜養待徵招, 그대에게 권하니 재능을 감추고 임용을 기다리며
不用雕琢愁肝腎. 조탁으로 심사를 슬프게 하지 마시게.
牆根菊花好沽酒, 담 밑에 국화 있으니 술을 사기 좋을 것이고
錢帛縱空衣可準. 봉급이 적다고 하더라도 옷을 저당할 수 있으리.
暉暉簷日暖且鮮, 처마 위의 빛나는 해가 따뜻하고 곱지만
摵摵井梧疏更殞. 우물가 오동은 우수수 낙엽이 떨어질 것이다.[150]
高士例須憐麴櫱, 高士들은 다 누룩을 아껴야 하지만

150) 텍스트에는 '殞'이 '韻'으로 되어 있는데, 誤字이다.

丈夫終莫生畦畛. 대장부는 결국 밭에서 나는 게 아니다.
能來取醉任喧呼, 술에 취해 마음껏 시끄럽게 떠들 수 있다 해도
死後賢愚俱泯泯. 사후엔 현명함과 우매함이 모두 사라진다네.

('搖毫'와 '才豪' 두 연의 출구에 평각을 잇달아 쓴 것을 제외하면 나머지는 모두 연마다 평측이 바뀌었다.)

— 한유(韓愈), 「贈崔立之評事」

雪釋沙輕馬蹄疾, 눈이 녹아 모래 가벼워서 말발굽 빠를 테고
北城可遊今暇日. 오늘 한가하니 북성으로 나들이할 수 있겠다.
濺濺溪谷水亂流, 콸콸거리며 계곡물은 어지럽게 흐르고
漠漠郊原草爭出. 아득히 교외 들판에는 풀이 다투어 나온다.
嬌梅過雨吹爛熳, 아리따운 매화는 비 지나간 후 눈부시게 피었고
幽鳥迎陽語啾唧. 숲 속의 새는 볕을 맞아 짹짹거리며 지저귄다.
分香欲滿錦樹園, 남은 향기가 금수원에 가득 차려 하니
翦綵休開寶刀室. 모조 꽃잎을 만들기 위해 칼집에서 칼을 꺼내지 말라.
胡爲我輩坐自苦, 무엇 때문에 우리들은 앉아서 스스로 괴로워하는가?
不念玆時去如失! 이때를 생각하지 않으면 잃은 듯이 가버리는데!
飽聞高逕動車輪, 그윽한 소로에 수레바퀴 움직이는 소리 실컷 들으며
甘臥空堂守經帙. 빈 집에 달게 누워서 經書를 지킨다.[151]
淮蝗蔽天農久饑, 회 땅에 누리가 하늘을 덮어 농부들이 굶주린 지 오래고
越卒圍城盜少逸. 월 땅에 군졸이 성을 포위하여 도적들이 편안하지 않다.
至尊深拱罷簫韶, 지존께서 편안히 계시며 韶樂 연주가 끝나니
元老相看進刀筆. 원로들이 서로 바라보며 칼과 붓을 바친다.
春風生物尙有意, 봄바람에 만물이 소생하는 것도 뜻이 있는데
壯士憂民豈無術! 장사가 백성을 걱정하는데 어찌 방법이 없으랴!
不成歡醉但悲歌, 즐겁게 취하지 못하고 다만 슬픈 노래를 부르며
回首功名古難必. 머리 돌려 바라보니 공명은 예부터 이루기 어려웠다.

(시 전체가 연마다 평측이 바뀌었다.)

— 왕안석(王安石), 「次韻和中甫兄春日有感」

151) 텍스트에는 '守'가 '坐'로 되어 있는데, 誤字이다.

去年重陽不可說,　　지난해 중양절은 설명할 수 없으니
南城夜半千漚發.　　남쪽 성에서 한밤중에 수많은 수포가 일어났다.
水穿城下作雷鳴,　　물이 성 아래를 지나가며 우레 소리를 내고
泥滿城頭飛雨滑.　　진흙이 성 위에 가득 차 날리는 비에 매끄럽다.
黃花白酒無人問,　　노란 국화와 맑은 술을 들고 찾아오는 이 없어
日莫歸來洗靴襪.　　저녁에 돌아와 신발과 버선을 씻는다.
豈知還復有今年,　　어찌 알았으랴 작년이 다시 돌아와 금년이 될 줄을!
把酒對花容一呷!　　술잔을 들고 꽃을 마주하여 한 잔 술을 마신다.
莫嫌酒薄紅粉陋.　　술이 묽고 아가씨 예쁘지 않다고 싫어하지 말라.
終勝泥中千柄鍤.　　그래도 진흙 속의 천 자루 삽보다는 낫지 않은가.
黃樓新成壁未乾,　　황루가 새로 축성되어 벽이 아직 마르지도 않았는데
清河已落霜初殺.　　은하수 이미 지고 서리 내려 스산해졌다.
朝來白霧如細雨,　　아침에 하얀 안개가 마치 가느다란 비 같이 자욱하여
南山不見千尋刹.　　남산에서 천 길 높이의 탑 꼭대기가 보이지 않는다.
樓前便作海茫茫,　　누각 앞을 바라보니 망망대해의 모습이고
樓下空聞櫓鴉軋.　　누각 아래서는 삐걱삐걱 노 젓는 소리 들린다.
薄寒中人老可畏,　　微寒 속의 사람을 늙은이가 특히 두려워 하니
熱酒澆腸氣先壓.　　뜨거운 술을 장에 부어 기운을 먼저 제압한다.
烟消日出見漁邨,　　안개 사라지고 해가 나와 어촌이 보이니
遠水鱗鱗山齾齾.　　먼 곳의 물은 비늘처럼 물결치고 산은 이가 빠진 듯하다.
詩人猛士雜龍虎,　　시인과 용사들이 용과 호랑이처럼 섞여 있어서
楚舞吳歌亂鵝鴨.　　楚舞를 추고 吳歌를 부르니 거위와 오리를 어지럽게 한다.
一杯相屬君莫辭,　　술 한 잔을 권하니 그대는 사양하지 마시게
此境何殊泛清霅.　　이 정경이 맑은 삽수에 띄우는 것과 무엇이 다르리?
(시 전체가 연마다 평측이 바뀌었다.)

— 소식(蘇軾), 「九日黃樓作」

我昔學詩有未得,　　내가 지난날 시를 배워 터득하지 못했을 때
殘餘未免從人乞.　　잔여분은 남에게 구걸함을 면하지 못하였다.
力孱氣餒心自知,　　힘이 쇠잔하고 기운이 빠졌음을 마음으로 알면서
妄取虛名有慚色.　　망령되이 허명을 취했으니 부끄러운 기색이 있다.

四十從戎駐南鄭, 사십에 전쟁에 참가하여 남정에 주둔했는데
酣宴軍中夜連日. 군중에서는 흥겨운 연회가 밤새도록 열렸다.
打毬築場一千步, 격구를 하기 위해 일천 보 넓이의 마당을 만들고
閱馬列廄三萬匹. 말을 고르려 마구간에 늘어세운 말이 삼만 필이다.
華燈縱博聲滿樓, 등불 밝히고 도박에 빠지니 누각에 함성 가득하고
寶釵艶舞光照席. 화려한 비녀 꽂고 요염하게 춤추니 눈이 부시다.
琵琶絃急冰雹亂, 비파를 급하게 연주하니 우박이 쏟아지는 듯하고
羯鼓手勻風雨疾. 갈고를 두드리니 거센 비바람이 몰아치는 듯하다.
詩家三昧忽見前, 시인이 삼매에 빠져 갑자기 앞을 바라보니
屈賈在眼元歷歷. 屈原과 賈誼가 눈앞에 또렷이 있는 듯하다.
天機雲錦用在我, 천부의 영감과 아름다운 시문은 나에게 달려 있고
翦裁妙處非刀尺. 묘한 곳을 잘라내어 재단하는 것은 칼과 자가 아니다.
世間才傑並不乏, 세간의 인재와 호걸은 결코 부족하지 않지만
秋毫未合天地隔. 조금이라도 맞지 않으면 하늘과 땅만큼 차이가 난다.
放翁老死何足論? 나 육유가 늙어 죽는다 해도 운위할 게 무엇이랴?
廣陵散絶還堪惜! 「광릉산」의 명맥이 끊어진다면 애석한 일이 아니겠는가!

('四十'·'打毬' 두 연과 '天機'·'世間' 두 연의 출구에 측각을 이어서 쓴 것을 제외하면, 그 나머지는 모두 연마다 평측이 바뀌었다.)

— 육유(陸游), 「九月一日夜讀詩稿有感走筆作歌」

30.21 물론 측운 칠언고시 출구 마지막 글자에 평측을 번갈아 쓰는 것은 일종의 작풍에 불과할 뿐 규칙은 아니다. 한유·왕안석·소식·육유도 이미 모든 측운 칠언고시에 그와 같이 할 수는 없었는지라 구양수(歐陽修)와 황정견(黃庭堅) 등은 더욱 그것을 따지지 않았다.

30.22 (3) 전운(轉韻)의 고풍에서 출구 마지막 글자의 성조를 어떻게 쓰느냐 하는 것은 애초에는 상당히 자유로운 것이었다. 그러나 나중에는 점차 다음과 같은 두 개의 규칙이 형성되었다.

1. 각 운(韻)의 첫 번째 구가 오언이라면 마지막 글자는 성조에 구애받지 않고, 칠언 평운이라면 마지막 글자는 평성이 원칙이고, 칠언 측운이라면 마지막 글자는 측성이 원칙이다(왜냐하면 오언고시는 首句 入韻 여부가 자유롭지만, 칠언고시는 수구에 입운하는 것이 보통이다. 제27절을 참조할 것).

2. 각 운의 세 번째 구는 평운시(平韻詩)라면 그 마지막 글자에 측성을 상용하고, 측운시(仄韻詩)라면 그 마지막 글자에 평성을 상용한다. 다만 세 연이 넘어가면 일운도저(一韻到底)의 규칙에 따라 측운시는 평측을 번갈아 사용한다.

다음에 각각 예를 들어본다.

(甲) 전운(轉韻) 오언고시

出門復爲客, 대문을 나서면 다시 나그네가 되리니
悯悯悲徒御. 마음이 아파 마부를 슬퍼한다.
四顧維一身, 사방을 돌아보아도 오직 한 몸뿐인데
茫茫欲何去? 아득히 어디로 가려 하는가?
經山復歷水, 산을 넘고 다시 물을 건널 것이니
百恨將千慮. 수많은 한과 생각을 자아낸다.
劍閣望梁州, 검각에서 양주를 바라보니
是君斷腸處. 그곳은 그대가 단장의 슬픔이 이는 곳.
孤雲傷客心, 외로운 구름은 나그네 마음을 아프게 하고
落日感君深. 지는 해는 그대를 깊이 느끼게 한다.
夢裏蒹葭渚, 꿈속의 갈대 우거진 물가
天邊橘柚林. 하늘 끝에 있는 귤과 유자의 숲.
蜀江流不測, 촉강의 흐름은 예측할 수 없고
蜀路險難尋. 촉땅의 길은 험하여 찾기 어렵다.
木有相思號, 나무는 그리움 때문에 울부짖고
猿多愁苦音. 원숭이도 슬픔에 신음 소리를 낸다.

莫向愚山隱, 우산에 은거하질랑 마시게
愚山地不近. 우산은 땅이 가깝지 않다네.
故鄕可歸來, 고향으로 돌아갈 수 있을 것이니
眼見芳菲盡. 화초가 다 진 모습이 눈에 보인다.

('客' 측성, '身' 평성, '水' 측성, '州' 평성이어서 평측이 번갈아 나왔다. '隱' 측성, '來' 평성이어서 이 또한 평측이 번갈아 나왔다. '心'이 평성인 것은 평운으로 전운된 첫 번째 구여서 입운한 것이다. '渚'·'測'·'號'가 모두 측성인 것은 일운도저의 규칙에 따라 평운의 출구에 측각을 사용하는 것이 보통이기 때문이다.)

— 이기(李頎), 「臨川送張諲入蜀」

(乙) 전운 칠언고시

賈生未達猶窘迫, 가생이 현달하기 전에는 오히려 궁박하여
身馳匹馬邯鄲陌. 한단의 거리를 필마를 타고 달렸다.
片雲郊外遙送人, 조각구름이 교외에서 멀리 사람을 전송하고
斗酒城邊暮留客. 말술로 저녁에 성변에서 객을 머물게 한다.
顧余他日仰時髦, 나를 돌아보면 훗날 한 때의 준걸을 우러러볼 것이니
不堪此別相思勞. 이제 이별하면 그리움의 고통을 견딜 수 없겠지.
雨色新添漳水綠, 비가 내려 새로이 장수는 더욱 푸르러졌고
夕陽遠照蘇門高. 석양은 멀리 높이 솟은 소문산을 비춘다.[152)]
把袂相看衣共緇, 소매를 잡고 바라보니 흰옷이 함께 검어졌고
窮愁只是惜良時. 슬픔과 곤궁 속에 다만 좋았던 지난날이 아쉽다.
亦知到處逢下榻, 가는 곳마다 융숭한 대접받을 줄 알고 있지만
莫滯秋風西上期. 가을바람이 불면 상경해야 하는데도 머물러 있진 마시게.

('迫'·'髦'·'緇'는 입운한 것이고, '人'이 평성인 것은 측운이기 때문이고, '綠'·'榻'이 仄聲인 것은 평운이기 때문이다.)

— 유장경(劉長卿), 「送賈三北遊」

152) 텍스트에는 '蘇'가 '薊'로 되어 있는데, 誤字이다.

30.23 이밖에도 제26절과 제27절에 전운 고풍의 예가 많이 수록되어 있으니 독자들이 참고하여 검증의 자료로 활용할 수 있을 것이다. 결론적으로 말하면 격률화의 전운 고풍은 두 수 이상의 절구 또는 율시의 결합으로 볼 수 있어서 출구 마지막 글자의 평측도 대체로 절구 또는 율시의 평측에 의거해서 유추하여 알 수 있다.

제31절 입률(入律)의 고풍

31.1 제28절에서 언급했듯이 당 이전의 고시는 율구를 피하지 않았는데, 왜냐하면 당시에는 이른바 '율(律)'이 없었으므로 피할 근거 또한 없었기 때문이다. 후세의 이른바 '율구(律句)'는 보편적으로 복절상자(腹節上字)의 평측이 율격에 맞는 것을 가리킨다. 그러나 '일삼오불론(一三五不論)'의 논법에 의거하여 고평(孤平)의 경우를 제외하고 오언의 '측측측평측'·'측측평평평'·'평평측측측'·'평평평측평'과 칠언의 '평평측측측평측'·'평평측측평평평'·'측측평평측측측'·'측측평평평측평' 같은 것은 적어도 '사율(似律)'로 보아야 할 것이다. 또한 특요(特拗)인 '평평측평측'과 '측측평평측평측'도 '사율(似律)'로 보아야 할 것이다. 따라서 고풍에서 사율의 구조차 없기란 사실상 매우 힘든 일이다. 그러므로 시 전편에 입률한 구가 전혀 없는 것은 결코 우연이 아니고, 일부러 그렇게 조성한 것이다. 물론 그와 같은 고풍이 많은 것은 아니다. 이제 오언시와 칠언시에서 각각 한 수씩을 예로 들어본다.

換卻世上心, 세상 사람들의 마음을 바꾸느라
獨起山中情. 홀로 산 속의 정취를 일으킨다.

露衣涼且鮮,　이슬 젖은 옷은 차가우면서 깨끗하고[153]
雲策高復輕.　구름을 몰고 가니 높고도 가볍다.
喜見夏日來,　즐겨 보는 것은 여름이 와서
變爲松景淸.　소나무 경치 맑게 변한 모습.
每將逍遙聽,　언제나 소요하며 듣지만
不厭颼飀聲.　바람소리가 물리지 않는다.
遠念塵末宗,　멀리 속세의 인물들을 생각하니
未疏俗間名.　세속의 명성을 멀리하지 못했다.
桂枝妄擧手,　과거에 급제했다고 경하하는 건 허망한 짓이고
萍路空勞生.　떠도는 것은 쓸데없이 삶을 수고롭게 하는 것이다.
仰謝開淨弦,　우러러 감사하나니 맑은 현악기를 꺼내어
相招時一鳴.　나를 불러 때때로 한번씩 연주를 한다.

— 맹교(孟郊), 「題從叔述靈巖山壁」

北闕獻書寢不報,　북궐에서 글을 바쳐도 잠이 들도록 알리지 않고
南山種田時不登.　남산에서 밭을 갈아도 제 때에 거두지 못한다.
百人會中身不預,　백 인의 회합에는 몸이 참여할 수 없고
五侯門前心不能.　五侯의 문 앞에는 마음이 가지지 않는다.
身投河朔飮君酒,　황하 북쪽에 투신하여 그대의 술을 마시니
家在茂陵平安否?　무릉에 있는 집안 식구들은 평안하려나?
且此登山復臨水,　이번에는 산에 오르고 물가에 임하려니
莫問春風動楊柳.　봄바람에 버들가지 날리느냐고 묻지 말라.
今人昨人多自私,　지금 사람 옛 사람 대부분 이기적인 것은
我心不說君應知.　내가 말하지 않아도 그대는 알고 있으리.
濟人然後拂衣去,　인민을 구제한 뒤 옷을 떨치고 떠나야지
肯作徒爾一男兒!　어찌 그저 한 평범한 남아가 되겠는가!

— 왕유(王維), 「不遇詠」

31.2 그러나 시론가들은 만약 율구(律句)만 있고 율련(律聯)은 없다면

153) 텍스트에는 '衣'가 '上'으로 되어 있는데, 誤字이다.

여전히 고시의 격조를 잃지 않았다고 보았다. 바꾸어 말하면 출구에 입률하면 대구는 입률하지 않아서 고시의 격조를 살리고, 대구에 입률하면 출구에 입률하지 않아서 고시의 격조를 살렸다. 다음 예를 보자(율구는 명조체로 강조하였다.)

沙彌舞袈裟, 어린 남자 중이 가사를 입고 춤을 추며
走向躑躅飛. 흩날리는 진달래꽃을 향해 달려간다.
閑步亦惺惺, 천천히 걸을 때에도 기민하니
芳援相依依. 꽃도 헤어지기 섭섭해 옷을 당기는 듯하다.
噎塞春咽喉, 목이 막히면 목구멍을 치고[154]
蜂蝶事光輝. 벌과 나비는 빛을 섬긴다.[155]
群嬉且已晚, 여럿이 함께 노는 것도 날이 저물었으니
孤行將何歸? 혼자 몸을 이끌고 어디로 돌아가려는가?
流艶去不息, 세월 따라 꽃은 지게 마련이어서
朝英亦疏微. 아침에 피었던 꽃도 벌써 드물어졌다.

— 맹교(孟郊), 「嵩少」

纖雲四卷天無河, 가벼운 구름이 사방을 덮어 하늘엔 은하수가 없는데
清風吹空月舒波. 맑은 바람이 하늘에 불어 달이 은파를 편다.
沙平水息聲影絶, 모래밭 평평하고 물 잔잔하여 사방이 고요한데
一杯相屬君當歌. 술 한 잔 권하니 그대는 노래를 부르시라.
君歌聲酸辭且苦, 그대의 노래 악성이 슬프고 가사가 고통스러워
不能聽終淚如雨. 끝까지 듣기도 전에 눈물이 비처럼 쏟아진다.
洞庭連天九疑高, 동정호는 하늘에 이어지고 구의산 높아서
蛟龍出沒猩鼯號. 교룡이 출몰하고 성성이와 다람쥐가 울부짖는다.
十生九死到官所, 구사일생으로 관청에 당도하여
幽居默默如藏逃. 묵묵히 은거하니 마치 숨어 지내는 듯하다.
下牀畏蛇食畏藥, 침상에서 내려가면 뱀이 두렵고 음식은 독약이 두려운데

154) 텍스트에는 '春'이 '舂'으로 되어 있는데, 誤字이다.
155) 이 구의 평측은 '平仄仄平平'으로 A형의 律句이다.

海氣濕蟄熏腥臊. 바다 공기 축축하고 생선 비린내가 배어 있다.
昨者州前搥大鼓, 어제 주의 관아 앞에서 큰북을 두드렸는데[156]
嗣皇繼聖登夔皐. 새 황제께서 선황을 계승하여 賢臣을 기용하셨다.
赦書一日行萬里, 사면서가 하루에 만 리를 달려
罪從大辟皆除死. 죄가 사형으로부터 모두 죽음이 면제되었다.[157]
遷者追迴流者還, 좌천된 사람들 복귀하고 유배 간 사람들 돌아와
滌瑕蕩垢朝清班. 흠과 더러움을 씻어버리고 맑은 반열로 향했다.
州家申名使家抑, 刺史는 이름을 올렸지만 觀察使가 억제하여
坎軻祇得移荊蠻. 뜻을 이루지 못하고 江陵으로 옮겼을 뿐이다.
判司卑官不堪說, 판사는 낮은 관리라 말을 할 수 없고
未免箠楚塵埃間. 땅에 엎드려 곤장 맞는 것을 면하지 못한다.
同時輩流多上道, 같은 시기의 동료들은 대부분 승진했건만
天路幽險難追攀. 하늘 길 어둡고 험하여 쫓아 오르기 어렵다.
君歌且休聽我歌, 그대는 노래를 잠시 멈추고 내 노래를 듣게.
我歌今與君殊科. 내 노래는 이제 그대 것과는 다를 것일세.
一年明月今宵多, 일 년의 달 중에서 오늘 밤이 제일 좋고
人生由命非由他. 인생은 운명에 따를 뿐 다른 것이 없으니
有酒不飮奈明何! 술을 마시지 않는다면 저 밝은 달을 어찌하나!

— 한유, 「八月十五夜贈張功曹」

31.3 신경을 써서 입률을 피한 시인으로 오언에는 맹교(孟郊)가 있고, 칠언에는 한유(韓愈)가 있다. 두보의 경우는 오언에서만 옛 것을 모방하였고, 칠언에서는 입률을 그다지 피하지 않았다. 이백이 가장 특수하여 그는 율시를 별로 짓지 않았지만 약간의 오언고시와 대부분의 칠언고시에 입률하였다.

31.4 전당시(全唐詩)를 전체적으로 살펴보면 오언고시와 일운도저의 칠언고시가 입률한 것이 가장 적고, 전운의 칠언고시가 입률한 것이 가

156) 이 구의 평측은 '仄仄平平平仄仄'으로 b형의 律句이다.
157) 이 구의 평측은 '仄平仄仄平平仄'으로 a형의 律句이다.

장 많다. 분명한 이해를 구하기 위해 (1) 오언고시, (2) 일운도저의 칠언고시, (3) 전운의 칠언고시의 세 종류로 나누어 서술하고자 한다(전운의 오언고시와 일운도저의 오언고시는 상황이 같으므로 나누어 서술하지 않는다).

31.5 (1) 오언고시

먼저 우리가 알아야 할 것이 있다. 출구와 대구가 모두 율구(律句)이기는 하지만 그것들이 요대(拗對)를 이루고 있으면 율련(律聯)으로 치지도 않고 입률(入律)한 것으로 치지도 않는다. 다음 예를 보자.

雲霄路竟別,	고관의 길에서 결국 헤어졌지만[158]
中年跡暫同.	중년의 자취는 잠시 같았었다.
比翼趨丹陛,	어깨를 나란히 하여 대궐 계단에 오르고
連騎下南宮.	앞뒤로 말을 타고 尙書省으로 내려갔다. (拗對)[159]
佳詠邀淸月,	좋은 시를 읊으며 맑은 달을 맞이하고
幽賞滯芳叢.	그윽한 경치 감상하며 꽃밭에 머물렀다. (拗對)
迨予一出守,	내가 일단 滁州刺史로 나가게 되니
與子限西東.	그대와 동과 서로 갈라지게 되었다.
晨露方愴愴,	새벽이슬에 슬픔이 솟구쳐
離抱更忡忡.	떠나는 사람의 마음은 더욱 근심스럽다.
忽睹九天詔,	갑자기 황궁의 조서를 보게 되어
秉綸歸國工.	황제의 조서를 기초하는 관리로 돌아왔다.
玉座浮香氣,	황제의 옥좌에는 향기가 떠다니고
秋禁散凉風.	가을의 대궐에는 서늘한 바람이 흩어진다. (拗對)
應向橫門度,	응당 누추한 문을 지나가야 하지만
環佩杳玲瓏.	고리와 패옥은 고요하고 영롱하다. (拗對)

158) 텍스트에는 '霄'가 '宵'로 되어 있는데, 誤字이다.

159) '騎'는 여기서 명사이므로 去聲(4) '寘'韻에 속하여 '翼'과 마찬가지로 측성이다. 따라서 拗對를 이룬다.

光輝恨未矚,　광채를 자세히 볼 수 없어 유감이지만
歸思坐難通.　귀향 생각은 이제 통하기 어렵게 되었다.
蒼蒼松桂姿,　푸른 소나무와 계수나무의 자태를
想在掖垣中.　門下省과 中書省에서 생각하련다.

— 위응물(韋應物), 「寄中書劉舍人」

그런데 이렇게 율구가 많으면 이미 율시에 대단히 가깝다. 이것은 '제량체(齊梁體)'로부터 온 것이다. 제량체가 요대(拗對)를 사용하지 않는다면 여럿의 율련(律聯)을 면할 수 없을 것이고, 심지어 시 전체를 입률하면 단지 요점(拗黏)에 의해서만 율시와 구별될 것이다.

31.6 왕유(王維)·이기(李頎)·왕창령(王昌齡)·맹호연(孟浩然) 등의 오언고시는 율구(律句)를 피하지 않았을 뿐만 아니라 때로는 율련(律聯)도 피하지 않았다. 율구가 많은 경우에는 전편의 대부분을 차지하기도 한다. 예를 들면 다음과 같다(율련은 고딕체, 율구는 명조체로 강조하였다).

翩翩繁華子,　경쾌하고 화려하게 차려입은 젊은이가
多出金張門.　여럿이 금장문에서 나온다.
幸有先人業,　운 좋게도 선인의 업적이 있어서
早蒙明主恩.　일찍이 영명한 군주의 은혜를 입었다.
童年且未學,　어린시절 아직 배우기도 전에
肉食騖華軒.　고기를 먹고 화려한 수레를 몰고 달렸다.
豈乏中林士?　어찌 시골에 은거하는 선비가 없을까?
無人薦至尊.　어찌 지존에게 천거할 사람이 없으랴?[160]
鄭公老泉石,　정공은 샘과 바위 사이에서 늙어가고
霍子安丘樊.　곽자는 향촌에서 편안하게 살아간다.
賣藥不二價,　약을 팔 때는 가격을 달리 하지 않고
著書盈萬言.　책을 쓸 때는 만 언을 채운다.
息陰無惡木,　쉬는 그늘에는 악목이 없고

160) 이 연은 "仄仄平平仄, 平平仄仄平"으로 aB형의 律聯이다.

飲水必清源.　물은 반드시 맑은 샘물을 마신다.
吾賤不及議,　나는 비천하여 말할 자격이 없으니
斯人竟誰論?　이 사람들을 결국 누가 이야기해주려나?
(일부분을 입률하였다.)

—왕유, 「鄭霍二山人」

寸祿言可取,　얼마 안 되는 봉급도 취할 만하다지만
託身將見遺.　몸을 기탁하다가 버림을 받았다.
慙無匹夫志,　필부의 웅지를 갖지 못해 부끄럽고
悔與名山辭.　명산을 떠난 것이 후회스럽다.
紱冕謝知己,　관복은 지기들에게 감사하지만
林園多後時.　귀향은 여러 번 때를 놓쳤다.
葛巾方濯足,　갈포 두건을 쓰고서 발을 씻고
蔬食但垂帷.　소찬을 들지만 독서에 전념한다.
十室對河岸,　열 집이 강 언덕을 마주하고 있어
漁樵祇在玆.　어부와 나무꾼은 다만 이곳에 있다.
靑郊香杜若,　푸른 들판에는 두약이 향기롭고
白水映茅茨.　맑은 물에는 초가집이 비친다.
晝景徹雲樹,　한낮의 햇빛이 구름 덮인 나무를 뚫고
夕陰澄古逵.　저녁 그늘이 오래된 한길에 맑다.
渚花獨開晩,　물가에는 꽃이 홀로 늦게 피었고
田鶴靜飛遲.　전답에는 학이 고요히 느릿느릿 난다.
且復樂生事,　잠시 다시 생업을 즐기니
前賢爲我師.　선현이 나의 스승이다.
清歌聊鼓楫,　노를 두드리며 맑은 노래 부르고
永日望佳期.　종일토록 佳期를 기다린다.
(일부분을 입률하였다.)

—이기(李頎), 「不調歸東川別業」

客來舒長簟,　객이 찾아와 긴 대자리를 펴고
開閤延淸風.　쪽문을 열어 맑은 바람을 끌어들인다.

但有無絃琴, 다만 줄 없는 거문고가 있어서
共君盡尊中. 그대와 함께 흠뻑 술을 마신다.
晩來常讀易, 느지막이 늘 易經을 읽고
頃者欲還嵩. 근래에 嵩山으로 돌아가고자 한다.
世事何須道? 세상사는 말해서 무엇하랴?
黃精且養蒙. 은둔해서 土德으로 正道를 수양하련다.
嵇康殊寡識, 혜강은 특히 식견을 드러내지 않았고
張翰獨知終. 장한은 홀로 끝맺음을 알았다.
忽憶鱸魚膾, 갑자기 농어회가 생각나서
扁舟往江東. 일엽편주를 타고 강동으로 향한다.
(대부분을 입률하였다.)

— 왕창령(王昌齡), 「趙十四兄見訪」

窈窕夕陽佳, 아름다운 석양이 보기 좋고
芊茸春色好. 초목이 무성하여 봄빛이 곱다.
欲覓淹留處, 오래 머물러 있는 곳을 찾으려 하니
無過狹斜道. 妓院으로 가는 길을 지나지 않는다.
綺席卷龍鬚, 아름다운 자리는 용수로 짠 것이고
香杯浮馬瑙. 향긋한 술잔에는 瑪瑙빛이 떠 있다.
北林積修樹, 북쪽 숲에는 키 큰 나무들이 들어차있고
南池生別島. 남쪽 못에는 외딴 섬이 생겼다.
手撥金翠花, 손으로 금취화를 따고
心迷玉紅草. 마음은 옥홍초에 미혹되었다.
談笑光六義, 널리 시경의 六義를 담소하고
發論明三倒. 의론이 밝아 재삼 탄복시킨다.
座非陳子驚, 陳遵 때문에 놀라는 자리가 아니고
門還魏公掃. 대문 앞은 여전히 魏勃이 쓸었다.
榮辱應無間, 영광과 치욕은 간격이 없는 것이니
歡娛當共保. 즐거움은 응당 함께 지켜야 하리.
(율련으로 말하면 일부분을 입률하였고, 율구로 말하면 대부분을 입률하였다.)

— 맹호연(孟浩然), 「襄陽公宅飮」

31.7 전편에 걸쳐 입률한 오언고시는 대단히 드물다. 전편에 걸쳐 입률하게 되면 너무나 율시 같기 때문이다. 다음에 예로 든 시만이 억지로나마 전편에 걸쳐 입률한 오언고시로 볼 수 있다.

長安一片月, 장안 하늘에 떠있는 조각달
萬戶擣衣聲. 집집마다 나는 다듬이 소리.
秋風吹不盡, 가을바람 한없이 불어올 때면
總是玉關情. 하나같이 옥관을 그리는 마음뿐.
何日平胡虜, 어느 날에나 오랑캐를 평정하여
良人罷遠征? 낭군께서 먼 출정을 끝내시려나?

— 이백, 「子夜吳歌四首」(제3수)

수구(首句) 제3자가 요(拗)이고(오언율시에서는 제3자도 어쩌다 拗가 될 수 있다) '秋風'구가 요점(拗黏)인 것을 제외하면[161] 평측에 있어서는 한 수의 근체시이다. 우리가 이 시를 '삼운소율(三韻小律)'로 보지 않는 것은 가운데 연이 대장을 이루지 않았기 때문이다.

31.8 전운의 오언고시에도 종종 입률한 구가 있다. 제26절에서 예로 든 노륜(盧綸)의 「송길중부(送吉中孚)」는 거의 전편이 입률했거나 율구에 가깝다. 이제 예를 한 수 더 들어본다.

車馬日蕭蕭, 수레와 말이 날마다 소리 내며 오가는데
胡不枉我廬? 어찌하여 내 집에는 들리지 않는 것일까?[162]
方來從令飮, 이제 시종을 보내 술 마시러 오라 했지만
臥病獨何如? 병으로 누웠으니 홀로 어찌한단 말인가?
秋風起漢皐, 한고산에 가을바람이 일어서
開戶望平蕪. 창문을 열고 평평한 황무지를 바라본다.
卽此稀音素, 이렇듯 소식과 서신이 드무니

161) '秋風'의 '風'은 평성이지만 '萬戶'의 '戶'는 측성이어서 拗黏이다.
162) 텍스트에는 '枉'이 '往'으로 되어 있는데, 誤字이다.

焉知中密疏! 어떻게 親疎를 알 수 있단 말인가!
渴者不思火, 목마른 자는 불을 찾지 않고
寒者不求水. 추운 자는 물을 구하지 않는다.
人生羈寓時, 사람이 살아가며 객지에 머무를 때
去就當如此. 떠나고 머무름이 응당 이와 같다.
猶希心異跡, 오히려 마음과 행동이 다르길 바라니
眷眷存終始. 그리워하는 마음 언제나 한결같기를!

— 위응물(韋應物), 「城中臥疾知閻薛二子屢從邑令飲因以贈之」

31.9 여기서 측운의 율시를 덧붙여 이야기해보자. 사람에 따라서는 율시에 평운만 있어야 하고 측운이 있어서는 안 된다고 보기도 한다. 이 주장에 따르면 제4절에서 든 측운 오언율시는 모두 측운 오언고시로 보아야 한다. 그럴 경우 다만 전편에 걸쳐 입률(또는 사율(似律))한 고풍일 따름이다. 이제 다시 예를 들어본다.

以我越鄉客, 나같이 고향을 떠난 나그네가
逢君謫居者. 좌천되어 지내는 그대를 만났다.
分飛黃鶴樓, 황학루에서 갈라져 날아간 뒤
流落蒼梧野. 창오의 들판에서 떠돌아 다녔다.
驛使乘雲去, 공문을 지닌 사신은 구름 타고 떠났고
征帆沿溜下. 먼 길 가는 배는 물 따라 내려간다.
不知從此分, 알 수 없구나 이제 헤어지면
還袂何時把? 언제 다시 소매를 잡을 수 있을까?

— 맹호연(孟浩然), 「江上別流人」

율시에 측운이 있을 수 없다고 보는 사람들은 자연히 근체절구도 측운이 있을 수 없다고 본다. 그렇다면 제4절에서 든 측운 오언절구도 입률한 고체절구로 보아야 할 것이다. 여기서 예를 더 들지는 않겠다.

31.10 (2) 일운도저(一韻到底)의 칠언고시

칠언고시 중에서 일운도저인 것은 본래 옛것을 모방한 것이어서 두보와 한유의 칠언고시에는 율구가 매우 드물게 보인다. 그러나 드물게 보인다는 것은 완전히 없는 것과는 달라서 두보 시에서 비교적 많이 발견된다. 다음 예를 보자.

疾風吹塵暗河縣,　　질풍이 흙먼지를 일으켜 黃河 변의 縣을 어둡게 하니
行子隔手不相見.　　행인들은 손 하나만큼만 떨어져도 서로 보이지 않는다.
湖城城南一開眼,　　호성 남쪽에 이르러서야 눈을 뜰 수 있어서
駐馬偶識雲卿面.　　말을 세우고 바라보니 맹운경의 얼굴이 눈에 들어온다.
向非劉顥爲地主,　　방금 지주 유호 댁에서 환대를 받고 나오긴 했지만
懶回鞭轡成高宴.　　말머리를 돌려 유호 댁의 성대한 잔치자리로 갔다.
劉侯歡我攜客來,　　유후는 내가 손을 데리고 온 것이 기뻐서[163]
置酒張燈促華饌.　　술상을 차리고 등을 걸고는 좋은 안주를 재촉한다.
且將款曲終今夕,　　우선은 오늘밤 다하도록 마음껏 노래 부르고
休語艱難尙酣戰.　　나라가 어렵고 아직 전투가 한창임은 말하지 맙시다.
照室紅爐簇曙光,　　붉은 화롯불이 실내를 비추니 새벽빛이 모인 것 같고[164]
縈窗素月垂秋練.　　하얀 달빛이 창문을 감싸니 흰 비단을 드리운 듯하다.
天開地裂長安陌,　　하늘이 열리고 땅이 갈라졌던 장안의 길
寒盡春生洛陽殿.　　추위가 사라지니 낙양의 궁전에 봄이 찾아왔다.
豈知驅車復同軌?　　나라가 다시 통일될 수 있음을 어떻게 알까?
可惜刻漏隨更箭.　　안타깝게도 세월은 화살처럼 빠르게 흘러간다.
人生會合不可常,　　살아가며 서로 만나는 일이 늘 있을 수는 없어서
庭樹雞鳴淚如霰.　　뜰 안 나무에서 닭이 우니 싸라기처럼 눈물 흐른다.

— 두보, 「冬末以事之東都湖城東遇孟雲卿復歸劉顥宅宿宴」

31.11 한 가지 주의해야 할 점은 이 시가 바로 측운시라는 것이다.

---

163) 텍스트에는 '歡'이 '嘆'으로 되어 있는데, 誤字이다.
164) 텍스트에는 '簇'이 '促'으로 되어 있는데, 『杜詩詳注』에 의거하여 바꾸었다.

율시에 측운이 없다면 측운 칠언고시에 율구를 써도 무방할 것이다. 왜냐하면 운각(韻脚)으로부터 이미 율시가 아니라는 것을 알 수 있기 때문이다. 다시 송인(宋人)의 시 두 수를 예로 들어본다.

雨足誰言春麥短?	비가 충분한데 누가 말했는가 봄보리가 짧다고?
城堅不怕秋濤卷.	성이 견고하여 가을 파도가 들이쳐도 두렵지 않다.
日長惟有睡相宜,	날이 길어 다만 잠을 자는 것이 마땅하여
半脫紗巾落紈扇.	비단 두건 반쯤 벗고 하얀 깁부채를 떨어뜨렸다.
芳草不鋤當戶長,	풀을 김매주지 않아 문 앞에 길게 자라 있고[165]
珍禽獨下無人見.	진기한 새가 홀로 내려와도 보는 사람이 없다.
覺來身世都是夢,	깨어나니 이 몸도 이 세상도 모두가 꿈이고
坐久枕痕猶著面.	오래 앉았더니 베개자국이 아직 얼굴에 나있다.
城西忽報故人來,	성서에서 갑자기 옛 친구가 온다는 소식이 날아들어
急埽風軒炊麥飯.	황급히 風軒을 쓸고 보리밥을 짓는다.
伏波論兵初矍鑠,	복파장군은 출전을 청할 때 노익장을 과시하였고
中散談仙更淸遠.	중산대부는 신선을 말하며 더욱 맑고 고원하였다.
南都從事亦學道,	남도종사로 있는 子由도 도를 배워서
不惜腸空誇腦滿.	장이 빈 것을 아쉬워하지 않고 두뇌가 찬 것을 자랑한다.
問羊他日到金華,	양을 찾아 훗날 금화산에 이르면
應許相將游閬苑.	함께 閬風苑에서 노닐도록 허락하리라.

('半脫'・'中散' 두 句는 율시 중의 이른바 特拗이므로 似律로 볼 수 있다.[166])

— 소식(蘇軾), 「和子由送將官梁左藏仲通」

放翁五十猶豪縱,	방옹은 나이 오십에도 호탕하고 방종하여
錦城一覺繁華夢.	한 번 깨어나니 금성의 번화한 꿈이었다.
竹葉春醪碧玉壺,	죽엽청주가 담겨 있는 벽옥의 술병

165) 텍스트에는 '鋤'가 '動'으로 되어 있는데, 誤字이다.

166) 이 두 구는 "仄仄平平仄平仄", "平仄平平仄平仄"으로 모두 律句 중의 子類特殊形式에 속한다.

桃花鬃馬青絲鞚. 말은 도화무늬 고깔에 푸른 실로 짠 재갈.
鬪鷄南市各分朋, 南市에서의 투계는 각기 조를 나누었고
射雉西郊常命中. 서쪽 교외에서의 꿩 사냥은 언제나 명중했다.
壯士臂立綠條鷹, 장사의 팔뚝 위에는 초록 끈을 맨 매가 앉아 있고
佳人袍畵金泥鳳. 가인의 두루마기에는 황금빛 봉황이 그려져 있다.
椽燭那知夜漏殘, 서까래의 촛불이 밤 시간이 다해 감을 어찌 알며
銀貂不管晨霜重. 은빛 담비 옷은 새벽 서리가 심해도 상관치 않는다.
一梢紅破海棠回, 가지 끝에 붉은 꽃봉오리 터지니 해당화가 돌아왔고
數蕊香新早梅動. 몇 송이 향기가 새로우니 이른 매화가 움직인다.
酒徒詩社朝莫忙, 술친구와 시 모임은 아침에 서둘지 마시게
日月匆匆迭賓送. 세월이 총총히 흘러가 빈객 전송이 잦다네.
浮世堪驚老已成, 세상사 놀랄 틈도 없이 벌써 늙고 말아
虛名自笑今何用! 헛된 명성을 스스로 비웃지만 이제 무슨 소용이랴!
歸來山舍萬事空, 산사로 돌아오니 만사가 헛되고
臥聽槽牀酒鳴瓮. 누워 있자니 선반의 술독에서 술 익는 소리가 들린다.
北牕風雨耿青燈, 북창에 비바람 치는데 희미한 등불 빛나고
舊遊欲說無人共. 지난 나들이를 말하려 해도 상대가 없구나.
('數蕊'·'日月'·'臥聽' 세 구는 모두 율시 중의 이른바 特拗이다.)

— 육유(陸游), 「懷成都十韻」

소식(蘇軾)과 육유(陸游)의 이 두 시 같은 것은 매 연마다 입률(入律) 또는 사율(似律)의 구가 있어서 이미 전운(轉韻) 칠언고시의 영향을 받은 것이다(다음 글을 보라). 육유의 시는 수구에 입운한 것 외에는 출구에 모두 평각을 사용하여 평측을 번갈아 쓰지 않아 더욱 측운의 근체시 같다(참고로 제4절에서 인용한 韓偓의 「意緖」를 보라).

31.12 측운 오언율시를 인정하지 않는 사람들은 당연히 측운 칠언율시도 인정하지 않으므로 제4절에서 든 측운 칠언율시를 입률한 칠언고시로 볼 수도 있다. 이제 다시 측운 칠언율시에 가까운 예를 하나 들어본다.

清溪一道穿桃李,	맑은 시내 한 줄기가 도리화 숲을 지나며
演漾綠蒲涵白芷.	파란 부들을 출렁이게 하고 백지를 적신다.
溪上人家凡幾家,	시냇가의 인가는 몇 집이 있는데
落花半落東流水.	낙화는 반쯤 동쪽으로 흐르는 물에 떨어진다.
蹴踘屢過飛鳥上,	공을 차면 누차 나는 새 위로 지나가고
鞦韆競出垂楊裏.	그네는 다투어 늘어진 버들가지 속에서 나온다.
少年分日作遨游,	젊은 시절에는 제 때에 나들이해야지[167]
不用清明兼上巳.	그렇지 않다면 청명과 상사가 무슨 소용이랴!

— 왕유(王維), 「寒食城東卽事」

이 시는 함련(頷聯)에 대장(對仗)을 사용하지 않았고 경련(頸聯)과 함련 사이에 점(黏)의 규칙이 지켜지지 않아서 고풍이라고 단정할 수 있을 것 같지만, 왕유의 평운 율시에도 함련에 대장을 사용하지 않고(제13절 참조) 점의 규칙을 지키지 않은 것이 있음을(제10절 참조) 잊어서는 안 된다. 이 시를 고시로 보는 가장 유력한 이유는 아마도 율시에는 측운이 있을 수 없다는 점일 것이다. 그러나 이같이 전편에 걸쳐 구마다 입률한 것은 율시와 고시 사이에 놓여 있는 시라고 보아야 할 것이다.

31.13 (3) 전운(轉韻)의 칠언고시

왕사진(王士禛)은 "환운하면 이미 근체시가 아니므로 율구(律句)를 써도 무방하다"[168]라고 말하였다. 이 말의 의미는 "근체시는 전운이 없으므로 전운하면 율구를 사용해도 무방하다. 왜냐하면 전편에 걸쳐 입률한다고 하더라도 근체시와 혼동될 염려가 없기 때문이다"일 것이다. 기실 전운의 칠언고시도 옛것을 모방한 것과 혁신한 것의 두 파로 나뉜다(제26절을 참조할 것). 옛것을 모방한 파는 율구를 사용한 것이 있긴 하지만

167) 텍스트에는 '遨'가 '邀'로 되어 있는데, 誤字이다.
168) "換韻已非近體, 用律句無妨."(『古詩平仄集說』에서 인용)

일부분에 불과하다. 혁신파는 왕왕 네 구에 한 번씩 전운하고 평운과 측운을 번갈아 사용하며 전체가 율구 같다. 이것은 완전히 율시의 영향—엄격히 말해서 제량(齊梁) 칠언시의 영향을 받은 것이지만 제량시(齊梁詩)는 또한 율시의 조종(祖宗)이기도 하다. 앞에서 말했듯이 전운의 칠언고시가 입률한 것이 가장 많다. 왕왕 전편에 걸쳐 입률하였거나 대부분 입률하였으므로 앞의 제6절에서 사용한 율구 평측격식의 기호 a. A. b. B.를 써서 주를 달아도 무방할 것이다. 만약 제5자가 요(拗)이거나 특요(特拗)이거나 고평(孤平)이거나 하면 a′. A′. b′. B′.를 사용하겠다. 그러나 어쩌다 고구(古句)를 사용한 곳도 있으므로 이 경우에는 별도의 기호를 사용하겠다. '요구(拗句)'라면 c. C.로 a. A.를 대체하고, d. D.로 b. B.를 대체한다. '단요(單拗)'라면 e. E.로 a. A.를 대체하고, f. F.로 b. B.를 대체한다. '쌍요(雙拗)'라면 g. G.로 a. A.를 대체하고, h. H.로 b. B.를 대체한다. 또한 요점(拗黏)은 고딕체로 표시하고, 요대(拗對)는 명조체로 강조한다. 이제 먼저 왕유의 시 한 수를 예로 들겠다.

漁舟逐水愛山春,(A) 어부는 봄 산이 좋아 배를 타고 물을 따라 갔는데
兩岸桃花夾去津.(B) 양쪽 물가가 모두 복사꽃인 작은 골짜기에 이르렀다.
坐看紅樹不知遠,(a′) 붉은 꽃나무를 보느라 멀리 온 것도 모르고
行盡青溪不見人.(B) 푸른 계곡 끝까지 들어가니 사람이 보이지 않았다.
山口潛行始隈隩,(b′) 산 구멍 속으로 기어가니 처음엔 깊고 구불거렸는데
山開曠望旋平陸.(a) 나와 보니 갑자기 탁 트인 평원이 펼쳐졌다.
遙看一處攢雲樹,(a) 멀리서 보니 한 군데 구름같이 밀집한 숲이 있었는데
近入百家散花竹.(b′) 가까이 들어가니 백 여 집이 화죽 사이에 산재하였다.
樵客初傳漢姓名,(B) 나무하는 나그네가 비로소 한족의 성명을 말했는데
居人未改秦衣服.(a) 그곳의 주민들은 秦代의 복장을 그대로 입고 있었다.
居人共住武陵源,(A) 주민들은 무릉도원에서 함께 살며
還從物外起田園.(A) 다시 이 세상 밖에다 전답을 일구었다.
月明松下房櫳靜,(a) 밝은 달이 소나무 아래의 고요한 창문을 비추고

日出雲中雞犬喧.(B′) 구름 사이로 해가 나오니 개와 닭이 울어댄다.
驚聞俗客爭來集,(a) 속세인의 소식을 듣고 놀라 다투어 몰려 와서
競引還家問都邑.(b′) 경쟁적으로 집에 데려가 도읍의 형편을 물었다.
平明閭巷掃花開,(A) 동틀 무렵에 대문 앞과 골목의 낙화를 쓸고
薄暮漁樵乘水入.(b) 저녁에는 어부와 나무꾼이 배를 타고 돌아온다.
初因避地去人間,(A) 애초엔 난리를 피해 속세를 떠나 왔는데
及至成仙遂不還.(B) 仙境에 이르자 마침내 돌아가지 않게 되었다.
峽裏誰知有人事?(b′) 골짜기 안에 사람이 살리라고 누가 알겠는가?
世中遙望空雲山.(A′) 속세에서 멀리 바라보면 텅 빈 구름 덮인 산 있을 뿐.
不疑靈境難聞見,(a) 이 같은 선경을 찾기란 쉽지 않음을 의심하지 않았지만[169)]
塵心未盡思鄉縣.(a) 속세에 미련이 남아 고향으로 돌아가고 싶었다.
出洞無論隔山水,(b′) 동굴에서 나와 물론 멀리 산수를 격하게 되었지만
辭家終擬長游衍.(a) 다시 집을 떠나 오래도록 그곳에서 살고 싶었다.
自謂經過舊不迷,(B) 스스로는 지나가며 옛길을 잃을 리 없다고 여겼지만
安知峰壑今來變!(a) 어찌 알았으랴 봉우리와 골짜기가 모두 변해버린 걸!
當時只記入山深,(A) 그저 기억나는 건 당시에 산속 깊숙이 들어가
青溪幾曲到雲林.(A) 푸른 계곡 몇 굽이 돌아 구름 덮인 숲에 당도한 것.
春來遍是桃花水,(a) 봄이 와서 도처에 도화수가 흐르지만
不辨仙源何處尋.(B′) 도화원을 분간할 수 없으니 어디서 찾는단 말인가!

— 왕유, 「桃源行」

이 시는 대체로 네 구에 한 번씩 전운(轉韻)하였고, 단지 두 군데만 여섯 구에 한 번 전운하였다. 운은 평성과 측성을 번갈아 사용하였다. 각 구의 평측을 논하면 거의 완전히 율구이다. b′는 율시 중의 특요(特拗)이므로 본래 율구로 볼 수 있다. a′B′도 율시에서 제법 흔히 보이는 구식(句式)이다. 다만 A′는 삼평조(三平調)여서 고구(古句)로 칠 수 있지만 그렇다고 해도 시 전체에 한 개의 고구(古句)만이 섞여 있을 뿐이다. 요대(拗對)는 안 쓰면 그만이지만 쓴다면 언제나 각 운의 제1련, 특히 평운(平韻)의

169) 텍스트에는 '靈境'이 '人境'으로 되어 있는데, 誤字이다.

제1련에 있게 되는데, 이것은 앞 절에서 서술한 "한 연 속에 두 평각(平脚)이 있으면 요대(拗對)를 많이 사용한다"는 습관과 부합한다. 요점(拗黏)은 어디서나 일어날 수 있다. 시론가들은 전운의 칠언고시가 근체시와 다른 점은 전운 외에도 요점과 요대를 특징으로 한다고 본다.

31.14 왕유의 이 시는 위로는 제(齊)・량(梁)과 초당(初唐)을 계승하였고, 아래로는 '원화체(元和體)'의 기풍을 열었다. 백거이(白居易)의 「장한가(長恨歌)」와 「비파행(琵琶行)」・원진(元稹)의 「연창궁사(連昌宮詞)」를 당시에는 원화체라고 칭했다(기실 元和 전에 이미 이 체가 있었다. 참고로 『全唐詩』 13의 劉禹錫 「泰娘歌」를 보라). 원화체의 시는 대략 고구(古句)가 조금 많고 네 구에 한 번씩 환운하는 것과 평운과 측운을 번갈아 쓰는 규칙에 약간 융통성이 있기는 하다. 그렇지만 대부분을 입률한 것은 마찬가지이다. 계속해서 전운해 내려가면 시를 길게 늘일 수 있기 때문에 장편의 서사시(敍事詩)에 적당하다. 다음은 이 세 수의 원문이다.

漢皇重色思傾國,(a) 한나라 황제는 경국지색을 마음에 두셨지만
御宇多年求不得.(b) 용상에 오르신 지 오래도록 찾아내지 못했다.
楊家有女初長成,(D) 양씨 댁의 아가씨가 이제 다 자랐지만170)
養在深閨人未識.(b) 규중에 깊숙이 있으니 아는 사람 없었다.
天生麗質難自棄,(d) 하늘이 낸 고운 자태는 스스로 버리기 어려워171)
一朝選在君王側.(a) 하루아침에 뽑혀서 군왕의 곁에 있게 되었다.
回頭一笑百媚生,(D) 눈동자 굴려 살짝 웃으면 온갖 미태 생겨나니
六宮粉黛無顏色.(a) 육궁의 미녀들은 모두 빛을 잃었다.
春寒賜浴華青池,(A′) 봄추위에 내리신 화청궁 욕실의 목욕
溫泉水滑洗凝脂.(A) 온천물은 매끄럽게 뽀얀 살결을 적셨다.
侍兒扶起嬌無力,(a) 몸종의 부축으로 일어나니 힘없이 요염한 자태

170) 이 구는 평측이 '평평측측평측평'이어서 A의 '拗句'이므로 'C'가 옳다. 이하 마찬가지이다.

171) 이 구는 평측이 '평평측측평측측'이어서 a의 '拗句'이므로 'c'가 옳다. 이하 마찬가지이다.

始是新承恩澤時.(B′) 비로소 새로이 임금님의 사랑을 받은 때이다.
雲鬢花顔金步搖,(B′) 구름 같은 머리칼 꽃다운 얼굴 황금 떨잠
芙蓉帳裏度春宵.(A) 부용꽃 방장에서 따뜻하게 봄밤을 지냈다.
春宵苦短日高起,(a′) 봄밤은 너무나 짧아 해가 높이 올랐으니
從此君王不早朝.(B) 이제부터 황제는 조회에 나오지 않으셨다.
承歡侍宴無閑暇,(a) 비위를 맞추고 연회에 모시느라 틈이 없으니
春從春游夜專夜.(b′) 봄에는 봄나들이 따르고 밤에는 밤을 독차지했다.
後宮佳麗三千人,(A′) 후궁의 아름다운 여인들은 삼천 명인데
三千寵愛在一身.(D) 삼천 명 몫의 사랑을 한 몸에 받았다.
金屋妝成嬌侍夜,(b) 황금의 궁전에서 화장을 마치고 기다리는 밤
玉樓宴罷醉和春.(A) 백옥의 누각에서 연회 끝나면 피어나는 봄.
姊妹弟兄皆列士,(b) 자매와 오빠들도 모두 제후의 서열이니
可憐光彩生門戶.(a) 놀랍도다 문호에 광채가 빛난다.
遂令天下父母心,(D) 드디어 세상의 부모들로 하여금
不重生男重生女.(b′) 아들보다 딸 낳기를 더욱 중시하게 하였다.
驪宮高處入青雲,(A) 여산의 별궁은 높아서 구름 속에 들었는데
仙樂風飄處處聞.(B) 신선의 음악은 바람 따라 곳곳에 들렸다.
緩歌謾舞凝絲竹,(a) 느린 가락 조용한 춤에 엉겨드는 피리와 거문고
盡日君王看不足.(b) 임금님은 온종일 보시고도 싫증을 모르셨다.
漁陽鼙鼓動地來,(D) 어양의 북소리가 대지를 울리며 다가오니
驚破霓裳羽衣曲.(b′) 예상우의곡의 곡조는 놀라서 깨어졌다.
九重城闕煙塵生,(A′) 구중궁궐에 전쟁의 연기와 티끌이 일어나니
千乘萬騎西南行.(E) 수천의 수레와 말이 남서쪽으로 향했다.
翠華搖搖行復止,(f) 비취 깃발은 흔들흔들 가다가 서다가 하며
西出都門百餘里.(b′) 서쪽으로 도성의 문을 나서기 백 리 남짓.
六軍不發無奈何,(D) 육군이 꼼짝도 하지 않으니 어쩔 수 없이
宛轉蛾眉馬前死.(b′) 고운 아미 숙이고 말 앞에서 죽고 말았다.
花鈿委地無人收,(A′) 꽃 비녀가 땅에 떨어졌어도 줍는 사람 없고
翠翹金雀玉搔頭.(A) 비취 깃털 공작 비녀 옥비녀도 마찬가지다.
君王掩面救不得,(d) 임금님은 얼굴 가리고 구해주지 못하니
回看血淚相和流.(A′) 돌아보는 얼굴엔 피눈물이 섞여 흘렀다.

黃埃散漫風蕭索,(a) 누런 먼지 흩날리고 바람은 쓸쓸히 부는데
雲棧縈紆登劍閣.(b) 높은 잔도로 굽이굽이 검문관에 올랐다.
峨嵋山下少人行,(A) 아미산 밑에는 다니는 사람 드물고
旌旗無光日色薄.(B) 빛 잃은 깃발에는 햇빛도 희미했다.
蜀江水碧蜀山青,(A) 서촉의 강물 파랗고 서촉의 산 푸른데
聖主朝朝暮暮情.(B) 임금님은 아침저녁으로 그리움에 잠기셨다.
行宮見月傷心色,(a) 행궁에서 보이는 달 상심에 젖은 빛깔
夜雨聞鈴腸斷聲.(B′) 밤비에 들리는 방울소리가 애를 끊는다.
天旋地轉回龍馭,(a) 천하의 정세가 일변하여 어가가 돌아섰지만
到此躊躇不能去.(b′) 이곳에 이르러 머뭇머뭇 나가지를 못한다.
馬嵬坡下泥土中,(D) 마외역 언덕 밑 진흙 속에
不見玉顏空死處.(b) 옥안은 간데없고 죽은 곳 비어 있다.
君臣相顧盡霑衣,(A) 임금과 신하가 서로 보며 모두 옷을 적셨고
東望都門信馬歸.(B) 동쪽으로 도성 문을 바라보며 힘없이 나갔다.
歸來池苑皆依舊,(a) 돌아오니 연못과 동산은 예전 그대로여서
太液芙蓉未央柳.(b) 태액지의 부용꽃, 미앙궁의 버들잎.
芙蓉如面柳如眉,(A) 부용꽃은 그 얼굴, 버들잎은 그 눈썹
對此如何不淚垂!(B) 이를 대하고 어떻게 눈물 아니 흘릴까!
春風桃李花開夜,(a) 봄바람에 복사꽃 피는 밤
秋雨梧桐葉落時.(B) 가을비에 오동잎 지는 때.
西宮南內多秋草,(a) 서궁과 남내에 가을 풀 우거지고
落葉滿階紅不掃.(b) 낙엽은 섬돌에 가득한데 단풍도 쓸지 않았다.
梨園弟子白髮新,(D) 이원의 제자들은 백발이 새롭고
椒房阿監青娥老.(a) 초방의 상궁도 푸른 눈썹이 늙었다.
夕殿螢飛思悄然,(b′) 저녁 전각에 반딧불 나니 생각은 쓸쓸하고
孤燈挑盡未成眠.(A) 외로운 등잔을 돋우느라 잠 못 이룬다.
遲遲鐘鼓初長夜,(a) 종소리 느릿느릿 이제 밤은 길기만 한데
耿耿星河欲曙天.(B) 은하수 반짝반짝 겨우 날이 샌다.
鴛鴦瓦冷霜華重,(a) 싸늘한 원앙 기와엔 서리꽃 겹쳐 있고
翡翠衾寒誰與共?(b) 차가운 비취 이불 누구와 함께 자나?
悠悠生死別經年,(A) 아득하구나 삶과 죽음 이별이 해를 넘기는데

魂魄不曾來入夢.(b)　혼백은 아직 꿈에도 돌아오지 않았다.
臨邛道士鴻都客,(a)　임공의 도사로 長安에 들어온 나그네
能以精誠致魂魄.(b′)　정신력으로 혼백을 모셔올 수 있단다.
爲感君王輾轉思,(B)　황제의 전전반측하는 그리움에 감동하여
遂敎方士殷勤覓.(a)　드디어 방사는 명을 받들어 은근히 찾아 나섰다.
排空馭氣奔如電,(a)　공중으로 솟구쳐 대기를 타고 번개처럼 달려가
升天入地求之徧.(a)　하늘로 오르고 땅으로 들어가 여기저기 찾았다.
上窮碧落下黃泉,(A)　위로는 벽락까지 아래로는 황천까지 뒤졌지만
兩處茫茫皆不見.(b)　두 곳 다 망망할 뿐 어디에도 보이지 않았다.
忽聞海上有仙山,(A)　갑자기 바다 위에 신선의 산이 있다고 들었는데
山在虛無縹緲間.(B′)　그곳은 아른아른한 허공 속에 있단다.
樓閣玲瓏五雲起,(b′)　영롱한 누각에 오색구름이 일어나는데
其中綽約多仙子.(a)　그 중에 참하고 고운 선녀들이 많단다.
中有一人字太眞,(B′)　선녀 중의 한 사람 이름이 태진이라는데[172)]
雪膚花貌參差是.(a)　하얀 피부 꽃다운 모습이 생전과 다름없다.
金闕西廂叩玉扃,(B)　황금 대궐 서쪽 별당의 백옥 문을 두드려
轉敎小玉報雙成.(A)　마중 나온 소옥을 시켜 쌍성에게 알렸다.
聞道漢家天子使,(b)　한나라 황제의 사신이란 전갈을 듣자
九華帳裏夢魂驚.(A)　꽃무늬 방장 속에서 꿈속의 혼 놀라 깨었다.
攬衣推枕起徘徊,(A)　옷깃을 여미고는 베개를 밀치고 일어나 서성이다
珠箔銀屛迤邐開.(B)　주렴과 은 병풍을 하나하나 열고 나왔다.
雲髻半偏新睡覺,(b)　구름머리가 한쪽으로 치우쳤으니 막 잠에서 깨었고
花冠不整下堂來.(A)　화관도 매만지지 못한 채 방에서 내려왔다.
風吹仙袂飄飄擧,(a)　바람에 선녀의 소매 자락이 팔랑팔랑 나부끼니
猶似霓裳羽衣舞.(b′)　그대로 예상우의 춤을 추는 것 같다.
玉容寂寞淚闌干,(A)　옥 같은 얼굴 쓸쓸하고 눈물이 줄줄 흘러
梨花一枝春帶雨.(f)　봄비에 젖은 배꽃 한 가지로다.
含情凝睇謝君王,(A)　정이 담뿍 담긴 눈길로 황제에게 감사한다.
一別音容兩渺茫.(B)　“일단 이별하니 음성과 용모 모두 아득하군요.

172) 이 구는 평측이 ‘평측측평측측평’이어서 孤平이다.

昭陽殿裏恩愛絶,(d) 소양궁에서의 임금님 총애가 끊어지니
蓬萊宮中日月長.(F) 봉래궁에서는 하루하루가 길기만 합니다.
回頭下望人寰處,(a) 고개 돌려 인간세상을 내려다보았더니
不見長安見塵霧.(b′) 장안은 보이지 않고 먼지와 안개뿐입니다.
唯將舊物表深情,(A) 오직 옛 물건만 깊은 정표가 될 것이니
鈿合金釵寄將去.(b′) 자개 상자와 황금 비녀를 부치겠어요.
釵留一股合一扇,(d) 비녀 한 개와 상자 한 쪽을 남기는데
釵擘黃金合分鈿.(b′) 비녀는 황금을 떼어내고 상자는 자개를 가른 것이어요.
但敎心似金鈿堅,(D) 다만 마음이 황금과 자개처럼 굳건하다면
天上人間會相見.(b′) 천상의 제가 속세의 당신과 만날 날 있을 거예요."
臨別殷勤重寄詞,(B) 떠날 즈음에 은근히 거듭 전갈하였는데
詞中有誓兩心知.(A) 그 속에는 두 마음만 아는 맹세가 있었다.
七月七日長生殿,(e) 칠월칠석날 장생전에서
夜半無人私語時.(B′) 아무도 없는 한밤중에 속삭였다.
在天願作比翼鳥,(d) "하늘에선 원컨대 비익조가 되고
在地願爲連理枝.(B′) 땅에서는 원컨대 연리지가 됩시다."
天長地久有時盡,(a′) 장구한 천지라도 끝날 때가 있겠지만
此恨綿綿無絶期.(B′) 이 한은 면면히 끊어질 날 없으리라.

(이 시는 모두 120구인데, 입률한 것이 70구, 似律이 30구, 옛것을 모방한 것이 20구이다. 요점이 37군데이고, 요대가 8군데이다. 1운 4구가 23곳, 2구가 6곳, 8구가 2곳이다. 평운과 측운을 번갈아 쓴 것이 25곳이고, 평운으로 평운을 이은 것이 2곳이고, 측운으로 측운을 이은 것이 3곳이다.)

— 백거이(白居易), 「長恨歌」

潯陽江頭夜送客,(f) 심양강 어귀에서 밤에 손님을 배웅하려니
楓葉荻花秋瑟瑟.(b) 단풍잎과 억새에 가을바람 쓸쓸하다.
主人下馬客在船,(D) 주인이 말에서 내려 객이 있는 배로 가[173]
擧酒欲飮無管弦.(H) 술잔 들어 마시려 해도 풍악이 없다.[174]

173) 이 구는 평측이 '측평측측측측평'이어서 A의 '拗句'이므로 'C'가 옳다. 이하 마찬가지이다.
174) 이 구는 평측이 '측측측측평측평'이어서 A의 '雙拗'이므로 'G'가 옳다.

醉不成歡慘將別,(b′) 취해도 흥이 안 나 쓸쓸히 작별하려니
別時茫茫江浸月.(f) 작별할 때는 아득한 강물에 달이 잠긴다.
忽聞水上琵琶聲,(A′) 문득 물 위로 들려오는 비파 소리에
主人忘歸客不發.(f) 주인은 돌아가길 잊고 객도 떠날 줄 모른다.
尋聲闇問彈者誰,(D) 소리 찾아 살며시 타는 이가 누구냐고 물으니
琵琶聲停欲語遲.(F) 비파 소리 멈추고 말을 할 듯하다가 머뭇거린다.
移船相近邀相見,(a) 배를 옮겨 가까이 대고 만나기를 청하면서
添酒回燈重開宴.(b′) 술을 더하고 등불을 돋우어 다시 잔치를 연다.175)
千呼萬喚始出來,(D) 천 번 만 번 부르니 비로소 나왔는데
猶抱琵琶半遮面.(b′) 비파를 안고 있어 반쯤 얼굴을 가렸다.
轉軸撥弦三兩聲,(B′) 축을 돌려 줄을 튕겨보는 두세 소리
未成曲調先有情.(D) 곡조를 이루기도 전에 감정이 앞선다.
弦弦掩抑聲聲思,(a) 줄줄이 나오는 탄식과 소리마다 맺힌 상념
似訴平生不得志.(b′) 한평생 못 이룬 뜻을 하소연하려는듯하다.
低眉信手續續彈,(D) 아미를 숙이고 손가는 대로 계속 이어 타니
說盡心中無限事.(b) 마음속 끝없는 상심의 일을 모두 말한다.
輕攏慢撚抹復挑,(D) 슬쩍 쓰다듬어 지그시 비틀고 누르다가 튕기니
初爲霓裳後六幺.(F) 처음엔 예상우의곡 뒤에는 육요의 가락이다.
大弦嘈嘈如急雨,(f) 굵은 줄 둥덩둥덩 소나기 쏟아지듯 하고
小弦切切如私語.(a) 가는 줄 소곤소곤 귀엣말 속삭이듯 한다.
嘈嘈切切錯雜彈,(D) 둥덩둥덩 소곤소곤 뒤섞어 타니
大珠小珠落玉盤.(F) 큰 진주 작은 진주 옥쟁반에 구른다.
間關鶯語花底滑,(d) 꾀꼴꾀꼴 꾀꼬리 소리 꽃 아래 매끄럽고176)
幽咽泉流冰下難.(B) 흐느끼는 샘물 소리 얼음 밑에 답답하다.177)
水泉冷澀弦凝絶,(a) 차가운 샘물 얼어붙듯 줄은 응결되고
凝絶不通聲暫歇.(b) 응결되어 막히니 소리 잠깐 끊긴다.178)

175) 텍스트에는 '燈'이 '鐙'으로 되어 있는데, 誤字이다.

176) 이 구는 평측이 '평평평측평측측'이어서 a의 '拗句'이므로 'c'가 옳다.

177) 텍스트에는 '冰下難'이 '水下灘'으로 되어 있는데, 誤字이다. 이 경우 '冰'이 평성인 만큼 제5자가 拗이어서 句式은 B′이다.

178) 텍스트에는 '暫'이 '漸'으로 되어 있는데 誤字이다.

別有幽愁闇恨生,(B) 별달리 깊게 맺힌 시름과 한이 생겨나
此時無聲勝有聲.(F) 이때의 소리 없음은 있는 것보다 낫다.
銀甁乍破水漿迸,(a′) 은병이 갑자기 깨지더니 물이 솟구치고
鐵起突出刀槍鳴.(E) 철기가 졸지에 튀어나와 칼이 부딪친다.
曲終收撥當心畫,(a) 곡이 끝나 撥木을 거두고 한복판을 그으니
四弦一聲如裂帛.(f) 네 현은 한 소리로 깁을 찢는 듯하다.
東船西舫悄無言,(A) 동쪽 배와 서쪽 배 모두 소리 없이 조용한데
唯見江心秋月白.(b) 오직 강 복판에 가을 달만 하얗다.
沈吟放撥揷弦中,(A) 생각에 잠겨 발목을 내려 현 가운데 꽂고
整頓衣裳起斂容.(B) 옷깃을 여미며 일어나 자세를 고치더니
自言本是京城女,(a) 스스로 말한다. "저는 본래 경성의 여인으로
家在蝦蟆陵下住.(b) 하마릉 아래에 집이 있었습니다.
十三學得琵琶成,(A′) 나이 열 셋에 비파를 배워 익히니
名屬教坊第一部.(b′) 이름이 교방에서 첫째로 꼽혔습니다.
曲罷長教善才服,(b′) 연주가 끝나면 늘 스승님도 탄복하셨고
妝成每被秋娘妒.(a) 화장을 마치면 秋娘이 시샘하였습니다.
五陵年少爭纏頭,(A′) 오릉의 귀공자들은 해웃값을 다투어
一曲紅綃不知數.(b′) 한 곡조에 붉은 생초가 수도 없었습니다.
鈿頭銀篦擊節碎,(d) 자개 박은 은 빗치개를 장단 맞추다 부러뜨렸고
血色羅裙翻酒汚.(b) 핏빛의 비단치마를 술 엎질러 더럽혔습니다.
今年歡笑復明年,(A) 금년도 다시 명년도 웃음 속에 세월 보내며
秋月春風等閑度.(b′) 가을 달 봄바람을 한가히 보냈습니다.
弟走從軍阿姨死,(b′) 오랍동생 병정 나가고 양어머니 세상 떠나
暮去朝來顔色故.(b) 저녁이 가고 아침이 오며 세월 따라 용모 이울자
門前冷落車馬稀,(D) 문 앞도 썰렁하게 찾아오는 거마가 드물어
老大嫁作商人婦.(e) 나이 든 몸으로 상인의 아내가 되었습니다.
商人重利輕別離,(D) 상인은 이익만 알고 이별의 고통은 모르니
前月浮梁買茶去.(b′) 지난달에 부량으로 차를 사러 떠났습니다.
去來江口守空船,(A) 떠나간 뒤로 강어귀에서 빈 배만 지키니
繞船明月江水寒.(D) 배 주위에 달은 밝고 강물은 차가웠습니다.
夜深忽夢少年事,(a′) 밤이 깊자 문득 젊었을 때 일을 꿈꾸다가

夢啼粧淚紅闌干.(A′) 화장한 얼굴에 붉은 눈물 주르르 흘렸습니다."
我聞琵琶已歎息,(f) 나는 비파 소리를 들으며 이미 탄식했는데
又聞此語重喞喞.(d) 다시 그녀의 이야기를 듣고는 거듭 혀를 찼다.
同是天涯淪落人,(B) 하늘 끝에서 비참하게 유랑하는 똑같은 신세
相逢何必曾相識!(a) 이렇게 만났으니 어찌 반드시 옛 친구여야 하랴!
我從去年辭帝京,(F) "나는 작년에 皇都를 떠난 뒤로
謫居臥病潯陽城.(A′) 좌천되어 심양성에 몸져누워 지냈소.
潯陽地僻無音樂,(a) 심양은 후미진 고장이라 음악이 없으니
終歲不聞絲竹聲.(B′) 일 년 내내 풍악 소리를 듣지 못하였소.
住近湓江地低濕,(b′) 거처는 분강 부근이라 낮고 습하여
黃蘆苦竹繞宅生.(D) 우거진 갈대 참대가 집둘레에 자라고 있으니
其間旦暮聞何物?(a) 그 사이에서 아침저녁으로 들리는 것이라곤
杜鵑啼血猿哀鳴.(A′) 소쩍새 피를 토하고 원숭이 구슬피 울 뿐이오.
春江花朝秋月夜,(f) 봄 강의 꽃 만발한 아침이나 가을 달밤이면
往往取酒還獨傾.(A′) 가끔 술잔을 들어 혼자 술병을 기울이오.
豈無山歌與村笛,(f) 어찌 초동의 노래나 목동의 피리가 없을까만
嘔啞嘲哳難爲聽.(A′) 시끌시끌 지절지절 귀에 거슬린다오.
今夜聞君琵琶語,(c) 오늘밤 그대의 비파 연주를 들으니
如聽仙樂耳暫明.(d) 선녀의 음악을 듣는 듯 귀가 번쩍 뜨이오.
莫辭更坐彈一曲,(d) 사양 말고 다시 앉아 한 곡 더 타시오
爲君翻作琵琶行.(A′) 그대 위해 비파행으로 옮겨 보겠소."
感我此言良久立,(b) 나의 이 말에 감동하여 한참을 섰다가
却坐促弦弦轉急.(b) 다시 앉아 현을 더욱 바짝 조이고 타니
凄凄不似向前聲,(a) 그 처절한 소리가 먼저와 또 달라
滿座重聞皆掩泣.(B) 다시 듣는 사람들 모두 눈물을 가린다.
座中泣下誰最多?(D) 좌중에서 눈물을 가장 많이 흘린 이 누구인가?
江州司馬靑衫濕.(a) 강주사마의 푸른 적삼이 흠뻑 젖어 있다.[179)]

(이 시는 모두 88구인데, 입률한 것이 30구, 사율이 23구, 옛것을 모방한 것이

179) 「長恨歌」와 「琵琶行」 두 시의 번역문은 池榮在 『中國詩歌選』의 번역문을 바탕으로 하여 작성한 것이다.

35구여서 「장한가」보다 고시에 가깝다. 요점이 20군데이고, 요대가 16군데이다. 1운 4구가 8곳, 2구가 8곳, 6구가 1곳, 16구가 1곳, 18구가 1곳이다. 전편이 평운과 측운을 번갈아 써서 「장한가」에 비해 격률화되었다.)

— 백거이(白居易), 「琵琶行」

連昌宮中滿宮竹,(f) 연창궁 안에는 대나무가 가득한데
歲久無人森似束.(b) 오랜 세월 사람 없어 동여맨 듯 빽빽하다.
又有牆頭千葉桃,(B′) 또한 담 위에는 碧桃가 있는데
風動落花紅蔌蔌.(b) 바람이 불면 붉은 꽃잎이 우수수 떨어진다.
宮邊老人爲予泣,(f) 궁 주변의 노인이 나를 보고 울며 말한다.
小年進食曾因入.(a) "젊었을 때 음식을 진상하러 들어갔었는데[180]
上皇正在望仙樓,(A) 상황께서는 마침 망선루에 계셨고
太眞同憑闌干立.(a) 양귀비는 상황과 함께 난간에 기대어 있었습니다.
樓上樓前盡珠翠,(b′) 누각 위와 앞에는 온통 진주와 비취를 장식한 궁녀들
炫轉熒煌照天地.(b′) 휘황찬란하게 천지를 비추고 있었습니다.
歸來如夢復如癡,(A) 꿈인가 싶어 멍청한 정신으로 돌아왔으니
何暇備言宮裏事?(b) 무슨 여유가 있어 궁 안의 일을 갖추어 말하겠습니까?
初過寒食一百六,(d) 지난해 동지 후 일백 육일 만에 한식을 지내게 되어[181]
店舍無煙宮樹綠.(b) 여관에는 연기가 없고 궁 안의 나무는 푸르렀습니다.
夜半月高弦索鳴,(B′) 한밤중에 달 높이 떴고 현악기 줄이 울렸는데
賀老琵琶定場屋.(b′) 악사 賀懷智의 비파가 무대를 제압했습니다.
力士傳呼覓念奴,(B) 高力士가 황제의 명을 전하며 염노를 찾으니
念奴潛伴諸郎宿.(a) 염노는 다른 연예인들과 어울려 숙소로 잠입했습니다.
須臾覓得又連催,(A) 잠시 후 염노를 찾아서 다시금 잇달아 재촉하며
特敕街中許然燭.(b′) 특별히 칙령으로 거리에 촛불을 밝히도록 했습니다.
春嬌滿眼睡紅綃,(A) 붉은 비단 장막에서 자다 깨니 교태가 눈에 가득한데
掠削雲鬟旋裝束.(b′) 구름 모양 쪽머리를 빗고 이내 단장을 마쳤습니다.
飛上九天歌一聲,(B) 궁 안의 높은 누각으로 날아올라 노래를 부르니

180) 텍스트에는 이 구가 "小年選進因曾入"으로 되어 있는데, 誤字이다.
181) 이 구는 평측이 '평평평측측측측'이어서 a의 '拗句'이므로 'c'가 옳다. 이하 마찬가지이다.

二十五郎吹管逐.(b)　邠王 이십오랑이 그에 맞추어 피리를 불었습니다.
逡巡大遍涼州徹,(a)　신속하게 양주곡을 처음부터 끝까지 연주한 뒤에
色色龜茲轟錄續.(b)　이어서 각종의 구자곡을 열렬히 연주했습니다.
李謨擪笛傍宮牆,(A)　악사 이모는 궁궐 담 밖에서 피리 구멍을 누르며[182]
偸得新翻數般曲.(b′)　새로 만든 곡을 엿듣고는 곡조를 터득했습니다.
平明大駕發行宮,(A)　동틀 무렵에 황제의 수레가 행궁을 출발하니
萬人鼓舞途路中(D)　수많은 사람이 길에서 북을 치며 춤추었습니다.[183]
百官隊仗避岐薛,(a′)　백관과 의장대는 岐王과 薛王의 길 비키게 하고
楊氏諸姨車鬪風.(B′)　양귀비의 언니들은 수레가 바람과 속도를 다투었습니다.
明年十月東都破,(a)　이듬해 시월에는 동도 낙양이 격파되었고
御路猶存祿山過.(b′)　황제의 길 그대로 있지만 안록산이 지나갔습니다.
驅令供頓不敢藏,(D)　숙식을 제공하라고 윽박지르니 감히 감추지 못하고
萬姓無聲淚潛墮.(b′)　백성들은 소리 없는 눈물만 남몰래 떨어뜨렸습니다.
兩京定後六七年,(D)　장안과 낙양이 수복된 지 육칠 년이 지나서
却尋家舍行宮前.(A′)　행궁 앞에 있던 옛집을 다시 찾았습니다.
莊園燒盡有枯井,(a′)　장원은 완전히 소실되고 우물은 말라붙어
行宮門閉樹宛然.(D)　행궁의 대문은 닫히고 나무만 그대로였습니다.[184]
爾後相傳六皇帝,(b′)　그 후 여섯 황제께서 제위 서로 전했지만
不到離宮門久閉.(b)　행궁에 납시지 않아 문이 오래 잠겨 있었습니다.
往來年少說長安,(A)　오가는 젊은이들이 말하기를 장안에
玄武樓成花萼廢.(b)　현무루가 세워지고 화악루가 없어졌답니다.
去年敕使因斫竹,(d)　작년에 칙명으로 관리가 대나무를 베러 왔기에
偶値門開暫相逐.(b′)　우연히 문이 열린 틈에 잠시 따라 들어갔습니다.
荊榛櫛比塞池塘,(A)　가시나무가 즐비하게 늘어서 연못을 막았고
狐兎驕癡緣樹木.(b)　여우와 토끼가 교만한지 멍청한지 수목 사이를 돌아다녔습니다.
舞榭欹傾基尙存,(B′)　춤추던 정자는 기울어지고 기단만 그대로 남아 있는데

182) 텍스트에는 '謨'가 '暮'로 되어 있는데, 誤字이다.
183) 이 구는 평측이 '측평측측평측평'이어서 A의 '拗句'이므로 'C'가 옳다. 이하 마찬가지이다.
184) 텍스트에는 '閉'가 '闔'로 되어 있는데, 誤字이다.

文窗窈窕紗猶綠.(a) 꽃무늬 창문은 그윽하고 커튼은 여전히 파랬습니다.
塵埋粉壁舊花鈿,(A) 흰 벽에 걸려 있던 꽃 비녀는 먼지를 뒤집어썼고
鳥啄風箏碎珠玉.(b′) 새가 풍쟁을 쪼니 주옥이 깨지는 소리가 났습니다.
上皇偏愛臨砌花,(D) 상황께서는 특히 섬돌 가의 꽃을 좋아하셔서
依然御榻臨階斜.(A′) 황제의 걸상이 여전히 섬돌 옆에 비스듬히 남아 있습니다.
蛇出燕巢盤斗栱,(b) 뱀이 제비둥지에서 나와 두공에 도사리고 있었고[185)]
菌生香案正當衙.(A) 황제께서 거처하던 곳의 책상에는 곰팡이가 슬었습니다.
寢殿相連端正樓,(B′) 침실은 단정루와 이어져 있어서
太眞梳洗樓上頭.(D) 양귀비는 단정루에서 세수하고 머리 빗었습니다.
晨光未出簾影黑,(d) 새벽빛 나오기도 전에 검은 머리 그림자가 발에 비쳤었는데
至今反挂珊瑚鉤.(A′) 지금은 오히려 산호 고리만이 걸려 있을 뿐입니다.
指示傍人因慟哭,(b) 주변 사람에게 궁 안 사정을 고하니 통곡이 나와
却出宮門淚相續.(b′) 궁궐 문을 나와서도 눈물이 계속 흘러내렸습니다.
自從此後還閉門,(D) 그 일이 있은 뒤로 다시 대문을 닫으니
夜夜狐狸上門屋.(b′) 밤마다 여우와 삵이 대문과 지붕에 오릅니다."
我聞此語心骨悲,(D) 나는 그 말을 듣고 마음속 깊이 슬퍼서 말했다.
太平誰致亂者誰?(D) "태평세월은 누가 가져오고 난리는 누가 일으켰나요?"
翁言野父何分別,(a) 노인은 말하였다. "촌로가 무슨 분별이 있겠습니까?[186)]
耳聞眼見爲君說.(a′) 귀로 듣고 눈으로 본 것을 당신께 말씀드린 것입니다.
姚崇宋璟作相公,(D) 요숭과 송경이 재상을 지낼 때는
勸諫上皇言語切.(b) 상황께 권하고 간하는 말이 절실했었습니다.
燮理陰陽禾黍豐,(B′) 자연현상이 조화를 이루어 농작물이 풍성했고
調和中外無兵戎.(A′) 중앙과 변방이 조화를 이루어 전쟁이 없었습니다.
長官清平太守好,(f) 관리는 청렴·공평하고 태수는 훌륭했으며
揀選皆言由相公.(B′) 가려 뽑는 것은 모두 상공이 했다고 합니다.[187)]
開元之末姚宋死,(d) 개원 말년에 요숭과 송경이 세상을 떠나자
朝廷漸漸由妃子.(a) 조정은 점차 양귀비의 뜻대로 되었습니다.
祿山宮中養作兒,(F) 안록산은 궁중에서 양귀비의 양자가 되었고

185) 텍스트에는 '斗'가 '鬪'로 되어 있는데, 誤字이다.
186) 텍스트에는 '野父'가 '文野'로 되어 있는데, 誤字이다.
187) 텍스트에는 '揀'이 '簡'으로 되어 있는데, 誤字이다.

虢國門前鬧如市.(b′) 괵국부인의 문 앞은 시장처럼 와글거렸습니다.
弄權宰相不記名,(D) 권력을 휘두르던 재상은 이름이 기억나지 않지만
依稀憶得楊與李.(d) 어렴풋이 양씨와 이씨였던 것으로 기억합니다.
廟謨顚倒四海搖,(D) 국가의 大計가 무너져 온 천하가 동요하니
五十年來作瘡痏.(b′) 오십 년 동안에 크나큰 재앙을 입었습니다.
今皇神聖丞相明,(D) 지금 황제는 신성하시고 재상은 현명하시니
詔書纔下吳蜀平.(D) 황제의 명에 따라 오와 촉이 평정되었습니다.
官軍又取淮西賊,(a) 관군이 또한 회서의 반란군을 수습하니[188]
此賊亦除天下寧.(B′) 이 반군도 제거되어 천하가 편안해졌습니다.
年年耕種宮前道,(a) 해마다 연창궁 앞길에서 농사를 지어 왔지만
今年不遣子孫耕.(A) 금년에는 자식들에게 밭 갈지 말라고 했습니다."[189]
老翁此意深望幸,(a) 노인의 이 말은 황제의 행차를 몹시 바란다는 것이니
努力廟謨休用兵.(B′) 국정에 노력하여 군대를 쓰는 일이 없게 되기를!

(이 시는 모두 90구인데, 입률한 것이 35구, 사율이 32구, 옛것을 모방한 것이 23구이다. 요점이 22군데이고, 요대가 17군데이다. 1운 4구가 12곳, 2구가 2곳, 8구가 3곳이고, 16구가 1곳이다. 평운과 측운을 번갈아 쓴 것이 11곳이고, 평운으로 평운을 이은 것이 1곳이고, 측운으로 측운을 이은 것이 3곳이다.)

— 원진(元稹), 「連昌宮詞」

31.15 원진과 백거이는 모두 "평평측측측측평(제5자는 평성을 쓸 수도 있다)"의 C식을 즐겨 사용하였다.[190] 이것은 일종의 습관일 뿐이고 별다른 이유가 있는 것은 아닌 듯하다. 쌍요구(雙拗句)는 거의 사용하지 않았다. 왕유·원진·백거이 세 사람이 공유하고 있는 한 가지 특징은 매 운의 제1구에 반드시 입운한 것이다.

31.16 이 네 수의 시는 모두가 장편이다. 이기(李頎)·왕창령(王昌齡) 등의 몇몇 단편들은 율구의 사용을 더욱 좋아하였다. 이에 대한 예는 제

188) 텍스트에는 '淮西'가 '淮南'으로 되어 있는데, 誤字이다.
189) 이는 이제 천하가 태평해져서 황제가 연창궁에 오실 수 있게 되었다는 말이다.
190) 텍스트에는 'C'가 'D'로 되어 있는데, 誤字이다.

26절에 있으니 독자들이 직접 따져볼 수 있을 것이다.

제32절 고풍 식의 율시

32.1 고풍 식의 율시에 대해 이야기하려면 먼저 사율비율(似律非律)의 시를 분명히 가려낼 수 있어야 할 것이다. 율시에는 세 가지 요소가 있다. 첫째는 글자 수가 율격에 맞아야 해서 오언시는 40자이고, 칠언시는 56자이다. 둘째는 대장(對仗)이 율격에 맞아야 해서 가운데 두 연이 반드시 대장을 이루어야 한다. 셋째는 평측이 율격에 맞아야 해서 매 구의 평측이 일정한 격식에 따라야 하고, 아울러 점대(黏對)를 따져야 한다. 이 세 가지 요소를 모두 갖추었으면 순수한 율시이다. 만약 앞의 두 요소만을 갖추었다면 고풍 식의 율시인데, '요율(拗律)'이라고도 칭한다. 만약 첫 번째 요소만을 갖추었다면 글자 수만 우연히 율시와 같은 것일 뿐이어서, 율시로 치지 않는다.

32.2 다음의 예들은 글자 수만 우연히 율시와 같은 고풍이다.

驛亭三楊樹, 백하정 옆에 있는 세 그루 버드나무
正當白下門. 바로 金陵의 성문을 마주하고 있다.(孤平)
吳煙暝長條, 오 땅의 안개가 긴 가지를 뒤덮고 (平脚)
漢水齧古根. 한수는 오래된 뿌리를 갉아먹고 있다.
向來送行處, 예부터 길손을 전송하던 곳이라
迴首阻笑言. 머리 돌려 보면 슬픔으로 웃음이 가신다.
別後若見之, 이별한 뒤에 다시 오게 되면 (平脚)
爲余一攀翻. 나를 위해 한 가지 꺾어 보내주게.

— 이백, 「金陵白下亭留別」

雨後煙景綠, 비 내린 뒤 안개어린 경치는 신록이 더하고
晴天散餘霞. 맑게 갠 하늘에는 저녁놀이 펼쳐졌다.
東風隨春歸, 봄바람이 봄을 따라 돌아와서 (平脚)
發我枝上花. 꽃나무 가지에 꽃을 피운다.
花落時欲暮, 황혼 무렵 땅에 떨어진 꽃을 보니
見此令人嗟. 사람으로 하여금 탄식케 한다.
願遊名山去, 원컨대 명산을 찾아가서
學道飛丹砂. 도를 배워 단사를 만들고 싶다.

—이백, 「落日憶山中」

阮籍推名飮, 완적은 이름난 음주가로 받들어지고
清風坐竹林. 맑은 바람 맞으며 죽림에 앉았다.
半酣下衫袖, 한창 무르익으면 적삼 소매를 내리고
拂拭龍脣琴. 용순금을 꺼내어 털고 닦았다.
一杯彈一曲, 술 한 잔에 한 곡조를 연주하니
不覺夕陽沈. 석양이 가라앉는 줄도 몰랐다.
余意在山水, 내 마음은 본래 산수에 있어서
聞之諧夙心. 그 소리를 들으니 평소의 뜻에 맞다.

—맹호연(孟浩然), 「聽鄭五愔彈琴」

自爲洛陽客, 내가 낙양의 나그네가 되고부터
夫子吾知音. 선생은 내 마음을 알아주는 사람이셨다.
愛義能下士, 의를 좋아하고 하위직도 맡을 수 있는 선비인데
時人無此心. 요즘 사람들은 그런 마음이 없다.
奈何離居夜, 어찌하나 멀리 떨어져 거처하는 밤
巢鳥飛空林. 둥지의 새가 텅 빈 숲을 날아간다.
愁坐至月下, 슬픔 속에 달이 지도록 앉아서
復聞南陵礁. 다시 남릉의 다듬잇돌 소리를 듣는다.

—설거(薛據), 「冬夜寓居寄儲太祝」

蒼蒼竹林暮, 푸르고 울창한 대숲에 저녁이 오니

吾亦知所投.　　나 또한 투숙해야 할 곳을 안다.
靜坐山齋月,　　달빛 받으며 山齋에 고요히 앉아 있으니
淸溪聞遠流.　　멀리서 맑은 계곡 물소리 들려온다.
西峰下微雨,　　서쪽 봉우리에 이슬비 내리다가
向晩白雲收.　　저녁이 되니 흰 구름 걷힌다.
遂解塵中組,　　마침내 세속의 인끈을 푸니
終南春可游.　　종남산은 봄에 나들이할 만하다.

— 왕창령(王昌齡), 「宿裴氏山莊」

酒是古明鏡,　　술은 예로부터 밝은 거울이어서
輾開小人心.　　소인의 마음을 열어준다.
醉見異擧止,　　취하면 다른 행동거지가 보이고
醉聞異聲音.　　취하면 다른 소리가 들린다.
酒功如此多,　　술의 공이 이와 같이 많지만
酒屈亦以深.　　술의 억울함도 그 때문에 깊다.
罪人免罪酒,　　죄인이 술에 죄짓는 것을 면하고자
如此可爲箴.　　이렇게 쓰니 경계로 삼을 만하다.

— 맹교(孟郊), 「酒德」

借問堤上柳,　　제방 위의 버드나무에게 묻나니
靑靑爲誰春?　　누구를 위하여 봄에 푸른가?
空游昨日地,　　덧없이 지난날의 그곳을 가보았지만
不見昨日人.　　지난날의 그 사람은 보이지 않는다.
繚繞萬家井,　　수많은 촌락을 둘러싸고
往來車馬塵.　　거마의 먼지 일으키며 왕래하니
莫道無相識,　　아는 이 없다고 말하지 마오.
要非心所親.　　요컨대 마음으로 친한 이가 아니라오.

— 위응물(韋應物), 「有所思」

月生東荒外,　　동쪽 황무지 너머에서 달이 뜨니
天雲收夕陰.　　하늘에 저녁의 흐린 구름이 걷힌다.

愛見澄淸景, 맑고 깨끗한 경치가 보기 좋으니
象吾虛白心. 나의 깨끗하고 빈 마음과 같다.
耳目靜無譁, 귀와 눈이 고요하여 시끄러움이 없고 (平脚)
神超道性深. 정신이 초탈하니 수도의 성정이 깊다.
乘興得至樂, 감흥을 타고 지극한 즐거움을 얻으니
寓言因永吟. 말을 깃들여 길게 읊조린다.

—염관(閻寬), 「春宵覽月」

이상의 여러 예 중에서 출구에 평각을 사용한 것이 율시와 가장 어긋난다. 고풍 식의 율시에서도 평각을 사용한 출구는 없다. 한편 맹호연 「청정오음탄금(聽鄭五愔彈琴)」의 평측이 비교적 율시에 가까운데, 왜냐하면 제2자와 제4자의 평측이 상반되기 때문이다. 그러나 전편에 대장을 사용하지 않았기 때문에 율시가 아니다. 위응물의 「유소사(有所思)」는 함련에 대장을 사용하였고, 맹교(孟郊)의 「주덕(酒德)」은 가운데 두 연에 모두 대장을 사용하였지만 동자상대(同字相對)는 고풍의 기세이므로 이 또한 율시가 아니다.

32.3 이것들은 모두 평운시인데, 측운시라면 더욱 율시로 치지 않는다. 율시에는 측운이 없다고 보는 사람들이 있는 이상 일체의 측운시가 모두 율시의 범주 밖으로 배척된다. 한 걸음 물러나서 측운 율시의 존재를 인정하더라도 평측이 율격에 맞아야 하고, 대장이 율격에 맞아야 한다. 다음에 든 시 같은 것은 공교롭게도 40의 글자 수에 맞긴 하지만 절대 율시로 볼 수 없다.

沅湘春色還, 완강과 상수에 봄빛이 돌아와
風暖煙草綠. 바람 따뜻하고 안개어린 풀 파랗다.
古之傷心人, 예부터 상심의 나그네는
於此腸斷續. 여기서 단장의 슬픔을 느낀다.
予非懷沙客, 나는 「懷沙」를 읊은 屈原이 아니지만

但美採菱曲. 마름 따는 아가씨의 곡조를 좋아한다.
所願歸東山, 원컨대 동산으로 돌아갈 수만 있다면
寸心於此足. 내 작은 마음은 그것으로 족하리.

—이백, 「春滯沅湘有懷山中」

그러나 40자로 구성된 오언 측운시가 평측이 대체로 율격에 맞고 대장 또한 제대로 갖추었다면 적어도 율시와 고시 사이에 있는 시로 보아야 할 것이다(제4절을 참조할 것). 다음 예를 보자.

暮節看已謝, 저무는 절기도 보아하니 이미 물러나 (古句)
茲晨愈可惜. 오늘 아침이 더욱 아쉽다. (古句)
風澹意傷春, 바람 약해 마음은 봄에 상하고
池寒花斂夕. 못 차가워 꽃은 저녁에 오므라든다. (兩律句, 對仗)
對酒始依依, 술을 대하니 비로소 이별이 서럽고
懷人還的的. 사람을 그리니 아직도 또렷하다. (兩律句, 對仗)
誰當曲水行, 누가 曲江池로 가서
相思尋舊跡. 그리움에 옛 종적을 찾아보려나? (兩律句)

—위응물, 「三月三日寄諸弟兼懷崔都水」

칠언시는 사율비율(似律非律)의 예를 찾아보기 어려워 예를 들지 않았다.

32.4 이제 고풍 식의 율시에 대해 이야기하겠다. 이러한 율시는 글자 수가 보통의 율시와 같고 대장의 규칙도 보통의 율시와 같은데, 다만 구의 평측이 율시의 격식에 따르지 않거나 완전히 따르지는 않고 점대(黏對)도 완전히 율격에 맞지는 않는다. 고풍 식의 율시는 오언율시와 칠언율시의 경우가 같지 않으므로 나누어 서술하겠다.

32.5 (甲) 오언율시

오언율시의 제3자는 원칙적으로 요(拗)가 될 수 없다. 요가 되면 마지막 세 글자가 '평평평' · '평측평' · '측평측' · '측측측'이 되므로 모두 고구(古句)의 형식으로 보아야 한다. 다만 율시에는 '요구(拗救)'의 방법이 있으므로 제3자가 요(拗)가 되었지만 이를 구(救)한 시는 여전히 근체시로 볼 수 있다(제8절을 참조할 것). 또한 축류특요(丑類特拗 : 즉 '측측평측측'으로, 제9절을 볼 것)가 구(救)를 사용한 경우에도(대구의 제3자에 평성을 쓴 것) 근체시로 볼 수 있다. 본래 이와 같은 곳에서는 율시와 고시의 한계가 불분명하다. 이제 고풍 식 오언율시의 기준을 억지로 정해보면 다음과 같다.

1. 삼평조(三平調)를 사용한 것.
2. 제3자가 요(拗)가 되었지만 구(救)하지 않은 것.
3. 축류특요('측측평측측' 또는 '평측평측측' 또는 '측측측측측' 또는 '평측측측측')를 사용하고서 구하지 않은 것.
4. 자류특요(子類特拗 : 평평측평측)를 제외하고, 제2자와 제4자의 평측이 같은 것.

그러나 한 곳에 고구(古句)를 사용했다면 다른 구 제3자에 요를 하고 나서 구했다고 할지라도 근사고구(近似古句)로 보아야 한다. 이 견해에 따른다면 고풍 식의 오언율시를 세 종류로 나눌 수 있다.

1. 전편이 고체인 것.
2. 대부분이 고체인 것.
3. 반고반율(半古半律)인 것.

이제 이 각각에 대해 예를 들어보겠다(古句는 고딕체로, 拗救 및 特拗는 명조체로 강조하였다).

32.6 (子) 전편이 고체인 것

中歲頗好道, 중년이 되면서 도를 자못 좋아했는데
晚家南山陲. 만년에야 남산 기슭에 집을 지었다.
興來每獨往, 흥이 나면 언제나 혼자 나서니
勝事空自知. 좋은 일은 그저 나 혼자만 알뿐이다.
行到水窮處, 수원지 끝까지 가보기도 하고
坐看雲起時. 앉아서 구름 피어나는 것을 보기도 한다. (孤平拗救)
偶然值林叟, 우연히 숲 속에서 노인이라도 만나면
談笑無還期. 함께 담소하느라 돌아갈 줄도 모른다.
('偶'자가 측성이므로 '偶然'구는 고구이지, 자류특요가 아니다.)

— 왕유(王維), 「終南別業」

32.7 (丑) 대부분이 고체인 것

我飮不在醉, 내가 술 마시는 것은 취하고자 함이 아니고 (丑類特拗)
我歌長寂然. 노래는 언제나 적막 속에서 부른다. (孤平拗救)
酌溪四五盞, 시냇가에서 서너 잔을 따라 마시며
聽彈兩三弦. 두세 번 거문고를 뜯으며 듣는다.
鍊性靜棲白, 성정을 단련하여 조용히 마음을 비우고
洗情深寄玄. 마음을 씻어내어 깊이 자연에 기탁한다.
號怒路傍子, 노하여 외쳐대는 길가의 사람들이여 (怒字拗黏)
貪敗不貪全. 탐하면 패하고 탐하지 않으면 온전할 것이다.
(마지막 구는 입률하였다.)

— 맹교(孟郊), 「小隱吟」

河水昏復晨, 강물은 아침저녁으로 쉬지 않고 흘러가고
河邊相送頻. 강가에서는 자주 떠나는 사람을 전송한다.
離杯有淚飮, 이별의 술잔으로 눈물 섞인 술을 마시고
別柳無枝春. 송별의 버들가지 꺾어 봄 가지 남아나지 않는다.

一笑忽然斂, 　한번 웃음 짓다가도 문득 거두어들이고
萬愁俄已新. 　온갖 슬픔이 불현듯 새롭게 밀려든다. (孤平拗救)
東波與西日, 　동쪽으로 흘러가는 물결과 서쪽으로 지는 해는
不惜遠行人. 　멀리 떠나는 사람을 애석해할 줄 모른다.
(마지막 구는 입률하였다.)

—맹교, 「送遠吟」

帶甲滿天地, 　갑옷 입은 병사들이 천지에 가득한데
胡爲君遠行? 　어찌하여 그대는 멀리 떠나려고 하시오?
親朋盡一哭, 　친척과 친구들 모두가 통곡하며
鞍馬去孤城. 　말 타고 孤城을 떠나는 그대를 바라본다.
草木歲月晚, 　초목은 세모라서 앙상하기 짝이 없고
關河霜雪淸. 　산하는 모두 눈과 서리에 뒤덮여 있으리.
別離已昨日, 　그대와의 이별이 벌써 어제가 되니
因見古人情. 　이별에 상심했던 고인의 마음 이제 알겠다.

—두보, 「送遠」

促織鳴已急, 　귀뚜라미 우는 소리 이미 촉급하여
輕衣行向重. 　가벼운 옷이 두꺼운 옷으로 바뀌려 한다.[191]
寒燈坐高館, 　높은 객사에 희미한 등불 켜고 앉아서[192]
秋雨聞疏鐘. 　가을 비 속에 성긴 종소리를 듣는다.
白法調狂象, 　훌륭한 법은 날뛰는 코끼리를 조련하고
玄言問老龍. 　현묘한 말은 노룡 莊子에게 묻는다. (律聯)
何人顧蓬徑? 　어떤 사람이 쑥대 길을 돌아볼까?
空愧求羊蹤! 　求仲과 羊仲의 자취에 공연히 부끄럽다.

—왕유, 「黎拾遺昕裴迪見過秋夜對雨」[193]

---

191) 텍스트에는 '向'이 '尙'으로 되어 있는데, 내용상 『王右丞集箋注』에 의거하여 바꾸었다.
192) 텍스트에는 '燈'이 '煙'으로 되어 있는데, 誤字이다.
193) 텍스트에는 '昕'이 '忻'으로 되어 있는데, 誤字이다.

挂席幾千里, 돛을 달고 수천 리를 왔지만
名山都未逢. 명산에는 아직 도착하지 못하였다.
泊舟潯陽郭, 심양의 外城에 배를 정박하니
遙見香爐峯. 멀리 향로봉이 보인다.
嘗讀遠公傳, 일찍이 高僧 慧遠의 전기를 읽고서
永懷塵外蹤. 늘 그의 속세를 초탈한 자취를 생각했다. (孤平拗救)
東林精舍近, 동림정사가 가까이 있어서
日莫坐聞鐘. 해저물녘에 앉아서 종소리를 듣는다. (律聯)

—맹호연, 「晩泊潯陽望廬山」

致此自僻遠, 멀고 후미진 곳에서 이 검을 얻었는데[194] (丑類特拗)
又非珠玉裝. 또한 주옥으로 장식한 것이 아니다. (孤平拗救)
如何有奇怪, 어떻게 이런 기괴한 현상이 있을까?
每夜吐光芒! 매일 밤 광채를 토하고 있었다.
虎氣必騰上, 범의 정기이니 반드시 비등할 것이고
龍身寧久藏! 용의 화신이니 어찌 오래도록 숨어 있으랴?
風塵苦未息, 전쟁의 풍진이 아직도 멈추지 않았으니
持汝奉明王. 너를 가져다 임금님께 바쳐야겠다.
(이상 4수의 시는 각각 6개의 고구가 있어, 전체의 3/4을 차지한다.)

—두보, 「蕃劍」

將軍膽氣雄. 장군은 담력과 기력이 웅대하여
臂懸兩角弓. 팔에 두 개의 각궁을 걸고 다닌다. (拗對, 孤平)[195]
纏結青驄馬, 주단으로 장식한 청총마를 타고
出入錦城中. 錦官城 안을 출입한다. (律聯, 拗黏)
時危未授鉞, 시국이 위태롭지만 아직 軍權을 받지 못하고
勢屈難爲功. 형세가 좋지 못하여 공을 세우기 어렵다. (拗黏)
賓客滿堂上, 빈객이 집안에 가득 들어차 있는데

194) 텍스트에는 '僻'이 '避'로 되어 있는데, 誤字이다.
195) 古句는 拗對와 孤平을 꺼리지 않는다. (原註)

何人高義同?　누가 그의 높은 뜻을 함께 할 수 있을까?
(모두 5개의 고구가 있다.)

—두보, 「寄贈王十將軍承俊」

32.8 (寅) 반고반율(半古半律)

野亭逼湖水,　들판의 정자가 호수에 가까워
歇馬**高林間**.　말을 높은 숲 사이에서 쉬게 한다.
鼉吼風奔浪,　바람에 물결 세차게 일어 악어가 울고
魚跳日映山.　햇빛이 산에 비치니 물고기가 뛴다. (律聯)
暫遊阻詞伯,　잠시 떠나 훌륭한 문인과 헤어지게 되어
卻望**懷靑關**.　돌아보며 청관을 생각한다.
靄靄生雲霧,　자욱하게 구름 안개 피어나니
唯應促駕還.　수레를 재촉해서 돌아가야겠다. (律聯)
(이 시는 율구와 고구가 섞여 있다. 수련과 경련의 평측 요처(拗處)도 똑같다.)

—두보, 「暫游臨邑至嶆山湖亭」

蕭蕭**古**塞冷,　옛 요새는 쓸쓸히 바람 차가운데
漠漠**秋雲**低.　가을 구름 빽빽이 낮게 드리웠다.
黃鵠**翅**垂雨,　노란 고니는 비에 날개를 접었고
蒼鷹**饑**啄泥.　푸른 매는 굶주려 진흙을 먹는다.
薊門誰自北?　계문쪽은 누가 북진하려 들겠는가?
漢將獨征西.　한나라 장수가 홀로 서쪽을 정벌한다. (律聯)
不意書生耳,　뜻밖에도 이 서생의 귀에는
臨衰聽鼓鼙.　늙어가건만 전쟁의 북소리 들린다. (律聯)
(앞의 반은 고구이고, 뒤의 반은 율구이다.)

—두보, 「秦州雜詩二十首」(제11수)

微官**易得罪**,　말단관리는 죄를 얻기 쉬워서
謫去濟川陰.　제천의 남쪽으로 좌천되었다.

執政方持法, 행정은 바로 법의 집행인데
明君無此心. 현명한 군주는 이 마음이 없다.
閭閻河潤上, 마을이 강 연안에 있는데
井邑海雲深. 시가에는 바다 구름이 깊다. (律聯)
縱有歸來日, 비록 돌아올 날이 있다 하여도
多愁年鬢侵. 많은 슬픔에 세월 따라 머리 세겠지.
(모두 3개의 고구가 있어서 거의 반에 해당된다.)

— 왕유, 「被出濟州」

獨往南塘上, 홀로 남쪽 연못에 올라가니
秋晨景氣醒. 가을아침이라 경치가 새롭다. (律聯)
露排四岸草, 이슬이 사방 물가의 풀을 시들게 하고
風約半池萍. 바람이 연못 반을 차지한 부평초를 한 데 모았다.
鳥下見人寂, 사람이 고요한 걸 보고서 새가 내려앉고
魚來聞餌馨. 미끼 냄새를 맡고서 물고기가 몰려든다.
所嗟無可召, 안타깝게도 부를 수 있는 사람이 없어
不得倒吾缾. 나의 술병을 기울일 수가 없구나. (律聯)
(모두 3개의 고구가 있어서 거의 반에 해당된다.)

— 한유, 「獨釣四首」(제3수)

32.9 한 가지 주의해야 할 것은 고풍 식의 오언율시에서 출구에 4개의 측성을 사용했으면 대구에 적어도 3개의 평성이 있어야 한다는 사실이다. 앞에서 든 예에서 "我飮不在醉, 我歌長寂然", "鍊性靜棲白, 洗情深寄玄", "一笑忽然斂, 萬愁俄已新", "帶甲滿天地, 胡爲君遠行?", "草木歲月晚, 關河霜雪淸", "促織鳴已急, 輕衣行尙重", "挂席幾千里, 名山都未逢", "致此自僻遠, 又非珠玉裝", "虎氣必騰上, 龍身寧久藏!" 등이 모두 이 조건에 부합한다. 더욱 주의해야 할 것은 "別離已昨日, 因見古人情"과 "露排四岸草, 風約半池萍"의 두 예이다. 율구의 격식에 의하면 대구는 본래 "측측측평평"을 사용할 수 있지만 여기서는 출구에 사측(四

仄)을 사용했기 때문에 대구에 반드시 "평측측평평"(제1자가 반드시 평성이어야 함)을 써서 3개의 평성을 갖도록 한 것이다. 이 견해에 따르면 왕유 「종남별업(終南別業)」의 "**興**來**每獨**往, 勝事**空**自**知**"는 상규(常規)에 어긋나는 것이다. 그러나 이 시의 수련 "中歲頗好道, 晩**家南山**陲"에서 대구에 사평각(四平脚)을 쓴 것도 상규에 어긋난다(응당 "측평평측평"이나 "평평평측평"을 써야 함). 이것은 시의 극변(極變)인데, 우리들은 한두 개의 예외 때문에 일종의 규율을 소홀히 해서는 안 될 것이다.

32.10 오언율시는 제량체(齊梁體)에서 연원하였는데, 제량체의 제3자는 평측에 구애받지 않기 때문에 제3자의 요(拗)는 순수한 고구(古句)로 볼 수 없다. 반드시 제2자와 제4자의 평측이 같아야 제량의 구속에서 벗어났다고 할 수 있다("평평측평측"은 여기에 해당하지 않음). 이 기준에 의거해 보면 앞에서 든 예 중에서 왕유의 「종남별업(終南別業)」·「여습유흔(黎拾遺忻)」, 맹교(孟郊)의 「소은음(小隱吟)」·「송원음(送遠吟)」, 맹호연(孟浩然)의 「만박심양(晩泊潯陽)」, 두보의 「송원(送遠)」·「번검(蕃劍)」은 모두 순수한 고풍 식의 오언율시이고, 두보의 「기증왕십장군(寄贈王十將軍)」·「진주잡시(秦州雜詩)」, 왕유의 「피출제주(被出濟州)」, 한유(韓愈)의 「독조(獨釣)」는 그저 제량(齊梁) 식의 오언율시일 따름이다.

32.11 고풍 식의 오언율시는 왕유·맹호연·두보·이백 등의 시집에 비교적 많이 보이고, 고적(高適)·기무잠(綦毋潛)·유장경(劉長卿) 등에게는 다만 제량 식의 오언율시가 있을 뿐이다. 만당(晩唐) 이후 이 시체(詩體)는 점차 줄어들었지만 송인에게도 어쩌다 축류특요(丑類特拗) 및 제3자를 요(拗)한 것이 있다. 앞의 제8절과 제9절을 참고해 보라.

32.12 (乙) 칠언율시

고풍 식 칠언율시의 한계는 비교적 분명하다. 왜냐하면 첫째로 사율비율(似律非律)의 칠언시를 지은 사람이 없고, 둘째로 칠언 요구(拗句)는 변화가 많아 고체의 이른바 요구(拗句)·단요(單拗)·쌍요(雙拗)는 모두 제량(齊梁)의 칠언과 구별되는 만큼 오언이 제3자에만 요가 있는 것과는 비교가 되지 않기 때문이다. 또한 옛것을 모방한 오언율시는 점대(黏對)가 율격에 맞는 게 많지만, 옛것을 모방한 칠언율시는 요점(拗黏)과 요대(拗對)를 사용한 것이 보통이다.

32.13 이 시체(詩體)는 두보가 그 단서를 열었고, 송대의 소식과 황정견이 즐겨 이것을 모방하였다.[196] 만당에도 어쩌다 이 시체를 지은 사람

---

196) 杜甫의 칠언율시 한 수를 예로 들어본다. 「曉發公安」: "北城擊柝復欲罷, 東方明星亦不遲. 鄰鷄野哭如昨日, 物色生態能幾時? 舟楫眇然自此去, 江湖遠適無前期. 出門轉眄已陳迹, 藥餌扶吾隨所之." 仇兆鰲는 『杜詩詳注』에서 王嗣奭의 말을 인용하여 "칠율의 변화는 이에 이르러 절묘해졌고, 핍진해졌다. 이것이 황정견이 말한 바 번거롭게 규율에 맞추려 하지 않았지만 저절로 합치된 것이다"라고 하였다. 仇兆鰲는 다음과 같이 말했다: "唐人이 지은 拗體律詩는 평측에 失黏處(여기서는 평측이 규율에 맞지 않는 곳을 가리킴)가 많다. 明末 蕭雲從의 『杜律細』는 평측에 轉音을 사용하여 拗인 것을 拗가 아닌 것으로 바꾸었는데, 고증이 상세하고 광범하지만 그와 같은 轉折이 많은 것 같다. 예를 들어 이 章에서 측성 7자를 평성으로 바꾸었는데, '欲'자의 음을 '迂'라고 하였다. 揚雄「羽獵賦」: '壯士慷慨, 殊響別趨, 東西南北, 騁勢奔欲'과 杜甫의 오율「初月」 首句: '光細弦欲上'으로 증명할 수 있다. ('光細弦欲上'은 丑類特殊形式이어서 '欲'자를 평성으로 읽지 않는다—왕력 주) '罷'자는 '疲'로 읽어 '遲'와 협운시키니 이것은 沈氏의 4'支'운에 있다. 『史記』: '漢與楚相距, 士卒能弊'라 하였고, 『左傳』: '師退曰疲'라 하였고, 『禮少儀』: '師役曰罷'라고 하였다. '方'자는 음이 '放'이다. 漢帝가 雍齒를 죽이려고 張良의 계책을 써서 什方侯로 봉했는데, 이는 '釋放'을 말한 것이다. (이것은 견강부회이다—왕력 주) 또 後漢의 楊仁은 什方令에 임명되었다. '易'韻: '水在火上, 君子以愼辯物居方'에서도 음이 '放'이다. '昨'자는 음이 '槎'이다. 『周禮·大宗伯鷄人』: '諸臣之所昨'의 註에 '謂諸臣酢酒尊也'라고 하였다. 『戰國策』의 「蘇厲上趙王書」: '著之盤盂, 屬之仇柞'의 註에 '즉 "酬酢"이다. 이를테면 『周禮·柞人』에서 "掌攻草木者"라 하였고, 『公羊傳』"山木不槎", 『國語』"木不槎蘗"와 같다'라고 하였다. 『中原音韻』에서 '昨, 隔宵也'라 하였는데, 曲에서는 입성이 평성으로 된 것이 있고 평성을 陰平과 陽平으로 나누었다. 北音은 精戈反이고 南音은 靜羅反으로 모두 평성이다. (南音에서 '昨'은 평성으로 읽지 않는다—왕력 주) '態'는 음이 '臺'이다. 司馬相如「封禪文」: '旼旼穆穆, 君子之態, 蓋聞其聲, 今視其來'에서 '態'를 '臺'음으로 한 것을 증거로 삼을 수 있다. '自'는 응당 음이 '私'이다. 『說文』에 '倉頡作字, 自營爲私'라 하였는데, '私'의 음을 풀이하지는 않았지만 會意임은 당연하다. 杜甫의 오율 '風月自淸夜' 및 '致此自僻遠'에서 '自'는 모두 의당 평성으로 쓰였다. '已'자는 음이 '遺'이다. 元人 侯正卿「菩薩蠻」 제2구: '心頭已'에서 陽平聲으로 쓰였다. 杜甫 오율 '乘爾亦已久'에서도 평성으로 읽는다. 지금 생각건대 '態'를 '臺'음으로 읽는다면 '能'

이 몇몇 있긴 하지만 두보·소식·황정견처럼 옛것을 극력 모방하지는 않았다. 이제 예를 들어 보겠다(기준은 대체로 고풍 식의 오언율시에 따랐다).

32.14 (子) 전편이 고체인 것.

主家陰洞細煙霧,	공주의 저택 그늘진 동굴에는 안개가 엷은데
留客夏簟青琅玕.	객을 머물게 하여 푸른 옥돌 같은 여름 대자리에 앉았다. (對句單拗)
春酒杯濃琥珀薄,	엷은 호박 빛 잔에 진한 봄 술을 따라 마시고
冰漿碗碧瑪瑙寒.	차가운 마노 빛 잔으로 푸른 얼음물 마신다. (對句拗)
誤疑茅堂過江麓,	초가가 시원하여 강기슭을 지나는 것 같고 (出句單拗)
已入風磴霾雲端.	돌계단 따라 바람 타고 뿌연 구름 속에 든 듯하다. (對句單拗)
自是秦樓壓鄭谷,	본래 진루가 정씨의 山谷을 내리누르고 있어서
時聞雜珮聲珊珊.	때때로 패옥 소리가 찰랑거리며 들려온다.

―두보, 「鄭駙馬宅宴洞中」

掖垣竹埤梧十尋,	문하성 뜰 안의 대나무 작고 오동은 큰데 (單拗)
洞門對霤常陰陰.	깊숙한 문은 낙숫물 통을 대하고 있어 늘 음산하다.[197] (拗對)
落花遊絲白日靜,	낙화와 떠도는 거미줄은 대낮에 고요한데 (出句單拗)
鳴鳩乳燕青春深.	비둘기와 제비새끼 지저귀니 이미 봄이 깊었다. (對句拗對)
腐儒衰晚謬通籍,	케케묵은 선비가 늘그막에 어쩌다 관리가 되어
退食遲迴違寸心.	매번 일없이 귀가가 늦으니 내 마음에 어긋난다.

자는 '耐'로 읽어야 평측이 각기 조화를 이룬다." 내 생각에 이 설은 몹시 황당하다. 拗體律詩는 古風식의 율시로서, 평측에 구애받지 않는 것을 특징으로 하는데, 어찌 拗인 것을 拗가 아닌 것으로 바꿀 필요가 있었겠는가? 이 시에서 '罷'자를 본래 평성으로 읽어야 하는 것을 제외하면 그 나머지 각 글자는 모두 바꾸어 읽을 필요가 없다. ≪附註三十四≫

197) 텍스트에는 '霤'가 '雪'로 되어 있는데, 誤字이다.

袞職曾無一字補,	임금님의 정사에 아직 조금도 보탬이 되지 못하니
許身媿比雙南金.	진귀한 雙南金에 자신을 견주었던 것이 부끄럽다.

—두보, 「題省中院壁」

二月饒睡昏昏然,	이월에 내가 잠이 많아 정신없이 자는데 (單拗)
不獨夜短晝分眠.	다만 밤이 짧아 한낮에 자는 것은 아니다. (拗對, 單拗)
桃花氣暖眼自醉,	복사꽃 따뜻한 기운에 두 눈이 절로 감기고 (拗黏)
春渚日落夢相牽.	봄 물가에 해가 지도록 꿈이 나를 이끈다. (對句單拗)
故鄕門巷荊棘底,	고향의 문 앞 골목은 가시나무로 덮이고 (拗黏, 出句拗)
中原君臣豺虎邊.	중원의 황제와 신하는 승냥이와 범 곁에 있다. (拗對, 對句單拗)
安得務農息戰鬪,	어찌하면 전쟁을 끝내고 농사에 힘쓸 수 있을까? (拗黏)
普天無吏橫索錢!	이제 천하에는 마구 돈을 뜯는 탐관오리는 없는데! (對句拗)

—두보, 「晝夢」

慮子彈琴邑宰日,	그대는 거문고를 타며 單父를 다스렸던 복자와 같고
終軍棄繻英妙時.	漢代의 젊고 포부가 원대했던 종군과 같이 뛰어나다.[198] (對句單拗)
承家節操尙不泯,	대대로 이어온 가문의 절조가 여전히 없어지지 않아 (出句拗)
爲政風流今在茲.	정치를 행하는 풍도가 지금 여기에 있다.
可憐賓客盡傾蓋,	사랑스러운 빈객들은 모두 친밀한 사이인데 (拗黏)
何處老翁來賦詩?	어떻게 이 늙은이가 끼어서 시를 읊을 수 있었을까? (對句孤平拗救)
楚江巫峽半雲雨,	초강과 무협 일대는 연중 반이 운우의 날씨인데 (拗黏)
淸簟疏簾看弈棋.	성긴 발 안 맑은 대자리에 앉아 바둑 두는 것을 본다.

—두보, 「七月一日題終明府水樓二首」(제2수)

臥病擁塞在峽中,	몸져누워 무협 안에 갇혀 지내고 있으니 (雙拗)

198) 텍스트에는 '繻'가 '襦'로 되어 있는데, 誤字이다.

瀟湘洞庭虛映空. 소수·상수와 동정호의 물빛이 그대로 하늘에 비친다. (單拗)
楚天不斷四時雨, 이곳 남녘 하늘은 네 계절 끊임없이 비가 내리고
巫峽常吹千里風. 무협에는 언제나 천 리에 걸쳐 바람이 분다.
沙上草閣柳新闇, 모래밭 초각 주위의 버드나무 새로 녹음지고 (單拗)
城邊野池蓮欲紅. 성 옆 들판 못의 연꽃이 붉게 피려고 한다. (單拗)
莫春鴛鷺立洲渚, 늦은 봄 원앙이 모래섬 가에 서 있다가
挾子翻飛還一叢. 새끼 데리고 날아올라 풀숲으로 돌아간다.

—두보, 「暮春」

霜黃碧梧白鶴棲, 서리 맞아 누레진 벽오동에 백학이 깃들고 (單拗)
城上擊柝復烏啼. 성 위의 딱따기 소리가 까마귀 울음소리와 섞인다. (單拗)
客子入門月皎皎, 나그네가 성문에 들어서니 달빛 교교하고
誰家搗練風淒淒? 바람 쓸쓸한데 어느 집에서 다듬이질하는가?
南渡桂水闕舟楫, 남으로 계수를 건너자니 배를 댈 돈이 없고 (拗黏, 單拗)
北歸秦川多鼓鼙. 북쪽의 진천으로 돌아가자니 전쟁의 북소리 많다. (單拗)
年過半百不稱意, 나이 오십이 넘었는데 일은 뜻대로 되지 않지만 (出句拗)
明日看雲還杖藜. 내일은 그래도 구름 보러 지팡이 짚고 나서련다.

—두보, 「暮歸」

北城擊柝復欲罷, 북성의 딱따기 소리 다시 그치려는데 (出句拗)
東方明星亦不遲. 동방의 啓明星도 바로 나올 듯하다. (對句單拗, 拗對)
鄰雞野哭如昨日, 이웃 닭과 들판의 곡소리 어제와 같지만 (出句拗)
物色生態能幾時? 자연 만물과 인생이 얼마나 갈 수 있으리? (對句雙拗)
舟楫眇然自此去, 이제 노 저어 아득히 이곳을 떠나면
江湖遠適無前期. 강호 멀리 앞날에 기약할 곳이 없다.
出門轉眄已陳迹, 문을 나서면 순식간에 만사는 지난 자취가 되니
藥餌扶吾隨所之. 약물에 이 몸을 의지하여 가는 대로 따르리.

—두보, 「曉發公安數月憩息此縣」

淸風肅肅搖牕扉, 맑은 바람이 솔솔 불어 창과 문짝이 흔들리고

牕前修竹一尺圍. 창 앞의 키 큰 대나무는 둘레가 한 자나 된다. (拗對, 拗句)
紛紛蒼雪落夏簟, 푸른 눈이 어지럽게 여름 대자리에 떨어지고 (出句拗)
冉冉綠霧沾人衣. 푸른 안개가 서서히 옷을 적시는 듯하다. (對句單拗)
日高山蟬抱葉響, 해는 높이 떴는데 산 매미가 잎에 붙어 울고 (拗黏, 單拗)
人靜翠羽穿林飛. 사람 고요한데 비취 날개가 숲을 뚫고 날아간다. (單拗)
道人絶粒對寒碧, 도인은 火食을 끊고 한벽헌을 마주하고 앉아서 (拗黏)
爲問鶴骨何緣肥? 묻나니 학의 골상으로 어떻게 살찔 수 있는가? (對句單拗)

— 소식(蘇軾), 「壽星院寒碧軒」

我行日夜向江海, 내가 밤낮으로 장강과 바다를 향해 가니
楓葉蘆花秋興長. 단풍잎 갈대꽃에 가을 흥취가 이어진다.
平淮忽迷天遠近, 고요한 회수는 갑자기 하늘과 맞닿아 원근을 모르겠고 (拗黏, 單拗)
青山久與船低昂. 청산은 계속 배와 함께 오르락내리락 한다. (拗對)
壽州已見白石塔, 수주의 하얀 석탑이 이미 저만치 보이는데 (出句拗)
短棹未轉黃茆岡. 노 짧아 아직 황모강을 돌아들지 못하였다. (對句單拗)
波平風軟望不到, 물결 잔잔하고 바람 약해 도착이 늦어지니 (拗黏, 出句拗)
故人久立煙蒼茫. 옛 친구는 안개 자욱한 속에 마냥 서 있겠다. (拗對)

— 소식, 「出潁口初見淮山是日至壽州」

落星開士深結屋, 낙성사 스님이 절 깊숙한 곳에 집을 짓자 (出句拗)
龍閣老翁來賦詩. 龍圖閣의 노인이 와서 시를 지었다. (對句孤平拗救)
小雨藏山客坐久, 보슬비에 산 흐릿한데 객은 마냥 앉아 있고
長江接天帆到遲. 장강은 아득히 하늘에 닿아 배 가는 것이 느리다. (對句單拗)
宴寢清香與世隔, 맑은 향 맡으며 편안히 쉬니 세상과 떨어진 것 같고
畫圖絶妙無人知. 탱화가 절묘하지만 이를 아는 사람이 없다. (拗黏)
蜂房各自開戶牖, 벌집 같이 늘어선 승방이 각기 창문을 열었는데 (出句拗)
處處煮茶藤一枝. 곳곳에서 등나무 가지 하나로 차를 끓인다. (對句孤平拗救)

— 황정견(黃庭堅), 「題落星寺嵐漪軒」

32.15 (丑) 대부분이 고체인 것

a. 모두 일곱 개의 고구(古句)를 지닌 것

城尖徑仄旌旆愁,　성 뾰족하고 길 가팔라 깃발 슬픈 듯한데 (拗)
獨立縹緲之飛樓.　가물가물한 높은 누각에 나 홀로 서 있다.[199] (單拗)
峽坼雲霾龍虎睡,　구름과 안개에 가린 협곡에는 용과 범이 잠자고
江淸日抱黿鼉遊.　햇빛 받는 맑은 강에는 자라와 악어가 노닌다.
扶桑西枝對斷石,　부상의 서쪽 가지가 이 瞿唐峽을 마주하고 (單拗)
弱水東影隨長流.　약수의 동쪽 그림자가 긴 강물을 따른다. (單拗)
杖藜嘆世者誰子?　지팡이 짚고 세상을 한탄하는 자 누구인가?
泣血迸空回白頭.　피눈물을 공중에 뿌리며 흰머리를 돌린다. (對句孤平拗救)

—두보, 「白帝城最高樓」

江草日日喚愁生,　강가의 풀은 날마다 슬픔을 불러일으키고 (單拗)
巫峽泠泠非世情.　무협의 물소리는 세상의 인정이 아니다. (拗對)
盤渦鷺浴底心性,　소용돌이에서 목욕하는 백로는 무슨 마음인가? (拗黏)
獨樹花發自分明.　외로운 나무에 핀 꽃은 저 혼자 선명하다. (對句單拗)
十年戎馬暗萬國,　십 년에 걸친 전쟁에 온 세상이 어둡고 (拗黏, 出句拗)
異域賓客老孤城.　타향의 나그네는 외로운 성에서 늙어간다. (對句單拗)
渭水秦山得見否?　위수와 진산을 앞으로 볼 수 있으려나?
人今罷病虎縱橫.　지금은 사람 곤궁하고 범 같은 군사들이 날뛴다.

—두보, 「愁」

漢上思見龐德公,　한나라 황제가 방덕공을 보고 싶어 하시는데 (雙拗)
別來悲歎事無窮.　이별 후 비탄에 젖는 일 끝이 없다.
聲名籍甚漫前日,　지난날엔 성대한 명성이 충만했는데
須鬢索然成老翁.　수염과 살쩍이 빠져 이제 노인이 되었다. (對句孤平拗救)
家釀已隨刻漏下,　집의 술은 이미 물시계 따라 떨어졌고
園花更開三四紅.　동산의 꽃 서너 송이가 다시 붉게 피었다. (對句單拗)

199) 텍스트에는 '飛'가 '高'로 되어 있는데, 『杜詩詳注』에 의거하여 바꾸었다.

相逢不飮未爲得, 서로 만나 술을 마시지 않으면 안 되는데
聽取百鳥啼忽忽. 온갖 새들이 서둘러 지저귀는 소리를 듣는다. (對句單拗)

— 황정견, 「次韻外舅謝師厚喜王正仲三丈奉詔」

秋陰細細壓茅堂, 가을 구름이 빽빽하게 초당 위를 뒤덮고
吟蟲啾啾昨夜涼. 지난 밤 서늘하여 귀뚜라미 울어댔다. (拗黏, 單拗)
雨開芭蕉新間舊, 비에 파초는 옛 잎 사이로 새 잎이 나오고 (出句單拗)
風撼篔簹**宮**應商. 바람에 왕대 흔들리며 슬픈 소리를 낸다.
砧聲已急不可緩, 다듬이 소리 이미 급하여 늦출 수 없고 (拗黏, 出句拗)
簷景既短難爲長. 처마에 드는 햇빛 짧아 늘이기 어렵다. (對句單拗)
狐裘斷縫棄牆角, 여우 갖옷 해질 대로 해져 담 모퉁이에 버렸으니 (拗黏)
豈念晏歲多繁霜. 하얗게 센 머리로 어찌 편안한 세월을 바라리? (對句單拗)

— 황정견, 「秋懷」

b. 모두 여섯 개의 고구(古句)를 지닌 것

愛汝玉山草堂靜, 그대의 옥산 초당 조용한 것이 좋으니
高秋爽氣**相鮮新**. 맑은 가을 상쾌한 기운이 함께 신선하다.
有時自發鍾聲響, 때때로 山寺의 종소리가 울리고 (出句拗)
落日更見漁樵人. 석양에 더구나 어부와 나무꾼이 보인다. (對句單拗)
盤剝白鴉**谷**口栗, 소반에 깎아 내온 백아곡 입구의 밤
飯煮青泥**坊**底芹. 밥과 함께 익힌 청니방에서 따온 미나리. (拗對)
何爲西莊王給事, 어찌하여 서쪽 마을의 왕급사는
柴門空閉鎖松筠? 공연히 사립문을 닫아 松竹을 가둬놓았을까? (律聯)

— 두보, 「崔氏東山草堂」

冬至至後日初長, 동지가 지난 후 날이 길어지기 시작하여 (單拗)
遠在**劍**南思洛陽. 멀리 검남의 나그네가 낙양을 그리워한다. (拗對, 孤平拗救)
青袍白馬有何意? 청포와 백마의 막부생활이 무슨 의미가 있는지? (拗黏)
金谷銅駝非故鄉. 금곡과 동타의 낙양도 이미 옛 고향 모습이 아니다.
梅花欲開不自覺, 매화가 피려 하지만 스스로 이를 느끼지 못하고 (拗黏,

單拗)

棣萼一別永相望.	형제가 일단 헤어지니 언제나 서로 그립다. (單拗)
愁極本憑詩遣興,	슬픔이 극에 달해 본래 시로 마음을 달래려 했는데
詩成吟詠轉凄涼.	시가 이루어져 읊으니 오히려 처량하기만 하다. (律聯)

—두보, 「至後」

灩澦既沒孤根深,	불어난 강물에 염여퇴의 외로운 뿌리가 깊이 잠겼고 (單拗)
西來水多愁太陰.	서쪽에서 물이 엄청나게 들어와 슬픔 속에 매우 음산하다. (單拗)
江天漠漠鳥雙去,	강 하늘엔 구름이 짙게 껴 새들만 쌍쌍이 오가고
風雨時時**龍**一吟.	비바람 무상하여 물 속의 용만 처연히 소리친다.
舟人漁子歌回首,	사공과 어부는 머리 돌려 슬픈 노래를 부르고 (拗黏)
估客胡商淚滿襟.	행상과 胡商은 눈물이 옷깃에 흥건하다. (律聯)
寄語舟航惡年少,	충고하나니 배를 모는 겁 없는 젊은이여
休翻鹽井**擲黃金**.	소금 팔아 돈 벌려고 위험을 무릅쓰지 말게.[200]

—두보, 「灩澦」

c. 모두 다섯 개의 고구(古句)를 지닌 것

卜居赤甲**遷居新**,	적갑에 자리를 잡고 새로 이사를 하였는데
兩見巫山楚水春.	무산과 초수에 봄이 온 것을 두 번 보았다. (律句)
炙背可以獻天子,	따뜻한 햇볕을 임금님께 바칠 수 있고 (單拗)
美芹由來知野人.	미나리가 맛이 좋다는 것은 촌사람이 안다. (單拗)
荊州鄭薛寄詩近,	형주가 가까우니 鄭審과 薛據에게 시를 부치고
蜀客郄岑**非**我鄰.	촉 땅에 객거하지만 郄昻과 岑參은 내 이웃이 아니다. (對句孤平拗救)
笑接郎中評事飮,	吳郎中과 崔評事를 반가이 맞아 술을 마시리니
病從深酌道吾眞.	병중이지만 흠뻑 따르며 내 속마음을 말하리. (律聯)

—두보, 「赤甲」

200) 텍스트에는 '擲'이 '橫'으로 되어 있는데, 誤字이다.

三點五點映山雨, 서너 방울씩 비치는 산에 내리는 비 (出句拗)
一枝兩枝臨水花. 한두 가지에 피어난 물가의 꽃. (對句拗)
蛱蝶狂飛掠芳草, 나비는 미친 듯이 날며 방초를 스치고 (拗黏)
鴛鴦穩睡翹暖沙. 원앙은 따뜻한 모래밭에 꼬리를 치켜들고 편안히 잠잔다. (對句拗)
闕下新居成別業, 대궐 아래의 새 거처가 별장이 되었으니
江南舊隱是誰家? 강남의 옛 은거지는 누구의 집이 되었는가? (律聯)
東遷西去俱無計, 동으로 가도 서로 가도 모두 좋은 계책이 아니니
却羨暝歸林上鴉. 어두워지면 숲으로 돌아가는 까마귀가 부럽다.

— 오융(吳融), 「閑望」

32.16 (寅) 반고반율(半古半律)

鳴雨既過漸細微, 폭우가 지나가고 빗줄기가 점차 가늘어져 (孤平)
映空搖颺如絲飛. 공중에 비치며 흩날리는 것이 실이 날리는 것 같다.
階前短草泥不亂, 섬돌 앞의 작은 풀이 흙탕물을 뒤집어쓰지 않고 (出句拗)
院裏長條風乍稀. 뜰 안 버드나무 긴 가지에도 바람이 잠잠해졌다.
舞石旋應將乳子, 石燕은 어린 새끼를 데리고 날아올라 춤추고
行雲莫自濕仙衣. 神女는 자신의 仙衣를 적시지 않게 되었다. (律聯)
眼邊江舸何忽促! 눈 밑의 강 배는 어찌 그리 서두르는가?
未待安流逆浪歸. 파도가 잠잠해지길 기다리지 않고 역류하여 돌아간다.[201] (律聯)

— 두보, 「雨不絕」

有客乘舸自忠州, 객이 배를 타고 충주에서 와서 (單拗)
遣騎安置瀼西頭. 말을 보내 맞이하여 양서촌 머리에 안치했다. (拗對, 單拗)
古堂本買藉疏豁, 이 옛집을 산 것은 본래 시야가 탁 트여서인데
借汝遷居停宴遊. 그대에게 빌려주니 내가 와서 어울릴 수 있겠다.
雲石熒熒高葉曙, 구름 바위가 빛나는 것은 높은 잎에 새벽빛이 비쳐서이고

201) 텍스트에는 '待'가 '得'으로 되어 있는데, 의미상 『杜詩詳注』에 의거하여 바꾸었다.

風江颯颯亂帆秋. 강물에 쏴아 바람 불어 가을 돛이 어지럽게 흔들린다. (律聯)
卻爲姻婭過逢地, 그대가 인척이기 때문에 잠시 여기 살게 되었으니
許坐曾軒數散愁. 내가 종종 이 집에 앉아 슬픔을 달래게 해주게나. (律聯)
— 두보, 「簡吳郞司法」

李生李生何所之? 이생이여, 이생이여, 어디로 가는가? (單拗)
家山窣雲胡不歸? 고향에 구름 떠있는데 어찌 돌아가지 않는가? (拗對, 單拗)
兵戈到處弄性命, 전쟁이 도처에 일어나 생명을 희롱하고 (出句拗)
禮樂向人生是非. 예악이 사람에게 시비를 일으킨다. (對句孤平拗救)
却與野猿同橡塢, 들 원숭이와 함께 상수리 마을로 들어가고
還將溪鳥共漁磯. 시냇가 새를 데리고 물가에서 같이 고기 잡는다. (律聯)
也知不是男兒事, 또한 그것이 남아의 일이 아님을 아나니
爭奈時情賤布衣. 포의를 천시하는 세태를 어찌하나? (律聯)
— 두순학(杜荀鶴), 「亂後逢李昭象敍別」

32.17 상술한 예를 가지고 볼 때 세 가지 주의해야 할 점이 있다. 첫째, 전편(全篇) 고체의 칠언율시가 전편 고체의 오언율시보다 비교적 많이 보인다. 둘째, 전편에 걸쳐 옛것을 모방한 것이 아니라면 왕왕 앞에 고구(古句)를 사용하고 뒤에 율구(律句)를 사용했는데, 이러한 현상은 반고반율(半古半律)의 시에서 가장 분명하게 나타난다. 셋째, 고구(古句)의 평측 형식을 가지고 논하면 단요(單拗)가 가장 많고 요구(拗句)가 그 다음이며 쌍요(雙拗)는 매우 드물게 보이는데, 왜냐하면 쌍요는 평측의 극변(極變)이어서 율시에는 그다지 어울리지 않기 때문이다.

32.18 이제 고풍 식의 배율(排律)을 이야기해보자. 이것은 전편(全篇) 또는 대부분에 고구(古句)를 사용하지만 수련과 미련의 두 연을 제외하고는 각 연에 모두 대장을 쓴다(때로는 수련에도 대장을 쓴다). 이 시체는 오언이 비교적 많고 칠언은 매우 드물다. 고풍 식의 오언배율은 본래 제·량의 유풍인데, 제3자를 요(拗)할 수 있는 것을 제외하면 제법 율시 같다. 다음 예를 보자(拗黏은 고딕체, 拗對는 명조체, 拗字는 궁서체로 강조하였다).

紛吾因暇豫, 나를 어지럽히는 것은 한가하기 때문이니
行樂極留連. 나가서 즐기면 몹시 떠나기 싫어한다.
尋眞謁紫府, 仙道를 구해 仙人의 거처를 찾아가니
披霧覩青天. 안개를 헤치며 푸른 하늘을 바라본다.
緬懷金闕外, 仙人의 黃金闕 밖을 회상하고
遐想玉京前. 멀리 仙都 玉京 앞을 생각한다.
飛軒俯松柏, 날아갈 듯한 정자는 松柏을 굽어보고
抗殿接雲煙. 크고 높은 殿堂은 구름과 안개에 닿아 있다.
滔滔清夏景, 끝없이 펼쳐 있는 맑은 여름의 경치
嘒嘒早秋蟬. 맴맴 울어대는 이른 가을의 매미.
橫琴對危石, 가파른 바위를 마주하여 거문고를 가로 놓고
酌醴臨寒泉. 찬 샘물가에서 술을 따른다.
聊祛塵俗累, 잠시 속세의 번거로움을 떨쳐버릴 뿐
寧希龜鶴年. 어찌 거북이와 학의 수명을 바라리?
無勞生羽翼, 날개가 돋아나는 수고 없이도
自可狎神仙. 스스로 신선과 친압할 수 있으리.

— 유효손(劉孝孫), 「游清都觀尋沈道士」

皇家禮赤帝, 황실에서 火神 祝融氏에게 예를 올리느라
謬獲司風域. 잘못하여 바람 부는 강역을 맡게 되었다.
致齋紫蓋下, 임금님의 자색 수레덮개 아래서 재계하고
宿設祝融側. 축융씨 곁에 숙소를 설치하였다.
鳴澗驚宵寐, 산골 물소리에 밤에 자다가 놀라고
清猿遞時刻. 원숭이 울음소리 번갈아 들려온다.
澡潔事夙興, 아침 일찍 일어나 깨끗하게 씻고
簪佩思盡飾. 비녀 꽂고 패옥 차 장식을 다 갖추었다. (古聯)
危壇象嶽趾, 거대한 남악 기슭에 높이 제단을 쌓고
祕殿翹暈翼. 깊은 전각은 날갯짓하여 비상하는 듯하다.
登拜不遑願, 올라가 절하는 것은 서둘러 원하지 않고
酌獻皆累息. 모두 숨을 죽이고서 술을 따라 바친다. (古句)
贊道儀匪繁, 정무 보좌관의 의식은 번거롭지 않고

祝史詞甚直. 제사장의 말은 대단히 곧바르다. (古聯)
忽覺心魂悸, 갑자기 마음과 넋이 두근거림을 느꼈는데
如有精靈逼. 마치 정령이 가까이 다가온 것 같았다.
漠漠雲氣生, 구름이 짙게 피어오르더니(古句)
森森杉柏黑. 빽빽한 삼나무 측백나무가 어두워졌다.
風吹虛簫韻, 바람이 불어와 피리 소리를 내고
露洗寒玉色. 이슬이 맑아 찬 옥빛을 띠고 있다. (古聯)
寂寞有至公, 적막 속에 지극한 공정함이 있고
馨香在明德. 밝고 큰 덕에 그윽한 향기가 있다. (古聯)
禮成謝邑吏, 예를 마치고 나서 邑吏에게 감사하고
駕言歸郡職. 수레에 올라 郡職에게 귀경을 고했다.
憩桑訪蠶事, 뽕나무 밑에서 쉬며 양잠 일을 묻고
遵疇課農力. 밭길을 따라 가며 농사를 점검했다.
所願風雨時, 바람과 비가 제 때에 있기를 원하여 (古句)
迴首瞻南極. 머리 돌려 남쪽 끝을 바라본다.

— 여온(呂溫), 「奉敕祭南嶽十四韻」

고풍 식의 칠언배율은 다만 두보의 시집에서 어쩌다 발견되는데, 제량(齊梁)식이 아니라 고식(古式)이 섞여 있는 것이다.

不見故人十年餘, 옛 친구를 못 본지 십여 년이 되었는데
不道故人無素書. 뜻밖에도 옛 친구에게서 편지 한 통 없다. (孤平拗救)
願逢顏色關塞遠, 그대와 만나고 싶지만 변경의 요새 멀고
豈意出守江城居? 더구나 嘉州의 태수로 나갈 줄 생각이나 했을까?
外江三峽且相接, 외강과 삼협은 서로 인접해 있지만
斗酒新詩終自疏. 말술과 새 시의 만남은 끝내 성사가 어렵다.
謝朓每篇堪諷詠, 그대는 사조와 같아 시편마다 욀만하고
馮唐已老聽吹噓. 나는 풍당처럼 늙어서 남의 말을 따라야 한다.
泊船秋夜經春草, 가을밤 배를 정박한 후 봄이 지났건만
伏枕青楓限玉除. 푸른 단풍 아래 몸져누워 朝廷에 들지 못했다.

眼前所寄選何物? 눈앞의 사물 중 그대에게 부칠만한 것이 없어서
贈子雲安雙鯉魚. 운안에서 쓴 이 시를 드릴 수 있을 뿐이다.

—두보, 「寄岑嘉州」

32.19 고풍 식의 율시와 입률의 고풍은 상반된 길을 갔다. 고풍은 근체시의 영향을 받아 입률의 방향으로 갔다. 그런데 어떤 시인들은 그렇게 하여 격조가 날로 낮아졌다고 보고 일부러 옛것을 모방했지만 그것이 지나쳐서 율시조차 고화(古化)시키고 말았다.

32.20 내친김에 여기서 고체(古體)의 절구(絶句)를 이야기하겠다. 고체절구와 근체절구의 차이에 대해서는 제3절에서 이미 언급하였다. 근체시가 형성되기 훨씬 전에 이미 절구는 존재하고 있었다.[202] 당대(唐代)

202) 오언율체는 唐初에 성숙했고, 칠언율체는 開元·天寶 사이에 성숙했지만, 絶句는 六朝 때 이미 그 명칭이 있었다. 梁 徐陵이 編選한 『玉臺新咏』 권10에 「古絶句」 4수와 吳均의 「雜絶句」 4수가 있는 것은 모두가 아는 사실이다. 이밖에도 正史에 실린 것으로 梁 蕭正德에게 절구가 있다. 『南史』 권51 「梁宗室傳」에 "普通 3년에 黃門侍郎을 輕車將軍으로 삼았다. 잠시 후 魏로 달아났다. 처음 갔을 때 '楨干屈曲盡, 蘭麝氛氳銷; 欲知抱炭口, 正是履冰朝'라는 절구 한 수를 지어서 등롱에 넣었다"라고 하였다. 陸山才에게도 절구가 있다. 『南史』 권64 「張彪傳」에 "장표는 애초 若邪에서 일어났고 若邪에서 흥성했고 若邪에서 마쳐서 아내와 개도 모두 사람들에게 존중받았다. 장표의 친구 吳의 陸山才가 沈泰 등의 배반을 한탄하여 吳昌門에 '田橫感義士, 韓王報主臣; 若爲感意氣, 持寄禹川人?'이라는 절구를 지어 새겨놓았다"라고 하였다. '爲詩一絶'은 절구 한 수를 지었다는 말이다. '絶'은 絶句의 약칭이다. 절구의 명칭은 南朝 때 이미 있었지만 당시에는 명칭이 통일되어 있지 않았다. 『南史』 권14 「劉昶傳」에는 斷句라고 하였다: "廢帝(子業)가 즉위하여 徐州刺史가 되었다. 황제가 북쪽을 토벌하자 유창이 기병하였지만 관할 내의 여러 郡이 명을 받들지 않았다. 유창은 일이 여의치 않자 밤에 성문을 열고 魏로 달아났다. 모친과 아내를 버려두고 첩 한 사람만 남장을 시켜 말을 타고 자신을 따르게 했다. 길에서 비분강개하여 斷句를 지어 '白雲滿鄣來, 黃塵滿天起. 關山四面絶, 故鄕幾千里!'라고 하였다. 그리고는 첩의 손을 잡고 남쪽을 바라보며 통곡하니 주위의 사람들도 모두 슬피 오열했다. 각 절마다 비통해하며 멀리서 모친에게 절하였다." 『齊書』 권35 「武陵昭王曄傳」에서는 短句라고 하였다: "曄은 강직하고 빼어난데, 여러 왕들과 함께 短句詩를 짓게 되자 謝靈運體를 모방해 지은 것을 바쳤다. 황제(高帝)가 보고는 '너의 20자를 보니 여러 자식들의 작품 중에서 가장 우수하다. 그러나 사령운은 방탕하여 詩體에 首尾를 변별하지 않았다. 潘岳과 陸機는 깊이가 있어 받들 만하고, 그렇지 않으면 顔延之가 그 다음이다'라고 말하였다." 『齊書』의 이 기재는 주목해야 할 내용이 있다. 齊 高帝의 말에 의하면 宋朝의 顔延之와 謝靈運

이후 율구(律句)의 평측 형식에 의거하여 쓴 절구는 근체절구(또는 '律絶')로 볼 수 있다. 율구의 평측 형식에 따르지 않은 절구는 고체절구로 볼 수 있다. 물론 반고반율(半古半律)의 율시가 있는 것과 마찬가지로 반고반금(半古半今)의 절구도 있다. 이제 예를 들어보겠다.

32.21 (甲) 오언고절(五言古絶)

1. 전편(全篇)이 고체인 것

腰鐮欲何之?	낫을 차고 어디로 가려 하는가?
東園刈秋草.	동원에 가서 가을 풀을 베련다. (拗對)
世事不復論,	세상사는 다시 논하지 않고 (拗黏)
悲歌和樵叟.	슬픈 노래 불러 나무꾼에 화답한다.

— 왕창령, 「題灞池二首」(제1수)

帝子不可見,	요임금의 두 딸은 보이지 않고
秋風來暮思.	저녁에 가을바람 불어 그리움 일으킨다.
嬋娟湘江月,	상강 위에 뜬 아름다운 조각달이
千載空蛾眉.	천 년 전 상비의 아미처럼 남아 있다.

— 유장경(劉長卿), 「湘妃」

牀前明月光,	평상 앞에 밝은 달빛이 비쳐들어
疑是地上霜.	마치 땅에 내린 서리처럼 하얗다.
擧頭望明月,	고개 들어 밝은 달을 바라보다가 (拗黏)
低頭思故鄕.	고개 숙이고 고향을 생각한다. (拗對)

— 이백, 「靜夜思」

에게 20자의 短句詩가 있었을 뿐만 아니라 晉朝의 陸機와 潘岳에게 이미 20자의 短句詩가 있었다는 것이 된다. 그렇다면 절구의 탄생이 '永明體'보다 훨씬 앞선다고 할 수 있다. (孫楷第, 「絶句是怎樣產生的」, 『學原』(제1권 4기)를 보라.) 《附註三十五》

獨訪千里信, 천리 밖에서 집 편지가 홀로 찾아와
回臨千里河. 천리에 뻗은 渭水 가로 돌아왔다.
家在吳楚鄕, 집이 吳와 楚의 마을에 있어서 (拗黏)
淚寄東南波. 동남으로 흐르는 물결에 눈물을 부친다. (拗對)

— 맹교(孟郊), 「渭上思歸」

邊地春不足, 북방의 땅이라 봄이 부족하여
十里見一花. 십리에 꽃 한 송이 보일 정도다. (拗對)
及時須遨游, 때맞추어 나들이해야 하리니 (拗黏)
日暮饒風沙. 저녁이 되면 바람과 모래 엄청나다.

— 맹교, 「邀花伴」

2. 대부분이 고체인 것

飛鳥去不窮, 새는 끝없이 날아가고
連山復秋色. 늘어선 산은 다시 가을빛이다.
上下華子岡, 위아래의 화자강 (拗黏)
惆悵情何極! 슬픔에 정이 끝이 없다. (拗對)

— 왕유, 「華子岡」

終南陰嶺秀, 높이 솟은 종남산 북쪽 산마루
積雪浮雲端. 눈에 덮여 구름 위에 떠 있다.
林表明霽色, 숲 위로 하늘은 맑게 개었지만
城中增莫寒. 성 안에는 저녁 한기 한결 더하다.

— 조영(祖詠), 「望終南殘雪」

腸斷枝上猿, 가지 위의 원숭이 장이 마디마디 끊기고
淚添山下樽. 산 아래의 술잔에 눈물이 떨어진다. (孤平拗救)
白雲見我去, 흰 구름도 내가 떠나는 것을 보고는
亦爲我飛翻. 나를 위해 위아래로 날아간다.

— 이백, 「題情深樹寄象公」

3. 반고반율(半古半律)

君登靑雲去, 그대 청운에 올라 떠나니
予望靑雲歸. 나는 청운이 돌아오길 기다린다.
雲山從此別, 구름 덮인 산을 이제 떠나니 (拗黏)
淚溼薜蘿衣. 눈물이 은자의 벽라의를 적신다.

— 이백, 「送友人之京」

白玉誰家郞? 백옥 같은 그 모습 뉘댁 자젠지
回車渡天津. 수레 돌리어 천진교를 건너간다.
看花東陌上, 동쪽 언덕에서 꽃을 구경하여
驚動洛陽人. 낙양 사람들 넋을 잃게 만든다.

— 이백, 「洛陽陌」

林院生夜色, 숲 뜰에 밤빛이 찾아와
西廊上紗燈. 서쪽 곁채에 깁 등잔을 걸었다.
時憶長松下, 때때로 생각난다 키 큰 소나무 아래 (拗黏)
獨坐一山僧. 홀로 앉아 있는 산승이. (拗對)

— 위응물(韋應物), 「寄璨師」

一夕九起嗟, 하룻밤에 아홉 번 일어나 탄식하니
夢短不到家. 꿈이 짧아선지 집에 이르지 못한다. (拗對)
兩度長安陌, 두 차례 장안 거리를 지나갔지만
空將淚見花. 부질없이 눈물로 꽃을 본다.

— 맹교(孟郊), 「再下第」

32.22 (乙) 칠언고절(七言古絶)

1. 전편이 고체인 것

新豐美酒斗十千, 신풍의 맛좋은 술 한 말에 만 냥인데

咸陽游俠多少年. 함양의 협객은 대부분이 젊은이로다. (拗對)
相逢意氣爲君飮, 서로 만나 의기투합하여 그대 위해 마시니
繫馬高樓垂柳邊. 높은 酒樓 버드나무 옆에 말을 매어둔다.

— 왕유, 「少年行四首」(제1수)

秋在水淸山暮蟬, 가을이라 물 맑고 산에는 저물녘 매미소리 (孤平拗救)
洛陽樹色鳴皐煙. 낙양의 나무 빛은 명고산의 안개에 젖는다.
送君歸去愁不盡, 돌아가는 그대를 보내자니 슬픔은 끝이 없고
又惜空度涼風天. 서늘한 가을날을 쓸쓸히 지낼 일이 안타깝다.

— 왕창령(王昌齡), 「送狄宗亨」

燕南壯士吳門豪, 연나라 장사 高漸離와 오나라 호걸 專諸는
築中置鉛魚隱刀. 축 안에 납덩이를, 생선 속에 칼을 숨겼다. (拗對)
感君恩重許君命, 임금님 은혜에 감읍하여 목숨을 바쳤으니
太山一擲輕鴻毛. 태산 같은 목숨을 새털처럼 가볍게 던졌다. (拗對)

— 이백, 「結襪子」

廬山東南五老峰, 여산의 남동쪽에 있는 오로봉
靑天削出金芙蓉. 하늘을 뚫고 솟은 황금 연꽃이로다. (拗對)
九江秀色可攬結, 구강의 빼어난 경치를 손에 쥘 수 있을 테니
吾將此地巢雲松. 내 여기서 구름과 소나무 사이에 깃들리라. (拗對)

— 이백, 「登廬山五老峰」

去年澗水今亦流, 지난해 계곡물이 지금도 흐르고
去年杏花今又拆. 지난해 살구꽃이 올해도 피었다.[203] (拗對)
山人歸來問是誰, 산 사람이 돌아와 누구냐고 물으니
還是去年行春客. 지난해 봄나들이 나왔던 그 사람이라오.

— 위응물, 「因省風俗訪道士姪不見題壁」

203) 텍스트에는 '拆'이 '折'로 되어 있는데, 誤字이다.

2. 대부분이 고체인 것

淮水不絶濤瀾高, 회수는 끊임없이 흐르고 파도가 높아서
盛德未泯生英髦. 성덕이 그대로 남아 그대 같은 영웅이 나왔다. (拗對)
知君先負廟堂器, 그대가 먼저 조정의 큰 그릇이 될 것이니 (拗黏)
今日還須贈寶刀. 오늘 그대에게 역시 보도를 드려야 하리.

— 이백, 「贈華州王司士」

草堂少花今欲栽, 초당에 꽃이 없어 지금 심으려고 하니
不問綠李與黃梅. 푸른 오얏이건 노란 매화건 상관없으리.
石笋街中卻歸去, 석순가에서 빈손으로 돌아와
果園坊裏爲求來. 묘목을 구하러 과원방에 왔다네.

— 두보, 「詣徐卿覓果栽」

一夜水高二尺强, 한 밤 사이에 물이 두 자 넘게 불어났으니
數日不可更禁當. 며칠 지나면 더욱 어떻게 감당할 수 있을까? (拗對)
南市津頭有船賣, 南市 나루에 배를 파는 사람이 있다지만 (拗黏)
無錢卽買繫籬旁. 돈이 없어 배를 울타리 옆에 매어둘 수 없다.

— 두보, 「春水生二絶」(제2수)

勸君莫惜金縷衣, 그대여 금실 옷을 아까워하지 말 것이니
勸君惜取少年時. 그대여 젊은 시절을 아껴서 취하시게. (拗對)
有花堪折直須折, 꺾고 싶은 꽃이 있으면 주저 말고 꺾고
莫待無花空折枝. 꽃이 다 진 뒤에 부질없이 가지를 꺾지 마시게.

— 두추앙(杜秋孃), 「金縷曲」

3. 반고반율(半古半律)

渾成紫檀金屑文, 천연으로 생성된 자단목의 금가루 무늬
作得琵琶**聲入雲**. 비파를 만드니 그 소리가 구름에 든다.

胡地迢迢三萬里, 아득히 먼 호 땅의 삼만 리 길을
那堪馬上送明君! 말 태워 王昭君을 보냈으니 어찌 견디나!

— 맹호연, 「涼州詞二首」(제1수)

前年渝州殺刺史, 지난해엔 유주에서 자사가 피살되었고
今年開州殺刺史. 금년엔 개주에서 자사가 피살되었다.
群盜相隨劇虎狼, 여러 도적들 날뛰는 것이 호랑이보다 심하니
食人更肯留妻子! 사람을 잡아먹으며 어찌 처자를 남겨두랴!

— 두보, 「三絶句」(제1수)

熟知茅齋絶低小, 이 초가가 매우 낮고 작은 줄 잘 알면서도
江上燕子故來頻. 강가의 제비는 굳이 자주 이곳을 찾아온다.
銜泥點汚琴書內, 진흙을 물고 와 거문고와 책에 떨어뜨리고 (拗黏)
更接飛蟲打著人. 더욱이 벌레를 잡는답시고 내게 와 부딪는다.

— 두보, 「絶句漫興九首」(제3수)

南州溽**暑醉如酒**, 남주의 무더위에 술에 취한 것 같이 되어
隱几熟眠開北牖. 북쪽 창을 열어놓고 책상에 엎드려 숙면한다.
日午獨覺無餘聲, 한낮에 홀로 깨어나니 아무 소리 없는데
山童隔竹敲茶臼. 아이가 대숲 건너에서 찻잎 빻는 소리 들린다.

— 유종원(柳宗元), 「夏晝偶作」

만약 한 개의 요구(拗句)만 있다면 어쩌다 요(拗)가 된 것으로 보아 근체시에 귀속시킬 수 있다.

32.23 반고반율(半古半律)의 절구에서는 전반(前半)이 고구(古句)이고 후반(後半)이 율구(律句)인 것이 보통이다. 대부분이 고체인 칠언절구에서도 왕왕 순수한 고구가 앞에 있고 사율구(似律句 : 제3자가 요인 것과 자류특요)와 율구가 뒤에 있다. 이러한 배열은 고풍 식의 율시와 상황이 비슷하다.

제33절 고체시의 대장

33.1 고풍이 율시와 한 가지 크게 다른 점은 율시는 반드시 대장을 사용해야 하지만 고풍은 대장을 사용하지 않아도 된다는 것이다. 사실상 몇몇 고풍은 전편에 걸쳐 대장을 사용하지 않았다. 예를 들면 다음과 같다.

夜靜群動息, 모든 움직임 멈추어 밤 고요한데
蟪蛄聲悠悠. 씽씽매미의 울음소리가 구성지다.
庭槐北風響, 뜰 안의 홰나무는 북풍에 울리고
日夕方高秋. 날은 저물어 가을이 깊어간다.
思子整羽翮, 그대를 생각하면 온전히 비상하여
及時當雲浮. 때가 되면 구름 위로 부상하리라.
吾生將白首, 나의 삶은 곧 머리가 하얗게 세어
歲晏思滄洲. 세모에 은거할 물가를 생각한다.
高足在旦暮, 준마가 조석으로 있긴 하지만
肯爲南畝儔! 어찌 남쪽 전답의 짝이 되어주랴!

— 왕유, 「秋夜獨坐懷內弟崔興宗」

兎絲附蓬麻, 토사가 쑥과 삼에 붙어살게 되면
引蔓故不長. 넝쿨을 늘려도 길지 못하게 되듯이
嫁女與征夫, 딸을 출정하는 남자에게 시집보냄은
不如棄路旁. 길가에 버리는 것보다 못하답니다.
結髮爲妻子, 머리 올리고 아내가 되었지만
席不煖君牀. 그대의 침상 따뜻해질 새도 없이
暮婚晨告別, 저녁에 결혼하고 새벽에 이별 고하니
無乃太匆忙. 이건 너무 서두르는 게 아닌가요?
君行雖不遠, 그대 가시는 길 비록 멀지 않다 하나
守邊赴河陽. 변방을 지키러 하양에 가시는 거지요.
妾身未分明, 소첩의 신분이 아직 분명치 않으니

何以拜姑嫜?　어떻게 시부모께 절을 올려야 하나요?
父母養我時,　부친과 모친이 나를 기르실 적에
日夜令我藏.　밤낮으로 집에 있게 하셨지만
生女有所歸,　딸을 낳으면 시집을 가게 마련이라
雞狗亦得將.　닭과 개도 함께 거느리고 가지요.
君今生死地,　그대 이제 생사가 걸린 곳에 가시니[204]
沈痛迫中腸.　침통함이 창자 속까지 밀어닥쳐요.
誓欲隨君去,　맹세코 그대를 따르려고 하지만[205]
形勢反蒼黃.　그러면 사정이 오히려 어렵게 되겠지요.
勿爲新婚念,　신혼이라는 생각일랑 하지 마시고
努力事戎行.　힘써 군대 일에 종사하십시오.
婦人在軍中,　아녀자가 군대에 있으면
兵氣恐不揚.　병사들의 사기가 떨어질 것입니다.
自嗟貧家女,　스스로 탄식하니 가난한 집의 딸이
久致羅襦裳.　오랜만에 비단옷을 장만했지만
羅襦不復施,　비단옷 다시는 입지 않을 것이고
對君洗紅妝.　그대 앞에서 붉은 화장을 지우렵니다.
仰視百鳥飛,　고개 들어 뭇 새들 나는 것을 보니
大小必雙翔.　크건 작건 반드시 쌍쌍이 날아갑니다.
人事多錯迕,　인간사엔 뒤틀리는 일이 많은 법이니
與君永相望.　그대와 더불어 길이 서로 바라봅시다.

—두보,「新婚別」

長安雨洗新秋出,　장안의 비에 씻겨 새 가을이 나오니
極目寒鏡開塵函.　먼지 낀 함에서 찬 거울을 꺼내 보는 듯하다.
終南曉望蹋龍尾,　새벽에 龍尾道를 밟으며 종남산을 바라보니
倚天更覺青巉巉.　하늘에 기대어 더욱 푸르고 가파름을 느낀다.
自知短淺無所補,　식견이 짧고 얕아 보탬이 안 됨을 스스로 알고

204) 텍스트에는 '生'이 '往'으로 되어 있는데,『杜詩詳注』에 의거하여 바꾸었다.
205) 텍스트에는 '隨'가 '從'으로 되어 있는데,『杜詩詳注』에 의거하여 바꾸었다.

從事久此穿朝衫.　　이 직책에 오래 종사하니 관복에 구멍이 났다.
歸來得便卽游覽,　　돌아가 한가해지면 유람에 나설 것이니
暫似壯馬脫重銜.　　잠시 무거운 재갈을 벗은 씩씩한 말 같으리.
曲江荷花蓋十里,　　곡강에는 연꽃이 십리를 뒤덮었고
江湖生目思莫緘.　　강호가 목전에 펼쳐지니 그리움을 감출 수 없다.
樂遊下矚無遠近,　　樂遊原 아래를 바라보니 원근을 따질 수 없고
綠槐萍合不可芟.　　푸른 홰나무가 부평초처럼 모여 있어 벨 수가 없다.
白首寓居誰借問?　　센 머리로 타향에 거주하니 누가 물어줄까?
平地寸步扃雲巖.　　평지 바로 가까이에 높은 산이 가로막혀 있다.
雲夫老兄有狂氣,　　노형 운부께서는 광기가 있어서
嗜好與俗殊酸鹹.　　기호가 세속 사람들과 신맛 짠맛을 달리한다.
日來省我不肯去,　　어느 날 나를 보러 와서는 돌아가려 하지 않고
論詩說賦相喃喃.　　詩賦를 논하며 나와 이러쿵저러쿵하였다.
望秋一章已驚絶,　　「望秋」시 한 편이 이미 놀랄 만큼 빼어난데
猶言低抑避謗讒.　　그래도 함축적으로 말하여 비방을 피했다.
若使乘酣騁雄怪,　　그가 주흥을 타고 한껏 기이함을 펼친다면
造化何以當鐫劖.　　대자연인들 어떻게 그의 묘사를 감당하리?
嗟我小生値强伴,　　딱하게도 보잘것없는 내가 억지로 짝이 되니
怯膽變勇神明鑒.　　겁이 용기로 변해 그 뛰어남을 본뜨게 되었다.
馳坑跨谷終未悔,　　구덩이 위를 달리고 골을 넘어도 끝내 후회 않으리니
爲利而止眞貪饞.　　명리를 위해 그만둔다면 참으로 탐욕스런 사람이리라.
高揖群公謝名譽,　　명예를 사절한 여러분께 공손히 인사드리니
遠追甫白感至誠.　　멀리 杜甫와 李白을 추모하며 지성을 느낀다.
樓頭完月不共宿,　　누대 위 둥근 달과 함께 머물지 못할 것이니
其奈就缺行攕攕.　　곧 이지러져 가는 모습으로 운행함을 어찌하나!

— 한유, 「酬司門盧四兄雲夫院長望秋作」

33.2 두보와 한유 이후로 일운도저(一韻到底)의 칠언고시는 결국 대장을 전혀 사용하지 않는 것을 원칙으로 삼았다. 오언고시와 전운(轉韻)의 칠언고시는 부분적으로 대장을 사용하였다. 본래 고시는 대장에 구

속받지도 않았지만 마찬가지로 대장을 피하지도 않았다. 머리말에서 밝힌 것처럼 『시경』에 대장이 있고 고대산문에도 대장이 있었으니 고체시가 대장을 피할 필요는 전혀 없었다. 오히려 거꾸로 때로는 대장이 일종의 정연한 아름다움을 증가시킬 수 있었다. 대체로 대장과 평측의 입률(入律)은 평행한 발전을 이루었다. 입률 또는 사율(似律)의 고풍일수록 대장을 많이 사용하였고, 평측이 옛것을 모방한 것일수록 대장을 사용하지 않았다. 오언고시는 제량의 유풍을 계승했으므로 많은 시인들이 오언고시에 대장을 즐겨 사용하였다. 전운의 칠언고시도 제량의 유풍을 계승한 것이므로 대장이 흔히 발견된다. 일운도저의 칠언고시만은 일종의 "신흥이면서도 옛것을 모방한" 시체(詩體)였기 때문에 대장을 그다지 사용하지 않았다. 총괄하여 말하면 고풍에서 대장의 유무 또는 다소는 여전히 신식과 옛것을 모방한 것 두 조류의 차이였다.

33.3 율구와 대장의 밀접한 관계를 분명히 이해하기 위해서는 제31절에서 인용한 두보의 「호성동우맹운경(湖城東遇孟雲卿)」시를 자세히 분석하면 문득 크게 깨달을 수 있을 것이다. 두보의 이 시는 율구가 비교적 많기 때문에 그에 따라 대장도 비교적 많다. 더욱이 한 가지 주의를 기울일만한 것은 율련(律聯)을 사용한 곳이 바로 대장을 사용한 곳이라는 점이다. 여기서 다시 소식(蘇軾)의 시를 예로 든다.

此生念念浮雲改,(a)	이승에서의 생은 찰나에 부운처럼 바뀌는 것인데
寄語長淮今好在.(b)	선사께 편지를 부치니 장회에 지금 잘 있습니다.
故人宴坐虹梁南,(A′)	옛 친구는 홍량의 남쪽에 편안히 앉아 있고
新河巧出龜山背.(a)	새 하천은 공교롭게도 귀산의 뒤로 나옵니다.
木魚呼客振林莽,(a′)	목탁소리가 나그네를 부르며 우거진 숲에 울리고
鐵鳳橫空飛綵繪.(b)	철 봉황은 공중에 걸려 채색 날갯짓을 합니다.
忽驚堂宇變雄深,(A)	갑자기 집의 변화가 크고 깊음에 놀라고는
坐覺風雷生謦欬.(b)	이에 바람과 우레가 기침을 한다고 느꼈습니다.
羨師游戲浮漚間,(A′)	선사가 수포 사이에서 유유자적하는 것이 부럽고

笑我榮枯彈指內.(b) 나의 영고성쇠가 순간에 불과함을 비웃습니다.
嘗茶看畫亦不惡,(c) 차를 맛보고 그림을 보는 것도 나쁘지 않으니
問法求詩了無碍.(b′) 佛法을 묻고 시를 구함에 거리낌이 없습니다.
千里孤帆又獨來,(B) 천리 길을 외로운 배 타고 다시 홀로 오니
五年一夢誰相對?(a) 오 년 간의 한결같은 꿈을 누가 상대해주겠습니까?
何當來世結香火,(a′) 어찌하면 내세에 佛門의 인연을 맺어
永與名山供井碓!(b) 늘 명산에서 함께 물 긷고 쌀 찧을 수 있을까요?[206]

— 소식, 「龜山辯才師」[207]

이 시는 수련과 미련에 대장을 사용하지 않고 나머지 연에는 모두 대장을 사용하여 완연히 한 수의 칠언배율이다. 다시 평측을 따져보면 '嘗茶'구 외에는 모두 입률(入律) 또는 사율(似律)의 구여서 대장과 율구의 밀접한 관계를 증명할 수 있다. 이 시를 아예 배율로 보지 않는 이유는 다음의 세 가지이다.

(1) 시에 요점(拗黏)과 요대(拗對)가 많다.
(2) 평측이 완전히 율격에 맞는 것은 아니다.
(3) 측운(仄韻)을 사용하였다.

그렇긴 하지만 이 시는 아무튼 율시와 고시 사이의 것이라고 하겠다.

33.4 앞에서 우리는 두보와 한유 이후로 일운도저의 칠언고시는 결국 대장을 전혀 사용하지 않는 것을 원칙으로 삼았다고 말했다. 그러나 바로 위에서 든 일운도저의 칠언고시는 오히려 완전히 대장을 사용한 것이어서 서로 모순되는 것처럼 보인다. 그렇기는 하지만 소식의 이 시 같은 것은 드물게 보이는 예외일 뿐으로 신식의 고풍에 속하고, 대다수 일운도저의 칠언고시는 옛것을 모방한 일파에 속한다. 또한 한 명의 시

206) 텍스트에는 '供'이 '躬'으로 되어 있는데, 誤字이다.
207) 텍스트에는 '辯'이 '辨'으로 되어 있는데, 誤字이다.

인이 때로는 옛것을 모방하고 때로는 시속(時俗)을 따라서 결코 서로 간에 방해가 되지 않았다. 유장경(劉長卿)이 완전히 신식을 사용하고 맹교(孟郊)와 한유(韓愈)가 완전히 고식(古式)을 사용한 것을 제외하면 그 나머지 시인들의 시집에는 옛것을 모방한 고풍과 신식의 고풍이 왕왕 동시에 존재한다. 이로부터 살펴보면 시체(詩體)는 본래 네 종류로 나눌 수 있다.

(1) 신식의 율시
(2) 고식(古式)의 율시
(3) 신식의 고시(古詩)
(4) 고식의 고시

세속에서 단지 율시와 고시 두 종류로 나눈 것은 사실상 완벽한 것이 아니다. 우리는 여기서 마음으로 그 뜻을 이해하면 되었지, 구태여 이를 네 종류로 나눌 필요는 없을 것이다.

33.5 율시의 대장은 가운데 두 연은 필수적이고, 수련은 시인의 뜻에 따르고(五律의 수련은 대장을 사용한 것이 많고, 七律의 수련은 대장을 사용한 것이 많지 않다), 미련은 사용하지 않는 것이 원칙이다(제13절을 참조할 것). 그러나 고풍의 대장은 일정한 위치가 없다. 대략 미련은 율시와 마찬가지로 대장을 사용하지 않는 것이 원칙이다. 그렇게 함으로써 한 편의 종결을 표시할 수 있다. 나머지 각 연은 대장의 사용 여부가 지극히 자유롭다. 이것은 이른바 "가지 않을 수 없는 곳에 가고, 멈추지 않을 수 없는 곳에서 멈춘다"208)여서 아무런 구속도 받지 않는다. 다음 예를 보자.

黃河走東溟, 누런 강은 동쪽 바다로 흘러가고

208) "行乎其所不得不行, 止乎其所不得不止."

白日落西海. 하얀 해는 서쪽 바다로 떨어진다.
逝川與流光, 흘러가는 강물과 세월은
飄忽不相待. 순식간에 가버리고 기다리지 않으니
春容捨我去, 봄의 얼굴 나를 버리고 사라지고
秋髮已衰改. 가을 머리 이미 노쇠하여 하얗게 변했다.
人生非寒松, 인생은 늘 푸른 소나무가 아니니
年貌豈長在? 모습이 어찌 오래도록 그대로 있으리?
吾當乘雲螭, 내 마땅히 구름 속의 용을 타고 올라
吸景駐光彩. 이 세상과 시간을 그대로 잡아두리.

— 이백, 「古風五十九首」(제11수)

玄風變太古, 태고의 순박한 기풍이 변한 이래로
道喪無時還. 大道가 상실되어 만회할 수 없게 되었다.
擾擾季葉人, 어지러이 말세의 사람들이
鷄鳴趨四關. 새벽닭이 울면 京城으로 몰려간다.
但識金馬門, 다만 대궐의 금마문만 알뿐이니
誰知蓬萊山? 누가 동해의 봉래산을 알리?
白首死羅綺, 머리 하얗게 늙어 비단 자리에서 죽도록
笑歌無休閑. 웃고 노래 부르며 그칠 줄을 모른다.[209]
綠酒哂丹液, 좋은 술 마시며 단약을 비웃지만
青蛾凋素顏. 검은 눈썹 하얀 얼굴이 노쇠한다.
大儒揮金椎, 혹세무민의 대유는 쇠망치를 휘둘러
琢之詩禮間. 시와 예로 분묘를 도굴한다.
蒼蒼三珠樹, 푸른 삼주수가 눈앞에 있지만[210]
冥冥焉能攀? 눈을 감고 보지 못하니 어떻게 오르랴?

— 이백, 「古風五十九首」(제30수)

山行有常程, 산행에는 정해진 여정이 있어서

---

209) 텍스트에는 '休'가 '時'로 되어 있는데, 誤字이다.
210) 텍스트에는 '珠'가 '株'로 되어 있는데, 誤字이다.

中夜尙未安.　한밤중이 되어도 길을 가고 있다.
微月沒已久,　조각달 진지도 이미 오래되었고
崖傾路何難!　벼랑 길 기울어져 얼마나 힘든가!
大江動我前,　큰 강이 내 앞에서 넘실거리는데
洶若溟渤寬.　물살 세차게 흐르며 바다처럼 넓다.
篙師暗理楫,　사공은 어둠 속에서 노를 저으며
歌笑輕波瀾.　뱃노래 부르며 파도를 가볍게 여긴다.
霜濃木石滑,　서리 짙고 나무와 바위 미끄러운데
風急手足寒.　바람마저 세차서 손과 발이 차갑다.
入舟已千憂,　배에 오르자 이미 근심 걱정 되는데
陟巘仍萬盤.　산에 오르려면 끝없이 구불 길을 가야 한다.
迴眺積水外,　물 위의 하늘을 머리 돌려 바라보니
始知衆星乾.　비로소 뭇 별들이 깨끗함을 알겠다.
遠遊令人瘦,　먼 여행이 사람을 야위게 만들어
衰疾慚加餐.　쇠약하고 다병하니 밥 먹기도 부끄럽다.

―두보, 「水會渡」

行子苦風潮,　길 떠난 사람이 바람과 조수에 시달려
維舟未能發.　배를 묶어두고 출발할 수가 없다.
宵分卷前幔,　한밤중에 앞의 휘장을 걷어 올리고
臥視淸秋月.　누워서 맑은 가을 달을 바라본다.
四澤蒹葭深,　사방의 못에는 갈대가 우거졌고
中洲煙火絶.　모래섬에는 연기와 불이 끊어졌다.
蒼蒼水霧起,　희뿌옇게 물안개가 피어오르고
落落疏星沒.　드문드문 반짝이던 별들이 졌다.
所遇盡漁樵,　만나는 사람은 모두 어부와 나무꾼
與言多楚越.　함께 이야기하니 주로 楚와 越의 말.
其如念極浦,　그들이 머나먼 포구를 생각하듯이
又以思明哲.　나 또한 명철한 사람을 생각한다.
常若千里餘,　평상시도 천리 길 같았는데
況之異鄕別!　하물며 타향에서 이별함에랴!

(이 시는 구들이 모두 入律 또는 似律하였고 拗黏과 拗對가 없어서 대장의 사용이 특히 많다.)

— 왕창령(王昌齡), 「行子苦風泊來舟貽潘少府」

胡蝶弄和風, 나비가 온화한 봄바람을 희롱하고
飛花不知晩. 흩날리는 꽃은 날이 저무는 것을 모른다.
王孫尋芳草, 왕손은 방초를 찾아 나서서
步步忘路遠. 걸으며 길이 먼 것을 잊었다.
況我愛靑山, 더구나 나는 청산을 좋아하여
涉趣皆淬踐! 건너고 달리는 것이 모두 사뿐하다.
縈迴必中路, 구불구불하지만 반드시 길에 들고
陰晦陽復顯. 그늘 속은 어둡다가 햇빛이 다시 나타난다.
古岸生新泉, 옛 언덕에 새로운 샘이 생기고
霞峯映雪巘. 노을 진 봉이 눈 덮인 봉에 비친다.
交枝花色異, 엇갈린 가지에 꽃빛깔이 다르고
奇石雲根淺. 기이한 바위에 구름 이는 곳 얕다.
碧河志忘歸, 푸른 강을 보며 돌아가는 것을 잊고[211]
紫雲行可搴. 흘러가는 자색 구름은 잡을 수 있겠다.
方嗤嵇叔夜, 비로소 嵇康을 비웃게 되었으니
林臥方沈湎. 숲에 누워 그곳에 빠져 있었다.

— 전기(錢起), 「仲春晩尋覆釜山」

月行南斗邊, 달은 남두성 가를 지나가고
人歸西郊路. 사람은 서쪽 교외 길로 돌아간다.
水風吹葛衣, 물바람이 거친 베옷에 불어오고
草露濕芒屨. 풀 이슬에 짚신이 축축하다.
漁歌起遠汀, 뱃노래가 멀리 물가에서 들려오고
鬼火出破墓. 도깨비불이 망가진 묘에서 나온다.
淒清醒醉魂, 쓸쓸히 깨었다 취했다 하는 혼이

211) 텍스트에는 '河'가 '洞'으로 되어 있는데, 誤字이다.

荒怪入詩句.　황당무계한 말을 시구에 들인다.
到家夜已半,　집에 도착하니 이미 한밤중인데
佇立叩蓬戶.　우두커니 서서 초가 문을 두드린다.
穉子猶讀書,　어린 자식이 오히려 독서하다가
一笑慰遲暮.　웃으며 늙은 나를 위로한다.

— 육유(陸游), 「夜出偏門還三山」

凌晨有客至自西,　이른 새벽 서쪽에서 당도한 나그네가 있는데
爲問詩老來何稽?　시인이 와서 어떻게 머무시느냐고 묻는다.
京師車馬躍朝日,　서울의 수레와 말이 아침 해 향해 뛰어가면
何用擾擾隨輪蹄!　무엇 하러 어지러이 바퀴와 발굽을 따르는가!
面顏憔悴暗塵土,　얼굴은 초췌하여 흙먼지에 시커매졌지만
文字光彩垂紅霓.　문자는 광채가 나 붉은 무지개를 드리웠다.
空腸時如秋蚓叫,　빈 창자는 때때로 가을 지렁이 부르짖듯 하고
苦調或作寒蟬嘶.　슬픈 읊조림은 간혹 가을매미의 울음소리를 낸다.
語言雖巧身事拙,　언어는 비록 교묘하지만 내 처지는 졸렬하고
捷徑恥蹈行非迷.　지름길 밟기를 부끄러워하니 행동에 미혹됨이 없다.
我今俸祿飽餘賸,　나는 지금 봉급에 여유가 있어 생활이 넉넉하지만
念子朝夕勤鹽虀.　그대를 생각하면 조석으로 청빈한 생활에 애쓰겠지.
舟行每欲載米送,　배가 오갈 때마다 쌀을 실어 보내주고 싶지만
汴水六月乾無泥.　변수는 유월이면 말라붙어 진흙조차 없다.
乃知此事尙難必,　이에 그 일이 아직 실현하기 어려움을 알았는데
何況仕路如天梯?　하물며 벼슬길이 사다리로 하늘에 오름과 같음에랴!
朝廷樂善得賢衆,　조정은 선을 즐겨 행하여 여러 현인들을 얻고
臺閣俊彦聯簪犀.　정부에는 뛰어난 인재들이 관복을 입고 줄지어 있다.
朝陽鳴鳳爲時出,　아침 햇볕에 봉황이 때를 위해 나타나니
一枝豈惜容其棲!　가지 하나가 어찌 그의 서식 받아들이길 아까워하랴!
古來磊落材與知,　옛날부터 뜻이 큰 인재와 지식인들은
窮達有命理莫齊.　궁달에 운명이 있어 그 이치를 똑같이 할 수 없었다.
悠悠百年一瞬息,　아득히 긴 백 년의 세월도 한 순간에 흘러가니
俯仰天地身醯雞.　천지에 잠시 머물다 갈 이 몸은 하루살이와 같다.

其間得失安足校?	그 가운데의 득실을 어떻게 따질 수 있으리?
況與鳧鶩爭稗稊!	하물며 오리 같은 자들과 잡초를 다툼에 있어서랴!
憶在洛陽年各少,	생각하면 낙양에 있을 때 서로 나이가 젊어서
對花把酒傾玻瓈.	꽃 앞에서 술잔을 들면 유리 술잔을 다 비웠다.
二十年間幾人在,	그 후 이십 년 동안 몇 사람이 남아 있는가?
在者憂患多乖睽.	살아 있는 자도 어려울 때 등 돌렸던 이가 많다.
我今三載病不飮,	나는 이제 삼 년이나 병으로 술도 못 마시고
眼眵不辨騧與驪.	눈곱이 끼어 공골말과 가라말도 구별 못한다.
壯志銷盡憶閒處,	장대한 뜻 소진되어 한가한 곳을 생각하니,
生計易足纔蔬畦.	생계는 채소밭을 일구면 쉽게 해결되리.
優遊琴酒逐漁釣,	거문고와 술을 즐기며 낚시하러 다니고
上下林壑相攀躋.	높은 산과 낮은 골짜기를 오르내리는 것도
及身强健始爲樂,	몸이 건강할 때라야 비로소 즐거운 일이니
莫待衰病須扶攜.	쇠약하고 병들어 부축 받는 일은 없어야 하리.
行當買田淸穎上,	내 반드시 맑은 潁水 가에 전답을 사서
與子相伴把鋤犁.	그대와 짝하여 호미와 쟁기를 잡으리라.

(이 시는 모두 40구로 이루어졌는데, 세 연만 대장을 사용하였고 그 중의 '優遊'연은 사대비대(似對非對) 사이에 있다. 이것이 바로 일운도저 칠언고시의 정칙(正則)이다.)

— 구양수(歐陽修), 「寄聖兪」

33.6 전운(轉韻) 칠언고시만이 대장의 위치가 비교적 고정되어 있다. 더욱이 네 구마다 환운하는 칠언고시는 대장을 사용하지 않으면 그만이지만 대장을 사용하면 언제나 그 위치가 매(每) 운(韻)의 두 번째 연이었다. 왜냐하면 매 운의 수구는 왕왕 입운하게 되어 대장의 사용이 마땅치 않기 때문이다. 다음 예를 보자.

對酒憐君安可論?	술을 대하니 그대 아끼는 마음 어떻게 논할까?
當官愛士如平原.	관리가 향토 사랑하는 마음은 平原君과 같으리.
料錢用盡卻爲謗,	수당을 다 쓰면 오히려 비방을 받는데

食客空多誰報恩? 식객이 공연히 많지만 누가 은혜에 보답할까?
萬里孤舟向南越, 만 리 길 외로운 배는 남쪽 월 땅으로 향하고
蒼梧雲中暮帆滅. 창오의 구름 속에 저물녘의 돛배가 사라진다.
樹色應無江北秋, 나무에는 응당 강북의 가을빛이 없을 것이고
天涯尙見淮陽月. 하늘 끝에서도 회양의 달을 볼 수 있겠지.
驛路南隨桂水流, 역말 길은 계수 따라 남쪽으로 뻗어 있고
猿聲不絶到炎州. 원숭이 소리는 끊기지 않고 염주에 이른다.
靑山落日那堪望, 청산에 지는 해를 어떻게 바라볼 수 있으리?
誰見思君江上樓? 강가 누대에서 그대 그리는 모습 누가 볼까?
(마지막 연은 시 전체를 마무리하기 위해 대장을 사용하지 않았다.)

— 유장경(劉長卿), 「江樓送太康郭主簿赴嶺南」

33.7 율시의 대장은 오직 정교함을 추구하지만, 고풍의 대장은 오히려 졸박함을 추구한다. 입률(入律)의 고풍은 공대(工對)의 사용을 좋아하지만 일반적인 고체시에서 시인들은 거의 일부러 고졸(古拙)의 변어(騈語)를 조성했다고 말할 수 있다. 대장의 범주를 가지고 말하면 고풍이 율시보다 훨씬 폭이 넓다. 따라서 율시의 관점에서 보면 어떤 곳은 그야말로 대장이 너무 억지스럽다. 이 '억지스런' 대장은 대략 네 종류로 나눌 수 있다.

33.8 (甲) 전혀 동류(同類)에 속하는 것이 아닌 데도 대장으로 사용한 것

鷙鳥立寒木, 수리가 차가운 나무에 서 있고
丈夫佩吳鉤. 장부가 오나라 고리를 차고 있다.

— 왕창령(王昌齡), 「九江口作」

爲客成**白首**, 나그네 되어 머리가 하얗게 세었고
入門嗟**布衣**. 문에 들어서서 포의를 한탄한다.

— 낭사원(郎士元), 「贈萬生下第」

主人炊**新粒**, 주인이 새 쌀알로 밥을 지어
行子充**夜飢**. 나그네는 밤의 허기를 채웠다.

— 잠삼(岑參), 「宿華陰東郭客舍」

赤心報國無**片賞**, 일편단심으로 나라에 보답했지만 아무런 보상 없으니
白首還家有**幾人**? 하얗게 센 머리로 집에 돌아왔지만 누가 있을까?

— 유장경, 「卿疲兵篇」

櫪上看時獨意氣, 말구유에서 보았을 때 홀로 의기가 있었고
衆中牽出偏雄豪. 무리 속에서 유독 힘차고 굳센 것을 끌어내었다.

— 잠삼, 「衛節度赤驃馬歌」

紫蓋連延接**天柱**, 자개봉은 이어져 천주봉에 접해 있고
石廩騰擲堆**祝融**. 석름봉은 높이 던져졌고 축융봉은 쌓여 있다.

— 한유(韓愈), 「謁衡嶽廟」

33.9 (乙) 주종사조(主從詞組)를 등립사조(等立詞組)와 대(對)를 이루게 한 것(등립은 고딕체로, 주종은 명조체로 강조하였다)

及自登**樞要**, 요직에 오르고 나서부터는
何曾問**布衣**? 언제 일찍이 포의를 물었던가?

— 양억(楊億), 「感興」

衣冠半是征戰士, 관리의 반은 전쟁에서 공을 세운 무사이니
窮儒浪作林泉民. 가난한 선비는 영락하여 숲 속의 평민이 되었다.

— 이백, 「少年行」

行人刁斗**風沙**暗, 야전용 취사 솥은 바람과 모래에 시커매졌고
公主琵琶**幽怨**多. 공주의 비파소리에는 많은 원망이 담겨 있다.

— 이기(李頎), 「古從軍行」

潯陽北望**雁鴻**回, 심양에서 북으로 기러기 돌아가는 것 바라보고
湓水東流**客心**醉. 분수가 동쪽으로 흐르니 나그네 마음 취한다.

— 이기, 「送從弟遊江淮」

聞道**輕生**能擊虜, 목숨을 가볍게 여기면 오랑캐를 무찌를 수 있다고 들었으니[212]
何嗟**少壯**不封侯. 젊어서 제후에 봉해지지 않은 것을 어찌 탄식하랴!

— 유장경, 「送崔校書從軍」

33.10 (丙) 쌍자사조(雙字詞組) 중에서 한 글자는 대가 정교하지만 나머지 한 글자는 매우 억지인 것(정교한 것은 고딕체로, 억지인 것은 명조체로 강조하였다)

偶同**靜**者來, 어쩌다 고요한 것 따라 왔더니
正值**高**雲閒. 바로 높은 구름이 한가롭구나.

— 구양첨(歐陽詹), 「同諸公過福先寺」

中酒**朝眠**日色高, 술에 취하여 아침잠을 자니 해가 높이 떴고
彈棋**夜半**燈花落. 한밤중에 바둑을 두니 등에서 불꽃이 떨어진다.

— 잠삼(岑參), 「與獨孤漸道別」

別**馬連嘶**出御溝, 떠나는 말도 잇달아 울며 궁전 도랑을 나서고
家**人幾夜**望刀頭? 집 식구는 몇 밤이나 귀환을 기다려야 하나?

— 유장경, 「送崔校書從軍」

燕南春草**傷心**色, 연 땅 남쪽의 봄풀은 상심의 빛깔이고
薊北黃雲**滿眼**愁. 계북의 누런 구름은 눈 가득히 슬픔이다.

— 유장경, 「送崔校書從軍」

---

212) 여기서 '輕生'은 動賓詞組이지, 主從詞組가 아니다.

33.11 (丁) 구 안에서 스스로 대를 이루면서 동시에 양구상대(兩句相對)인 것

이것은 본래 율시에서 허용되는 대장법이지만, 고풍에서 더욱 자유롭게 보이고 기준도 더욱 느슨하다. 왕왕 명사가 형용사와 대를 이루거나 동사와 대를 이룬다(명사는 고딕체, 형용사나 동사는 명조체로 강조하였다).

高論動**侯伯**, 고원한 의론은 제후들을 감동시키고
疎懷脫**塵喧**. 소탈한 흉금은 속세의 시끄러움에서 벗어났다.

— 위응물(韋應物), 「送李十四」

肅穆**廟堂**上, 묘당 위에선 엄숙하면서도 공손하고
深沈**節制**雄. 주도면밀하며 절제하는 대장부이다.

— 고적(高適), 「李雲南征蠻詩」

寓遊**城郭**裏, 성곽 안에서 유유히 돌아다니는데
浪跡**希夷**際. 虛寂玄妙한 경지에서 형적에 구속받지 않는다.

— 이기(李頎), 「謁張果先生」

紛紛對**寂寞**, 어지러이 적막을 대하고서
往往落**衣巾**. 왕왕 의복과 두건에 떨어진다.

— 유신허(劉昚虛), 「寄閻防」

曉碧流**視聽**, 새벽에 푸른 산과 흐르는 물을 보고 듣고
夕清濯**衣袍**. 저녁에는 옷과 도포를 깨끗이 빤다.

— 맹교(孟郊), 「立德新居」

爲於**仁義**得, 仁과 義를 도야하기 위하여
未覺**登涉**勞. 오르고 건너는 노고를 깨닫지 못한다.

— 맹교, 「立德新居」

33.12 또 한 종류의 졸박한 대장은 반대반부대(半對半不對)이다. 이것은 다시 세 종류로 세분된다.

(1) 상반대(上半對), 하반부대(下半不對).
(2) 하반대(下半對), 상반부대(上半不對).
(3) 중간대(中間對), 양두부대(兩頭不對).

이제 이 각각에 대해서 서술해본다.

33.13 (1) 상반대(上半對), 하반부대(下半不對)

이것은 왕왕 운각(韻脚) 때문이다. 마지막 글자에는 압운(押韻)을 해야 하므로 대장을 제대로 하기 어렵다. 율시에서는 시인이 왕왕 먼저 운각을 결정하고 난 다음에 출구의 마지막 글자를 선택하므로 정교한 대장에 힘쓰게 된다. 그러나 고풍에서는 시인이 자연스러움을 추구하여 수식을 가하지 않으므로 후반부가 대개 대장을 이루지 않게 된다. 가장 명쾌한 예는 최호(崔顥) 「고유협(古游俠)」의 "**殺人遼水**上, **走馬漁陽**歸(요수 가에서 사람을 죽이고, 말을 달려 어양으로 돌아간다)"처럼 글자마다 대를 이루어가다가 마지막 글자에 가서 대를 이루지 않은 것이다. 그 다음은 유장경 「자파양환도중(自鄱陽還道中)」의 "**元氣連**洞庭, **夕陽落**波上(원기가 동정호에 이어져 있고, 석양빛이 물결 위에 떨어진다)"처럼 마지막 두 글자만 대를 이루지 않은 것이다. 그러나 가장 보편적인 예는 다음과 같은 것이다.

(오언) 앞의 두 글자는 대를 이루고, 뒤의 세 글자는 대를 이루지 않는다.
(칠언) 앞의 네 글자는 대를 이루고, 뒤의 세 글자는 대를 이루지 않는다.

이제 몇 가지 예를 들어보면 다음과 같다.

髮白還更黑, 하얗게 셌던 머리가 다시 검어지고
身輕行若風. 몸이 가벼워 다니는 것이 바람 같다.

—이기, 「贈蘇明府」

遲日半雲谷, 나른한 날 반쯤 빈 골짜기에서
春風連上潮. 봄바람은 밀려든 조수에 이어 있다.

—기무잠(綦毋潛), 「題鶴林寺」

出處暫爲間, 출사와 은거도 잠시간이니
浮沈安繫哉! 부침에 어찌 얽매이랴!

—노상(盧象), 「送綦毋潛」

湘水流入海, 상수는 흘러가 바다로 들어가고
楚雲千里心. 초 땅의 구름은 천리 밖의 마음.

—상건(常建), 「潭州留別」

黃葉落不盡, 누런 낙엽이 끝없이 떨어지고
蒼苔隨雨生. 푸른 이끼가 비를 따라 돋는다.

—노륜(盧綸), 「送顧祕書歸岳州」

男兒在世無產業, 남아가 이 세상에서 생업이 없으면
行子出門如轉蓬. 나그네 되어 문을 나서면 구르는 쑥대와 같다.

—이기, 「欲之新鄕」

寒風捲葉度滹沱, 찬 바람이 잎을 말며 호타를 건너고
飛雪布地悲峨峨. 날리는 눈이 땅을 덮어 슬픔이 북받친다.[213)]

—이기, 「欲之新鄕」

鄭國遊人未及家, 정국의 나그네가 집에 이르지 못하니

---

213) 텍스트에는 '雪'이 '雲'으로 되어 있는데, 誤字이다.

洛陽才子空歎息.　　낙양의 재자가 부질없이 탄식한다.

—이기, 「送陳章甫」

宅中歌笑日紛紛,　　집안의 노래와 웃음소리 날로 어지럽고
門外車馬如雲屯.　　문밖의 수레와 말 구름처럼 모여 있다.

—고적, 「邯鄲少年行」

玉京迢迢幾千里,　　玉京은 수천 리 길 아득하기만 한데
鳳笙去去無窮已.　　그대는 생황 불며 끝없이 사라져 간다.

—이백, 「鳳吹笙曲」[214)]

我向淮南攀桂枝,　　나는 회남으로 가 은거하며 출사를 기다리고
君留洛北愁夢思.　　그대는 낙양에 머물며 슬픔 속에 꿈꾸고 그리워한다.

—이백, 「憶舊遊寄譙郡元參軍」

赤霄玄圃須往來,　　높은 하늘과 현포 사이를 왕래해야 하므로[215)]
翠尾金花不辭辱.　　비취 꼬리와 금 꽃의 자태를 지녔어도 굴욕을 마다하지 않는다.

—두보, 「赤霄行」

英雄割據雖已矣,　　영웅이 할거하던 霸業은 이미 과거의 일이 되었지만
文彩風流今尙存.　　그들의 문채와 풍류는 지금도 여전히 살아 있다.

—두보, 「丹靑引」

金印煌煌未入手,　　빛나는 황금 인장은 아직 손에 들어오지 않았는데
白髮種種來無情.　　머리가 빠지고 세는 노쇠함이 무정하게 찾아온다.

—육유(陸游), 「長歌行」

---

214) 이 제목이 樂府詩題에는 「鳳笙篇」으로 되어 있다.
215) 텍스트에는 '玄'이 '懸'으로 되어 있는데, 誤字이다.

('寒風'·'宅中'·'玉京'·'我向'의 諸聯은 출구에 입운하였기 때문에 더욱 半對半不對를 常例로 하였다. 칠언율시에도 이 규범이 있는데, 제15절을 참조해 보라.)

칠언고시도 어쩌다 두 글자만 대를 이루는 경우가 있는데, 이것이 가장 빈약한 대장이다. 예를 들면 다음과 같다.

劍鋒可惜虛用盡, 칼날은 안타깝게도 헛되이 다 써버렸고[216]
馬蹄無事今已穿. 말발굽도 별 볼일 없이 닳아서 구멍이 났다.
— 잠삼(岑參), 「送費子歸武昌」

北雁初回江燕飛, 북쪽 기러기 갓 돌아갔고 제비 날아다니는데
南湖春暖著春衣. 남쪽 호수에 봄 따뜻하여 봄옷을 입었다.
— 한굉(韓翃), 「送中兄典邵州」

萬年枝影轉斜光, 만 년의 가지는 석양빛 따라 그림자 바뀌고
三道先成君激昂. 세 갈래 길이 먼저 그대를 격앙시킨다.
— 한굉, 「別泥水三縣尉」

昔騎天子大宛馬, 지난날 천자께서 하사한 대완마를 타고 다녔는데
今乘款段諸侯門. 지금은 절뚝거리는 말을 타고 제후의 문을 찾는다.
— 이백, 「江夏贈韋南陵氷」

33.14 (2) 하반대(下半對), 상반부대(上半不對)

이것은 운각의 영향을 받는 것이 아니기 때문에 비교적 드물게 보인다. 칠언고시에서 이기(李頎) 「송진장보(送陳章甫)」의 "醉臥**不知白日莫**, 有時**空望孤雲高**(취해 누우면 날이 저무는 것도 모르고, 때때로 우두커니 외로운 구름

216) 텍스트에는 '虛'가 '空'으로 되어 있는데, 『岑參詩集編年箋註』에 의거하여 바꾸었다.

을 바라본다)"처럼 뒤쪽 다섯 글자가 대를 이루는 경우는 특히 드문데, 왜냐하면 기왕에 다섯 글자가 대를 이루게 했다면 아예 일곱 글자가 대를 이루도록 해도 무방하기 때문이다. 가장 보편적인 것은 다음의 경우이다.

(오언) 앞의 두 글자는 대를 이루지 않고, 뒤의 세 글자가 대를 이룬다.
(칠언) 앞의 네 글자는 대를 이루지 않고, 뒤의 세 글자가 대를 이룬다.

이제 몇 가지 예를 들어보면 다음과 같다.

德與**形神峻**, 덕이 형체 및 정신과 함께 높으니
孰知**天地遙**? 누가 천지가 아득히 먼 것을 알까?
— 장열(張說), 「同群公秋登琴臺」

悠悠**孤峰頂**, 유유히 외로운 봉우리 정상에 올라
日見**三花春**. 하루에 세 번 봄꽃을 본다.
— 왕창령(王昌齡), 「寄焦鍊師」

空山**何窈窕**! 텅 빈 산이 얼마나 그윽한가!
三秀**日氛氳**. 靈芝草가 나날이 풍성하다.
— 이기, 「送暨道士還玉濟觀」

畫圖**麒麟閣**, 기린각에 초상이 그려지고
朝入**明光宮**. 아침에 명광궁으로 들어간다.
— 고적(高適), 「塞下曲」

邀人**傅脂粉**, 사람을 맞아 지분을 바르고
不自**著羅衣**. 스스로 비단옷을 입지 않는다.
— 왕유(王維), 「西施詠」

巾車**雲路入**, 휘장 친 수레로 구름길에 들고

理棹瑤溪行.　　노를 저어서 요계를 간다.

— 저광희(儲光羲), 「遊茅山」

居閒好花木,　　집에 있을 때는 꽃나무를 좋아하고
採藥來城市.　　약초를 캐서 도성의 시장에 온다.

— 맹호연(孟浩然), 「王迴見尋」

少年弄文墨,　　소년은 붓을 휘둘러 글을 쓰지만
屬意在章句.　　마음이 가는 곳은 문장에 있다.

— 맹호연, 「南歸阻雪」

頭陀雲月多僧氣,　　頭陀寺의 구름과 달은 僧氣가 많아
山水何曾稱人意.　　산수가 어떻게 사람의 마음에 들까?

— 이백, 「江夏贈韋南陵氷」

粉牆丹柱動光彩,　　흰 담과 붉은 기둥이 광채를 내뿜고
鬼物圖畫塡青紅.　　귀신의 그림이 단청으로 그려져 있다.

— 한유(韓愈), 「謁衡嶽廟」

伯熙奉詔每有作,　　백희가 황명을 받들어 매 번 그리니
礌砢相竝將無慙.　　탁월한 재능이 곁들여져 부끄러울 게 없다.

— 우집(虞集), 「題旦景初僉司圖」

33.15 (3) 중간대(中間對), 양두부대(兩頭不對)

이 경우는 매우 드물다. 이른바 중간대는 왕왕 두 글자뿐이다. 그러나 그 대장이 매우 정교하여 결코 우연히 대장을 이루게 된 것이 아니다. 다음 예를 보자.

今朝平津邸,　　오늘 아침에 평진의 저택에서

兼得瀟湘遊. 소상의 유람을 아울러 얻었다.

— 낭사원(郎士元), 「題劉相公三湘圖」

向來皓首驚萬人, 순식간에 백발노인이 만인을 놀라게 하였으니
自倚紅顔能騎射. 젊었을 때의 연마 덕분에 말 타고 쏠 수 있었다.

— 두보, 「醉爲馬墜」

高秋八月歸南楚, 하늘 높은 8월에 남쪽 초 땅으로 돌아가게 되어
東門一壺聊出祖. 동문에서 술 한 병으로 잠시 석별의 정을 나누었다.

— 잠삼, 「送費子歸武昌」

及身强健始爲樂, 몸이 건강할 때라야 비로소 즐거운 일이니
莫待衰病須扶攜. 쇠약하고 병들어 부축 받는 일은 없어야 하리.

— 구양수(歐陽修), 「寄聖兪」

33.16 이밖에도 뜻으로는 대가 되지만 말 자체는 대가 되지 않는 경우가 있으니, 예를 들면 두보 「금수행(錦樹行)」의 "五陵豪貴反顚倒, 鄕里小兒狐白裘(오릉의 호족들이여 부귀는 오래가지 않는 것, 향리의 소아가 어느덧 호백구를 입는다네)" 같은 것인데, 이런 것이야말로 졸박 중의 졸박이라고 하겠다.

33.17 앞의 제30절에서 언급한 동자상대(同字相對)도 가장 고졸(古拙)한 변어(駢語)이다. 「고시십구수」에서 동자상대의 예를 뽑아보면 다음과 같다.

昔爲娼家女，今爲蕩子婦.
옛날에는 청루의 여인, 지금은 탕자의 아내.

(제2수)

兎絲生有時，夫婦會有宜.

새삼에게 한 철이 있듯이, 부부도 단란해야 할 것이다.

(제8수)

去者日以疏，來者日以親.

가버린 청춘은 날이 갈수록 멀어지고, 다가올 노년은 날이 갈수록 가까워진다.

(제14수)

古墓犁爲田，松柏摧爲薪.

옛무덤은 갈아엎어 밭이 되었고, 소나무 측백나무는 장작이 되었다.

(제14수)

相去日已遠，衣帶日已緩.

서로의 거리가 날로 멀어져 가니, 허리띠가 날마다 더욱 느슨해진다.

(제1수)

三五明月滿，四五蟾兎缺.

보름에는 밝은 달 둥글게 꽉 차고, 스무날에는 이지러진다.

(제17수)

上言長相思，下言久離別.

먼저 변함없는 그리움을 말하였고, 다음에 오랜 이별을 말하였다.

(제17수)

著以長相思，緣以結不解.

이불 속에 相思의 솜을 넣고, 가장자리를 실로 동여매야겠다.

(제18수)

('昔爲'·'去者' 두 연은 완전한 대장이고, '兎絲'·'古墓'·'三五'·'上言' 제연(諸聯)은 주종사조(主從詞組)와 등립사조(等立詞組)의 대장이고, '相去'·'著以' 두 연은 반대반부대(半對半不對)이다.)

33.18 당인(唐人)의 고풍에는 이와 같은 대장법이 대량으로 운용되어 있는데, 바로 이 점이 고풍이 율시와 구별되는 하나의 특징이기 때문이다. 예를 들면 다음과 같다.

33.19 (甲) 오언고시

1. 한 글자가 같은 것

寧棲野樹林, 차라리 들판의 수림 속에 거처하며
寧飮澗水流. 흐르는 계곡 물을 마시리.

— 왕유, 「獻始興公」

大**牛**隱層坂, 큰 소는 높은 제방에 숨고
小**牛**穿近林. 작은 소는 가까운 숲으로 들어갔다.

— 저광희(儲光羲), 「牧童詞」

一山盡天苑, 온 산이 다 황제의 동산이고
一峯開道宮. 한 봉우리가 道觀을 연다.

— 저광희, 「述降聖觀」

虎豹對**我**蹲, 호랑이와 표범이 나를 향해 웅크리고 있고
鸑鷟傍**我**飛. 神鳥와 자색 봉황이 내 곁을 날아간다.

— 저광희, 「雜詩」

下**有**枯樹根, 아래는 고목의 뿌리가 있고
上**有**鼯鼠窠. 위에는 다람쥐와 쥐의 보금자리가 있다.

— 왕창령(王昌齡), 「長歌行」

能使**江**月白, 강 위의 달을 하얗게 만들 수 있고
又令**江**水深. 또한 강물을 깊게 할 수 있다.

— 상건(常建), 「江上琴興」

漚紵爲縕袍, 　모시풀을 담가 솜 도포를 만들고
折麻爲長纓. 　삼을 꺾어서 긴 갓끈을 만든다.

— 상건, 「漁浦」

一射百馬倒, 　한 번 쏘면 백 마리의 말이 쓰러지고
再射萬夫開. 　두 번 쏘면 만 장부가 피해 비켜난다.

— 안진경(顔眞卿), 「贈裵將軍」

代馬不思越, 　북방의 대마는 남방의 월 땅을 그리워하지 않고
越禽不戀燕. 　남방의 월금은 북방의 연 땅을 그리워하지 않는다.

— 이백, 「古風」(제6수)

攀天莫登龍, 　하늘에 오른대도 용을 잡아타지 말고
走山莫騎虎. 　산을 달릴 때도 호랑이는 타지 말라.

— 이백, 「箜篌謠」

存者無消息, 　산 자는 소식이라곤 없고
死者爲塵泥. 　죽은 자는 흙이 되어 버렸다.

— 두보, 「無家別」

魂來楓林青, 　그대의 혼이 왔을 때 풍림은 푸르렀고
魂返關塞黑. 　그대의 혼이 돌아가니 관새는 어두웠다.

— 두보, 「夢李白」

射人先射馬, 　사람을 쏘려면 먼저 말을 쏘고
擒賊先擒王. 　도적을 잡으려면 먼저 두목을 잡아라.

— 두보, 「前出塞」

2. 두 글자가 같은 것

摘取芙蓉花, 　연꽃을 따서 취하고

莫摘**芙蓉**葉. 연잎은 따지 말라.

— 왕창령(王昌齡), 「越女」

徘徊**雙峰**下, 쌍봉 아래에서 배회하다가
惆悵**雙峰**月. 쌍봉의 달 바라보며 슬픔에 젖는다.

— 유장경(劉長卿), 「宿雙峰寺」

吏呼**一何**怒, 관리의 소리는 어찌 그리도 노여울까?
婦啼**一何**苦. 부인의 울음소리는 어찌 그리도 고통스러울까?

— 두보, 「石壕吏」

朝行**青泥**上, 아침에 푸른 진흙 위를 걸었는데
暮在**青泥**中. 저녁인데도 푸른 진흙 위에 있다.

— 두보, 「泥功山」

賢**有不**黔突, 墨子 같은 현인은 굴뚝을 그슬릴 시간이 없었고
聖**有不**煖席. 孔子 같은 성인은 앉은 자리를 데울 시간이 없었다.

— 두보, 「發同谷縣」

3. 세 글자가 같은 것

但**見萬里**天, 만 리의 하늘이 보일 뿐이고
不**見萬里**道. 만 리의 길은 보이지 않는다.

— 맹운경(孟雲卿), 「古別離」

在**山泉水**淸, 산에 있으면 샘물이 맑고
出**山泉水**濁. 산을 떠나면 샘물이 흐리다.

— 두보, 「佳人」

甚愧**丈人**厚, 어르신의 후의에 몹시 부끄럽고

甚知丈人眞. 어르신의 진정을 깊이 알고 있습니다.

—두보, 「奉贈韋左丞丈」

高者未必賢, 높은 자라고 반드시 현명하지는 않고
下者未必愚. 낮은 자라고 반드시 어리석지는 않다.

—백거이(白居易), 「澗底松」

分不兩相守, 헤어지면 둘이 함께 지키지 못하고
恨不兩相思. 둘이 서로 그리워하지 못함이 한스럽다.

—원진(元稹), 「古決絶詞」

4. 네 글자가 같은 것

朝亦常苦饑, 아침에도 늘 굶주림에 고통스럽고
暮亦常苦饑. 저녁에도 늘 굶주림에 고통스럽다.

—맹운경(孟雲卿), 「悲哉行」

33.20 (乙) 칠언고시

1. 한 글자가 같은 것

此時惜別詎堪聞, 이때 이별이 안타까워 차마 어이 들으리?
此地相看未忍分. 여기서 서로 만나니 차마 헤어질 수 없다.

—이백, 「鳳吹笙曲」

小兒學問止論語, 어린시절의 학문은 논어에서 그치고
大兒結束隨商旅. 장성하면 갖추어 입고 商旅를 따른다.[217)]

—두보, 「最能行」

217) 텍스트에는 '小兒'와 '大兒'의 위치가 뒤바뀌어 있다.

魯人皆解帶弓箭,　　魯人은 모두 활과 화살을 몸에 지닐 줄 알았고
齊人不復聞簫韶.　　齊人은 더 이상 음악 소리를 들을 수 없었다.

— 유우석(劉禹錫), 「平齊行」

郢人斤斫無痕跡,　　영인의 도끼질에는 흔적이 없고
仙人衣裳棄刀尺.　　선인의 의상은 칼과 자가 필요 없다.

— 유우석, 「翰林白二十二學士」

郊廟登歌贊君美,　　교묘에 올라 부르는 노래는 군주의 미덕을 칭송하고
樂府艶詞悅君意.　　악부의 고운 가사는 군주의 마음을 즐겁게 한다.

— 백거이, 「采詩官」

君耳唯聞堂上言,　　군주의 귀는 오직 당상관의 말만을 듣고
君眼不見門前事.　　군주의 눈은 대문 앞의 일을 보지 못한다.

— 백거이, 「采詩官」

十一把鏡學點妝,　　열한 살에 거울을 들고 화장을 배우고
十二抽鍼能綃裳.　　열두 살에 바느질로 옷을 지을 줄 알았다.

— 백거이, 「簡簡吟」

黃雞催曉丑時鳴,　　누런 닭이 새벽을 재촉하느라 丑時에 울고
白日催年酉前沒.　　하얀 해가 세월을 재촉하느라 酉時 전에 진다.

— 백거이, 「醉歌」

2. 두 글자가 같은 것

苦竹嶺頭秋月輝,　　고죽령 꼭대기에 가을 달이 빛나고
苦竹南枝鷓鴣飛.　　고죽의 남쪽 가지 위로 자고새가 날아간다.[218]

— 이백, 「山鷓鴣詞」

218) 텍스트에는 '飛'가 '啼'로 되어 있는데, 『李白集校注』에 의거하여 바꾸었다.

有身**莫**犯飛龍鱗, 스스로 비룡의 역린을 건드리지 말고
有手**莫**辮猛虎鬚. 손으로 맹호의 수염을 잡아당기지 말라.

— 이백, 「對雪醉後」

二十有九卽帝位, 이십구 세에 황제에 즉위하여
三十有五致太平. 삼십오 세에 태평성대를 이루었다.

— 백거이, 「七德舞」

貪吏害民**無所**忌, 탐관오리는 백성을 해치며 꺼리는 것이 없고
奸臣蔽君**無所**畏. 간신배는 군주를 가리며 두려워하는 것이 없다.

— 백거이, 「采詩官」

不根**而**生從意生, 뿌리가 없는데도 나는 것은 뜻에서 나는 것이고
不筍**而**成由筆成. 새순이 없는데도 자란 것은 붓에서 자란 것이다.

— 백거이, 「畵竹歌」

妾**年**四**十**絲滿頭, 소첩은 나이 사십에 온 머리 하얗게 세었고
郎**年**五**十**封公侯. 낭군은 나이 오십에 공후에 봉해졌습니다.

— 진우(陳羽), 「古意」

伶倫**以之**正音律, 영륜은 그것으로 음률을 바르게 하였고
軒轅**以之**調元氣. 헌원은 그것으로 우주의 기운을 조절했다.

— 이하(李賀), 「苦篁調嘯引」

君言似曲屈如鉤, 그대의 말 곡조 같아서 갈고리처럼 굽었고
君言好直舒爲箭. 그대의 말 곧은 걸 좋아하여 화살처럼 뻗는다.

— 원진, 「胡旋女」

3. 세 글자가 같은 것

先生有道出羲皇, 선생은 도를 지닌 것이 복희씨를 넘고

先生有才過屈宋.　　선생은 재능이 屈原과 宋玉을 능가한다.

— 두보, 「醉時歌」

遂州城中漢節在,　　수주성 안에는 천자의 부절이 있고
遂州城外巴人稀.　　수주성 밖에는 巴蜀의 백성 드물다.

— 두보, 「去秋行」

胡旋之義世莫知,　　호선녀의 의로움은 세상에 아는 사람 없지만
胡旋之容我能傳.　　호선녀의 용모는 내가 세상에 전할 수 있다.

— 원진, 「胡旋女」

昨**日之日**不可追,　　어제라는 날은 뒤쫓을 수 없고
今**日之日**須臾期.　　오늘이라는 날은 순간에 불과하다.

— 노동(盧仝), 「歎昨日」

義心**如石**屹**不**轉,　　의로운 마음 바위처럼 우뚝 솟아 바뀌지 않고
死節**如石**確**不**移.　　굳은 신념 바위처럼 확고하여 움직이지 않는다.

— 백거이, 「靑石」

彈**琴人似**膝上琴,　　거문고를 타는 사람은 무릎 위의 거문고 같고
聽**琴人似**匣中弦.　　거문고를 듣는 사람은 상자 속의 시위 같다.

— 노동, 「聽蕭君姬人彈琴」

4. 네 글자가 같은 것

君勿矜**我**玉**可**切,　　옥을 끊을 수 있다고 나에게 자랑 말고
君勿誇**我**鐘**可**制.　　종을 자를 수 있다고 나에게 자랑 말라.

— 백거이, 「鴉九劍」

33.21 마지막으로 양련상대(兩聯相對)에 대해 이야기해보자. 양련상대는 앞의 연과 뒤의 연이 대장을 이루는 것이다. 다음에 예를 들어본다.

相思長相思,　그리움, 영원한 그리움
相思無限極;　그리움에 끝도 한도 없다;
相思苦相思,　그리움, 고달픈 그리움
相思損容色.　그리움에 용모가 손상된다.

—진우(陳羽), 「長相思」

勸君掩鼻君莫掩,　코를 가리기를 권해도 가리지 마시게
使君夫婦爲參商.　그대 부부를 參星과 商星이 되게 한다네.
勸君掇蜂君莫掇,　벌을 집어내라고 권해도 집어내지 마시게
使君父子成豺狼.　그대 부자를 승냥이와 이리가 되게 한다네.

—백거이, 「天可度」

太行之路能摧車,　태행산 길은 수레를 부술 수 있다지만
若比人心是坦途;　사람의 마음과 비교하면 탄탄대로라네.
巫峽之水能覆舟,　무협의 물은 배를 전복시킬 수 있다지만
若比人心是安流.　사람의 마음과 비교하면 안전한 흐름이네.

—백거이, 「太行路」

爲君熏衣裳,　그대를 위해 의상에 향을 쪼이리니
君聞蘭麝不馨香;　난과 사향의 냄새도 향기롭지 않으리.
爲君盛容飾,　그대를 위해 화장하고 장식하리니
君看金翠無顏色.　황금과 비취를 보아도 빛깔이 죽으리.

—백거이, 「太行路」

人畫竹身肥擁腫,　타인의 그림은 죽신이 통통하여 불거져 나왔는데
蕭畫莖瘦節節竦.　蕭悅의 그림은 줄기가 야위어 마디마디 우뚝 솟았다.
人畫竹梢死羸垂,　타인의 그림은 대 끝이 죽어서 볼품없이 드리웠는데
蕭畫枝活葉葉動.　소열의 그림은 가지가 살아서 잎새마다 생동한다.

—백거이, 「畫竹歌」

文帝卻之不肯乘,　문제는 그것을 물리치고 타려하지 않아서

千里馬去漢道興.	천리마가 사라지자 漢 왕실이 흥성했다.
穆王得之不肯戒,	목왕은 그것을 얻고서 경계하려 하지 않아
八駿駒來周室壞.	여덟 필의 준마가 오자 周 왕실이 무너졌다.

— 백거이, 「八駿圖」

그러나 이와 같은 대장은 왕왕 일부분 또는 한두 글자만 표면적으로 대를 이룰 뿐이다(동자상대(同字相對) 또는 이자상대(異字相對) 모두 괜찮다). 나머지 글자는 착종상대(錯綜相對)이거나 뜻으로는 대가 되지만 말 자체는 대가 되지 않는다. 다음 예를 보자.

頭上何所有?	머리 위에는 무엇이 있는가?
翠微㔩葉垂鬢脣.	세밀한 비취 꽃잎 장식이 귀밑머리 가에 드리워 있다.
背後何所見?	등 뒤에는 무엇이 보이는가?
珠壓腰衱穩稱身.	구슬에 눌린 허리띠가 몸에 잘 어울린다.

— 두보, 「麗人行」

大兒九齡色清澈,	큰아이는 아홉 살로 안색이 맑고 밝아
秋水爲神玉爲骨.	표정이 가을 물 같고 뼈대는 옥과 같다.
小兒五歲氣食牛,	작은 아이는 다섯 살로 기개가 소를 먹을 듯하여
滿堂賓客皆回頭.	온 방안의 빈객들이 다 머리 돌려 바라본다.

— 두보, 「徐卿二子歌」

昔沒賊中時,	옛날 반군 가운데 갇혀 있을 때
潛與子同遊.	몰래 그대와 함께 돌아다녔는데
今歸行在所,	지금 행재소에 돌아와서는
王事有去留.	나랏일로 떠나고 머무름이 있다.

— 두보, 「送韋十六評事」

小魚脫漏不可記,	작은 고기는 어망을 빠져나간 것이 셀 수 없이 많은데
半死半生猶戢戢.	반쯤 죽고 반쯤 살아서 입만 벙긋거린다.

大魚傷損皆垂頭, 큰 고기는 상처를 입어 모두 대가리가 늘어졌는데
屈强泥沙有時立. 진흙 속에서 뻗대며 때때로 몸을 일으킨다.

— 두보, 「又觀打魚」

昔公爲善日不足, 지난날 공은 선을 행함에 날이 부족하여
假寐待旦朝至尊. 선잠을 자며 아침을 기다렸다가 지존을 알현했다.
今君三十朝未與, 지금 그대는 삼십에도 조정에 참여하지 못했으니
得不寸晷倍璵璠. 어찌 잠시의 시간이 보옥의 갑절만큼 귀하지 않으리?

— 원진(元稹), 「去杭州」

第一第二弦索索, 첫째 현과 둘째 현이 가늘게 솔솔거리니
秋風拂松疏韻落. 가을바람이 소나무를 스치듯 담아한 운치가 떨어진다.
第三第四弦泠泠, 셋째 현과 넷째 현이 맑게 울려 퍼지니
夜鶴憶子籠中鳴. 밤에 학이 새끼 생각하며 새장 속에서 우는 듯하다.

— 백거이(白居易), 「五弦彈」

吾君修己人不知, 우리 군주께서 덕을 닦아도 백성은 모르니
不自逸兮不自嬉. 스스로 방탕하지도 즐겁게 놀지도 않으신다.
吾君愛人人不識, 우리 군주께서 백성을 사랑해도 백성은 모르니
不傷財兮不傷力. 백성들의 재산과 힘을 손상시키지 않으신다.

— 백거이, 「驪宮高」

去歲嘉禾生九穗, 작년엔 잘 자란 벼에 수많은 이삭이 팼는데도
田中寂寞無人至. 전답엔 적막이 감돌뿐 아무도 와보지 않았다.
今年瑞麥分兩岐, 금년엔 상서로운 보리가 두 갈래로 나뉘었는데
君心獨喜無人知. 임금님만 기뻐할 뿐이지 아무도 이를 모른다.

— 백거이, 「牡丹芳」

三月無雨旱風起, 삼월에 비는 없고 마른 바람 불더니
麥苗不秀多黃死. 보리 싹 패지 못하고 누렇게 말라버렸다.
九月降霜秋早寒, 구월에 서리 내리고 초가을부터 쌀쌀하더니

禾穗未熟皆青乾. 벼이삭 익기도 전에 모두 퍼렇게 말라버렸다.

—백거이, 「杜陵叟」

不如林中鳥與鵲, 차라리 숲 속의 새와 까치처럼 살고 싶다
母不失雛雄伴雌. 어미는 새끼 잃지 않고 암수가 함께 있으니.
應似園中桃李樹, 동산의 복숭아와 자두나무처럼 되어야 하니
花落隨風子在枝. 바람 따라 꽃은 져도 열매가 가지에 남지 않는가!

—백거이, 「母別子」

33.22 양련상대(兩聯相對)는 백거이가 가장 즐겨 사용하였다. 그가 어느 정도로 즐겨 사용했는가 하면 심지어 율시에도 이를 사용하였다(제15절을 보라). 그러나 이 대장은 결국 고풍 특유의 것으로 간주되었고, 이것과 동자상대(同字相對)가 왕왕 함께 사용되었다.

제34절 고체시의 구식(句式)

34.1 고체시의 구식은 이치대로라면 응당 고대 산문의 구식이다. 그러나 고대 산문이 4언 위주인 반면에 고시는 5언 위주여서(이 같은 현상은 魏晋 이후에 이르러 더욱 두드러졌다), 둘 사이에 한 글자의 차이가 있으므로 구식의 차이도 왕왕 여기서 비롯된다. 다시 말하면 시의 언어는 결국 산문의 언어와 완전히 같을 수 없다. 다만 그 차이는 율시와 산문처럼 그렇게 심각하지 않을 따름이다.

34.2 고풍은 옛것을 모방한 것이므로 응당 고시를 모범으로 받는다. 따라서 고체시의 구식을 분석하려면 당(唐) 이후의 '고풍(古風)'에 근거하기보다는 당 이전의 고시에 근거하는 것이 좋다. 왜냐하면 당 이후의

'고풍'에는 '율화(律化)'된 구식이 있기 때문이다(다음 절을 보라). 「고시십구수(古詩十九首)」는 고시의 한 전형인데다 편폭 또한 길지 않아서 우리는 이것을 분석의 근거로 삼고자 한다. 이와 같은 분석은 물론 완비된 분석으로 볼 수 없지만 이것으로 그 대강을 얻을 수 있으므로 이로부터 고금시(古今詩) 구식(句式)의 이동(異同)을 살필 수 있을 것이다.

34.3 분석의 순서는 대체로 제16절부터 제18절까지의 순서에 따를 것이다. 글자를 고딕체로 진하게 표시한 곳은 그것이 고풍 특유의 구식임을 표시하는데, 그들 대다수가 산문과 가까워서 근체시와는 현저한 차이가 있다. 근체시에서 그와 같은 구식을 사용했더라도 고구(古句)를 사용한 것으로 볼 수 있을 것이다. 또한 명조체로 강조한 곳은 그와 같은 구식이 율시에서, 특히 가운데 두 연의 대장에서는 매우 드물게 나타난다는 것을 표시한다.

34.4 이제 「고시십구수」의 구식을 분석해보면 다음과 같다.

(甲) 간단구(簡單句)

(1) 앞의 네 글자가 주어이고, 마지막 글자가 술사(述詞)인 것

1.1. fnfN-V
孟冬寒氣至. 초겨울의 추위가 이르렀다.

(2) 앞의 세 글자가 주어이고, 마지막 두 글자가 술어인 것

2.1. fnN-d(SF)
故人心尙爾. 옛 친구의 마음은 여전히 이와 같다.

2.2. fsN-V-N
美者顔如玉. 아름다운 사람의 얼굴은 옥과 같다.

(3) 앞의 두 글자가 주어 또는 방위어이고, 중간의 한 글자가 술사(述詞)이고, 마지막 두 글자가 목적어 · 표어(表語) 또는 방위어인 것

3.1.a1. fN-V-fN

長衢羅夾巷. 큰 거리에는 작은 골목들이 늘어서 있다.

故人惟古懽. 옛 친구는 지난날의 기쁨을 생각한다. (惟, 思也)

3.1.a2. nN-V-fN

玉衡指孟冬. 옥형성이 북서쪽을 가리키고 있다.

3.1.b. tN-V-qN

東風搖百草. 봄바람이 온갖 풀을 흔든다.

3.1.c. fN-V-cN

浮雲蔽白日. 뜬 구름이 하얀 해를 가린다.

3.1.d. cN-V-fN

白露霑野草. 흰 이슬이 들풀을 적신다.

綠葉發華滋. 푸른 잎에 꽃이 무성하게 피었다.[219)]

3.1.e. bN-V-tN

胡馬依北風, 북에서 온 호마는 북풍에 기대고

越鳥巢南枝. 남에서 온 월조는 남쪽 가지에 깃든다.

3.2.a. fN-(FV)-nN

明月皎夜光. 밝은 달이 밤빛을 교교하게 낸다.

3.2.b. cN-(FV)-fN

白楊多悲風. 백양나무에 슬픈 바람이 많다.

219) 여기서 '華滋'는 fN으로 보기 어렵다. '華'가 꽃이고 '滋'가 '무성하다'는 뜻의 형용사이므로 NF로 보아야 한다.

3.2.c. nN-(FV)-fN

蘭澤多芳草. 진펄에는 향기로운 풀이 많다.

3.3. fN-d( )-sN

虛名復何益? 헛된 이름이 또 무슨 소용인가?

3.4.a. NN-V-nN

年命如朝露. 목숨은 아침이슬과 같다.

3.4.b. NN-V-fN

松柏夾廣路. 소나무 측백나무가 큰 길을 끼고 있다.

3.5.a. BB-(FV)-fN

燕趙多佳人. 연 땅과 조 땅에는 가인이 많다.

3.5.b. NN-(FV)-NN

王侯多第宅. 왕과 제후에게는 저택이 많다.

馨香盈懷袖. 향기가 품과 소매에 가득 찼다.

3.6.a. nN-V-NN

人生非金石. 사람의 삶은 무쇠나 바위가 아니다.

3.6.b. fN-V-NN

極宴娛心意. 질탕한 잔치로 마음을 즐겁게 한다.

3.6.c. NX-V-FX(=NN)

蟋蟀傷局促. 귀뚜라미는 촉박하게 흘러가는 시간에 상심한다.

3.7.a. NX-V-NX

免絲附女蘿. 새삼이 여라에 붙어 있다.

3.7.b. NX-V-fN

晨風懷苦心. 송골매는 쓰라린 마음을 품고 있다. (晨風, 鸇也)

3.8. qN-V-FR(=NN)

一心抱區區. 한결같은 마음으로 조그만 眞情을 안고 있다.

3.9.a. fN←V-bN

錦衾遺洛浦. 비단 이불을 낙포에서 잃었다.

3.9.b. NX-V-tn

促織鳴東壁. 귀뚜라미가 동쪽 벽에서 운다.

3.9.c. nN-V-qN

人生寄一世. 인생이 한 세상을 더부살이하다.

3.9.d. nN-V-nt

秋蟬鳴樹間. 가을 매미가 나무 사이에서 운다.

3.10.a. nt-V-fN

庭中有奇樹. 뜰 안에 진기한 나무가 있다.

3.10.b. tt-V-fN

西北有高樓. 북서쪽에 높은 누각이 있다.

(4) 앞의 두 글자가 주어 또는 시간어나 방위어이고, 중간의 두 글자가 동사어이고, 마지막 글자가 목적어인 것.

4.1. FF(=NN)-dV-N

盛衰各有時. 영고성쇠는 각기 때가 있다.

4.2. fN-(fd)V-N

新聲妙入神. 새로운 소리가 묘하게 신비에 든다.

4.3. nN-dV-(VN)
人生忽如寄. 인생은 홀연히 더부살이와 같다.

4.4. (vf)N-dV-(VN)
游子不顧返. 나그네는 돌아올 것을 생각하지 않는다.

4.5. (vf)N-dV-(QN)
生年不滿百. 사는 해가 백 년을 채우지 못한다.

4.6.a. fN-dV-N
終日不成章. 종일토록 무늬를 이루지 못한다.

4.6.b. qn(fd)V-N
千里遠結婚. 천리나 멀리 혼인을 맺었다.

(5) 앞의 두 글자가 명사어이고, 중간의 한 글자가 개사(介詞)이고, 마지막 두 글자가 동사와 그 목적어인 것

5.1. fN←p-V-N
榮名以爲寶. 영광된 이름을 보배로 삼는다.

(6) 앞의 두 글자가 명사어이고, 중간의 두 글자가 부사어이고, 마지막 한 글자가 동사인 것.

6.1. fN-(fd)dV
空牀難獨守. 빈 침상을 홀로 지키기 어렵다.

6.2. fN-d(sd)V
賤妾亦何爲? 천한 계집이 또 무엇을 하리?

6.3. sN-(sd)dV

此物何足貴? 이 물건이 어찌 족히 귀할까?

6.4.a. NN-ddV

冠帶自相索. 의관을 갖춘 인물들이 스스로 서로 찾아다닌다.

聖賢莫能度. 성현도 건너뛸 수 없었다.

時節忽復易. 시절은 갑자기 다시 바뀐다.

6.4.b. NN-(fd)dV

歡樂難具陳. 즐거움을 구체적으로 진술하기 어렵다.

6.5. qN-ddV

兩宮遙相望. 두 궁전이 멀리서 서로 바라본다.

萬歲更相送. 만 년 동안 거듭하여 장사지내 왔다.

6.6. qN-ddV

千載永不寤. 천 년 동안 계속 깨어나지 않는다.

(7) 앞의 두 글자가 명사어이고, 중간의 두 글자가 부사어이고, 마지막 한 글자가 형용사인 것

7.1.a. NN-ddF

歲月忽已晚. 세월이 갑자기 이미 저물었다.

7.1.b. fN-ddF

涼風率已厲. 서늘한 바람이 갑자기 이미 매섭다.

7.2. nN-(fd)dF

秋草萋已綠. 가을 풀은 무성하게 이미 푸르다.

7.3. nN-(nd)dF

衣帶日已緩. 허리띠가 날마다 느슨해진다.

7.4. vs(=N)-(nd)dF

去者日以疏, 가버린 청춘은 날이 갈수록 멀어지고

來者日以親. 다가올 노년은 날이 갈수록 가까워진다.

('來者'를 '生者'로 쓰기도 한다.)

7.5. n(VN)-ddF

客行雖云樂. 나그네 길에 비록 즐거움도 있다고 한다.

7.6.a. NN-qs(=dd)F

音響一何悲! 음향이 그 얼마나 슬픈가!

7.6.b. nN-qs(=dd)F

歲暮一何速! 해 저무는 것이 그 얼마나 빠른가!

(8) 앞의 두 글자가 명사어이고, 중간의 한 글자가 부사이고, 마지막 두 글자가 평행동사인 것

8.1. qN-dVV

斗酒相娛樂. 말술로 서로 즐거워한다.

四時更變化. 사철이 번갈아 변화한다.

(9) 앞의 두 글자가 명사어이고, 중간의 한 글자가 부사이고, 마지막 두 글자가 첩자(疊字) 또는 연면자(連緜字)인 것

9.1.a. fN-(sd)FR

衆星何曆曆! 뭇 별들이 얼마나 또렷한가!

明月何皎皎! 밝은 달이 얼마나 교교한가!

9.1.b. cN-(sd)FR

白楊何蕭蕭! 백양나무는 얼마나 쓸쓸한가!

9.1.c. tN-(sd)FX

北風何慘慄! 북풍은 얼마나 지독히 추운가!

9.2. Bt-(sd)FR

洛中何鬱鬱! 낙양성 안은 얼마나 복닥거리는가!

(10) 앞의 두 글자가 명사어이고, 중간의 한 글자가 형용사이고, 마지막 두 글자가 첩자(疊字)인 것

10.1. fN-F-fr

長路漫浩浩. 기나긴 길은 아득히 끝이 없다.

(11) 앞의 두 글자가 명사어이고, 제3자·제5자가 형용사이고, 제4자가 연사(連詞)인 것

11.1. NN-FpF

道路阻且長. 길이 험하고도 멀다.

河漢淸且淺. 은하수는 맑고도 얕다.

11.2. tN-FpF

東城高且長. 동쪽 성이 높고도 길다.

(12) 앞의 두 글자가 시간어이고, 뒤의 세 글자가 문장형식인 것

12.1.a. qq(=nn)-fN-F

三五明月滿. 보름에는 밝은 달이 둥글다.

12.2.b. qq(=nn)-NN-F

四五蟾兎缺. 스무날에는 달이 이지러진다.

12.2. qn-N-dV

三歲字不滅. 삼 년이 지나도 글자가 지워지지 않는다.

(13) 제1자가 주어이고, 제2자가 동사이고, 마지막 세 글자가 목적어 또는 방위어인 것

13.1. N-V-nn(FN)

壽無金石固. 수명에는 무쇠나 바위의 영구성이 없다.

13.2. N-V-nnt

人生天地間. 사람이 천지간에 살아간다.

(14) 앞의 두 글자가 동사와 그 목적어이고, 마지막 세 글자가 방위어인 것

14.1.a. V-N-bxt

結根泰山阿. 태산의 비탈에 뿌리를 박았다.

14.1.b. V-N-nnt

置書懷袖中. 품의 소매 속에 편지를 두었다.

(15) 제1자가 주어이고, 중간의 두 글자가 동사어이고, 마지막 두 글자가 명사어인 것

15.1. S-dV-fN

君亮執高節. 그대는 진실로 높은 지조를 지녔다.

15.2. S-(vd)V-sN

誰能爲此曲? 누가 이 곡조를 지을 수 있을까?

(16) 제1자가 주어이고, 제2자가 부사이고, 제3자 · 제4자가 병행동사이고, 마지막 글자가 목적어인 것

16.1. S-(vd)VV-S

誰能別離此? 누가 이곳을 떠날 수 있을까?

(17) 앞의 두 글자가 동사어이고, 뒤의 세 글자가 목적어인 것

17.1.a. dV-(nf)nN

昔爲娼家女. 옛날에는 청루의 여인이었다.

17.1.b. dV-fnN

今爲蕩子婦. 지금은 탕자의 아내이다.

17.2. dV-ntN

遙望郭北墓. 멀리 성곽 북쪽의 무덤을 바라본다.

17.3. dV-qnN

常懷千歲憂. 늘 천 년의 근심을 품고 있다.

17.4.a. dV-nn(FN)

良無金石固. 참으로 무쇠나 바위의 영구성이 없다.

17.4.b. dV-nxN

亮無晨風翼. 실로 송골매의 날개가 없다. ('晨風', 鸇也)

17.5. dV-NpN

但見丘與墳. 다만 언덕과 무덤이 보일 뿐이다.

17.6.a. dV-fNN

先據要路津. 먼저 좋은 목을 차지한다.

17.6.b. (vd)V-fNN

思還故里閭. 고향으로 돌아가고 싶다.

17.7.a. t-V-nnN

上有弦歌聲. 위에는 거문고 노래 소리가 있다.

17.7.b. t-V-f(vf)N

下有陳死人. 밑에는 해묵은 주검들이 있다.

(18) 앞의 세 글자가 동사어이고, 뒤의 두 글자가 목적어인 것

18.1.a. ddV-fn

又不處重闈. 또 안방에서 모습이 사라진다.

18.1.b. (sd)dV-fN

何不策高足? 어찌 닫는 말에 채찍질하지 않는가?

18.2.a. ddV-FF(=NN)

無爲守貧賤. 가난과 비천함을 지킬 것 없다.

18.2.b. (sd)(vd)V-NX

何能待來茲? 어떻게 내년을 기다릴 수 있을까?

(19) 앞의 두 글자가 부사어이고, 중간의 한 글자가 개사(介詞)이고, 마지막 두 글자가 평행동사인 것

19.1. (fd)d-p-VV

難可與等期. 그와 대등하게 되기를 기대하기 어렵다.

(20) 앞의 두 글자가 동사어이고, 뒤의 세 글자가 방위어인 것

20.1. dV-(nf)qn
各在天一涯. 각기 하늘 한 끝에 있다.

20.2. dV-qqn
相去萬餘里. 서로 만 여 리나 떨어져 있다.

20.3. dV-cnt
潛寐黃泉下. 황천 아래 깊이 잠들어 있다.

(21) 앞의 두 글자가 평행동사이고, 뒤의 세 글자가 목적어 또는 방위어인 것

21.1. VV-nNN
被服羅裳衣. 비단 치마 저고리를 입었다.

21.2.a. VV-Npn
被服紈與素. 깁과 명주 옷을 입었다.

21.2.b. VV-bpb
游戲宛與洛. 宛縣과 洛陽에서 논다.

(22) 앞의 두 글자가 개사와 그 목적어이고, 뒤의 세 글자가 동사와 그 방위어인 것

22.1. pn-V-nt
以膠投漆中. 아교를 옻칠 속에 던져 넣었다.

(23) 제1자가 방위사이고, 중간의 세 글자가 개사와 그 목적어이고, 마지막 글자가 동사인 것

23.1. t-pfn-V

上與浮雲齊. 위로는 뜬구름과 나란하다.

(24) 앞의 두 글자가 개사와 그 목적어이고, 뒤의 세 글자가 술어형식인 것

24.1. pn-V-fN

與君爲新婚. 그대와 신혼이다.

24.2. pn-(vd)VV

與君生別離. 그대와 생이별이다.

(25) 앞의 두 글자가 부사어이고, 뒤의 세 글자가 동사어 또는 형용어인 것

25.1.a. d(vd)(fd)FF

焉能長壽考? 어찌 영원히 살 수 있으리?

25.1.b. dddVV

何爲自結束! 무엇 때문에 스스로 결박 짓는가!

25.2.a. d(vd)d(fd)F

焉得不速老? 어찌 빨리 늙어간 것이 아니랴?

25.2.b. (vd)(vd)d(fd)V

願得常巧笑. 원컨대 늘 귀엽게 웃기 바란다.

(26) 제1자가 부사이고, 나머지 네 글자가 피동식인 것

26.1. (fd)v-N-dV

多爲藥所誤. 대부분 약에 의해 잘못 되었다.

26.2. dv-fn-V

但爲後世嗤. 다만 후세의 웃음거리가 되었다.

(27) 앞의 두 글자가 '者'자를 대동한 형용사이고, 중간의 두 글자가 평행동사이고, 마지막 글자가 명사인 것

27.1. (fs=N)-VV-N

愚者愛惜費. 어리석은 자는 비용을 아까워한다.

(28) 앞의 두 글자가 명사로 사용된 술어형식이고, 중간의 두 글자가 개사와 그 목적어이고, 마지막 글자가 동사인 것

28.1. (vn=N)-ps-V

同袍與我違. 두루마기 함께 하는 것이 나와는 어긋났다.

(29) 제1자가 동사이고, 나머지 네 글자가 목적어인 것

29.1. V-snnN

照我羅牀幃. 내 침상의 비단 휘장을 비춘다.

(30) 제1자가 동사이고, 제2자가 간접목적어이고, 나머지 세 글자가 직접목적어인 것

30.1. V-S-qNX

遺我一書札. 나에게 편지 한 통을 주었다.

30.2. V-S-qnN

遺我一端綺. 나에게 비단 반 필을 주었다.

(31) 앞의 두 글자가 첩자(疊字)이고, 뒤의 세 글자가 문장형식인 것

31.1. fr-NN-V

浩浩陰陽移. 끝없이 시간은 흘러간다.

31.2. fr-N-dF

凜凜歲云暮. 냉랭하게 한 해가 저문다.

(32) 앞의 두 글자가 첩자 또는 연면자(連緜字)이고, 뒤의 세 글자가 술어형식인 것

32.1.a1. fr-V-nN

悠悠隔山陂. 아득하게 산과 비탈이 가로막았다.

32.1.a2. fr-V-fN

纖纖出素手. 가냘프게 하얀 손을 내민다.
纖纖擢素手. 가냘프게 하얀 손을 꺼낸다.
悠悠涉長道. 유유히 먼 길을 지나온다.
杳杳即長暮. 빛이 없이 영원한 어둠 속이다.

32.1.b. fx-V-fN

慷慨有餘哀. 비분강개하여 남은 슬픔이 있다.

32.2.a. fr-V-NN

皎皎當戶牖. 달빛 교교한 창문 앞에 선다.
札札弄機杼. 절꺼덕 절꺼덕 베를 짠다.

32.2.b. fx-V-NN

奄忽若飆塵. 순간에 사라지는 것이 폭풍 속의 티끌과 같다.

32.3. fr-V-VN

蕭蕭愁殺人. 쓸쓸히 시름겨워 사람 죽겠다.

(33) 앞의 두 글자가 첩자 또는 연면자이고, 뒤의 세 글자가 동사어인 것

33.1.a. fr-d(vd)V

脈脈不得語. 정을 머금은 채 말을 하지 못한다.

33.1.b. fx-ddV

逶迤自相屬. 구불구불 서로 이어져 있다.

33.2. fr-(sd)dV

戚戚何所迫? 근심 걱정이 어디서 닥치랴?

(34) 앞의 두 글자가 연면자이고, 중간의 한 글자가 부사이고, 마지막 두 글자가 평행형용사인 것

34.1. fx-dFF

轗軻長苦辛. 불우하게 언제나 고달프고 쓰라리다.

34.5 (乙) 복잡구(複雜句)

(35) 앞의 네 글자가 문장형식이고, 마지막 글자가 술어인 것

35.1. NX-(nd)V-F

螻蛄夕鳴悲. 땅강아지가 저녁에 우는 소리 슬프다.

(36) 앞의 세 글자가 의미상 피동식이고, 뒤의 두 글자가 술어형식인 것

36.1. fN←V-V-N

古墓犁爲田. 옛 무덤은 갈아엎어 밭이 되었다.

36.2.　NN←V－V-N

松柏摧爲薪.　소나무 측백나무는 꺾이어 장작이 되었다.

(37) 앞의 세 글자가 문장형식이고, 뒤의 두 글자가 동사와 그 목적어인 것

37.1.　(vf)N-F－V-N

游子寒無衣.　나그네는 추위에 옷이 없다.

37.2.a.　NN-V－V-N

夫婦會有宜.　부부가 만나면 단란해야 한다.

37.3.b.　NX-V－V-N

兎絲生有時.　새삼이 나는 것도 때가 있다.

(38) 앞의 세 글자가 문장형식이고, 뒤의 두 글자가 동사어 또는 형용어인 것

38.1.a.　fN-V－dV

蕩子行不歸.　탕자는 떠나가서 돌아오지 않는다.

38.1.b.　cN-V－dV

玄鳥逝安適?　제비는 떠나서 어디로 가는가?

38.2.　NN-V－(sd)F

軒車來何遲!　칸막이 수레는 오는 것이 어찌나 늦는지!

(39) 앞의 두 글자가 문장형식이고, 뒤의 세 글자가 포잉구(包孕句)[220]

220) 包孕句는 동사의 목적어가 주어와 술어로 이루어진 것을 가리킨다.

인 것

39.1.a.　N-F－V-NF

弦急知柱促.　현이 팽팽하니 雁足이 밭음을 알겠다.

愁多知夜長.　근심이 많아서 밤이 길다는 것을 알겠다.

39.1.b.　N-F－(FV)-NF

晝短苦夜長.　낮은 짧고 밤이 길어 괴롭다.

(40) 앞의 두 글자가 문장형식이고, 뒤의 세 글자가 부사·동사와 그 목적어인 것

40.1.　N-F－dV-S

路遠莫致之.　길이 멀어 그것을 보내지 못한다.

(41) 앞의 두 글자가 문장형식이고, 뒤의 세 글자가 동사 및 평행명사인 것

41.1.　N-V－V-NN

淚下沾裳衣.　눈물이 떨어져 옷을 적신다.

(42) 앞의 두 글자가 동사와 그 목적어이고, 뒤의 세 글자가 동사 및 명사어인 것

42.1.a.　V-N－V-fN

驅車策駑馬.　둔한 말 채찍질하며 수레를 몬다.

彈箏奮逸響.　쟁을 타서 뛰어난 음향을 떨친다.

當戶理淸曲.　지게문을 대하고 맑은 곡을 연주한다.

枉駕惠前綏.　수레를 몰고 와 손잡이를 내민다.

42.1.b.　V-N－V-qN

垂涕霑雙扉.　눈물을 흘리니 두 문짝이 젖는다.

42.1.c.　V-N－V-tN

驅車上東門.　수레를 몰아 동문에 이르렀다.

馳情整中帶.　가슴이 뛰는 것을 허리띠로 매만졌다.

42.2.a.　V-N－V-sN

識曲聽其眞.　곡을 아는 이는 그 진리를 듣는다.

攀條折其榮.　가지를 당겨 그 꽃을 꺾는다.

42.2.b.　V-N－(NV)-sN

銜泥巢君屋.　진흙을 물어다 그대 집에 보금자리를 짓는다.

42.3.　V-N－V-(dV=N)

齊心同所願.　마음을 함께 하며 원하는 것이 같다.

42.4.　V-N－V-(vf)N

棄我如遺迹.　헌 신짝처럼 나를 버린다.

42.5.　V-N－V-NN

含英揚光輝.　향기를 품고 빛을 발한다.

努力加餐飯.　힘을 내서 밥을 더 든다.

42.6.　V-N－V-NX

涉江采芙蓉.　강을 건너 연꽃을 딴다.

(43) 앞의 두 글자가 동사와 그 목적어이고, 뒤의 세 글자가 부사·동사와 그 목적어인 것

43.1.　V-N－dV-N

爲樂當及時.　즐기려면 바로 때를 맞춰야 한다.

43.2.　vn(NX)－dV-N

牽牛不負軛.　견우도 멍에를 메지 않는다.

43.3.　V-S－(vd)V-S

采之欲遺誰?　그것을 캐어서 누구에게 주려고 하는가?

(44) 앞의 두 글자와 뒤의 두 글자가 각기 술어형식이고, 중간의 한 글자가 연사(連詞)인 것

44.1.　V-N－p-V-N

同心而離居.　마음을 함께 하지만 거처가 떨어져 있다.

引領還入房.　고개를 빼어 바라보다가 다시 방에 들어왔다.[221)]

(45) 앞의 두 글자가 동사와 그 목적어이고, 뒤의 세 글자가 동사어인 것

45.1.a.　V-N－ddV

含意俱未申.　뜻을 품고 있지만 모두 말하지 않는다.

45.1.b.　V-N←ddV

會面安可知?　만날 일을 어찌 알 수 있으리?

45.1.c.　V-N－(fd)dV

引領遙相睎.　고개를 빼어 멀리 바라본다.

45.2.　V-N－(vd)(fd)V

奮翅起高飛.　날개를 떨치고 높이 솟아 날아간다.

---

221) '還'이 連詞로 사용될 경우에는 假設關係를 표시한다. 그런데 이 구절은 「古詩十九首」의 '明月何皎皎'시에 나오는 것으로, 여기서 '還'은 부사 '다시'의 뜻으로 사용되었다. 그렇다면 이 구의 句式은 V-N－dV-N이 된다.

45.3.a. V-N－(vd)VX

攬衣起徘徊. 옷을 걸치고 일어나 배회한다.

45.3.b. V-N－(fd)VX

出戶獨彷徨. 문을 나서서 홀로 방황한다.

(46) 앞의 두 글자가 동사와 그 목적어이고, 중간의 한 글자가 부사이고, 마지막 두 글자가 형용어인 것

46.1. V-N－(fd)dF

立身苦不早. 입신양명은 절대로 이르지 않다.

(47) 앞의 두 글자가 동사와 그 목적어이고, 중간의 한 글자가 연사(連詞)이고, 마지막 두 글자가 동사어인 것

47.1. V-N－p－dV

過時而不採. 때가 지났는데도 캐지 않는다.

(48) 앞의 두 글자가 동사와 그 목적어이고, 뒤의 세 글자가 동사어인 것

48.1. V-N－VpV

迴車駕言邁. 수레를 돌려 여행을 떠난다.

(49) 앞의 두 글자가 동사와 그 목적어이고, 뒤의 세 글자가 체계식(遞繫式)인 것

49.1. V-N－V-NF

思君令人老. 그대 생각이 사람을 늙게 한다.

(50) 앞의 세 글자가 술어형식이고, 뒤의 두 글자가 동사어인 것.

50.1. V-nN-(fd)V
出郭門直視. 성문을 나서서 똑바로 살펴본다.

(51) 앞의 두 글자는 술어형식이 생략된 것이고, 뒤의 세 글자가 술어형식인 것

51.1. t-( )-N-t-V-N
南箕北有斗. 남쪽에 箕星이 있고 북쪽에 斗星이 있다.

(52) 앞의 두 글자가 평행동사이고, 뒤의 세 글자가 술어형식 또는 동사어인 것

52.1.a. VV-V-NN
蕩滌放情志. 씻어버리고 뜻을 편다.
夢想見容輝. 꿈을 꾸다 빛나는 모습을 보았다.

52.1.b. VV( )-V-NN
服食求神仙. 불사약을 먹고 신선이 되려고 한다.

52.1.c. VV-V-VV(=NN)
徙倚懷感傷. 어치렁거리니 슬픔이 북받친다.

52.2.a. VV-p-V-N
眄睞以適意. 되돌아보아서 마음에 찬다.

52.2.b. VV-p-V-(FN)
憂傷以終老. 시름에 지쳐서 늙어만 간다.

52.3. VV-(fd)V-N

泣涕零如雨. 눈물을 흘리는 것이 뚝뚝 비 내리듯 한다.

52.4. VV-ds-N

愁思當告誰? 고민을 누구에게 말해야 할까?

52.5. VV-ddV

憂愁不能寐. 우수에 싸여 잠 못 이룬다.

棄捐勿復道. 버려두고 다시 말하지 말 것이다.

(53) 앞의 두 글자와 뒤의 두 글자가 모두 동사 연면자나 첩자이고, 중간의 한 글자가 부사인 것

53.1. VX-dVX

沉吟聊躑躅. 웅얼웅얼 애오라지 망설망설한다.

53.2. VR-dVR

行行重行行. 가고 가고 또 가고 간다.

(54) 앞의 두 글자가 동사어이고, 뒤의 세 글자가 형용사어인 것

54.1. dV-(nd)dF

相去日已遠. 서로의 거리가 날로 멀어져 간다.

(55) 앞의 두 글자가 동사어이고, 뒤의 세 글자가 술어형식인 것

55.1. dV-V-fN

交疏結綺窗. 교차로 새겨 비단 창문을 달았다. (疏, 穿刻之也)

還顧望舊鄉. 돌아서 옛 고향을 바라본다.

獨宿累長夜. 홀로 자며 긴 밤을 거듭하였다.

55.2. dV－V-qN

高擧振六翮. 높이 올라 양 날개를 떨친다.

(56) 앞의 두 글자가 동사어이고, 중간의 한 글자가 부사이고, 마지막 두 글자가 연면자 또는 첩자인 것

56.1. dV－dFX

旣來不須臾. 와서는 잠시도 안 되었다.

56.2. qV－(sd)FR

四顧何茫茫! 사방을 돌아보면 어찌 그리 망망한가!

(57) 앞의 두 글자와 뒤의 세 글자가 각기 동사어인 것

57.1. qV－qqV

一彈再三歎. 한 번 퉁길 때마다 두세 번 한숨짓는다.

(58) 앞의 두 글자가 동사어이고, 뒤의 세 글자가 문장형식인 것

58.1. (vd)V－N-V-N

欲歸道無因. 돌아갈래야 갈 길이 없다.

(59) 앞의 두 글자가 동사어이고, 중간의 두 글자는 동사어가 형용사로 사용된 것이고, 마지막 글자는 그것이 수식하는 명사인 것

59.1. (vd)V－qvN

願爲雙鳴鶴. 원컨대 쌍쌍이 우는 학이 되고 싶다.

思爲雙飛燕. 쌍쌍이 나는 제비가 되고 싶다.

59.2. dV—(fd)vN

忽如遠行客. 갑자기 멀리 떠난 나그네와 같다.

(60) 제1자가 동사이고, 뒤의 네 글자가 술어형식인 것

60.1. V－V-vnN
裁爲合歡被. 재단하여 함께 잘 이불을 만들었다.

(61) 앞의 두 글자가 동사어이고, 뒤의 세 글자가 문장형식 또는 술어형식이면서 동시에 앞 두 글자의 목적어인 것

61.1.a. (vd)V－ : fN-V
仰觀衆星列. 뭇 별들이 펼쳐져 있는 것을 우러러 바라본다.

61.1.b. dV－ : vs-F
不惜歌者苦. 노래하는 이의 괴로움을 애처로워하지 않는다.

61.1. dV－ : vn(=N)-F
但傷知音稀. 다만 공명하는 이 드문 것에 상심한다.

61.2. dV－ : (VN)-V-N
但感別經時. 다만 이별의 기간이 오래 되었음을 느낀다.

61.3. dV－ : VN-F
不念攜手好. 손 붙잡던 좋은 시절을 생각하지 않는다.

61.4. dV－ : V-fN
不如飮美酒. 차라리 맛좋은 술을 마시는 것이 낫겠다.

61.5.a. dV－ : (fd)VV
不如早旋歸. 일찍 돌아오는 것만 못하다.

61.5.b. tV－ : (fd)dV
下言久離別. 다음에 오랜 이별을 말하였다.

61.5.c. tV－ : (fd)dV

上言長相思. 먼저 변함없는 그리움을 말하였다.

(62) 제1자가 동사이고, 나머지 네 글자가 문장형식이면서 동시에 제1자의 목적어인 것

62.1. V－ : S-dVV

懼君不識察. 그대가 살펴 알지 못할까 봐 두렵다.

(63) 제1자가 주어 또는 부사이고, 중간의 세 글자가 부사성의 술어형식이고, 마지막 글자가 주동사인 것

63.1. N-vfn-V

客從遠方來. 나그네가 먼 곳에서 왔다.

63.2. d-vfn-V

將從秋草萎. 장차 가을 풀 따라 시들겠다.

(64) 앞의 두 글자가 주어 또는 부사어이고, 중간의 두 글자가 부사성의 술어형식이고, 마지막 글자가 주동사인 것

64.1. fN-vn-V

淸商隨風發. 청상의 가락이 바람결에 흐른다.

迴風動地起. 회오리바람이 대지를 뒤흔들며 일어난다.

64.2. fx-vn-V

奄忽隨物化. 순식간에 흙으로 되돌아갈 것이다.

64.3.a. (sd)d-vn-V

何不秉燭游? 어찌 촛불을 밝히고 놀지 않는가?

64.3.b. d(vd)-vn-V

焉能凌風飛? 어이 능히 바람 타고 날겠는가?

(65) 앞의 두 글자와 중간의 두 글자가 모두 부사성의 술어형식이고, 마지막 글자가 주동사인 것

65.1. vn-vn-V

攜手同車歸. 손을 붙잡고 수레를 함께 타고 돌아간다.

(66) 앞의 두 글자는 '所'자가 동사를 대동한 합성주어이고, 중간의 한 글자가 동사이고, 마지막 두 글자가 방위어 또는 목적어인 것

66.1.a. (dV=N)-V-fn

所思在遠道. 그리운 사람은 멀리 있다.

66.2.b. (dV=N)-V-fN

所遇無故物. 눈에 뜨이는 것마다 옛 경치가 없다.

(67) 제1자가 부사이고, 제2자가 개사이고, 제3자가 주동사이고, 마지막 두 글자는 '所'자가 동사를 대동한 합성목적어인 것

67.1. d-p-V-(dV=N)

將以遺所思. 장차 이것을 그리운 이에게 주겠다.

(68) 제1자가 주동사이고, 제2자가 개사이고, 나머지 세 글자가 명사성의 술어형식인 것

68.1. V-p(ddv=N)

著以長相思. 이불 속에 相思의 솜을 넣는다.

68.2.　　V-p(vdv=N)
緣以結不解.　이불의 가장자리를 실로 동여맨다.

34.6 (丙) 불완전구(不完全句)

(69) 앞의 두 글자가 명사어이고, 뒤의 세 글자가 술어형식 또는 동사어인 것

69.1.　　fN－V-fN
令德唱高言.　훌륭한 덕을 지닌 이가 소리 높여 노래 부른다.

69.2.　　tN－dVX
中曲正徘徊.　곡의 중간에 이르러 그냥 맴돈다.

(70) 앞의 두 글자가 첩자이고, 뒤의 세 글자가 명사어인 것

70.1.　　FR-nnN
皎皎河漢女.　밝고 또렷한 직녀성.

70.2.　　FR-ntN
青青河畔草,　싱싱하게 푸른 강가의 풀.
鬱鬱園中柳.　빽빽이 우거진 동산의 버들.
盈盈樓上女.　곱고 간드러진 다락 위의 여인.
青青陵上柏,　푸릇푸릇한 언덕 위의 측백나무
磊磊澗中石.　동글동글한 시내 속의 조약돌.

70.3.　　FR-(fd)vN
冉冉孤生竹.　하늑하늑 외로운 대나무.

70.4.　　FR-cnN
娥娥紅粉妝.　예쁘게 한 연지와 분의 화장.

70.5. FR-nnN

迢迢牵牛星. 멀고 아득한 견우성.

70.6. FR-nnN

盈盈一水間. 찰랑찰랑 강물 하나의 사이.

(71) 앞의 두 글자와 뒤의 세 글자가 각기 명사어인데, 후자가 전자의 묘사어인 것

71.1. fN-qnN

阿閣三重階. 세 겹의 층계가 있는 阿閣.

71.2. qN-qqN

雙闕百餘尺. 백 척이 넘는 두 궐문.

(72) 앞의 두 글자가 부사어이고, 뒤의 세 글자가 명사어이기 때문에 술사(述詞)가 없는 것

72.1. dd-bxN

無乃杞梁妻. 아마 기량의 아내일 것이다.

(73) 앞의 두 글자와 뒤의 세 글자가 각기 명사어인데, 전자가 후자의 수식어인 것

73.1. fn-fNN

今日良宴會. 오늘의 좋은 잔치.

(74) 앞의 두 글자가 쌍형용사이고, 뒤의 세 글자가 명사어인 것

74.1. ff-qNX

文彩雙鴛鴦. 무늬는 한 쌍의 원앙.

(75) 앞의 두 글자와 뒤의 세 글자가 동위어로서, 다섯 글자가 다음 구의 주어인 것

75.1. fn-BXX ……
仙人王子喬. 선인 왕자교.

(76) 제1자가 부사이고, 나머지 네 글자가 다음 구의 주어인 것

76.1. d-s-fnN ……
昔我同門友. 지난날 나의 동창생들.

(77) 제1자가 동사이고, 나머지 네 글자가 다음 구의 주어인 것

77.1. V－s-nxN ……
傷彼蕙蘭花. 애처롭다 저 혜란의 꽃.

34.7 앞에서 든 오언 고체시의 구식은 모두 77대류(大類), 160소류(小類), 213대목(大目), 215세목(細目)이다. 그 가운데 107개 구식이 고체시와 근체시에 함께 있는 것이고(약 반수를 차지한다), 38개 구식이 근체시에는 드물게 보이는 것이고, 70개 구식은 고체시 특유의 것이다. 이것은 다만 매우 개략적인 통계인데, 그 이유는 다음과 같다.

(1) 다만 「고시십구수」만으로 분석하여 오언 구식의 변화를 다 살피지 못하였다. (2) 이른바 고체시 특유의 구식이라는 것도 대강 그렇다는 말일 뿐, 엄격하게 그렇다는 것이 아니다.

34.8 우리가 칠언 고풍의 구식을 분석하지 않은 것은 칠언이 오언의 연장이므로 오언의 경우를 미루어서 칠언을 알 수 있기 때문이다. 편폭을 줄이기 위해서 이를 생략하였다.

제35절 고체시의 어법

35.1 고체시의 어법은 거의 완전히 고대 산문의 어법이다. 우리가 '거의'라고 말한 것은 몇몇 허자(虛字)의 용법이 고시 특유의 것 같기 때문이다. 이를테면 "音響一何悲(음향이 그 얼마나 슬픈가)"와 "軒車來何遲(칸막이 수레는 오는 것이 어찌나 늦는지)" 같은 것들이다. 고대 산문에서는 이 같은 곳에 "何其悲也(얼마나 슬픈가)", "何其遲也(어찌나 늦는지)" 등처럼 '何其'만을 사용하였다. 그러나 이 같이 상이한 곳은 매우 적다. 그러므로 고풍을 쓰려면 고대 산문의 어법을 따라야 한다고 말할 수 있다. 만약 산문에는 없는데 근체시에는 있는 형식을 운용했다면 어법상의 율화(律化)로 볼 수 있다.

35.2 대체로 말해서 고체시가 근체시와 다른 점은 다음과 같다.

(甲) 고체시에서는 흔히 보이는데 근체시에서는 드물게 보이는 것

1. 연개사(連介詞) '與'·'而'·'以'·'且'·'之'·'於' 등.
2. 대사(代詞) '其'·'之'·'彼'·'所'·'者'·'然'·'爾' 등.
3. 부사어(副詞語) '一何'·'何其'·'勿復'·'忽復'·'忽已'·'日已'·'雖云'·'忽如'·'無乃' 등.
4. 어기사(語氣詞) '也'·'矣'·'乎'·'耳' 등.
5. 『시경(詩經)』 중의 虛字 '言'·'云'·'載'·'聿'·'匪'·'惟' 등.
6. 고피동식(古被動式 : '爲'자를 사용한 것).

(乙) 근체시에서는 흔히 보이는데 고체시에서는 드물게 보이거나 적당치 않은 것

1. 앞의 두 글자가 명사어이고(이른바 '앞의 두 글자' 등등은 오언을 가리킨다), 중간의 두 글자가 방위어 또는 시간어이고, 마지막 글자가 동사 또는

형용사인 것. 예를 들어 "老樹空庭得, 淸渠一邑傳(늙은 나무는 빈 뜰에서 생기를 얻고, 맑은 도랑은 온 읍에 전해진다)"; "叢篁低地碧, 高柳半天靑(떨기 진 대나무는 낮은 땅에서 푸르고, 키 큰 버들은 높은 하늘에서 파랗다)"; "野鶴淸晨出, 山精白日藏(야생의 학은 맑은 새벽에 나오고, 산의 짐승들은 대낮에 숨어 있다)" 등이 있다.

2. 앞의 두 글자가 목적어가 도치된 것. 예를 들어 "柳色春山映, 梨花夕鳥藏(버들 빛을 봄 산이 비추고, 배꽃에 저녁 새가 숨어 있다)" 등이 있다.
3. 첩자(疊字) 또는 연면자(連緜字)가 부사처럼 사용되어 형용사 또는 자동사의 앞이나 뒤에 바짝 붙어서 그들을 수식하는 것. 예를 들어 "野日荒荒白, 春流泯泯淸(들판의 해는 희미하게 하얗고, 봄물의 흐름은 깨끗하게 맑다)"; "城烏啼眇眇, 野鷺宿娟娟(성 위의 까마귀 조그맣게 울고, 들판의 해오라기 얌전하게 잠이 들었다)"; "汀煙輕冉冉, 竹日靜暉暉[222](모래섬에는 안개가 모락모락 가볍고, 대나무에는 햇빛이 찬란하게 고요하다)"; "種竹交加翠, 栽桃爛熳紅(대나무를 심었더니 푸름이 엇섞이고, 복숭아를 심었더니 붉음이 흐드러진다)"[223] 등이 있다.
4. 앞의 네 글자가 목적어를 포함한 문장형식 또는 술어형식이고 마지막 글자가 술어인 것. 예를 들어 "紅入桃花嫩, 靑歸柳葉新(붉음은 도화에 들어와 예쁘고, 푸름은 버들잎으로 돌아와 새롭다)"; "稍通綃幕霽, 遠帶玉繩稀(조금씩 생초 장막으로 통하며 개었고, 멀리 옥승성을 띤 것이 희미하다)"; "蜀星陰見少, 江雨夜聞多(촉의 별은 하늘이 흐려 보이는 경우가 적고, 강성(江城)의 비는 밤에 들리는 경우가 많다)" 등이 있다.
5. 앞의 두 글자가 문장형식이거나 술어형식이고, 중간의 두 글자가 술어형식이고, 마지막 글자가 형용사인 것. 예를 들어 "鵩集占書久, 鸞回刻篆新(鵩鳥가 모여들어 讖書로 점친 지 오래고, 난새가 돌아와 篆書를 새긴 것이 새롭다)"; "有猿揮淚盡, 無犬附書頻(원숭이 있지만 눈물 다 뿌려 이미 말랐고, 황이견(黃耳犬)은 없는데 편지 부칠 일 빈번하다)" 등이 있다.
6. 제1자가 동사 또는 형용사이고, 나머지 네 글자가 간단하거나 복잡한 술어형식인 것. 예를 들어 "靜應連虎穴, 喧已去人群(조용하려면 응당 호랑이

222) 텍스트에는 '煇煇'로 되어 있는데, 16.2 (28)의 예문과 일치시키기 위해 바꾸었다.
223) 텍스트에는 '熳'이 '縵'으로 되어 있는데, 誤字이다.

굴에 인접해야 하고, 시끄러워 이미 사람 무리를 떠났다)"; "靑惜峯巒過, 黃知橘柚來(푸르니 봉우리와 산이 지나가는 것이 아쉽고, 노라니 귤과 유자가 다가옴을 알겠다)"; "爽合風襟靜, 高當淚臉懸(환하게 겉옷에 내려와 고요하고, 높이 눈물 괸 뺨을 비추며 걸려 있다)" 등이 있다.

7. 제1자가 목적어가 도치된 것이고, 중간의 세 글자가 술어형식이 부사로 사용된 것이고, 마지막 글자가 주요동사인 것. 예를 들어 "門看五柳識, 年算六身知(대문은 다섯 버드나무를 보고 알겠고, 나이는 二首六身을 셈하여 알겠다)"[224] 등이 있다.
8. 문장형식이 부사성의 문장형식을 내포한 것. 예를 들어 "片雲天共遠, 永夜月同孤(한 조각 구름은 하늘과 함께 멀고, 끝없는 밤은 달과 같이 외롭다)" 등이 있다.
9. 동사가 보어 '得'·'來'·'着'·'去' 등의 글자를 대동한 것. 예를 들어 "已應舂得細, 頗覺寄來遲(아마도 정세하게 찧어야 하기 때문에, 늦게 부치는 것이라고 자못 느껴진다)" 등이 있다.
10. 사성식(使成式). 예를 들어 엄언(嚴郾) 「망부석(望夫石)」의 "羅綺點成苔蘚斑(비단옷은 이끼가 끼어 얼룩이 졌다)" 등이 있다(「고시십구수」 중의 "蕭蕭愁殺人(쓸쓸함에 시름겨워 사람 죽겠다)"도 사성식 같지만 그와 같은 구는 지극히 드물게 보인다).
11. 처치식(處置式). 예를 들어 진도옥(秦韜玉) 「빈녀시(貧女詩)」의 "休將十指誇纖巧, 不把雙眉鬪畵長(열 손가락으로 섬교함을 자랑 말고, 양 눈썹을 다투어 길게 그리지 말라)" 등이 있다.
12. 신피동식(新被動式 : '被'자를 사용한 것). 예를 들어 왕건(王建) 「궁사(宮詞)」의 "十三初學擘箜篌, 弟子名中被點留(열셋에 처음으로 공후 타는 법을 배웠고, 제자들 이름 중에 남을 것을 점지 받았다)"; 방간(方干) 「석화(惜花)」의 "可憐姸艶正當時, 剛被春風一夜吹(가련하게도 아름다움이 절정에 달했을 때, 바로 봄바람에 의해 한 밤에 흩날린다)" 등이 있다.
13. 신식의 칭수법(稱數法 : 숫자 뒤에 '次'·'回'·'遍' 등의 글자를 덧붙인 것). 예를 들어 맹교(孟郊) 「제원한식(濟源寒食)」의 "一日踏春一百回(하루

224) '二首六身'은 '亥'字를 가리키며 73세의 隱語이다. 二首六身을 셈하면 26,660日이 되어 73년이 된다는 것이다. 후에는 노령을 비유하는 말로 사용되었다.

에 봄 땅을 일백 번 밟는다)" 등이 있다.

14. 산문의 어법에 맞지 않는 나머지 일체의 형식. 예를 들어 "客病留因藥, 春深買爲花(나그네가 병들어 약초 때문에 머물러 있고, 봄이 깊어 꽃 때문에 사들였다)"; "飯抄雲子白, 瓜嚼水精寒(밥은 雲母같이 하얀 것을 뜨고, 오이는 수정같이 차가운 것을 씹는다)"; "竹喧歸浣女, 蓮動下漁舟(대숲 왁자하니 빨래하던 여인들 돌아오는가 보고, 연잎 흔들리니 고깃배 내려가는가 보다)"; "尋覓詩章在, 思量歲月驚(시편을 찾으니 있고, 세월을 생각하니 놀랍다)"; "綠垂風折筍, 紅綻雨肥梅(푸름을 드리운 것은 바람에 굽은 죽순이고, 붉음을 터뜨린 것은 비에 살찐 매실이다)"; "泉聲咽危石, 日色冷青松(샘 소리는 거대한 바위에서 오열하고, 햇빛은 푸른 소나무에서 차갑다)"; "買薪猶白帝, 鳴櫓已沙頭(땔감을 산 곳은 그래도 백제성이건만, 노 소리 울리면 이미 沙頭市이리라)" 등이 있다.

15. 구 전체가 명사어이거나 형태상 명사어 같은 것. 예를 들어 "聞詩鸞渚客, 獻賦鳳樓人(시를 듣는 난새 물가의 나그네, 부를 바치는 봉루의 사람)"; "辯士安邊策, 元戎決勝威(謀士는 변방을 안정시킬 계책을 내고, 장수는 승리를 거둘 위엄을 보이리)"; "八年身世夢, 一種水風聲(신세의 꿈은 이미 팔 년이고, 물과 바람의 소리는 다만 한 가지이다)" 등이 있다. (앞의 두 글자가 첩자 또는 연면자인 것은 이 예에 포함시키지 않았다.)

16. '如'·'似' 등의 글자가 없는 비유법. 예를 들어 "山名天竺堆青黛, 湖號錢塘瀉綠油(산명은 천축인데 푸른 먹을 쌓은 것 같고, 호수명은 전당인데 푸른 기름을 부은 듯하다)" 등이 있다.

17. 일체의 신흥 허자(虛字). 예를 들어 백거이(白居易) 「연자루(燕子樓)」의 "聞道白楊堪作柱, 爭教紅粉不成灰?(듣자니 백양나무는 이미 죽어 기둥이 되었다는데, 어찌하여 이 여인은 재로 만들지 않으시나요?)"

35.3 고풍 중의 일부 구는 그야말로 산문의 구조와 일반적으로 다르지 않다. 연사(連詞)·개사(介詞) 또는 '其'·'之'·'所'·'者' 등의 글자가 있는 곳은 더욱 그렇다. 다음 예를 보자.

秦人相謂曰, 진나라 사람들이 서로 고하여 말하였다.

吾屬可去矣. “우리들은 떠나갈 수 있습니다.”

— 이백(李白), 「古風五十九首」(제31수)

人有甚於斯, 사람 중에는 이보다 심한 자가 있으니
足以戒元惡. 극악무도한 자를 훈계하기에 충분하다.

— 두보(杜甫), 「遣興五首」(제4수)

人生何所貴? 인생에 귀한 것이 무엇인가?
所貴有終始. 귀한 것은 유종의 미를 거두는 것이다.

— 노동(盧仝), 「感古」

菰蒲無租魚無稅, 줄과 부들 그리고 물고기에는 세금이 없어
近水之人感君惠. 물가의 백성들은 임금님 은혜에 감사한다.

— 백거이(白居易), 「昆明春」

越人偶見而奇之, 월인이 우연히 그것을 보고서 기이하게 여겨
因名吐綬江南知. 토수조라 이름 붙여 강남 사람들은 안다네.

— 유우석(劉禹錫), 「吐綬鳥詞」

35.4 완전히 또는 거의 완전히 산문의 구조에 의거해서 시를 짓는 것을 “문필로 시를 짓는다”라고 한다. 이러한 시는 근체시와의 거리가 가장 멀다. 다음 예를 보자.

嗷嗷空城雀, 짹짹거리는 빈 성의 참새는
身計何戚促. 제 몸 돌봄이 어찌 그리 구차한가!
本與鷦鷯群, 본래부터 뱁새와 한 집안이라
不隨鳳凰族. 봉황의 무리는 따르지 않는다.
提攜四黃口, 노란 새끼 네 마리를 끌고 다니며
飮乳未嘗足. 젖을 먹여보지만 늘 모자란다.
食君糠秕餘, 그대의 겨 나부랭이를 먹으면서도

嘗恐烏鳶逐. 솔개가 쫓아올까 언제나 걱정이다.
恥涉太行險, 태행산은 험해 날아 넘기 힘에 겹고
羞營覆車粟. 엎어진 수레의 낟알 탐하기도 부끄럽다.
天命有定端, 천명에 정해진 도리가 있으니
守分絶所欲. 분수 지키며 욕심을 끊을 수밖에.

—이백, 「空城雀」

挽弓當挽强, 활을 당기려면 굳센 것을 당겨야 하고
用箭當用長. 화살을 쓰려면 긴 것을 써야 할 것이다.
射人先射馬, 사람을 쏘려면 먼저 말을 쏘고
擒賊先擒王. 도적을 잡으려면 먼저 두목을 잡아라.
殺人亦有限, 사람을 죽이는 것도 한도가 있고
立國自有疆. 나라를 세움에는 자연히 강역이 있다.[225)]
苟能制侵陵, 적의 침략을 제지할 수 있으면 되지
豈在多殺傷? 어찌 지나치게 살상할 필요가 있으랴?

—두보, 「前出塞九首」(제6수)

建中之初放馴象, 건중 초에 길들인 코끼리를 놓아주었더니
遠歸林邑近交廣. 멀리 교광 가까이의 임읍으로 돌아갔다.
獸返深山鳥搆巢, 짐승이 깊은 산으로 돌아가고 새가 둥지를 지으니
鷹雕鵃鶻無羈鞅. 매와 독수리는 굴레와 가슴걸이가 없게 되었다.
貞元之歲貢馴犀, 정원의 해에 길들인 무소를 바치니
上林置圈官司養. 상림원에 우리를 설치하고 관에서 사육하였다.
玉盆金棧非不珍, 옥그릇과 황금 우리 진귀하지 않음이 없는데
虎噉狴牢魚食網. 호랑이처럼 우리를 씹고 물고기처럼 벼리를 먹었다.
渡江之橘踰汶貉, 장강을 건넌 귤과 문수를 넘은 오랑캐처럼
反時易性安能長. 때를 어기고 본성을 바꾼 것이니 어찌 오래 가랴?
臘月北風霜雪深, 섣달에 북풍이 몰아쳐 서리와 눈 심해지니
踡跼鱗身遂長往. 비늘 덮인 몸 움츠리고 마침내 아주 가버렸다.

225) 텍스트에는 '立'이 '列'로 되어 있는데, 내용상 『杜詩詳注』에 의거하여 바꾸었다.

行地無疆費傳驛, 가는 곳에 끝이 없으니 역참을 낭비하고
通天異物罹幽枉. 뿔이 상하를 관통한 異物이 억울함을 당하였다.
乃知養獸如養人, 이제 알겠다 짐승 기르는 것도 사람과 같아서
不必人人自敦獎. 사람마다 스스로 간청할 필요가 없다는 것을.
不擾則得之於理, 어지럽히지 않으면 그것을 순리에 따라 얻고
不奪有以多於賞. 빼앗지 않으면 있는 것이 상보다 많다.
脫衣推食衣食之, 옷을 벗고 음식을 양보하여 입히고 먹이는 것은
不若男耕女令紡. 남자가 경작하고 여자가 실을 잣는 것만 못하다.
堯民不自知有堯, 요임금의 백성은 요임금이 있다는 것도 몰랐지만
但見安閑聊擊壤. 그저 편안하고 한가롭게 지내며 격양가를 불렀다.
前觀馴象後馴犀, 전에는 길들인 코끼리를, 뒤에는 길들인 무소를 살폈는데
理國其如指諸掌. 나라를 다스리는 것도 손바닥에서 지시하는 것과 같으리.

— 원진(元稹), 「馴犀」

元和天子神武姿, 원화의 천자께서는 신성하고 용맹한 자질을 갖고 계시니
彼何人哉軒與羲. 그는 어떤 분이신가? 黃帝와 伏羲氏 같은 분이시다.
誓將上雪列聖恥, 역대 황제들이 받았던 치욕을 씻어내겠다고 맹세하고
坐法宮中朝四夷. 근정전에 앉으시어 사방의 이민족을 來朝케 하셨다.
淮西有賊五十載, 회서지방에 도적이 할거한 지 이미 오십 년이 되어
封狼生貙貙生羆. 큰 이리가 추호를 낳고 추호가 다시 큰 곰을 낳았다.
不據山河據平地, 그들은 산하를 점거하는 대신 평지를 점거하고는
長戈利矛日可麾. 길고 날카로운 창으로 태양을 호령하려는 듯했다.
帝得聖相相曰度, 황제가 현명한 재상을 얻으니 裴度라고 하였는데
賊斫不死神扶持. 도적들이 베려고 했지만 죽지 않았으니 신의 도움이다.
腰懸相印作都統, 허리에 재상인을 매달고 도통이 되어 나가니
陰風慘澹天王旗. 살벌한 바람이 일어나 황제의 깃발을 펄럭였다.
愬武古通作牙爪, 李愬·韓公武·李道古·李文通이 휘하의 장수가 되었고
儀曹外郎載筆隨. 儀曹의 員外郎이 필묵을 들고 뒤따랐다.
行軍司馬智且勇, 행군사마 韓愈는 지혜롭고 용감했으며
十四萬衆猶虎貔. 십사만 명의 전사는 호랑이와 비휴 같았다.
入蔡縛賊獻太廟, 蔡州城에 들어가 도적을 사로잡아 태묘에 바치니

功無與讓恩不訾. 그의 공훈 따를 이 없고 황은을 헤아릴 수 없다.
帝曰汝度功第一, 황제께서 말씀하시길 그대 裴度의 공이 으뜸이고
汝從事愈宜爲辭. 행군사마 한유는 공적을 기록한 문장을 써야 할 것이다.
愈拜稽首蹈且舞, 한유는 절하고 머리를 조아리며 신이 나서 아뢨다.
金石刻畫臣能爲. 금석 비문의 제작은 신이 할 수 있는 일입니다.
古者世稱大手筆, 옛날엔 세상 사람들이 '大手筆'이라고 칭했는데
此事不繫于職司. 이 일이 왕왕 유관 기관에 맡겨지지 않았습니다.
當仁自古有不讓, 응당 해야 할 일을 만나면 자고로 사양하지 않았습니다.
言訖屢頷天子頤. 말을 마치니 천자는 누차 고개를 끄덕여 동의를 표하였다.
公退齋戒坐小閣, 韓公은 물러나 목욕재계하고 작은 누각에 앉아서
濡染大筆何淋漓. 큰 붓을 적셔 일필휘지하니 얼마나 힘차고 통쾌한가!
點竄堯典舜典字, 「堯典」과 「舜典」의 字句를 첨삭하고
塗改淸廟生民詩. 「淸廟」와 「生民」 등의 시편을 고쳐 썼다.
文成破體書在紙, 비문을 완성하고 파체서법으로 종이에 써서
淸晨再拜鋪丹墀. 이른 아침에 재배하고 궁전 앞 섬돌에 펼쳐 놓았다.
表曰臣愈昧死上, 표에 이르기를 "臣 韓愈가 죽음을 각오하고 진언합니다"라고 하였으니,
詠神聖功書之碑. 신성한 功業을 칭송한 이 글을 비석에 썼다.
碑高三丈字如斗, 비석의 높이는 삼 장이고 글자 크기는 말과 같은데
負以靈鼇蟠以螭. 밑에는 자라가 떠받치고 위에는 교룡이 서려 있다.
句奇語重喩者少, 문구가 기이하고 말뜻이 심오하여 깨우친 자 드무니
讒之天子言其私. 누군가 천자에게 한유가 사심이 있었다고 참언하였다.
長繩百尺拽碑倒, 백 자 길이의 밧줄로 비석을 잡아당겨 쓰러트리고는
麤砂大石相磨治. 거친 모래와 큰 돌로 刻字를 갈아 없애버렸다.
公之斯文若元氣, 韓公의 그 비문은 천지의 원기와 같아서
先時已入人肝脾. 애초에 이미 사람들의 폐부에 깊이 각인되었다.
湯盤孔鼎有述作, 탕왕의 목욕판과 공자의 솥에 옛 성현의 銘文이 있어
今無其器存其辭. 지금 그 기물은 없지만 문사가 남아 있는 것과 같다.
嗚呼聖王及聖相, 아아, 성스런 황제와 현능한 재상이시여
相與烜赫流純熙. 혁혁한 명성이 더불어 있고 광명정대함이 유전되었다.
公之斯文不示後, 韓公의 그 비문이 후세에 전해지지 않았더라면

曷與三五相攀追. 조정의 공업이 어떻게 三皇五帝에 비견될 수 있었으리!
願書萬本頌萬遍, 원컨대 그 비문을 만 본을 쓰고 만 번을 음송하여
口角流沫右手胝. 입에서 게거품이 흐르고 오른손에 굳은살이 백이도록 하리.
傳之七十有二代, 그것은 전해 내려온 칠십이 代의 封禪書와 같고
以爲封禪玉檢明堂基. 비석은 봉선 시의 옥검과 명당의 초석으로 삼을 수 있다.

—이상은(李商隱), 「韓碑」

35.5 이로부터 알 수 있듯이 고체시는 평측과 대장에서 고시를 본받아야 할 뿐만 아니라 어법 방면에서도 고시를 본받아야 한다. 어법 방면에서 고시를 본받는다는 것은 근체시 특유의 어법을 극력 피하는 것이며, 아울러 고체시 특유의 어법을 최대한 운용하는 것이다. 고시에는 고시 나름대로의 풍격이 있어서 만약 '율화(律化)'시키면 풍격이 낮아진다. 그러나 당 이후의 시인은 율시 어법의 영향을 받아서 그들이 율시의 평측과 대장의 영향을 받은 것과 마찬가지로 다소간에 '율화' 또는 '현대화'의 형식을 면할 수 없었다. 그와 같은 상황이 성당(盛唐) 때에는 드물게 나타났지만 만당(晩唐) 이후 점차 많아졌다. 다음에 든 예에서 글자를 진하게 표시한 곳은 모두 '율화'의 형식이다.

青苔**石上淨**, 푸른 이끼는 바위 위에서 깨끗하고
細草**松下軟**. 가는 풀은 소나무 아래서 부드럽다.

—왕유(王維), 「戲贈張五弟諲」

回潭**石下深**, 소용돌이치는 못이 바위 아래 깊고
綠篠**岸傍密**. 파란 細竹이 물가에 빽빽하다.

—맹호연(孟浩然), 「登江中孤嶼」

聽婦**前致詞**, 부인이 나서서 하는 말 들어보세.
三男**鄴城戍**. "세 아들이 업성 전투에 나갔지요."

—두보, 「石壕吏」

仰凌棧道細, 우러러보니 가는 잔도가 산꼭대기로 굽어들고
俯映江木疏. 굽어보니 드문드문한 강가 나무가 비쳐 든다.

— 두보, 「五盤」

寂寞天寶後, 쓸쓸하고 적막했던 천보년 후에
園廬但蒿藜. 전원과 오두막엔 잡초만 우거졌다.

— 두보, 「無家別」

弄塵復鬪草, 흙장난을 하다가 다시 투초를 하며
盡日樂嬉嬉. 종일토록 희희낙락한다.

— 백거이(白居易), 「觀兒戲」

低隨回風盡, 낮게 회오리바람을 따라 다하고
遠照檐茅赤. 멀리 처마의 띠풀을 붉게 비춘다.

— 온정균(溫庭筠), 「燒歌」

一尊花下酒, 꽃 아래에서의 한 잔 술
殘日水西樹. 강물 서쪽의 석양 아래 나무.

— 조하(趙嘏), 「汾上宴別」

山僧豈知此? 산승이 어떻게 이것을 알까?
一室老烟霞. 온 방에 늘 안개와 놀이 껴있다.

— 소식(蘇軾), 「至下馬磧」

北風振枯葦, 북풍이 마른 갈대를 뒤흔들고
微雪落璀璀. 살짝 내리는 눈이 눈부시다.

— 소식, 「高郵陳直躬處士畵雁」

時時縣樓對, 때때로 현의 누각을 마주하고
雲霧昏白晝. 운무가 대낮을 어둡게 한다.

— 구양수(歐陽修), 「憶山示聖兪」

有時肆顚狂, 때로는 마구 미친 듯이
醉墨灑滂霈. 붓을 휘둘러 좍좍 써 내려간다.

— 구양수, 「水谷夜行」

六合靜皎皎, 천지사방이 고요하고 교교한데
萬木涼珊珊. 온갖 나무가 차고 맑게 빛난다.

— 공평중(孔平仲), 「月夜」

雨歇澹春曉, 비가 그쳐 봄 새벽 깨끗한데
雲氣山腰流. 구름기운이 산허리를 흘러간다.

-- 진여의(陳與義), 「出山道中」

倚杖看白雲, 지팡이에 의지하여 흰구름 바라보니
亭亭水中度. 밝고 곱게 물 속을 건너간다.

— 진여의, 「夜步隄上」

煙銷日出不見人, 안개 사라지고 해 나오자 사람은 보이지 않는데
欸乃一聲山水綠. 뱃노래 소리 울리며 산과 물이 푸르다.

— 유종원(柳宗元), 「漁翁」

鳥啼人去廟門闔, 새 울고 사람 떠나 사당 문은 닫혔는데
還有山月來娟娟. 다시 산 위의 달이 떠올라 아름답다.

— 구양수, 「晉祠」

漢家賢將戍臨洮, 한 왕조의 현능한 장군이 임조를 지키는데
結髮從軍今二毛. 성년으로 종군하여 지금은 머리가 희끗희끗하다.

— 사마광(司馬光), 「華星篇」

中原北望在何許? 중원 땅을 북쪽으로 바라보니 어느 곳인가?[226]

---

226) 텍스트에는 '北'이 '壯'으로 되어 있는데, 誤字이다.

但見落日低黃埃.	다만 누런 먼지 아래로 지는 해가 보인다.

— 소식, 「武昌西山」

谷中暗水響瀧瀧,	어둠 속의 골짜기 물이 콸콸 소리를 내고
嶺上疎星明煜煜.	고개 위의 드문드문한 별이 밝게 빛난다.

— 소식, 「二十七日自平陽」

鳥飛不盡暮天碧,	새는 푸른 저녁하늘 끝까지 날아가지 못하고
漁歌忽斷蘆花風.	뱃노래는 갈대꽃 바람소리에 갑자기 끊겼다.

— 곽상정(郭祥正), 「金山行」

斜陽萬里孤鳥沒,	석양 만 리에 외로운 새 사라지고
但見碧海磨青銅.	다만 푸른 바다가 청동을 가는 것이 보인다.

— 소식, 「海市」

敵人開戶玩處女,	적들은 문을 열고 처녀처럼 경시했지만
掩耳不及驚雷霆.	귀를 가릴 새도 없이 우레 같은 타격에 놀라자빠졌다.

— 황정견(黃庭堅), 「送范德孺知慶州」

35.6 이상에서 열거한 각 예는 대체로 모두 '율화'의 예이다. 이외에도 '현대화'의 형식이 있는데, '율화'와는 조금 다르다. 율화는 고금산문(古今散文)에는 없지만(혹은 드물지만) 율시에서 허용되는 형식이고, 현대화는 고대산문에는 없지만 현대산문이나 구어에서 허용되는 형식이다(이른바 현대는 물론 작자가 활동한 시대를 가리킨다). '율화'는 비교적 쉽게 알아차릴 수 있어서 "老樹空庭得"·"柳色春山映"·"野日荒荒白"·"種竹交加翠"·"紅入桃花嫩"·"蜀星陰見少"·"有猿揮淚盡"·"青惜峯巒過"·"門看五柳識"·"片雲天共遠"227)·"竹喧歸浣女"·"綠垂風折筍"·"尋覓詩章在" 등과 같이 십분 율화된 형식들은 고풍에서 거의 완전히

227) 텍스트에는 '雲'이 '帆'으로 되어 있는데, 誤字이다.

자취를 감추었다. '현대화'는 고금 어법의 변천과 관계가 있어서 알아차리기가 대단히 어렵기 때문에 맹교(孟郊)와 같이 율화를 극력 피했던 고풍 작가들조차도 때때로 현대화를 피하지 못하였다. 만약에 가요체라면(盧仝의 수많은 고풍 같은 것들) 본래가 백화시 같으므로 현대화도 자연히 무방하다. 만약에 정식의 고풍이라면 옛것을 모방한 것인 만큼 현대화를 피하는 것이 원칙이다. 이로부터 볼 때 시인들이 고풍에서 우연히 현대화된 형식을 사용한 것은 한 때의 불찰에 기인한 것이지 일부러 그렇게 한 것이 아니다. 이제 고풍 중에서 현대화된 형식을 분류하여 예를 들어보면 다음과 같다.

(1) 동사가 보어를 대동한 것

起來望南山, 일어나서 남산을 바라보니
山火燒山田. 산불이 산의 전답을 태운다.

— 온정균(溫庭筠), 「燒歌」

(2) 사성식(使成式)

聊將憂世心, 잠시 세상을 걱정하는 마음을 안고
數遍橋西樹. 여러 번 다리 서쪽의 나무까지 이른다.

— 진여의(陳與義), 「夜步隄上三首」(제2수)

閒教鸚鵡啄窗響, 한가히 앵무에게 창문을 쪼게 하여
和嬌**扶起**濃睡人. 어여쁘게 깊이 잠든 이를 부축해 일으킨다.

— 최각(崔珏), 「美人嘗茶行」

朱脣啜**破**綠雲時, 붉은 입술로 녹운차를 다 마셨을 때
咽入香喉爽紅玉. 향긋한 목으로 상쾌한 홍옥차를 들이킨다.

— 최각, 「美人嘗茶行」

(3) 처치식(處置式)

欲知求友心, 벗을 구하는 마음을 알려고 한다면
先把黃金鍊. 먼저 황금을 단련해보아야 하리.

— 맹교(孟郊), 「求友」

(4) 신피동식(新被動式)

夫子嵇阮流, 당신은 嵇康과 阮籍 류의 인물이어서
更被時俗惡. 더욱이 세간 사람들에 의해 미움 받는다.

— 두보, 「有懷臺州」

(5) 신행위칭수법(新行爲稱數法)

月下讀數徧, 달빛 아래서 여러 번 읽고
風前吟一聲. 바람 앞에서 한 차례 읊었다.

— 백거이(白居易), 「祗役駱口驛」

(6) 신흥의 허자(虛字)

但見新人笑, 다만 새 사람이 웃는 것만 볼뿐
那聞舊人哭? 어찌 옛 사람의 통곡을 들으리?

— 두보, 「佳人」

晨鷄纔發聲, 새벽닭이 그제야 소리를 내고
夕雀俄斂翼. 저녁 참새가 갑자기 날개를 거둔다.

— 백거이(白居易), 「寄元九」

心曲千萬端, 심중의 곡절이 천 갈래 만 갈래
悲來却難說. 슬픔이 일어도 오히려 말하기 어렵다.

— 맹교(孟郊), 「古怨別」

35.7 대체로 말해서 오언 고풍은 옛것을 모방한 시구를 많이 사용하고, 칠언 고풍은 율화된 시구를 비교적 많이 사용하였다. 물론 칠언고시에도 옛것을 모방한 작품이 있다. 이를테면 두보·한유(韓愈) 일파와 앞에서 예로 든 원진(元稹)의 「순서(馴犀)」, 이상은(李商隱)의 「한비(韓碑)」 등이 이에 해당된다. 그러나 중·만당 이후 칠언고시는 점차 율화의 방향으로 나아갔다. 어법상의 율화 외에도 수사상의 율화가 있었다. 어법과 수사의 두 방면에서 보면 율화의 상황이 더욱 분명해진다. 이제 옛것을 모방한 것과 율화된 오·칠언고시를 각각 몇 편씩 예로 들어보겠다 (고시 특유의 형식은 고딕체로, 율화의 형식은 명조체로 강조하였다).

燕臣昔慟哭, 燕의 신하 鄒衍이 지난날 통곡하니
五月飛秋霜. 오월인데도 가을 서리가 흩날렸다.
庶女號蒼天, 齊의 과부 서녀가 하늘 향해 외치니
震風擊齊堂. 벼락과 폭풍이 제나라 궁전을 쳤다.
精誠有所感, 그들의 지극한 정성에 감동되어
造化爲悲傷. 하늘이 슬퍼하고 가슴아파하였다.
而我竟何辜, 그런데 나는 도대체 무슨 잘못으로
遠身金殿旁. 임금님의 궁전에서 멀리 떠나게 되었나?
浮雲蔽紫闥, 뜬구름이 황궁을 가리고 있어서
白日難回光. 밝은 해가 빛을 고루 비추기 어렵다.
群沙穢明珠, 여러 모래흙이 빛나는 구슬을 더럽히고
衆草凌孤芳. 뭇 풀들이 외로운 향초를 깔보는 격이다.
古來共歎息, 예부터 이러했으니 함께 탄식하며
流淚空沾裳. 눈물이 흘러 공연히 옷을 적신다.

—이백, 「古風五十九首」(제37수)

楚國有狂夫, 초나라에 광인 接輿가 있었으니
茫然無心想. 실의하여 마음에 아무런 생각이 없다.
散髮不冠帶, 머리를 풀어헤치고 의관도 갖추지 않고

行歌南陌上. 남쪽 거리를 다니며 노래를 불렀다.
孔丘與之言, 공구가 그와 더불어 이야기를 했는데
仁義莫能獎. 인의는 권장할 것이 아니라고 하였다.
未嘗肯問天, 일찍이 하늘에 물으려고 하지 않았으니
何事須擊壤. 어찌하여 태평성대를 찬양해야 하리?
復笑采薇人, 다시 고사리 캐던 사람을 비웃었으니
胡爲乃長往. 무엇 때문에 세상을 피해 은거한단 말인가?

— 왕유(王維), 「偶然作六首」(제1수)

夏日出東北, 여름 해가 동북쪽에서 솟아올라
陵天經中街. 하늘에 들어서 黃道를 지나간다.
朱光徹厚地, 붉은 빛이 두터운 대지를 뚫고 들어오니
鬱蒸何由開? 찌는 더위를 어떻게 물리칠 수 있으리?
上蒼久無雷, 푸른 하늘에는 오래도록 우레가 없으니
無乃號令乖? 호령하는 것을 그만둔 것은 아닐까?
雨降不濡物, 어쩌다 비가 내려도 대지를 적시지 못해
良田起黃埃. 기름진 전답에서 누런 먼지가 일어난다.
飛鳥苦熱死, 날아가는 새는 혹독한 더위에 죽었고
池魚涸其泥. 못의 물고기는 진흙 바닥에서 말라버렸다.
萬人尙流冗, 수많은 사람이 여전히 유랑하고 있고
擧目唯蒿萊. 눈을 들어 바라보면 밭에는 온통 잡초뿐이다.
至今大河北, 지금에 이르러 광대한 하북 땅은
化作虎與豺. 호랑이와 승냥이의 소굴이 되어 버렸다.[228)]
浩蕩想幽薊, 끝없이 넓은 幽州와 薊州를 생각하면[229)]
王師安在哉? 나라의 군대는 지금 어디에 있는가?
對食不能餐, 음식을 마주해도 들 수가 없어서
我心殊未諧. 나의 마음은 마구 어지럽기만 하다.
眇然貞觀初, 貞觀 初를 돌이켜보면 아득히 멀어서

---

228) 텍스트에는 '虎'가 '狼'으로 되어 있는데, 『杜詩詳注』에 의거하여 바꾸었다.
229) 텍스트에는 '想'이 '思'로 되어 있는데, 『杜詩詳注』에 의거하여 바꾸었다.

難與數子偕!　여러 賢相들과 함께 하지 못해 안타깝다.

—두보, 「夏日嘆」

故人適千里,　옛 친구가 천리 길을 떠나게 되어
臨別尙遲遲.　이별에 앞서 여전히 머뭇거린다.
人行猶可復,　사람이 떠나면 그래도 돌아올 수 있지만
歲行那可追?　가는 세월을 어떻게 뒤쫓을 수 있으리?
問歲安所之,　세월에게 어디로 가느냐고 물으니
遠在天一涯.　멀리 하늘 한쪽 끝에 있단다.
已逐東流水,　이미 동쪽으로 흐르는 강물을 따라
赴海歸無時.　바다로 나아가 돌아올 수 없게 되었다.
東鄰酒初熟,　동쪽 이웃집에 술이 이제 막 익었고
西舍彘亦肥.　서쪽 집의 돼지 또한 살이 쪘다.
且爲一日歡,　잠시 이것으로 하루를 즐겨
慰此窮年悲.　한 해가 가는 슬픔을 위로하자꾸나.
勿嗟舊歲別,　지나가는 해와의 이별을 한탄 말자
行與新歲辭.　이제 곧 새해와도 하직하게 된다.
去去勿回顧,　흘러가는 세월을 뒤돌아보지 말자
還君老與衰!　그대에게 돌아오는 건 늙음과 쇠약뿐이다.

—소식(蘇軾), 「別歲」

格格水禽飛帶波,　꾸룩꾸룩 물새가 물결 일으키며 날아가니
孤光斜起夕陽多.　외로운 그림자 석양 아래 비스듬히 일어난다.
湖西山淺似相笑,　호수 서쪽의 산 맑아 내게 미소 짓는 듯하고
菱刺惹衣攢黛蛾.　마름 가시가 옷을 당겨 검은 눈썹을 찌푸린다.
青絲繫船向江木,　푸른 밧줄로 강가 나무에 배를 매어놓으니
蘭芽出土吳江曲.　난초 싹이 오강 굽이에서 흙을 뚫고 나온다.
水極晴搖泛灩紅,　끝없이 펼쳐진 물 위로 붉은 빛이 반짝이고
草平春染煙綿綠.　평평한 풀밭은 봄이 끝없이 푸르게 물들였다.
玉鞭騎馬白玉兒,　옥 채찍 휘두르며 말을 달리는 백옥의 젊은이
刻金作鳳光參差.　황금으로 새긴 봉황장식이 반짝반짝 빛난다.

丁丁曖漏滴花影,　똑똑 물시계의 물방울이 꽃 그림자에 떨어지듯 하니
催入景陽人不知.　경양궁의 화장을 재촉하는 것을 남들은 모른다.
彎堤弱柳遙相矚,　굽은 둑의 하늘거리는 버들은 멀리서 서로 바라보고
雀扇圓圓掩香玉.　둥근 깃 부채는 향긋하고 백옥 같은 몸을 가린다.
蓮塘艇子歸不歸?　연못 위의 거룻배는 돌아갔을까?
柳暗桑穠聞布穀.　버들 빛 짙고 뽕나무 무성한데 뻐꾸기 소리 들린다.

— 온정균(溫庭筠), 「晚歸曲」

江城地瘴蕃草木,　강가 성의 땅은 습하고 초목은 무성한데
只有名花苦幽獨.　다만 명화만이 홀로 처해 있어 고달프다.
嫣然一笑竹籬間,　대 울타리 사이에서 생긋 한 번 웃으니
桃李漫山總麄俗.　온 산에 질펀한 도리화가 오히려 속되다.
也知造物有深意,　조물주에게 깊은 뜻이 있음을 알겠으니
故遣佳人在空谷.　일부러 가인을 인적 없는 골에 살게 했다.
自然富貴出天姿,　자연스럽고 부귀한 자태는 천부의 것이라
不待金盤薦華屋.　금 쟁반에 받쳐 화려한 집에 바칠 것 없다.
朱脣得酒暈生臉,　붉은 입술이 술을 얻으니 뺨에 무리가 나타나고[230]
翠袖卷紗紅映肉.　푸른 소매가 깁을 걷으니 붉은 살이 비친다.
林深霧暗曉光遲,　깊은 숲 안개 짙어 새벽 빛 더디 오고
日曖風輕春睡足.　날 따뜻하고 바람 가벼워 봄잠이 충분하다.
雨中有淚亦悽愴,　빗속에 눈물 머금어 또한 마음 아프고
月下無人更清淑.　달빛 아래 사람 없어 더욱 맑고 깨끗하다.
先生食飽無一事,　선생은 배불리 먹고 아무 일이 없어서
散步逍遙自捫腹.　산보하고 소요하며 스스로 배를 문지른다.
不問人家與僧舍,　인가인지 승사인지를 묻지도 않고
拄杖敲門看修竹.　지팡이 짚고 문을 두드리며 장죽을 본다.
忽逢絶艶照衰朽,　갑자기 쇠약한 늙은이를 비추는 고운 꽃을 만나니
嘆息無言揩病目.　탄식하며 말없이 병든 눈을 문질러 본다.
陋邦何處得此花,　누추한 고장 어디서 이 꽃을 얻었을까?

230) 텍스트에는 '臉'이 '瞼'로 되어 있는데, 誤字이다.

無乃好事移西蜀. 호사가가 서촉에서 옮겨다 놓은 것은 아닐까?
寸根千里不易到, 뿌리를 천리 밖에서 옮겨 오기 쉽지 않으니
銜子飛來定鴻鵠. 씨를 물고 날아온 건 필경 큰기러기이리라.
天涯流落俱可念, 하늘 끝에 영락한 느낌을 함께 가슴에 품고
爲飮一樽歌此曲. 한 잔의 술을 마시며 이 노래를 부른다.
明朝酒醒還獨來, 내일 아침 술이 깨서 다시 홀로 온다면
雪落紛紛那忍觸. 눈 같이 어지럽게 떨어지는 걸 어찌 차마 접하리!

— 소식, 「寓居定惠院之東雜花滿山有海棠一株」

35.8 어법상의 율화도 평측의 입률과 마찬가지로 제·량시기에 이미 그 발단을 열었다. 이로부터 볼 때 고풍은 어법 방면에 있어서도 옛것을 모방한 것과 신식의 두 가지로 나눌 수 있다. 오언은 대다수가 옛것을 모방하였고, 칠언은 사람에 따라 옛것을 좋아한 사람도 있고 율화를 좋아한 사람도 있었다. 아무튼 평측과 대장 방면에서 옛것을 모방하는 것은 쉬웠지만 어법 방면에서 옛것을 모방하는 것은 쉽지 않았다.

35.9 여기서 우리는 피자(避字)의 문제를 덧붙여 이야기하겠다. 먼저 중운(重韻)을 피하는 것을 말해보자. 제22절에서 말했듯이 배율(排律)은 중운을 피하지 않지만 같은 글자를 쓰더라도 의미가 달라야 했다. 그와 같은 상황은 고시에도 있었다. 「고시십구수」를 예로 들어보자.

東城高且長, 동쪽 성이 높고도 길어
逶迤自相屬. 구불구불 서로 이어져 있다.
迴風動地起, 회오리바람이 대지를 뒤흔들며 일어나고
秋草萋已綠. 가을 풀은 무성하게 이미 푸르다.
四時更變化, 사철이 번갈아 변화하니
歲暮一何速. 해 저무는 것이 그 얼마나 빠른가!
晨風懷苦心, 송골매는 쓰라린 마음을 품고 있고
蟋蟀傷局促. 귀뚜라미는 촉박하게 흘러가는 시간에 상심한다.
蕩滌放情志, 씻어버리고 뜻을 펴야지

何爲自結束?　무엇 때문에 스스로 결박 짓는가?
燕趙多佳人,　연 땅과 조 땅에는 가인이 많아
美者顔如玉.　아름다운 사람의 얼굴은 옥과 같다.
被服羅裳衣,　비단 치마 저고리를 입고서
當戶理淸曲.　지게문을 대하고 맑은 곡을 연주한다.
音響一何悲!　음향이 어찌나 슬프게 울리는지!
絃急知柱促.　현이 팽팽하니 雁足이 밭음을 알겠다.
馳情整中帶,　가슴이 뛰는 것을 허리띠로 매만지며
沉吟聊躑躅.　웅얼웅얼 애오라지 망설망설한다.
思爲雙飛燕,　쌍쌍이 나는 제비가 되고 싶어
銜泥巢君屋.　진흙을 물어다 그대 집에 보금자리를 짓는다.
('局促'의 '促'과 '急促'의 '促'은 의미가 다르다.)

제26절에서 예로 들었던 노조린(盧照隣)의 「장안고의(長安古意)」도 비슷한 경우지만 더욱 진일보하여 글자가 같고 의미도 같은 중운(重韻)조차도 피하지 않았다. 이제 간단하게 「장안고의」의 운자(韻字)를 적어보면 다음과 같다.

斜, 車, 家, 霞, 花; 側, 色, 翼, 直, 識; 烟, 年, 仙; 羨, 見, 燕; 梁, 香, 黃; 出, 一, 膝; 啼, 栖, 堤, 西, 溪; 裙, 氳, 雲; 里, 市, 起; 來, 杯, 開; **相**, 讓, **相**; 雄, 風, 公; 待, 改, 在; 居, 書, 裾.

중운(重韻)을 사용한 곳은 "別有豪華稱將**相**, 轉日回天不相讓. 意氣由來排灌夫, 專權判不容蕭**相**(따로 장군과 재상을 호언장담하는 사람들이, 황제의 마음을 돌리는 데 양보할 줄 모른다. 그로부터 비롯된 의기가 관부를 밀쳐내고, 전권을 휘둘러 소망지(蕭望之)를 용납하지 않는다)"이다. 네 구 사이에 바로 중운이 있는 것인데, 이와 같은 경우는 지극히 드물다.

35.10 전운(轉韻)의 고풍에서는 한 번 전운하거나 여러 번 전운한 다음에 원운(原韻)으로 돌아왔을 때는 앞에서 사용했던 운자(韻字)를 중복

해서 사용할 수 있는데, 이 경우에도 의미까지 같게 사용할 수 있다. 왜냐하면 한 운(韻) 이상을 건너띄었으므로 중운(重韻)을 하지 않은 것과 같기 때문이다. 예를 들어 원진(元稹)의 「연창궁사(連昌宮詞)」가 사용한 운자를 적어보면 다음과 같다(전문은 제31절의 것을 참조할 것).

竹, **束**, 簌; 泣, 入, 立; 翠, 地, 事; 六, **綠**, **屋**, 宿, **束**, **逐**, **續**, 曲; 宮, 中, 風; 破, 過, 墮; 年, 前, 然; 帝, 閉, 廢; **竹**, **逐**, 木, **綠**, 玉; 花, 斜, 衙; 樓, 頭, 鉤; 哭, **續**, **屋**; 悲, 誰; 別, 說, 切; 豊, 戎, 公; 死, 子, 市, 李, 痏; 明, 平, 寧, 耕, 兵.

(제4운의 '束'이 제1운의 '束'과 중복되었고, 제9운의 '竹'이 제1운의 '竹'과 중복되었고, 또한 '逐'·'綠'이 제4운의 '綠'·'逐'과 중복되었고, 제12운의 '續'·'屋'이 제4운의 '屋'·'續'과 중복되었다.)

35.11 「백량대연구(柏梁臺聯句)」는 중운(重韻)을 피하지 않았다.

時, **來**, **材**, **治**, **哉**, **之**, 詩, 滋, **時**, 臺, 疑, 來, **之**, **之**, 箕, **治**, 危, 災, **治**, **材**, 其, 持, 梅, 罳, 飴, **哉**.

따라서 후세의 백량체(柏梁體)도 중운을 피하지 않았다. 운자(韻字)로 사용된 글자가 같고 의미도 같은 예로 두보의 「음중팔선가(飮中八仙歌)」가 있다.

知章騎馬似乘**船**,	賀知章은 말 타는 것이 배를 타는 듯하여
眼花落井水底**眠**.	눈이 어른거려 우물로 떨어지자 물밑에서 잤다.
汝陽三斗始朝**天**,	汝陽王은 세 말 술을 마시고야 천자를 알현하고
道逢麴車口流涎,	길에서 누룩 수레를 만나면 입에 침을 흘리고
恨不移封向酒泉.	주천으로 봉지를 옮기지 못한 것을 한탄하였다.
左相日興費萬錢,	李適之는 날마다 흥이 나 만 전의 돈을 쓰고
飮如長鯨吸百川,	큰 고래가 온 하천을 들이키듯 술을 마시며

銜杯樂聖稱世賢. 잔을 물고 술을 즐기며 일세의 현인이라 칭했다.
宗之瀟灑美少年, 崔宗之는 산뜻하고 깔끔한 미소년인데
擧觴白眼望靑天, 술잔 들어 백안으로 푸른 하늘 바라보고
皎如玉樹臨風前. 맑기는 옥수가 바람 앞에 서 있은 듯하였다.
蘇晉長齋繡佛前, 소진은 자수 불상 앞에서 오래 재계하다가
醉中往往愛逃禪. 종종 빠져나가 취해 잠자는 것을 좋아했다.
李白一斗詩百篇, 이백은 술 한 말을 마시며 시 백편을 짓는데[231]
長安市上酒家眠, 장안거리 주점에서 잠을 자다가
天子呼來不上船, 천자가 불러도 배에 오르지 못하고
自稱臣是酒中仙. 스스로 칭하여 주중선이라고 하였다.
張旭三杯草聖傳, 장욱은 세 잔 술에 초서의 성인이라 전하는데[232]
脫帽露頂王公前, 왕공 앞에서 모자를 벗어 정수리를 드러내고
揮毫落紙如雲煙. 붓을 휘둘러 종이에 대면 구름 연기 같았다.
焦遂五斗方卓然, 초수는 다섯 말 술에 비로소 의기가 우뚝해져
高談雄辯驚四筵. 고담과 웅변으로 사방의 술자리를 놀라게 했다.

글자는 같지만 뜻이 다른 것으로는 한유(韓愈)의 「육혼산화(陸渾山火)」가 있다.

……
祝融告休酌卑尊, 축융이 휴가를 받아 몇몇 친구들과 술잔을 들었다.
錯陳齊玫闢華園. 불구슬을 즐비하게 늘어놓고 화려한 정원을 열었다.
……
豆登五山瀛四尊. 다섯 큰 산들을 제기로 삼고 四海를 술잔으로 삼았다.
熙熙釂酬笑語言. 즐겁게 마시고 권하며 웃으며 이야기를 나누었다.
……
(앞의 '尊'은 존비(尊卑)의 '尊'이고, 뒤의 '尊'은 '樽'과 같다.)

231) 텍스트에는 '一斗'가 '斗酒'으로 되어 있는데, 『杜詩詳注』에 의거하여 바꾸었다.
232) 텍스트에는 '草聖'이 '酒聖'으로 되어 있는데, 誤字이다.

또한 한유(韓愈)의 「송구홍남귀(送區弘南歸)」를 보자.

……

野有象犀水貝璣, 들에는 코끼리와 무소가 있고 물에는 조개와 진주가 있어
分散百寶人士稀. 온갖 보물이 흩어져 있지만 사람이 드물다.
我遷於南日周圍, 내가 남쪽으로 좌천된 지 한 해가 지났는데
來見者衆莫依稀. 찾아온 사람이 많지만 어렴풋하지 않다.
……
朝暮盤羞惻庭闈, 아침저녁 소반의 음식물로 부모를 염려하고
幽房無人感伊威. 그윽한 내실에 사람 없어 쥐며느리에 상심한다.
……
況今天子鋪德威, 하물며 지금의 천자께서 덕을 위엄 있게 펴시어
蔽能者誅薦受禨. 현능한 자를 가리면 벌을 받고 천거하면 상을 받는다.
……

(앞의 '稀'는 稀少(드물다)의 '稀'이고, 뒤의 '稀'는 依稀(어렴풋하다)의 '稀'이다. 앞의 '威'는 伊威(쥐며느리)의 '威'이고, 뒤의 '威'는 위신(威信)의 '威'이다.)

35.12 고풍에는 우연히 첩구(疊句)를 사용하는 경우가 있는데, 첩구는 반드시 대구(對句)에 놓이기 때문에 중운(重韻)이 될 수밖에 없다. 예를 들어 두보의 「동수행(冬狩行)」을 보자.

……
朝廷雖無幽王禍, 조정에 비록 幽王의 재앙은 없었다지만
得不哀痛塵再蒙! 황제가 다시 몽진가시니 어찌 애통치 않으리!
嗚呼! 오호라!
得不哀痛塵再蒙! 황제가 다시 몽진가시니 어찌 애통치 않으리!

그러나 이러한 첩구(疊句)는 대단히 드물다.

35.13 고풍은 중자(重字)를 피하지 않는다. 임의로 한 두 수의 고풍을 취하여 살펴보면 여기저기서 중자(重字)를 찾을 수 있으므로 따로 예

를 들 필요가 없을 것이다. 고풍은 더구나 제자(題字)를 피하지 않는다. 이에 대해서도 더 이상 언급할 필요가 없을 것이다.

35.14 고풍은 중자(重字)를 피하지 않을 뿐만 아니라 연환구(連環句)의 사용을 좋아한다. 이른바 연환구란 하구(下句) 맨 앞의 한 글자 또는 두세 글자가 상구(上句)의 마지막 한 글자 또는 두세 글자와 중복되어 일종의 연쇄구조를 형성하는 것이다. 이와 같은 경우는 도처에서 찾아볼 수 있는데, 여기서도 약간의 예를 들어 그 일단을 살펴보겠다.

客心豁初霽, 활짝 개니 나그네 마음 탁 트이고
霽色湄玄灞. 갠 하늘이 검푸른 灞水를 아름답게 한다.[233)]

— 유장경(劉長卿), 「灞東晚晴」

河洲多青草, 강 모래섬에 푸른 풀이 많아서[234)]
朝暮增**客愁**. 아침저녁으로 客愁를 증가시킨다.
客愁惜朝暮, 客愁는 아침저녁이 애석해서
枉渚暫停舟. 굽은 물가에서 잠시 배를 멈춘다.

— 저광희(儲光羲), 「夜到洛口入黃河」

平明趨郡府, 이른 아침에 군청으로 달려갔지만
不得展**故人**. 오랜 친구를 만나볼 수 없었다.
故人念江湖, 강호로 떠나가는 친구를 생각하니
富貴如埃塵. 부귀는 티끌과 같구나.

— 왕창령(王昌齡), 「送韋十二兵曹」

因送別鶴操, 이별의 자리에서 「별학조」를 타고
贈之雙**鯉魚**. 한 쌍의 잉어를 그에게 주었다.
鯉魚在金盤, 잉어가 금 소반에 놓여 있으니

---

233) 텍스트에는 '湄'가 '暝'으로 되어 있는데, 誤字이다.
234) 텍스트에는 '洲'가 '州'로 되어 있는데, 誤字이다.

別鶴哀有餘. 「별학조」의 가락이 더욱 슬프다.

— 상건(常建), 「送楚十少府」

幸得君王憐巧笑, 다행히 군왕께서 교태로운 미소를 아끼시어
披香殿裏薦**蛾眉**. 피향전 안에서 아미를 바쳤다.
蛾眉雙雙人共進, 쌍쌍의 미인을 사람들이 함께 바치니
常恐妾身從此擯. 이 몸이 이제 내쳐질까 봐 늘 두렵다.

— 왕인(王諲), 「後庭怨」

念此使人歸更早, 이를 생각하고 사자는 더욱 귀환을 서둘러
三月便達**長安道**. 삼월에 바로 장안 가는 길에 이르렀다.
長安道上春可憐, 장안 가는 길에 봄이 사랑스러워
搖風蕩日曲江邊. 곡강 가에서 바람 불어와 해를 씻는다.

— 최호(崔顥), 「渭城少年行」

群子游杼**山**, 여러 분이 저산에 유람 갔는데
山寒桂花白. 산은 쓸쓸하고 계화는 하얗다.

— 안진경(顔眞卿), 「謝陸處士」

但恐不**出門**, 다만 대문을 나서지 않을까 봐 걱정될 뿐
出門無**遠道**. 대문을 나서면 먼 길이 아니라오.
遠道行旣難, 길이 멀면 가기가 어려운데
家貧衣復單. 집이 가난하여 옷 또한 홑옷이라오.

— 맹운경(孟雲卿), 「今別離」

雲山阻夢思, 구름과 산이 귀향의 꿈을 가로막아
衾枕勞**感詠**. 이불 덮고 누워 애써 영탄할 뿐이다.[235)]
感詠復何爲, 영탄해보아야 또 무슨 소용이 있나?
同心恨別離. 동심의 벗들이 헤어져 있어 한스럽다.

— 맹호연(孟浩然), 「晚春臥病寄張八」

---

235) 텍스트에는 '感詠'이 '歌詠'으로 되어 있는데, 『孟浩然集校注』에 의거하여 바꾸었다.

襄王夢行雨,	양왕은 巫山 神女의 꿈을 꾸었고
才子謫**長沙**.	才子 賈誼는 장사로 좌천되었다.
長沙饒瘴癘,	장사에는 풍토병이 많은데
胡爲苦留滯.	어찌하여 고생하며 머물러 있는가?
久別思款顔,	헤어진 지 오래되어 얼굴이 보고 싶고
承歡懷**接袂**.	기쁨을 잇고자 만날 것을 마음먹는다.
接袂杳無由,	만남은 아득하여 기약이 없고
徒增旅泊愁.	다만 나그네의 슬픔만 커간다.

— 맹호연, 「湖中旅泊」

人隨沙路向江村,	사람들은 모래 길 따라 강촌으로 향하고
余亦乘舟歸**鹿門**.	나도 배를 타고 녹문산으로 돌아왔다.
鹿門月照開煙樹,	녹문산의 달이 안개 낀 숲을 비추어 열어
忽到龐公棲隱處.	홀연히 방공이 은거하고 있는 곳에 이르렀다.

— 맹호연, 「夜歸鹿門山歌」

吳門向西流**水長**,	오문에서 서쪽으로 흐르는 물 끝이 없고
水長柳暗烟茫茫.	끝없는 물 따라 버들 짙고 안개 아득하다.

— 장적(張籍), 「送遠曲」

下輦更衣入**洞房**,	수레에서 내려 옷 갈아입고 침실로 드시니
洞房侍女盡焚香.	침실의 시녀들은 모두 향을 피운다.

— 장적, 「楚宮行」

自古賢聖無奈何,	예부터 성현들도 어찌할 수 없었으니
道行不得皆**白骨**.	정도가 행해지면 모두 백골일 수 없다.
白骨土化鬼入泉,	백골이 흙이 되고 귀신이 황천에 들면
生人莫負平生年.	산 사람이 평생을 저버리지 말아야지.

— 노동(盧仝), 「嘆昨日」

五賢幷用調**五常**,	다섯 현인을 병용하여 오상을 조절하고

五常既叙三光耀. 오상은 해와 달과 별의 빛을 언급하였다.

— 원진(元稹), 「五弦彈」

又不聞天寶宰相楊國忠, 또 듣지 못했는가 천보 연간의 재상 양국충이
欲求恩幸立**邊功**. 총애를 받고자 변방의 공을 세우려 했다가
邊功未立生人怨, 공은 세우지 못하고 사람들의 원망만 낳았으니
請問新豐折臂翁. 신풍의 팔 부러진 노인에게 물어보시게.

— 백거이(白居易), 「新豐折臂翁」

35.15 자세히 분석해보면 "客心豁初**霽**, **霽**色湄玄灞"처럼 출구와 대구가 연환되어 있는 것이 있고, "河洲多青草, 朝暮增**客愁**. **客愁**惜朝暮, 枉渚暫停舟"처럼 상련(上聯)과 하련(下聯)이 연환되어 있는 것도 있다. "…… 不得展故人, 故人 ……"처럼 명사어인 것도 있고, "但恐不**出門**, **出門**無遠道"처럼 술어형식인 것도 있고, "…… 衾枕勞**歌詠**, **歌詠** ……"처럼 병행동사인 것도 있다. 가장 특별한 것은 "吳門向西流**水長**, **水長**柳暗烟茫茫" 같은 것인데, 여기서 '流水長'은 세 글자로 구성된 문장형식이지만 대구에서는 한 글자를 줄여서 '水長'이라고만 하였다.

35.16 연환구(連環句)는 구성지고 연연하며 반복되어 끝이 없는 정의(情意)를 표시하는 데 가장 뛰어나기 때문에 시인들이 즐겨 사용하여 율시에까지 스며들었다(제22절을 참조할 것). 때로는 한 수의 시 안에 여러 군데서 연환구를 사용하여 독창적으로 한 체를 이루기도 하였다. 다음 예를 보자.

孝成皇帝本嬌奢, 효성황제는 본래 교만하고 사치하여
行幸平陽公主家. 평양공주의 집을 드나드셨다.
可憐女兒三五許, 어여쁜 여자 아이 열다섯 남짓
芊茸惜是一園花. 눈부시게 아름다워 한 동산의 꽃이다.
歌舞向來人不貴, 가무는 줄곧 사람들이 귀하게 여기지 않았지만
一旦逢君感**君意**. 하루아침에 임금을 만나 그 마음을 감동시켰다.

君心見賞不見忘,　　임금이 이들을 마음에 두고 잊지 못하니
姊妹雙飛入**紫房**.　　자매가 함께 황태후의 궁실로 날아들었다.
紫房綵女不得見,　　황태후의 궁실에선 궁녀를 볼 수 없었고
專榮固寵昭陽殿.　　소양전에서 영화와 총애를 독점하였다.
紅妝寶鏡珊瑚臺,　　산호 장식의 경대에서 곱게 단장하고
青瑣銀簧雲母扇.　　푸른 격자 창 안에서 은피리 불고 운모 부채 부친다.
日夕風傳歌舞聲,　　해 저물녘 바람에 실려 오는 가무 소리가
祗擾**長信憂人**情.　　장신궁에서 근심하는 사람의 마음을 어지럽힌다.
長信憂人氣欲絕,　　장신궁에서 근심하는 사람은 숨이 끊기려 하지만
君王歌吹終不歇.　　임금님의 노래와 연주는 끝내 그칠 줄 모른다.
朝弄瓊簫下綵雲,　　아침에 옥피리 부니 오색구름이 내려오고
夜踏金梯下**明月**.　　밤에 금빛 층계 밟으니 밝은 달이 내려온다.
明月薄蝕陽精昏,　　밝은 달이 가까이서 좀먹으니 태양이 어두워지고
嬌妒傾城惑至尊.　　교태와 투기가 성을 기울이니 지존이 미혹된다.
已見白虹橫紫極,　　이미 흰 무지개가 황궁을 가로지른 것이 보이고
復聞飛燕啄**皇孫**.　　다시 날아가는 제비가 황손을 쪼았다고 들었다.
皇孫不死燕啄折,　　황손은 죽지 않고 제비의 부리가 부러지니
女弟一朝如火絕.　　여동생이 하루아침에 후사가 끊기고 말았다.
明明天子咸戒之,　　밝으신 천자는 모두 이를 경계해야 할지니
赫赫宗周褒姒滅.　　빛나는 周 왕조를 포사가 멸망시키고 말았다.
古來賢聖嘆狐裘,　　예부터 성현들은 여인의 狐白裘를 한탄하였고
一國荒淫萬國羞.　　한 나라의 황음무도는 만 나라의 수치이다.
安得上方斷馬劍,　　어찌하면 말을 자른다는 상방검을 얻어서
斬取朱門公子頭?　　붉은 대문 공자의 머리를 벨 수 있을까?

— 왕한(王翰), 「飛燕篇」

'君意'와 '君心', '長信憂人情'과 '長信憂人氣'는 변상(變相)의 연환구이다. 이와 같이 똑같이 이어지는 것 같으면서 그렇지 않은 것은 또 다른 격식이다. 다시 다음의 예를 보자.

少陵野老呑聲哭,	소릉의 시골 늙은이 소리 삼키며 울면서
春日潛行曲江曲.	봄날 남몰래 곡강 굽은 언저리를 걸으니
江頭宮殿鎖千門,	강가의 궁전은 문마다 굳게 닫혀 있는데
細柳新蒲爲誰綠?	가는 버들과 새 부들은 누굴 위해 파릇한가?
憶昔霓旌下南苑,	그 옛날 천자의 행차 깃발이 남원에 내려올 때
苑中萬物生顔色.	궁궐 동산의 만물은 생기가 피어났고
昭陽殿裏第一人,	소양전에서 제일가는 사람이
同輦隨君侍君側.	같은 수레에서 임금님을 따르며 시중을 들었다.
輦前才人帶弓箭,	수레 앞의 女官들은 활과 화살을 지녔고
白馬嚼齧黃金勒.	백마는 황금 재갈을 물어 씹었으며
翻身向天仰射雲,	몸을 돌려 하늘을 우러러 구름을 쏘면
一箭正墜雙飛翼.	화살 하나에 날던 새 한 쌍이 바로 떨어졌다.
明眸皓齒今何在?	맑은 눈 하얀 이의 그 미인은 지금 어디에 있는가?
血汚遊魂歸不得.	피에 얼룩져 떠도는 혼은 돌아오지 못한다.
清渭東流劍閣深,	맑은 위수는 동쪽으로 흐르고 검각은 깊은데
去住彼此無消息.	떠난 이와 남은 이는 피차에 소식이 없다.
人生有情淚霑臆,	인생에는 정이 있어 눈물이 가슴을 적시건만
江草江花豈終極?	강변의 풀과 꽃이야 어찌 끝날 날 있으리?[236]
黃昏胡騎塵滿城,	황혼에 오랑캐 기병이 성안 가득 먼지 일으키니
欲往城南忘南北.	성 남쪽으로 가려 하다가 방향을 잊었다.

—두보, 「哀江頭」

'江'·'輦'·'城' 등의 연환은 '苑'자처럼 바짝 인접해 있지는 않지만 의미는 결국 일관되어 있다. 두보의 시에서는 이와 같은 작법을 어렵지 않게 찾아볼 수 있다. 이를테면 「석호리(石壕吏)」의 "室中更無人, 惟有乳下孫. 有孫母未去, 出入無完裙(집안에 남자라고는 다시없고, 오직 젖먹이 손자가 있을 뿐이지요. 손자 탓에 며느리가 아직 떠나지 않았는데, 출입할 때 입을 변변한 치마도 없다오)" 등은 모두 이 유형에 속한다.

236) 텍스트에는 '草'가 '水'로 되어 있는데, 『杜詩詳注』에 의거하여 바꾸었다.